暨南史學

JI NAN SHI XUE

第十二辑

主编 纪宗安 马建春

GUANGXI NORMAL UNIVERSITY PRESS
广西师范大学出版社
·桂林·

图书在版编目（CIP）数据

暨南史学. 第12辑 / 纪宗安，马建春主编. —桂林：广西师范大学出版社，2016.9
ISBN 978-7-5495-8870-1

Ⅰ. ①暨… Ⅱ. ①纪…②马… Ⅲ. ①中国历史—文集 Ⅳ. ①K207-53

中国版本图书馆 CIP 数据核字（2016）第 225118 号

广西师范大学出版社出版发行
（广西桂林市中华路 22 号 邮政编码：541001
网址：http://www.bbtpress.com）
出版人：张艺兵
全国新华书店经销
广西民族印刷包装集团有限公司印刷
（南宁市高新区高新三路 1 号 邮政编码：530007）
开本：787 mm × 1 092 mm 1/16
印张：15.75 字数：320 千字
2016 年 9 月第 1 版 2016 年 9 月第 1 次印刷
印数：0 001~1 200 册 定价：58.00 元

目　录

洛阳景教经幢图像再考察[①]

殷小平　张　展

[提要]本文以2006年洛阳出土景教经幢顶部两组天神十字架图像为研究对象,探讨唐代入华景教的本土化问题。通过与西安景教碑额图像、高昌景教壁画及敦煌残经绢画等同时代景教图像相比较,作者认为洛阳经幢图像在主题、结构和人物表现手法上有其独特性。论文借助"图像证史"的方法,探讨该组图像的文化渊源,通过早期基督教艺术中的天使形象与印度佛教飞天形象的比较,认为就其图像外形而言,无疑更接近本土佛教之飞天,而非西域基督教之天使;然而,在华夏基督教徒的心目中,该等图像则是景教之天使。

[关键词]洛阳景教经幢;西安景教碑;天使;飞天;本土化

景教是东方基督教之聂斯脱利派(Nestorianism)在唐代中国的自称。唐太宗贞观九年(635),景教正式传入中国,相关史事见载于著名的西安"大秦景教流行中国碑"(以下简称"西安碑")。作为中国景教最重要的文物与文献,西安碑自明天启年间出土以来,备受中西方学术界瞩目,三百年来研究成果甚夥,不赘。[②] 大致而言,在20世纪初敦煌藏经洞景教写经问世之前,整个中国景教史的研究,盖围绕"西安碑"进行,即"以碑证史"。地不爱宝,2006年,洛阳唐故城东郊又出土一方景教石刻经幢残件(以下简称"洛阳景教经幢"),上刻《大秦景教宣元至本经》(以下简称"《宣经》"),复勒有《幢记》,述建幢之始末,包含了丰富的历史信息。该经幢甫一出土,就受到了国内学术界的高度关注。

---

① 本文为广东省哲学社科"一二五"规划一般项目"比较视野下的唐元景教研究"(项目编号:GD15CLS03)、广州市哲学社科"一二五"规划一般项目"岭南学者与景教研究"(项目编号:15Y23)阶段性成果。

② 耿昇:《中外学者对大秦景教碑的研究综述》,收入中外关系史学会编《中西初识》,大象出版社,1999年,第167—200页;林悟殊:《西安景教碑研究述评》,收入氏著《唐代景教再研究》,中国社会科学出版社,2003年,第3—26页。

张乃翥先生率先刊布经幢基本信息、拓本照片，并发表灼见；[①]此后，诸多学者跟进，就经幢之《宣经》、幢记、碑像及洛阳景教社团等重要问题展开讨论。[②] 总的看来，目前对洛阳景教经幢的研究多围绕碑刻之文字，于经幢上部绘刻的图像之讨论则尚多有余地。

按此洛阳景教经幢，形制上乃借用佛教陀罗尼经幢，为一不完整八面体石柱体，其中部被拦腰截断，斜切面异常平整光滑，似人为所致。幢体每面均宽 15 厘米左右，长度则介于 60 至 85 厘米。整个经幢通体阴刻楷体汉文之祝词（第一面）、《宣经》（第二、三、四面及第一面第 1 行，计 19 行文字）、《幢记》（第五面第 2 行到第八面，计 21 行，题记 2 行），共计存 809 字。幢体上部绘刻两组十字架飞翔人像图案（图 1，位于第一、二、三面上部；图 2，位于第五、六、七面上部）。[③]

图 1　经幢上部第一至三面图像

图片选自葛承雍主编《景教遗珍：洛阳新出唐代景教经幢研究》图版十一

---

① 张乃翥：《一件唐代景教石刻》，刊《中国文物报》2006 年 10 月 11 日（第 7 版）；张乃翥：《跋河南洛阳新出土的一件唐代景教石刻》，《西域研究》2007 年第 1 期，第 65—73 页，收入葛承雍主编《景教遗珍：洛阳新出唐代景教经幢研究》，文物出版社，2009 年，第 5—16 页；《补正说明》，刊《西域研究》2007 年第 2 期，第 132 页。

② 罗炤：《洛阳新出土〈大秦景教宣元至本经及幢记〉石幢的几个问题》，《文物》2007 年第 6 期，第 65—73 页；《再谈洛阳唐朝景教经幢的几个问题》，《世界宗教研究》2007 年第 4 期，第 96—104 页；二文整合后，收入《景教遗珍：洛阳新出唐代景教经幢研究》，第 34—59 页；冯其庸：《〈大秦景教宣元至本经〉全经的现世及其他》，刊《中国文化报》2007 年 9 月 27 日，收入《景教遗珍：洛阳新出唐代景教经幢研究》，第 60—67 页；林悟殊、殷小平：《经幢版〈大秦景教宣元至本经〉考释——唐代洛阳景教经幢研究之一》，刊《中华文史论丛》2008 年第 1 辑，第 325—352 页，收入《景教遗珍：洛阳新出唐代景教经幢研究》，第 68—91 页；殷小平、林悟殊：《幢记若干问题考释——唐代洛阳景教经幢研究之二》，《中华文史论丛》2008 年第 2 辑，第 269—292 页，收入《景教遗珍：洛阳新出唐代景教经幢研究》，第 92—108 页；林悟殊：《经幢版"三位一体"考释——唐代洛阳景教经幢研究之三》，刊《中华文史论丛》2009 年第 1 辑，第 257—276 页，收入《景教遗珍：洛阳新出唐代景教经幢研究》，第 109—121 页；林悟殊：《唐代景僧名字的华化轨迹——唐代洛阳景教经幢研究之四》，《中华文史论丛》2009 年第 2 辑，第 149—193 页；葛承雍：《西安、洛阳唐两京出土景教石刻比较研究》，《文史哲》2009 年第 2 期，第 17—23 页，收入《景教遗珍：洛阳新出唐代景教经幢研究》，第 122—133 页。

③ 参考罗炤《洛阳新出土〈大秦景教宣元至本经及幢记〉石幢的几个问题》，收入《景教遗珍：洛阳新出唐代景教经幢研究》，第 30—31 页。

图2 经幢上部第五至七面图像

图片选自葛承雍主编《景教遗珍:洛阳新出唐代景教经幢研究》图版十二

考基督教无论何种派别,皆把十字架作为其宗教艺术的核心。在上揭西安碑(立于建中二年,即公元781年)上,可看到唐代景教最重要的图像,其以镶珠等臂十字架为主体,饰以祥云、莲花等。洛阳景教经幢图像也沿袭了西安碑图像的基本构图,即以镶珠十字架为中心、以莲花祥云为装饰符号的景教十字架图案。不过,在十字架图像左右两面,增加了两组飞翔人像。

张乃翥先生对该图像中的飞翔人物(flying figures),用词较谨慎,称其为"飞翔天神",并指出:"刊经上端除了'十字架'图案明显带有西方基督教装饰理念外,其对称两侧的飞翔天神的刻画,并非沿袭景教旧邦习习常见的带翼'天使'的模样。其曲折婀娜的身躯及身后腰间凌空飘逸的披帛、裙下流荡的祥云,将这类画面人物刻画得与佛教造像中的'飞天'极其地接近。"①罗炤先生进一步指出,洛阳经幢图像所勒刻者为男性与女性"飞天",其形象与洛阳佛教飞天完全一致,无疑受到了佛教的影响。② 2014年,葛承雍先生发表其《景教天使与佛教飞天比较辨识研究》③一文,从经幢形制、西方天使造型发展及飞天在华演变三个方面,探讨碑像人物的宗教属性,葛先生认为"景教传教士不会轻易放弃神学立场改变中心形象与外在文化符号",在景教传教立场上,该等人像应为基督教之"天使",而非佛教"飞天"。④

① 张乃翥:《跋河南洛阳新出土的一件唐代景教石刻》,收入《景教遗珍:洛阳新出唐代景教经幢研究》,第13页。

② 罗炤:《洛阳新出土〈大秦景教宣元至本经及幢记〉石幢的几个问题》,收入《景教遗珍:洛阳新出唐代景教经幢研究》,第37页。

③ 该文最早在第四届"萨尔兹堡国际景教会议"上提交,参殷小平《第四届萨尔兹堡国际景教会议综述》,《西域研究》2013年第3期,第148页。

④ 葛承雍:《景教天使与佛教飞天比较辨识研究》,刊《世界宗教研究》2014年第4期,第1—7页。

克莱因鲍尔(W. E. Kleinbauer)曾指出,对视觉艺术的历史探究为图像学。[①] 本文拟使用"图像证史"的方法,[②]从洛阳景教碑像的构图、主题、表现手法及其与其他景教艺术的比较,尤其是两组飞翔人像的源流与内涵,在诸学研究的基础上,进一步探讨,以就教各位方家。

一、十字架:景教艺术的核心符号

洛阳景教经幢图像的中心为十字架,其四臂等长,镶嵌宝珠,分别绘刻于幢体的第二面和第六面。第二面十字架(以下简称 F2,见图 1)装饰华丽,第六面十字架(以下简称 F6,见图 2)则无任何装饰,显得质朴浑厚。两个十字架的外部均饰以莲花和祥云,造型上仍保持前者华丽精致、后者素朴简单的统一风格。F2、F6 两个"十字架"左右,绘刻有两组形态各异的飞翔天神,各自面向 F2、F6 中心十字架供奉礼拜,两组飞翔人像呈对称分布,其造型婀娜多姿,飘逸灵动,使整个经幢上部装饰图像极富宗教意味与艺术美感。

从图像学的角度来看,十字架是整个绘画艺术的中心,飞翔人物居从属地位,为外部装饰。如果从宗教属性的一致性来看,其中心图案既然是基督教的核心符号,则外部装饰也当选择与基督教神学符号相一致的图像才对,而在基督教艺术中,托举十字架飞翔的,自然就是众所周知的大天使了。但是,从外部造型来看,洛阳景教经幢上的飞翔天神,却与佛教的飞天毫无二致,而与西方的有翼天使区别明显。洛阳景教经幢上的这组人像究竟只是宗教内涵与外在表现的不统一,还是景教在华传播过程中所发生的华化表现呢?

按洛阳景教经幢十字架沿袭了唐代景教会首都长安地区的官方风格:等臂、镶珠。以装饰较为华丽的十字架 F2 为例。F2 十字架为四臂等长样式,四臂中心窄,外缘宽;十字架正中镶嵌一圆环宝珠花环图案,四臂顶端饰有形状稍小之花朵图案,与中心装饰呼应。十字架四臂外缘两端各镶有两颗圆形珍珠;其上臂、左臂、右臂外缘正中饰有一类似花朵或火焰状的图案,由于磨蚀严重,该图案细节不可辨,但可以确定其与外缘两端的正圆形图案略有差别。

对景教十字架的圆形镶嵌物,一般都视作珍珠。如西安碑十字架,除上臂为两颗珍珠外,其余三臂皆装饰三颗圆形珍珠;十字架正中四臂交叉处也饰有圆形珍珠。日本学者佐伯好郎从景教信仰的层面加以阐释,其援引东方教会《叙利亚日课经》(*East Syrian*

---

① W. E. Kleinbauer, *Modern Perspectives in Western Art History: An Anthology of Twentieth-Century Writings on the Visual Arts*, Toronto: University of Toronto Press, 1989.

② [英]彼得·伯克:《图像证史》,杨豫译,北京大学出版社,2008 年,第 9 页;葛兆光:《思想史家眼中之艺术史——读 2000 年以来出版的若干艺术史著作和译著有感》,《清华大学学报》(哲学社会科学版)2006 年第 5 期,第 26—34 页。

Daily Offices)，阐述珍珠在景教信仰中的象征意义及重要性，经文载曰：

> 呵，卓越的殉道者马习里吉斯(Mar Sergius)！无瑕的珍珠！光芒照耀着他的灵魂！……在十字架的引导下，他们通过了一座跨越尘世海洋的桥，那是高高在上的珍珠之地，那里是他们居住的地方。[①]

珍珠代表着灵魂的纯净，是天国的象征；同时，珍珠散发出明亮的光芒，与唐代景教的教义不谋而合。"景者，光明广大之义"；[②]"景者大也，炤也，光明也"。[③] 对"景"意喻"光明"，学术界颇为认同，[④]林悟殊教授结合景教碑之原文"功用昭彰，强称景教"进一步加以阐释：

> "昭"者，光明也；"彰"者，显明也。此处"昭彰"，盖意含双层，一谓该教有导向光明之功用，二谓这一功用非常显著。[⑤]

西人亦常将"景教"意译成 Luminous Religion(明亮之教)。景教除了用珍珠来彰显本教"光明""纯洁"，复以火焰象征之。西安景教碑十字架上臂顶端，就刻有一清晰可辨的火焰纹，其形制与佛教的摩尼宝珠如出一辙，宛似与碑额之摩尼珠的上下呼应，也将景教这一"火热的教会"(A Church on Fire)形象化。洛阳景教十字架四臂外缘中部纹饰，虽因磨损难辨形状，但联系该教"景"字内涵，以及西安碑所见"火焰"图案，疑其为火焰或摩尼珠。观洛阳景教经幢十字架与西安碑十字架，无疑均以珍珠为最重要的装饰符号。

---

① P. Y. Saeki, *The Nestorian Monument in China*, London: Society for Promoting Christian Knowledge, 1916, pp. 12-14.

② [葡]阳玛诺(Emmanuel Diaz)：《唐景教流行中国碑颂正诠》，上海慈母堂刻本，1978 年，第 14 页。

③ 李之藻：《读景教碑后》，参见吴相湘编《天学初函》第一册，台湾学生书局，1965 年，第 77—92 页，收入吴昶兴编注《大秦景教流行中国碑：大秦景教文献释义》，橄榄出版有限公司，2015 年，第 329—333 页，引文见 330 页。

④ 陈垣：《基督教入华史》，收入《陈垣学术论文集》第一册，中华书局，1980 年，第 94—95 页；杨森富：《唐元两代基督教兴衰原因之研究》，载林治平主编《基督教入华百七十年纪念集》，宇宙光出版社，1977 年，第 41 页；Bernhard Karlgren, *Grammata Serica Recensa*, in *the Museum of Far Eastern Antiquities*, no.29, Stockholm, (1957; repr. 1972), p. 200；张小贵：《从波斯经教到景教》，收入陈春声主编《海陆交通与世界文明》，商务印书馆，2013 年，第 154—176 页，相关讨论见第 155—158 页。

⑤ 林悟殊：《唐代首所景寺考略》，收入氏著《唐代景教再研究》，第 54 页，注释 1。

这种十字架，可称之为珍珠十字架，是为唐代景教十字架的根本风格。[①]

复观洛阳经幢与西安碑的珍珠十字架，均饰有中国传统的祥云以及佛教的莲花宝座。按莲花为佛教的重要象征，被誉为佛教四大吉花与“八宝”之一，其出淤泥而不染，象征素净、超脱、修持的佛性，因此常装饰于唐代佛器及饰物。景教十字架以仰莲承托的特殊构图，在东亚、南亚以及蒙元时代的中亚地区十分常见，例如印度圣托马斯墓上十字架便护以莲花。[②] 祥云、莲座元素的借用，就中国本土范围来看，显然是景教努力融合佛道宗教艺术传统的结果。

较之莲花，祥云是一种更能代表中国传统文化的艺术语言。卷云意喻吉祥，以道教为主的古代宗教常将之运用在寺庙装饰、法器制作上。[③] 洛阳景教经幢图像的祥云图案，外部线条外凸，构成一近似 U 形的轮廓线，与莲座形成的底部弧线自然相连。整个图像以莲花座为底，如意祥云左右对称，形成弧形外框，镶珠十字架则居于构图的内部与中心。整个构图左右完美对称，毕现设计的高度精致。

综上，洛阳经幢十字架与西安碑十字架（图 3）都包括了镶珠十字架、祥云、莲花等元素，十字架依托于莲花祥云构成的基座之上。不过，与洛阳经幢十字架祥云莲花所构成的 U 型外框不同，西安碑的祥云角度低平，更加突出十字架的主体地位；其莲花十字位于等腰三角形碑额的中央垂直线位置；两根植物花枝从碑额底端伸出，呈拱卫十字架状。顾卫民指出此乃《圣经》中提到的象征圣洁的百合花枝（爱神木）。[④] 从外型看，其确实与百合花枝相似。不过，在西方基督教艺术中，百合一般是圣母的象征，13、14 世纪始成为西洋基督教艺术的重要表现内容；而纵观整个基督教会历史，圣母在东正教中至关重要，其成为欧洲天主教的重要主题，乃十字军东征时期的事；与欧洲的东正教和天主教会不同，东方教会一向主张圣母非神之母，在信仰层面弱化并降低圣母的重要性，没有形成专门的有关“圣母”的宗教艺术语言；而且，鉴于东方教会一直未能达到拜占庭帝国及罗马天主教廷的政治地位和经济实力，其并未形成可与欧洲基督教艺术相媲美的发达的宗教艺术体系。东方教会是否发展出与宗教教义相匹配的植物学理论，还有待商榷。此处的植物藤蔓，富有装饰性，联系到洛阳景教信徒的粟特裔身份，其是否为中亚地区流行的石榴花枝？石榴也是《圣经》中记载的植物，以其果实饱满籽多，象征天国的荣耀与教会的繁荣。

从构图来看，祥云、莲花也好，植物花枝也好，都只是装饰语言，等臂珍珠十字架才是

---

① A. C. Moule, “The Use of the Cross among the Nestorians in China”, *T'oung Pao*, Second Series, Vol. 28, No.1/2, 1931, pp. 78-86.

② 贾君卿：《作为文化符号的“十字架”及其入华之始的特征探析》，上海师范大学硕士学位论文，2010 年，第 22—26 页。

③ 孟松军：《论祥云纹样的传统意蕴与现代视觉设计的融合》，河南大学硕士学位论文，2009 年。

④ 顾卫民：《基督宗教艺术在华发展史》，上海书店出版社，2005 年，第 4—5 页。

图3 景教碑额莲花祥云十字架局部图像

图片翻拍自中山大学图书馆古籍部典藏拓本

构图的中心，揭示基督宗教的根本信仰，为整个图像的母题(Motif)。考整个西域乃至中国景教的传播历史，景教艺术不论如何发展、变化，作为根本信仰的核心符号十字架，都一直保存。以下试举几例：

1.高昌景教 MIK III 6911 壁画

西域地区作为波斯景教东传的孔道，景教传入的历史更早，信徒根基更深。两河之外的木鹿(Merv)和哈烈(Herat)，约5世纪就已有基督教活动，是中亚景教传播的中心；粟特地区大约在7世纪后半叶设立了教区和主教，粟特景教徒离乡背井，是景教东传的主力。① 作为远离中国本土政治中心的西域地区，其不受中国国内宗教政策影响，会昌迫害外来宗教后，西域乃至西北地区，景教会与景教徒仍然活跃，敦煌地区直到公元11世纪，仍有景僧从事抄经活动。②

西域地区最重要的景教中心在高昌。公元840年，强大的漠北回纥汗国分崩离析后，其部众之一支进入今新疆吐鲁番绿洲，建立了高昌地方政权。回鹘人逐渐放弃了原来的游牧生活，在信仰方面除保留原所信奉的摩尼教和佛教外，也接受了当地流行了两个世纪的景教。1905、1906年，德国吐鲁番第二、三次考察团在吐鲁番北部的布拉依克发掘到两座景教遗址，属9、10世纪高昌回鹘王国时期。位于高昌城外东侧的寺院遗址，出土了两件景教绘画：一幅绘有一手持十字架节杖之骑马者，残缺(图4)；一幅较完整壁

① E. C. D. Hunter, "The Church of the East in Central Asia", *Bulletin of the John Rylands University Library of Manchester*, vol. 78, no. 3, 1996, pp. 129-142；参见[德]克林凯特(Hans-Joachim Klimkeit)著《达·伽马以前中亚和东亚的基督教》(增订本)，林悟殊译，淑馨出版社，1995年，第5—10页。

② 林悟殊：《敦煌景教写本P.3847再考察》，收入氏著《唐代景教再研究》，第123—145页。

画(编号为 MIK III 6911,图 5),[①]上绘三男一女,皆站立,其中左边站立男子,身形较大,面向右边三人布道,右三人手持树枝,作颔首恭听状。[②] 图中人物衣服相貌,据勒柯克(A. von Le Coq)的描述:

> 左端立有一人,身高,着绿色长衣,直遮到脚,上被红罩衣,打着宽褶……右端一妇人,绿色短衣,长裙蔽足,上披赭褐色罩衣;当中二男子,装束奇异,为他画所不见,左者赭褐,右者青灰,俱长衫,不束带,上披一种无襟长袖的罩衣,长达膝益,左者青灰色,右者赭褐色,而皆胸前翻两领角,露出三角形的红里子。左者似用赭褐色布包头,右者戴黑帽;脚上都穿着赭褐色靴子。[③]

左侧站立者深目高鼻,当中两男子着披风式翻领罩衣,为突厥或回鹘式;右侧女子云鬟椎髻,穿"披袄子"、内着襦裙、外挂披帛的样式为隋唐流行服饰;[④]对于壁画内容,勒柯克首先认定为基督教"棕枝主日"(The Palm Sunday)的主题,画前方左上角的马腿,勒柯克和佐伯好郎将其认定为进入耶路撒冷城的耶稣的坐骑。[⑤]

回鹘景教为唐元景教之间重要的中间环节。[⑥] 但从高昌出土的两件景教绘画来看,其与唐代中国的景教艺术无疑代表了两种不同的风格,羽田亨认为高昌景教艺术的影响来自波斯或粟特。[⑦] 陈继春则认为高昌景教绘画为一种自然主义风格。[⑧] 总的说来,高昌景教绘画有简单的叙事,但象征意义不明显;其壁画艺术的赞助人为教会内部富有之信徒,壁画也揭示了这些供养人与教会间的密切关系;唐代中国景教雕刻的装饰性和象征性趣味,在这里无迹可寻。反映"棕枝主日"主题的 MIK III 6911 号壁画,并无十字架符号,左首站立身格较大者,陈怀宇认为其是身份较高的教士或者是俗信徒中的贵族,而非基督耶稣;而图 4 手持十字架节杖的骑马者,则多被认定为是耶稣,其左侧女供养人与

---

① 原件 67cm×61cm,10 世纪,彩色壁画,现藏柏林亚洲艺术博物馆。

② A. von Le Coq, *Chotscho, Facsimile-Wiedergaben der Wichtigeren Funde der Ersten Königlich Preussische Expedition nach Turfan in Ost-Turkistan*, Berlin: Dietrich Reimer, 1913, p.7.

③ 转引自[日]羽田亨《西域文明史概论》,耿世民译,中华书局,2005 年,第 18—21 页;[德]勒柯克著《高昌——吐鲁番古代艺术珍品》,赵崇民译,新疆人民出版社,1998 年,第 58 页。

④ 沈从文:《中国服饰史》,陕西师范大学出版社,2004 年,第 76—90 页。

⑤ A. von Le Coq, *Chotscho*, p. 7;佐伯好郎:《景教の研究》,东方文化学院东京研究所,1935 年,第 910 页;并参见陈怀宇《高昌回鹘景教研究》,刊《敦煌吐鲁番研究》第 4 卷,北京大学出版社,1999 年,第 174—175 页。

⑥ 殷小平:《唐元景教关系考述》,《西域研究》2013 年第 2 期,第 55—59 页。

⑦ 羽田亨:《西域文明史概论》,第 159 页。

⑧ 陈继春:《唐代景教绘画遗存的再研究》,《文博》2008 第 4 期,第 68—70 页。

MIK III 6911 壁画右侧的女供养人发型服饰类似。就这两件作品而言，如果抛开其出土的景教寺院背景，可判断其宗教属性的标志当为十字架符号。流行于高昌的十字架样式，据图 4 骑马图残片来看，为正十字，十字架等长四臂八个角上都饰有珍珠。

图 4　骑马图

图 5　MIK III 6199 壁画

图 6　敦煌景教绢画复原图

2.敦煌景教绢画

敦煌《耶稣像》(图 6)[①]同属 9—10 世纪作品，从样貌、服饰、动作的表现手法来看，与高昌寺院壁画风格有很大差异，具有浓厚的佛画意味。图中耶稣头现圆光、项饰瓔珞、身着纱衣，与佛教菩萨像类似；其右手掌心朝上，呈莲花指状，动作类似说法印，拈花手势更与敦煌石窟佛像无二。确定其为景教遗物的最重要标记，为其冠冕、杖头、项饰的三个十字架。三个十字架装饰都不华丽，有别于佛教的卍字符，属于四臂等长的景教十字架；其中，耶稣胸前、手持的十字架较简单，而冠冕上的十字架则依稀可辨有珍珠镶嵌。值得注意的是，十字架节杖乃基督教艺术独有的表现手法，在高昌的骑马图像中也有表现，它代表了基督的牺牲与救世。

不过，总体来看，无论西域还是中原的景教，其艺术尚未形成体系，比之公元前 1 世纪便已产生的佛像艺术，或擅于用绘画艺术传教的摩尼教，中亚与东亚的基督教绘画艺术并不算发达，留下的图像也缺乏系统性。敦煌景教绢画上的耶稣像无疑深受敦煌本地兴盛的佛教文化影响，形成了别具一格的景教圣像画，但在图像学上不具有典型性，诚如羽田亨所指出：

> 在整个写实画法中，佛画被采入为基调。仅凭这些材料，是不能论述该地基督教美术性质的。[②]

---

① 复原图系 1908 年斯坦因(Sir. Aurel Stein)在敦煌藏经洞盗取之绢本残片，尺寸为 55cm×88cm，由英国画家 Mr. Furuyama 根据残片复原，现存伦敦大英博物馆。

② 羽田亨：《西域文明史概论》，第 159 页。

从上揭高昌壁画和敦煌绢画的例子看，前者的波斯或回鹘的因素，与后者完全采用佛画的形式的不同，反映了景教在传播过程中对地方主流文化的吸收，是景教东传过程中本土化的表现。高昌和敦煌的景教艺术都表现为人像，但高昌壁画不以圣经故事为中心，绘画不是宣讲基督教义的传教手段，也未见有天使托举十字架这类极富宗教象征意义的画面。敦煌耶稣画像搬用了当地佛画的样式，画中耶稣作为信徒崇拜的对象，使此画的性质达到了拜占庭圣像画(ICON)的高度。不过，由于景教自身实力有限，西域地区的景教圣像画似未形成气候，故目前只找到敦煌这个孤例。此外，从艺术风格来看，敦煌绢画表现出佛画的祥和与美感，与拜占庭圣像中的“全能者基督”(Christ Pantocrator)形象相似但气质迥异。撇开马赛克镶嵌艺术与绢画这一艺术媒介的差异，仅就人物表现手法来看，拜占庭艺术中的全能者基督乃正面示人；敦煌耶稣像则是四十五度侧面像。拜占庭与敦煌的基督画像都头戴光晕，但拜占庭艺术中基督光晕与大十字结合，十字架三臂书写希腊字母 IC 与 XC，揭示基督自始自有，全知全能；①敦煌绢画的十字架则装饰在头、胸、手处。拜占庭艺术的基督左手持《圣经》，右手做出降福手势(掌心示人，拇指与无名指小指三指捏握，代表三位一体，中指食指二指竖起，代表基督的二性)，与敦煌绢画掌心向上的佛指说法印不同。拜占庭艺术为了突出全能者基督的威严形象，背景最多镶嵌与之相关的希腊文字母，别无其他装饰符号；②而敦煌绢画耶稣四周花朵纷飞，更具艺术美感。很明显，敦煌绢画中的耶稣形象，与遥远的罗马帝国基督教艺术并无直接联系。

尤其值得注意的是，在高昌自然主义、敦煌偏写实风格的绘画艺术中，没有使用复杂的神学象征符号，仅以简单的景教十字架，揭示其基督教信仰。这种简单造型的十字架，是中亚地区的流行式样，造型素朴，不饰以云朵或莲花。③ 相较而言，中国的景教十字架远比中亚十字架华丽、繁复，景教图像从中亚到中国之间发生的变化，得益于中国本土更成熟更发达的本土文化和艺术土壤，而唐代兴盛的佛道教艺术乃景教主要效法对象。

二、飞翔人像的艺术原型

飞翔天神为洛阳经幢的外部装饰图像，与西安碑十字架外部的龙纹装饰有明显不同。但这种不同并不是基于教义上的变化和差异，而是由西安碑的碑体形制所决定的。

西安碑采用中国传统的螭首龟趺造型(图 7)，这种碑体形制直到元代中国，仍被基

① Jane Dillenberger, *Style and Content in Christian Art*, Nashville: Abingdon Press, 1965, pp. 53-56.

② Christopher Schonborn, *God's Human Face: The Christ Icon*, translated by Lothar Kraugh, San Francisco: Ignatius Press, 1994, p.154.

③ 陈怀宇提到中亚景教遗物上的十字架，与敦煌、高昌的十字架相仿。参见氏文《高昌回鹘景教研究》，第 175—176 页。

督教官方寺院沿用(图8)。碑首为两条盘绕的无角螭龙,二龙于碑额正上方承托起一枚宝珠,形成“二龙戏珠”主题。碑首宝珠有火焰升腾,为佛教之如意宝珠,又称摩尼珠者,由宝物和火焰组成。螭作为龙的一种,在中国被赋予了神圣色彩,是帝王的权力象征。自东汉以来,螭龙被广泛运用于皇家艺术中;唐时佛教盛行,螭龙托宝珠的石碑形制也大受欢迎,被许多贵族采用。[①] 神龟底座兴起于南北朝,既能保证碑刻的平稳安定,又寄托了龟寿延年之意。唐代西安碑所采用的螭首龟趺这一典型中国石碑形制,揭示了唐代长安景教会与朝廷之间的亲密关系。葛承雍先生指明此碑是为了讨好皇帝,“用龙来标示受到朝廷真龙天子的庇护”。[②] 林悟殊先生也指出:“无论从其形制、名称、内容,或从其落款的众多高僧名字、职衔看,均可表明其是一座最高规格的丰碑。这样一座丰碑,只有树立在义宁坊大秦寺这个全国景教的中心才配称。”[③]长安作为唐代景教会的中心、最高领导层的常驻地,从太宗朝以来,其教会就得到了朝廷的高度重视,景教碑在碑铭中高调回顾唐朝历代皇帝对景教的扶持,堪与其碑首螭龙呼应。

图7　西安碑林博物馆藏《大秦景教流行中国碑》碑额

图8　房山十字寺《敕赐十字寺碑记》碑额[④]

洛阳景教碑的形制为经幢,是为纪念“安国太夫人”“亡师伯”所立的墓幢,与基督教墓碑形制迥异,是洛阳景教徒效法佛教刻经立幢传统的产物。

按唐代佛教经幢多为八面体,上刻《佛顶尊胜陀罗尼经》(以下简称《陀经》)。[⑤]《陀经》受持简单,神力广大,能拯救幽冥,“净一切恶道”,“破一切地狱”,[⑥]7世纪后半叶勒刻《陀经》的经幢开始风行。佛教的经幢多立于通衢大道、高山、寺院和坟墓,其中被置于墓侧者,被称为“墓幢”。“墓幢”之流行,源于《陀经》破地狱之法力:

① 更多相似的碑顶雕刻以及图例,参见卢蓉《中国墓碑研究》,社会科学文献出版社,2015年。
② 葛承雍:《景教天使与佛教飞天比较辨识研究》,第2页。
③ 林悟殊:《唐代首所景寺考略》,收入氏著《唐代景教再研究》,第64页。
④ 来源:http://blog.sina.com.cn/s/blog_53d2a6d301012ud2.html,2014年4月25日。
⑤ 阎文儒:《石幢》,《文物》1959年第8期,第48页。
⑥ 佛陀波利译:《佛顶尊胜陀罗尼经》,《大正藏》(19),第350页上。

> 于幢等上，或见或与相近，其影映身，或风吹陀罗尼上幢等上尘落在身上。天帝，彼诸众生所有罪业，应坠恶道地狱、畜生阎罗王界、饿鬼界、阿修罗身恶道之苦，皆悉不受，亦不为罪垢染污。为一切诸佛之所授记。[①]

据《陀经》，凡接近或见此经者，甚至幢影映身及风吹幢上尘土飘落于身上者，都可净除一切罪业，免受堕入诸恶道之苦，有“尘沾影覆”之效。[②]

洛阳景教经幢作为墓幢，完全采用佛教经幢的八面柱体形制，虽只残存幢身，学界一致认为其原有幢顶和幢座。佛教经幢勒刻《陀经》，景教经幢则选刻《大秦景教宣元至本经》，究其原因，乃在于《宣经》除宣扬造物主阿罗诃的无上威力外，还宣扬救世主弥施诃的救世使命，高度阐发本教教义，“但有人受持读诵、信解勤行，当知其人……有能讽持者，皆获景福，况书写于幢铭”。单单念诵此经就能获得“景福”，书写于幢上，更是能获得无上功德，增加死者的冥福。《宣经》还载有：“愿景日长悬，朗明暗府，真姓不迷，即景性也。”与佛教经幢刻《陀经》以度亡灵使不坠地狱的功能，可谓殊途同归。[③] 洛阳景教经幢正是景教深受洛阳佛教氛围影响，采入佛教礼仪习俗的产物。

不过，据葛承雍先生的研究，飞天图像并非佛教经幢习见的装饰语言，即使在中土佛教经幢中也属鲜见。[④] 那么，洛阳景教经幢虽借鉴了佛教经幢的形制及功能，其选择的装饰图像却又独树一帜，原因何在呢？对十字架图像中的莲花祥云装饰，学界没有疑义；但选用飞翔人像为装饰符号，就不那么容易理解了。确实，自洛阳经幢出土以来，围绕其碑上两组飞翔神像是“飞天”还是“天使”的争论，就一直没停歇过。对此两组左右对称的飞翔人像，罗炤先生认为其为男性、女性各一组，形象上近似佛教飞天，“功用则介于飞天与供养人之间，可能尚不足以达到崇拜信条的高度”。[⑤] 唐莉称“经幢上的四位天使是否与《圣经》里所描写的天使相同，还有待于进一步研究”；她怀疑经幢第五面的“天使”手中所持一冒烟的圆形物体，也许就是《以赛亚书》对天使撒拉弗(Seraphim)的记载：“手里掌

---

① 佛陀波利译：《佛顶尊胜陀罗尼经》，第350页下。

② 刘淑芬：《灭罪与度亡：佛顶尊胜陀罗尼经幢之研究》，上海古籍出版社，2008年，第122—170页。

③ 林悟殊、殷小平：《经幢版〈大秦景教宣元至本经〉考释——唐代洛阳景教经幢研究之一》，收入《景教遗珍：洛阳新出唐代景教经幢研究》，第76页。

④ 葛承雍：《景教天使与佛教飞天比较辨识研究》，第2页。

⑤ 罗炤：《洛阳新出土〈大秦景教宣元至本经及幢记〉石幢的几个问题》，收入《景教遗珍：洛阳新出唐代景教经幢研究》，第37页。

着红炭，是用火剪从坛上取下来的。"火炭常被描述成消除罪孽的圣物。[①] 无独有偶，在13世纪元代重要的基督教传教地泉州，也出土了数方飞翔人物供奉十字架构图的石刻，学界也多认定其为"天使"。[②] 但泉州"天使"图像出现时代较晚，若作为洛阳景教经幢飞翔人像的参考体系，还需谨慎鉴别。

如前所述，在时代早于洛阳景教经幢半世纪的西安景教碑上，并无人像；在时代相近的新疆、敦煌地区，基督教艺术虽表现为人像艺术，却未见其"飞翔"；甚至在8—10世纪的中亚、西亚地区，天使像也属鲜见。洛阳景教经幢上的"飞翔天神"，无疑是9世纪初期中国景教艺术的新内容。

我们先看看人像构图及表现手法。

第一、三面的两尊飞翔天神（以下简称F1，F3），身系披帛肩带，脚踏祥云，正在礼拜供奉F2的华丽十字架。其中，F3的天神发髻高耸后梳，项饰璎珞，面朝右方，双手同向拱礼，一对肩带呈"U"形飞扬头顶，腰间披帛则飘至身后，与束腰长裙凌空飘逸，加之脚踏流荡的卷云，更显得体态轻盈。F1的天神面朝左方，双手向左前伸，除去肩带不对称地飘扬在头顶上方外，其发饰、服饰、动作均与F3无异，左右完全对称。两身天神都显得眉清目秀，体态苗条，舒卷的云气与柔和的身体使画面极具宗教乐舞的律动感。

第五至七面（F5，F7）的两尊飞翔天神，依旧面向中心的F6十字架飞舞，束环髻，裸上身，着贴体束腰长裙，优美的裙襞流荡腿间，弯曲连绵的卷云衬于其下，加诸身体上方呈半圆形飞舞的飘带，仿佛阵阵轻风将飞神送至。左侧飞神（F7）左手捧莲蕾，右侧飞神（F5）右手托宝珠，做供养状，向十字架礼拜、奉献。画面中裙摆、披帛、云气纹等装饰相互映衬，构成完美的韵律，仿佛舞乐响起，令人沉浸在欢快愉悦的氛围中。

虽然两组图像都采用十字架居其中、人物对称分布左右作供养状的构图，但从人物体态、装饰纹理等元素来看，两组飞神造型的风格并不甚相似。F1、F3的人像体态清瘦，卷云线条细长，腰带裙摆棱角较多，身姿纤巧修长，体现一种玲珑之美；F5、F7的人像看起来更饱满圆润、雍容华贵，云气、莲座、褶襞等装饰都少棱角线多弧形线，带有一种蓬勃

---

① 唐莉：《洛阳新出土大秦景教经幢文初释及翻译》，收入《景教遗珍：洛阳新出唐代景教经幢研究》，第134—156页，引文见151页。《圣经》对撒拉弗形象的描述为："其上有两个撒拉弗侍立，各有六个翅膀：用两个翅膀遮脸，两个翅膀遮脚，两个翅膀飞翔。"（《以赛亚书》6：3）《圣经》中并未确称其为"天使"（angle），但在中世纪欧洲流行的天使阶序（Anglic Hierarchy）中，撒拉弗常被认为是最高等级之天使。笔者不赞成将经幢人像比对为撒拉弗，毕竟经书已明确了后者六翼的外观特点，六翼才是判定其身份的根本特征。

② Samuel N. C. Lieu, "Nestorian Angels from Central Asia and other Christian and Manichean Remains at Zaitun (Quanzhou) on the South China Coast", in C. Benjamin and Samuel N. C. Lieu (ed.), *Silk Road Studies, VI*, Turnhout: Brepols, 2002, pp. 1-17；吴幼雄：《福建泉州发现的也里可温（景教）碑》，刊《考古》1988年第11期，第1015—1020页；李静蓉：《元代泉州基督教天使雕饰的多元文化选择》，刊《泉州师范学院学报》2011年第5期，第26—30页。

豪放的气质。无论造型还是线条风格，洛阳景教经幢与中古时代尤其是洛阳地区的佛教飞天都非常接近：飘逸腾飞的身姿，仿佛在神圣的音乐中舞蹈。

按佛教飞天的来源比较复杂，其最初的源头应该是印度教神话中的天女阿卜莎罗(Apsara, the celestial fairies)。阿卜莎罗被描绘成容貌美丽、年轻优雅的女子形象，是印度文化中舞蹈艺术的代表，在因陀罗无忧无惧的天宫中舞蹈；阿卜莎罗从天宫撒下花朵，代表吉祥、欢乐与幸福。[①] 擅长舞蹈的乾闼婆(Gandharva)，也常被认为是飞天原型，在印度文化中，阿卜莎罗亦被视为乾闼婆的配偶。传说乾闼婆吟唱，阿卜莎罗也会随之起舞，就"好像阳光在青草上舞蹈那样"。[②] 印度本土的飞天，多为站姿，扭腰送胯，或侧首，或颔首，婀娜多姿，颇具女性的妩媚，其更注重刻画飞天的舞蹈形态而非飞翔形态。

汉地的飞天一方面沿袭了印度阿卜莎罗擅长乐舞的特点，表现为"天宫伎乐"的形象，另一方面则完全摆脱了印度本土以站立为主的姿态，呈现为飞升的形态。中亚地区作为佛教传播的重要中介地区，是印度阿卜莎罗向汉地飞天转变的过渡阶段。[③] 在西域的飞天艺术中，飞天增加了更多的西域乐舞元素，比如西域飞天手中多持有各种西域乐器，如琵琶、排箫、羌笛等；[④]在形象上则逐渐吸收中原艺术的元素。例如，龟兹的第一代飞天还显得呆板滞重，身体机械僵直，尚未褪去印度、波斯、希腊文化影响，到了第二、三代飞天艺术中，身体的动态更多地通过飘带的处理来实现，飘带随风舞动，身体轻盈，神态妩媚，是西域艺术与中原艺术相融合的结果。[⑤] 北魏文成帝迁都洛阳之后，对佛教的崇信有增无减，洛阳地区也初见"飞天"记载。《洛阳伽蓝记》记载："石桥南道有景兴尼寺，亦阉官等所共立地。有金像辇，去地三丈，上施宝盖，四面垂金铃、七宝珠，飞天伎乐，望之云表。做工甚精，难可扬榷。"[⑥]"飞天伎乐"一语道出了从西域传入的飞天形象的基本特点。

北朝飞天更多地体现了中原的风格，苗条纤柔，飘带飞长，瘦骨清风。[⑦] 洛阳景教经幢第一面(F1)、第三面(F3)的图像就与北朝时期的佛教飞天形象极为相似。以北魏巩县石窟第三窟(图 9)图像为参照，细观洛阳经幢上部人物图像，发现其与后者颇吻合。三者身体都很修长，上身略抬起前倾，下身着束腰贴体长裙，衣带、披帛和裙裾皆朝上方飘扬；单手托供物，表情怡然，姿态优美。由于洛阳景教经幢磨损较为严重，其头饰、五官

---

① Donald A. Mackenzie, *Indian Myth and Legend*, Bloomington: Indiana University Press, 1913, p.58, p.144, p.168.

② *Ibid*, p.316.

③ 龚云表：《诗心舞魂：中国飞天艺术》，上海书店出版社，2004 年，第 3 页。

④ 参看葛承雍《景教天使与佛教飞天比较辨识研究》，第 4—5 页。

⑤ 张俊彦：《龟兹壁画风格多样的飞天形象的演变及其它》，《新疆艺术》1988 年第 2 期。

⑥ (魏)杨衒之撰：《洛阳伽蓝记校释》，周祖谟校释，中华书局，1963 年，第 79 页。

⑦ 赵声良：《飞天艺术：从印度到中国》，江苏美术出版社，2008 年，第 157 页。

及衣物细节已不可追究，似难确认其为男性；[1]巩县石窟飞天乃为女性。此外，洛阳经幢飞翔天神是面向正中的十字架，而巩县石窟飞天为回首状。

图 9　北魏巩县石窟第 3 窟飞天[2]与洛阳景教经幢第 1、3 面飞天

图 10　龙门石窟看经洞(2194 窟)彩绘石雕飞天[3]与洛阳景教经幢第 5、7 面飞天

到了唐代，飞天形象一改北朝之清瘦，表现为圆润妩媚，体现出一种大气、雍容和典雅的韵味。F5、F7 之飞神形象就更趋近于盛唐时期敦煌艺术及龙门艺术中的飞天形象(图 10)。她们发髻高耸，面相丰腴，体型圆润，给人以尊贵雍容之感。画匠用弯曲的圆形线来营造天神的华贵雍容与气度不凡，较北朝时期的飞天形象，其神情更沉静愉悦，体态更婀娜丰满，托承飞神的云朵为滚动的涡旋型卷云；线条疏密有致，既精细又简洁，显示出工匠高超的绘画技艺。从整体来看，这两尊飞神在弯曲飘扬的披帛环绕下更加气韵超凡。

从构图表现来看，洛阳景教经幢的飞翔天神确实借鉴了中原佛教的飞天图像。

① 上揭张乃翥《跋河南洛阳新出土的一件唐代景教石刻》，第 13 页；上揭罗炤《洛阳新出土〈大秦景教宣元至本经及幢记〉石幢的几个问题》，第 35 页。

② 选自赵声良《飞天艺术：从印度到中国》，第 101 页。

③ 选自郑汝中、台建群著《中国飞天艺术》，安徽美术出版社，2000 年，第 246 页。

三、经幢不采用西方"天使"的原因分析

洛阳景教经幢的飞翔天神原型乃佛教飞天,但在一方基督徒的墓幢上展现佛教的神灵似乎有悖常理;毕竟在基督教艺术中本就有着托举十字架、飞翔于空中的天使,其最突出的特点就是背长双翼。洛阳景教徒为何不采用这种有翼天使造型而用以佛教飞天呢?葛承雍先生在其研究中,也对这种形式与内涵的矛盾提出了质疑:"如果景教天使套用佛教飞天形式,岂不是景教放弃自己经典文化符号新造了神祇?"[①]笔者认为,葛先生的质疑其实包含了两个问题,当从两个层面讨论:其一,洛阳景教的"飞天"与基督教"天使"符号之间的外形差异,是否代表其放弃了本教经典符号;更具体些,景教是否有其固有的天使视觉艺术。其二,景教"飞天"与佛教"飞天"的同形,是否代表景教接纳了佛教的神祇,或者新造了一个神祇?

首先来看第一个问题:洛阳景教是否拥有其固有的天使视觉艺术。

笔者认为,尽管天使在拜占庭艺术中十分完善,但它在中国与中亚地区并不流行,远未形成一成熟的天使艺术符号;洛阳景教经幢之不采用西方式有翼天使图像,不等同于景教主动放弃了自己经典的文化符号。

按天使,Angel,源于希腊语"Angelos"(使者),意为神的助手、信使。顾名思义,天使负责传达神的旨意,是神在人间的发言人,喜讯的传递者。[②] 广为人知的天使形象,其外形呈人形,背生双翼,身上发出光辉,头顶浮现光环。但这种家喻户晓的天使形象是历史演变而来,在讨论其形象及象征意义时,不能脱离具体的历史时空背景。

早期天使形象并不清晰。检索《圣经》,有关天使记录不下一百七十处,他们主要承担向先知、人类传达神旨,但《圣经》没有提到天使的样貌和衣着,也没有明确提到天使长有"翅膀"。《但以理书》记载略具体,提到天使加百列(Gabriel)"形状象人"(who looked like a man),[③]出现于异象当中;在向其传达神意时,天使"迅速飞来"(in swift flight)。[④]天使如何"迅速飞来"? 可以见仁见智,但天使以年轻男子示人的形象,还是得到了普遍认可。[⑤] 就此点论,西方天使为男子形象,佛教"飞天"的原型阿卜莎罗为妙龄女郎形象,

---

① 前揭葛承雍《景教天使与佛教飞天比较辨识研究》,第 2 页。

② George Ferguson, *Signs & Symbols in Christian Art: With Illustrations from Paintings of the Renaissanc*, New York: Oxford University Press, 1966, pp. 97-101.

③ 《圣经·旧约全书》,《但以理书》(Daniel)8:15,中文和合本/新国际版(CUV Simplified / New International Version), Biblica, Inc.,第 1451 页。

④ Daniel 9:21, NIV, p. 1453.

⑤ Peter Marshall and Alexandra Walsham (ed.), *Angles in the Early Modern World*, New York: Cambridge University Press, 2006, p. 5.

此为一大差别。

西方天使"迅速飞来"的状态,虽然后来以翅膀加以呈现,但从遗存的早期基督教艺术来看,天使一开始并没有表现为背生双翼的特征。约为公元3世纪中叶的古罗马百居拉地下墓穴(the Catacomb of Priscilla)遗址,是一座早期基督教艺术的宝库,展现了早期基督徒心目中的"基督"、天堂、圣母及"天使"形象。其中有一幅"天使报喜"(Annunziazione)的湿壁画(Fresco),画中站立于圣母左前侧向她报喜的大天使,背后就无双翼。[①] 到了下一个世纪(公元4世纪)君士坦丁大帝时期,随着《米兰敕令》(313)的颁布,基督教在罗马帝国获得合法地位,教会得到帝国支持,艺术也迅速发展。受罗马艺术写实风格的影响,4世纪中叶的天使,身穿罗马式连体长袍,表现为典型的罗马贵族青年形象。梵蒂冈圣彼得大教堂所藏尤里乌斯·巴苏斯(Junius Bassus)石棺大理石浮雕,其正面第一幅以"献祭以撒"(Sacrifice of Isaac)为主题的浮雕中,劝阻亚伯拉罕祭杀以撒的天使,就未表现为有翼的形象。[②]

基督教艺术的重要转折乃4世纪末狄奥多西一世(379—395)时期。在其统治时期,随着公元392年基督教一跃成为帝国国教,基督教艺术也完成了向成熟的以圣经故事为中心的叙事艺术的转变,并形成了各种象征性的艺术语言,[③]"有翼"天使形象开始出现,并有了其神学意涵。这一时期的罗马石棺浮雕,出现了两个有翼天使对称托举象征基督的十字架花冠图像,一对饱满的羽翼在天使背后展开,天使形象写实,透视感强。[④] 此

---

① Barbara Mazzei, "Il cubicolo dell'Annunciazione", *Rivista Di Archeologia Cristiana*, No. 75, 1999, Rome, p. 240, p. 242; Antonio Ferrua, *The Unknown Catacomb: A Unique Discovery of Early Christian Art*, translated by Iain Inglis, New Lanark, Scotland: Geddes & Grosset, 1991, pp. 22-23.

② The Sarcophagus of Junius Bassus, 141cm × 243cm, 55 1/2 × 95 3/4 in (without lid), Crypt of St. Peter's, Rome. (A.D. 359)。值得注意的是,石棺侧面浮雕的裸体人物,出现了双翼,可能为天使,但裸体的表现手法使其更接近罗马艺术中的丘比特的形象。"以撒献祭"浮雕参见 John Lowden, *Early Christian & Byzantine Art*, London: Phaidon, 1997, p. 50; also see Jane Dillenberger, *Style and Content in Christian Art*, pp. 6-7; Katharine Morrison McClinton, *Christian Church Art through the Ages*, New York: The Macmillan company, 1962, Plate II;侧面浮雕参见 Elizabeth Struthers Malbon, *The Iconography of the Sarcophagus of Junius Bassus*, Princeton, New Jersey: Princeton University Press, 1990, plate 1.

③ Ernst Kitzinger, "A Marble Relief of the Theodosian Period", *Dumbarton Oaks Papers*, Vol. 14 (1960), pp. 17-42; W. Eugene Kleinbauer (ed.), *The Art of Byzantium and the Medieval West: Selected Studies*, Bloomington: Indiana University Press, 1976.

④ Child's Sarcophagus (A. D. 359), discovered at Sarigüzel, Archaeological Museum, Istanbul, in Yves Christe (eds.), *Art of the Christian World, A.D. 200-1500: A Handbook of Styles and Forms*. New York: Rizzoli, 1982, p. 47; also see Samuel N. C. Lieu, "*Christian and Manichaean remains from Zayton*", in *From Palmyra to Zayton: Epigraphy and Iconography*, I. Gardner, Samuel N. C. Lieu and K. Parry (eds.), Turnhout: Brepols, 2005, pp.189-206.

后，羽翼、人形与十字架，遂成为基督教艺术中天使的基本符号，以天使对称托举雕绘有耶稣形象或代表耶稣十字架及字母徽章的构图，也广泛流行，象征了基督无处不在，降福人间。

作为罗马帝国基督教的官方艺术，有翼天使在此后的拜占庭艺术中得以发扬光大。在公元6世纪帝国西部首都拉文纳的帝国教堂（Basilica of San Vitale，527—548）内部饰满了基督教主题的马赛克镶嵌画（图11），其东面半圆壁龛中，两尊有翼天使站立于基督两侧，降临人间，施行正义的审判，①就像《马太福音》所记载："当人子在他荣耀里，同着众天使降临的时候，要坐在他荣耀的宝座上。"②圆拱两侧墙壁上，各有两尊带翼天使飞翔于空中，双双托举象征基督荣耀的十字架圆盘，③这一构图与狄奥多西时期的大理石天使浮雕构图一致，不同在于，由于艺术创作的媒介之不同（一为大理石浮雕，一为马赛克镶嵌画），拜占庭美术中的天使表现为金色光圈，翅膀也为金色，除了效果上增强了豪华气派，金色还代表了宗教上的神圣性。事实上，在古老的东方艺术中，翅膀就是区分神与人的象征符号，其外观虽借自飞禽，却引申为"神圣""永恒光明"等宗教内涵，这种观念可追溯到古老的亚述艺术。④

① 此镶嵌画可参见［英］安妮·谢弗-克兰德尔（Annie Shaver-Crandell）著《剑桥艺术史·中世纪艺术》，钱乘旦译，译林出版社，2009年，第21页，图版27；Wolfgang Kemp, *Christliche Kunst: Ihre Anfänge, Ihre Strukturen*, München: Schirmer/Mosel, 1994, p. 31.

② 《马太福音》25:31；Matthew 25:31, pp.1608-1609.

③ Charles Bayet, *Byzantine Art*, New York: Parkstone Press International, 2009, pp.44-46.

④ A. S. Shahbazi, "An Achaemenid Symbol II. Farnah '(God Given) Fortune' Symbolised", *AMI*, N.F., Band 13, Berlin: Verlag von Dietrich Reimer, 1980, pp. 119-147. 转引自张小贵《中古祆教半人半鸟形象考源》，待刊《世界历史》2016年第1期，第131—143页。

图 11 圣维塔莱教堂东面及北面墙镶嵌画

然而，尽管天使在拜占庭艺术中十分常见，但西亚和中亚地区却非如此。西域地区所见较早的“天使”形象，为 1906 年斯坦因在罗布泊米兰遗址发现的有翼天使壁画（图 12），创作年代非常早，约为公元 3 世纪。

图 12 米兰 M. III 佛寺壁画[①]

从面貌来看，人物应属伊朗语系的印欧人：深目高鼻，双唇朱红，面颈浑圆，少许鬈发耸于头顶，带翼，羽毛上沿绘有红色带。就画风来看，米兰壁画完全不同于中原艺术，其人像趋于写实，带有希腊罗马艺术的风格。[②] 不少学者推测其属于早期佛教题材，斯坦因则认为其与早期基督教肖像画艺术有历史渊源，其曰：[③]

就希腊式佛教美术造像中所看到的某种有翼的青年形象而言，磨朗（笔者按：Miran，即米兰）护墙板上这些画像必须追溯到希腊的神话，以有翼的爱罗神（Eros）

① 原件 66cm×46cm、53cm×44.5cm，出土于米兰 M. III 佛寺遗址，现藏于印度新德里国家博物馆。图版选自朱己祥：《论米兰佛寺“有翼天使”壁画的起源》，兰州大学硕士学位论文，2013 年，第 110—111 页。

② 邱陵：《新疆米兰佛寺壁画：“有翼天使”》，《西域研究》1995 年第 3 期，第 106—107 页。

③ 沈福伟认为它完全是基督教艺术，见沈福伟《中西文化交流史》，上海人民出版社，1985 年，第 102 页；羽田亨亦持此说，见羽田亨著《西域文明史概论》，第 22 页。

为其直接的祖先，那是十分可能的事。不过这种直系的后代，经过中间的阶段，当然受有东方观念的影响。普通说来，磨朗护墙板上的画像同有些古基督教派中的天使，奇异的暗示有一种亲属关系。①

不过，如前所述，在3世纪初，甚至在大秦本土也没有出现“有翼”天使的形象；很难想象，它在此时会形成一种图像符号，广泛传播到远离罗马的中亚地区；米兰的“天使”，自不能简单划归为古基督教的范畴。将目光再往后推移，在7至10世纪的中亚基督教艺术中，也无有翼天使之图像，甚至也未见过相似的飞翔人像。就现存资料言之，景教虽源于大秦，但其艺术却与拜占庭宗教艺术相距甚远，造成这一情况的原因，当从景教本身的历史及其东传过程中的本土化中寻找。

景教于5世纪上半叶被判为异端，5世纪末与“帝国派”正统基督教彻底决裂。在向东方谋求发展的过程中，景教一直就被视为“反罗马”的基督徒代表。② 立足两河流域的景教，经波斯、中亚远播中国，其间不断吸收伊朗、粟特与中国本土文化，与罗马帝国渐行渐远；即使其原来曾保有部分拜占庭宗教艺术传统，亦难想象这些神学符号会原汁原味地远播到东伊朗及中亚地区。东方教会之“中心教区”在西伊朗大城，③哈烈、木鹿、撒马尔干等中亚城市属于“外部教区”，④外部教区距首都巴格达（原为泰锡封）遥远，只能依靠与宗主教的通信接受其领导。⑤ 公元554年约瑟夫宗教会议（Synod of Joseph）决定，外部教区都主教可自主任命主教，因地制宜；景教遂能克服地理上的遥迢距离，向中亚乃至草原地区的突厥部落传播。⑥ 中亚教区民族众多，语言复杂，绿洲城市彼此隔离，为适应这一复杂的传教环境，除高级教士掌握叙利亚语外，中亚地区的低级教士和执事多选用说突厥语和粟特语的本地人。⑦ 吐鲁番绿洲所发现的多语种景教写卷，就是适应这一

---

① [英]斯坦因：《西域考古记》，向达译，中华书局，1936年，第85—86页。

② [英]汤因比：《历史研究》，第十七章《流产的文明》，上海世纪出版集团，1997年，第106—1109页。

③ E. Sachau, "Zur Ausbreitung des Christentums in Asien", *Abhandlungen der Preussischen Akademie der Wissenschaft*, 1919, pp. 14-17.

④ E. C. D. Hunter, "Syriac Christianity in Central Asia", *Zeitschrift für Religions-und Geistesgeschichte*, vol.44, 1992, pp. 364-365, p. 367; Brian E. Colless, "The Nestorian province of Samarqand", *Abr-Nahrain*, 24, 1986, pp. 51-57.

⑤ J. Dauvillier, "Les provinces Chaldéenes 'de l'Exterieur' au Moyen Age", *Mélanges offerts au R. P. Ferdinand Cavallera, doyen de la Faculté de théologie de Toulouse, à l'occasion de la quarantième année de son professorat à l'Institut Catholique*, Biliothèque de l'Institut Catholique, 1948, pp. 264-266.

⑥ A. Mingana, *The Early Spread of Christianity in Central Asia and the Far East: A New Document*, Manchester: University Press, 1925, pp. 305-306.

⑦ *Ibid*, pp. 305-306.

多语言多民族文化环境的产物；[1]在这些明显受到波斯、粟特、回鹘文化影响的景教遗物中，未曾发现有翼的天使。以入华粟特人后裔为主的洛阳景教徒，在其中亚故乡也可能没有使用有翼天使的图像艺术，其在中国不使用天使作为墓幢构图，自不难理解。

四、经幢人像为"天使"之蠡测

那么，景教之采用"飞天"，是否标示景教接纳了佛教的神灵，或者新创了一个神祇？这个问题关乎洛阳景教经幢人像的宗教属性判断，尤需辩证分析。

按佛教飞天和西方天使同为东西方宗教中之"天使"，有其共通性。造型上，二者都为人形，且作为宗教崇拜中心（佛陀、基督）的使者，经常飞翔其周围作供养奉献状。美学基调上，二者都代表一种纯洁的本质和欢愉的意象，体现出一种升腾脱俗的审美。[2] 然而两者的差异也很明显：西方的天使背生双翼、头顶光环、身散光辉，有一套严格的教阶体系；[3]佛教的飞天没有层级差别，作为佛教的伎乐供养，载歌载舞，做伎乐供养。西方天使羽翼、容貌、形体都趋于写实，佛教飞天在印度也是写实的风格，进入到中国文化语境后，就从写实走向了写意，形成了衣裙飘逸、披帛飞舞的中国飞天形象。这种相似性与差异性，增加了洛阳景教人像宗教属性的判断难度。从艺术形象上来看，洛阳景教经幢无疑就是佛教的飞天；但其宗教内涵则不能直当佛教。

例如，汉译景教经典当中，佛道教术语比比皆是，但景教僧却能"偷梁换柱"，改变其原来的宗教内涵，为本教服务。举一突出的例子。基督教的造物主上帝，景教徒称之为"阿罗诃"，其叙利亚语为 Alāhā。而考察汉译"阿罗诃"语源，乃借自 5 世纪鸠摩罗什的汉译佛经《妙法莲华经》，其经文有曰：

---

① E. A. W. Budge, *The Book of the Governors: The Historia Monastica of Thomas, Bishop of Margâ A.D.* 840, London: K. Paul. Trench, Trübner & co., 1893, vol. 1, pp. 479-481, Vol. 2, pp. 260-261.

② 刘鹏：《东、西方的飞神——对比"敦煌飞天"与"西方天使"》，《中国包装》2010 年第 5 期，第 27—29 页。

③ 中世纪学者迪约尼修（Pseudo-Dionysius the Areopagite）曾发表《天阶序论》（*The Celestial Hierarchy*），制订了三级九等的天阶等级，分别是：炽天使 Seraphim、智天使 Cherubim、座天使 Thrones，主天使 Dominationes、力天使 Virtues、能天使 Powers，权天使 Principatus、大天使（天使长）Archangels、天使 Angels。该理论在 16 世纪后被教会淡化，1992 年版《天主教会教理问答》则不再承认。参看 Pseudo-Dionysius; Graham Solomon, "De Praestigiis Daemonum", in *Witches, Scientists, Philosophers: Essays and Lectures*, Springer Netherlands, 2000, pp. 11-34; Gustav Davidson, *A Dictionary of Angels: including the Fallen Angels*, "Appendix: II. The Orders of the Celestial Hierarchy", New York: Free Press, 1971, pp. 336-338.

时有菩萨，名曰德藏，日月灯明佛即授其记，告诸比丘：“是德藏菩萨，次当作佛，号曰净身多陀阿伽度阿罗诃三藐三佛陀。”①

据丁福保解释，“阿罗诃”来自梵文 arhat，为“佛十号之一，译曰应供。当受众生供养义”。② 景教徒深知“阿罗诃”在汉译佛经中为一佛号，但将它借用到景教经典中以后，就脱下其佛教外衣，将其变成基督教中的无元匠帝、伟大造物主了。③ 在华摩尼教对其教主摩尼的译名，也效仿了汉译佛教经典，以佛经常见的“摩尼”（巴利语 mani，宝珠）来称呼教主 Mani，并自称其教为“摩尼教”。④ 无论景教还是摩尼教，都主动地向佛教靠拢，但“格义”不代表放弃信仰，而是外来宗教传播过程中必须面对的本土化途径。林悟殊先生曾指出景教向主流宗教靠拢的必然性：

唐代的景教和摩尼教，作为外来宗教，当然是佛教的后辈，无疑都企图效法佛教。从其流传下来的经典，明显看出其本土化的趋势。……欲以和平的手段在中国传教，不向主流宗教靠拢，一味坚持原教旨，则势必要碰到更多的困难。⑤

佛教当仁不让地居于唐代社会的主流宗教信仰，如舒元舆《鄂州永兴县重岩寺碑记》所记载：

国朝沿近古而有加焉，亦容杂夷而来者，有摩尼焉，大秦焉，祆神焉，合天下三夷寺，不足当吾释寺一小邑之数也。⑥

会昌以前佛教不可争辩的主流宗教地位，使其成为景教和摩尼教等夷教的效法对象。以西安景教纪事碑观之，无论是传入之初的太宗朝，还是安史乱后短暂中兴的中唐时期，景教虽不断遭到佛教的排挤和嘲笑，但其僧侣仍然积极与佛教合作，从佛教中吸取养分，因为“一味坚持原教旨，则势必要碰到更多的困难”。

具体到洛阳地区，其佛教传入的历史最早，佛教势力最强，氛围也最浓厚。⑦ 毫无疑

---

① 鸠摩罗什译：《妙法莲华经》，《大正藏》(9)，第 4 页。

② 丁福保：《佛学大辞典》，文物出版社，1984 年，第 737 页。

③ 参见林悟殊《经幢版“三位一体”考释——唐代洛阳景教经幢研究之三》，收入《景教遗珍：洛阳新出土唐代景教经幢研究》，第 107—121 页。

④ 林悟殊：《摩尼教华名辨异》，刊《九州学林》2007 年春季五卷一期，第 180—243 页。

⑤ 林悟殊：《唐代景教传播成败评说》，收入氏著《唐代景教再研究》，第 99—100 页。

⑥ （唐）舒元舆：《鄂州永兴县重岩寺碑记》，收入（宋）姚铉编，（清）许增校：《唐文粹》卷六五，浙江人民出版社，1986 年，第 818 页。

⑦ 郭绍林：《汉唐间洛阳佛教述略》，《文史知识》1994 年第 10 期，第 78—82 页。

问，洛阳地区的景教团体受到的来自佛教的影响也会更明显。从洛阳景教经幢的整体风格来看，其正是洛阳景教高度华化、接受佛教影响的产物。

观洛阳景教经幢的立碑缘起：元和九年(814)冬十二月八日，立幢人于洛阳感德乡柏仁里崔行本处买得墓地一块，在弟景僧清素、从兄少诚、舅安少连及义叔上都左龙武军散将某某等人的陪同下，由景教大秦寺寺主法和玄应、威仪大德玄庆、九阶大德志通等人主持，安葬其亡母安氏太夫人和亡师伯某。立幢人买得南山之石，刻《宣经》，书《幢记》，将经幢立于墓地神道侧；大和三年(829)二月十六日，举行了迁墓仪式。幢记提到洛阳大秦寺寺主法和玄应、威仪大德玄庆、九阶大德志通等，乃按照佛教法统和世系命名的方式，[①]与西安大秦寺来自叙利亚的母教会僧人严格按照原来的组织形式不同，打上了浓厚的佛教的烙印；[②]而经幢本身也是其效仿佛教之物，只不过佛教经幢勒刻的是《陀经》，景教经幢勒刻的是《宣经》，在各自的信众心中，两种经典都具有无边法力，可起到庇佑亡灵的作用。

总的说来，相较西安以母教会传教士为主的景僧群体，洛阳的景教，代表的是入华更早、佛化更高的胡人后裔群体：

> (这些)业已华化的胡人后裔，绝不能与粟特或波斯本土的胡人等量齐观。他们虽具胡族血统，但却有汉人的文化思维，循汉人的社会礼俗，即使他们所隶属的景教团，实际亦已华化……其程度之深，实为吾人原先所意料不到。[③]

其"华化"的主要表现，乃为"佛化"。

当然，不管景教如何借鉴佛教或者道教的元素，其目的都是为了保存其宗教团体，传达其基督救世的宗教信仰。景教的根本教义，并不因为从佛教文化中汲取养分而发生变易，恰恰相反，洛阳景教经幢虽从外观上看是佛化的产物，但高度表达了基督教的根本信仰。

经幢刻写的《宣经》，充分表达了对造物主阿罗诃和对救世主迷诗诃的崇敬。按《宣经》在唐代景教经典中，地位崇高，在《尊经》被敬礼的卅五部景教经典中，位居第二，列于《常明皇乐经》之后，《至玄安乐经》之前。但学者都公认，如果从教理层面理解，《宣经》无疑为唐代景教经典中最重要的一部，其宣讲造物主创造世界，救世主拯救人类，而这些信

---

① 罗炤：《洛阳新出土〈大秦景教宣元至本经及幢记〉石幢的几个问题》，收入《景教遗珍：洛阳新出唐代景教经幢研究》，第49—50页。

② 林悟殊、殷小平：《唐代"景僧"释义》，《文史》2009年第1辑，第279—297页；段晴：《唐代大秦寺与景教僧新释》，收入荣新江主编：《唐代宗教信仰与社会：新问题与新探索》，上海辞书出版社，2003年，第434—472页。

③ 殷小平、林悟殊：《幢记若干问题考释——唐代洛阳景教经幢研究之二》，收入《景教遗珍：洛阳新出唐代景教经幢研究》，第101页。

仰正是整个基督教义的基础。[①]

而从洛阳景教经幢图像来看，其主题为十字架，代表救世主基督；莲花、祥云和飞翔人像，均围绕着十字架展开，构成其外部装饰语言。把握洛阳景教经幢图像的核心符号与装饰符号，是我们理解此碑宗教属性的根本；换言之，洛阳景教徒坚守固有景教信仰，在图像中已得到了高度表现。

此外，如前所述，中亚景教也好，中国景教也好，其艺术中原本并没有相应的天使图像，但是，定居洛阳以后，当地华化较深的粟特裔景教徒，其信仰的行为方式自觉不自觉地效法佛教乃理所当然：面对洛阳本土繁荣的佛教石窟艺术，用佛教曼妙优美的飞天，表现圣经中传达神旨的天使，创造出一佛化的"天使"图像，毫不出奇。从洛阳景教信徒虽高度华化仍维持信仰不坠的表现来看，他们必不会将这两组飞天视作供养佛陀的飞天；就像阿罗诃原本是一种佛号，当景教徒采用以后，他就成为基督教的"上帝"，与佛教脱离了宗教联系。"飞天"的情况也类似，其原型虽来自佛教，但在景教徒心中，其自然也与佛教撇清了关系。

最后，再回到经幢图像的构图中心十字架上。在东方教会的信仰中，十字架表达了基督的救世信仰(the Emblem of our Salvation)，[②]当"众天使降临的时候"，救世主基督要"坐在他荣耀的宝座上。万民都要聚集在他面前"，[③]信基督的义人会升入永恒的天堂，得到永生。对此基本教义，洛阳的景教徒自然熟知，而佛教飞天与景教天使的共通性特点，也使他们在一方祈求逝者永生的墓幢上，选择了当地的飞天形象来表现心目中的天使。总之，对洛阳的景教徒而言，飞天绘刻到景教经幢后，就自然而然地转变为基督教的天使了。

结　语

图像艺术体现了对宗教文本的理解，影响并可能塑造了人们的认知及知识体系，从而大大拓宽了艺术史与宗教史的视野。[④] 从这一层面讲，洛阳景教经幢不仅具有极高的艺术价值，更富有相当珍贵的文献价值。通过与以上不同时代、不同地区重要的基督教

---

① 林悟殊、殷小平：《经幢版〈大秦景教宣元至本经〉考释——唐代洛阳景教经幢研究之一》，收入《景教遗珍：洛阳新出唐代景教经幢研究》，第68—91页。

② Mar Yacub Daniel, "Sign of the Cross", in P. Hofrichter & G. Wilflingerled. *Syriac Dialogue*, the fifth non-official consultation on dialogue within the Syriac tradition, vol.5, Vienna: Pro Oriente, 2003, p. 139; also see Christoph Baumer, *The Church of the East: An Illustrated History of Assyrian Christianity*, London: I.B. Tauris, 2006, p.119.

③ 《马太福音》(中文和合本)25:32,25:33。

④ 邓菲：《"图像与仪式：中国古代宗教史与艺术史的融合"国际学术研讨会综述》，《中国史研究动态》2012年第4期，第75—76页。

图像之比较，可以看出景教在东传过程中，十分注重推行与本土文化相适应的传播策略，其图像多打上了地方主流文化的元素。唐代中国的景教艺术，更是如此，从西安碑、洛阳景教经幢遗留的图像来看，其融合佛道教艺术语言，而尤以佛教的影响最为明显。洛阳景教经幢图像一方面沿袭了西安碑莲花祥云十字架的基本构图，一方面在十字架图像两旁，辅以曼妙绝伦的飞天图案。本文通过对经幢整体风格及图像艺术的历史分析，认为这些飞天的宗教属性当为景教的“天使”。

洛阳的“景教天使”，属于洛阳地区景教信徒借用佛教石窟艺术文化的新造。之所以作此判断，乃因中古时代的西域地区，景教还未形成其完善的天使艺术；唐代洛阳的粟特裔景教徒，没有将“大秦”（拜占庭）的“天使”符号带到中国的条件。待到13世纪，随着中国对外海陆交通的空前开发，中国东南沿海的泉州港，渐成为东方基督教发展的一个中心。吴文良《泉州宗教石刻》一书，[①]收录了20世纪60年代以前当地出土的大量聂斯脱利派基督教石碑，不少都刻以飞翔人像，与洛阳景教经幢上部飞天“天使”异曲同工。如何看待这些相似构图的基督教图像？它们是否代表着东方教会图像艺术的某种传统，从而反推出唐代景教图像的艺术源流？笔者认为，泉州地区的古基督教石刻，与洛阳景教石刻处于不同的历史时空背景，在作为参考体系进行讨论时，需谨慎对待。俟另文讨论。

附录：中国出土景教图像遗存对照表（3—13世纪）

年代	图像来源	地区	包含元素	出土情况
3世纪	M. III佛寺壁画	新疆	有翼人像	1906，新疆罗布泊米兰佛寺遗址
781	大秦景教流行中国碑	西安	螭首龟趺，如意宝珠，莲座，十字架，祥云，植物花枝	1623—1625，西安金胜寺景寺遗址
9世纪(814)	洛阳景教经幢	洛阳	全身人像，飞翔，十字架，莲花宝座，祥云，宝珠，飘带	2006，唐东都故城东郊
9世纪末	景教绢画	敦煌	半身人像，十字架，冠冕，花朵	1908，敦煌藏经洞
10世纪	MIK III 6911景教壁画	新疆	人像，树枝，回鹘式毛织披风式翻领罩衣，帽靴	1905，新疆吐鲁番景寺遗址

作者简介：

殷小平，华南农业大学人文与法学学院历史学系讲师；张展，暨南大学文学院中外关系研究所硕士研究生。

① 吴文良原著，吴幼雄增订：《泉州宗教石刻》（增订本），科学出版社，2005年，第365—439页。

宋代帝、后神御开光的礼仪与择吉研究

吴　羽

[提要]点睛是中国传统画学中备受重视的步骤，被认为是传神写照的关键，在宗教蓬勃发展的六朝时期，被佛、道二教宗教化，称为开光，成为将艺术作品神圣化为宗教崇拜对象的关键环节，开光时间与各自宗教的节日和斋日等相关。唐宋时期，随着密教经典进一步传入，佛教开光仪式开始拥有专属的咒语、仪式和择吉法，道教神像的开光则与道教的时间信仰紧密相关。六朝宗教对点眼的宗教化成为唐宋帝、后像开光的历史先声。在宋代帝、后神御开光中我们看到了不属于佛、道二教，但在中国有着更悠久传统的择吉术的深刻影响；也看到，随着不见于儒家礼仪经典的塑像供祀介入国家礼仪程度的加深，帝、后神御的开光仪式和择吉，最终都不得不受儒家礼仪的节制。这意味着，在贵族制度日渐衰微并终结的唐宋时代，国家在加强皇帝家族的神圣性，构建皇家新形象，建立新的意识形态过程中，一方面不断从在社会上影响巨大的佛教、道教、方术中吸取资源，另一方面则逐步将吸收来的内容改造，使之与传统的国家礼仪和儒家礼仪能够有机地结合。

[关键词]神御；开光明；仪式；择吉

一、引言

唐宋皇帝、皇后像在当时的国家礼仪中有重要作用，是对传统祖先祭祀形式的新发展，受到学界的广泛关注。汪圣铎先生《宋朝礼与道教》总论了道教对宋代国家礼仪的影响并涉及了帝后的图像与塑像，伊霈霞(Patricia Ebrey)先生在《宋代中国祖先礼仪中的塑像》中详细探讨了塑像在宋代国家礼仪中的广泛使用，雷闻先生在《论唐代的图像与祭祀》中探讨了唐代皇帝的图像、塑像、雕像与国家礼仪的诸方面[①]。鉴于宋代帝、后神御是构建皇家新形象及新型祖先祭祀礼仪体系的重要一环，所以学者也致力于考证宋代帝、后神御的塑造时间、安放地点及其政治目的，汪圣铎先生《宋代寓于寺院的帝后神御》、《宋代西南二京的帝后神御殿》、刘长东先生《宋代神御殿考》均是扎实的实证性研究[②]，李慧漱先生《圣母、权力与艺术——章献明肃刘皇后(969—1033)与宋朝女性新典范》则关注到图像对刘皇后形象的塑造[③]。经过前贤的努力，唐宋帝、后的图像、塑像、雕像与当时政治、礼仪、宗教的关系已经基本清晰。而唐宋皇帝、皇后像的开光礼仪及择吉未见专论。

开光，又称开光明或开明，即佛像或神像完成的最后一步——点睛，是中国宗教信仰中一个非常重要而普遍的仪式，源远流长，影响至今。关于开光的研究，首推刘淑芬先生在《五至六世纪华北乡村的佛教信仰》中的论断，佛教开光仪式的作用是为了把佛、菩萨的神灵引进所建造的佛像里，六世纪佛教造像碑上的开光仪式，是迄今所知这个仪式最早举行的时期，并举出北魏孝明帝正光五年(524)杜文庆等造像记、北魏孝庄帝永安三年(530)山西三交村薛凤颜(规)等造像、北周武帝天和二年(567)山西芮城附近村落居民造石碑像、北齐后主天统三年(567)宋买廿二人等造石碑像中的开光明题记作为例证。关于当时的仪式，由于传世文献阙载，很难详知，刘先生根据日本典籍《东大寺要录》的记载，指出“日本孝谦天皇天平胜宝四年(752)四月九日，奈良东大寺卢舍那佛的大像举行的开光仪式，实际上系由僧人点佛眼开光”。这次仪式“可能和其时唐代佛像的开光仪式相类。因东大寺的开光仪典中有来自中国的僧人道璿参与”。[④] 侯旭东先生对北方佛教

① 汪圣铎：《宋朝礼与道教》，北京大学古文献研究所、四川大学古籍整理研究所编：《国际宋代文化研讨会论文集》，四川大学出版社，1991 年，第 219—231 页。Patricia Ebrey：“Portrait Sculptures in Imperial Ancestral Rites in Song China”，*T'oung Pao* 83：1－3，1997，pp.42-92.雷闻：《论唐代的图像与祭祀》，荣新江主编：《唐研究》第 9 卷，北京大学出版社，2003 年，第 261—282 页。其他提及相关问题的研究参见雷闻论文的梳理，此不赘述。

② 汪圣铎：《宋代寓于寺院的帝后神御》，姜锡东、李华瑞主编《宋史研究论丛》第五辑，2003 年，河北大学出版社，2003 年，第 241—264 页；汪圣铎：《宋代西南二京的帝后神御殿》，《宋代历史文化研究》，人民出版社，2000 年，第 322—333 页。刘长东：《宋代神御殿考》，载刘长东《宋代佛教政策论稿》，巴蜀书社，2005 年，第 381—390 页。

③ 李慧漱：《圣母、权力与艺术——章献明肃刘皇后(969—1033)与宋朝女性新典范》，见王耀庭主编《开创典范——北宋的艺术与文化研讨会论文集》，台湾故宫博物院，2008 年，第 431 页。

④ 刘淑芬：《五至六世纪华北乡村的佛教信仰》，《“中央研究院”历史语言研究所集刊》第 63 卷第 3 分，1993 年，第 527—528 页。

造像著有专书，指出“开光旨在赋予像以生命与灵性。不过这一仪式五六世纪可能尚不普遍”[①]。也有学者对开光仪式进行了简单的介绍，提到宋代佛经，或认为开光来自道教[②]，引用史料极少或无史料。

我们提出的问题是，开光究竟是舶来品还是对本土文化现象的宗教化？六朝隋唐宋初佛教开光仪式有无变化，或有何变化？宋代神御开光仪式和择吉有无或者在哪些方面受到宗教神像开光的影响？除了佛道二教之外，还有哪些观念影响了宋代帝后神御开光？探讨这些问题，一方面，有助于我们进一步了解对中国社会有重大影响的宗教仪式“开光”的来龙去脉；另一方面，有助于我们进一步审视唐宋时代利用塑像加强皇帝家族的神圣性、构建皇家新形象乃至建立新的意识形态过程中，各种信仰与国家礼仪之间互动的历史细部。

二、神像开光的发轫与流行

由于传世文献关于开光的记载以佛教为早、为多，学者的研究又集中于佛教开光，虽然未见学者主张开光一定来自佛教，但是却给人这种印象。

前揭刘淑芬和侯旭东先生的研究对我们具有重要的启发意义，在他们的基础上，我们想探讨以下几个问题，首先，目前北朝佛教造像开光的记载较多，而佛教之外的神像开光记载很少，那么，开光最初是不是佛教的仪式，进而影响了其他信仰的神像？其次，开光在北朝佛教造像中是不是一种渐趋流行的仪式？下面我们将依次探讨这些问题。

限于文章旨趣，刘淑芬先生前揭文只列举了 4 例具有开光题记的造像碑，我们对《鲁迅辑校石刻手稿・造像》及《汉魏六朝碑刻校注》中的造像记进行了系统爬梳[③]，找到了更多的实例（具体情况见附表）。从我们搜集到的实例来看，最早有“开光”字样的碑刻是神龟二年（519）王守令造像碑，该碑是佛、道混合造像碑，尽管其中“开光七十人”的表述令人费解，但是具有开光意涵还是明显的。接下来是北魏正光元年（520）合邑一百三十人等造释迦石像碑，其中有“开大佛光明主”“开菩萨光明主”“开弥勒佛光明主”“开菩萨光明主”题记，明显该造像碑有开光。学者们也已经在西魏大统十四年（548）四月八日蔡洪“建太上老君石碑像”中也发现有“开光明主”“开立侍光明主”“开立侍光明主蔡阿锡”

① 侯旭东：《五六世纪北方民众佛教信仰：以造像记为中心的考察》，中国社会科学出版社，1998 年，第 253 页。

② 英凯：《什么是佛教的开光？》，《世界宗教文化》1998 年第 4 期；（未署作者名）《“开光”来自道教》，《文史博览》2003 年第 2 期。

③ 《鲁迅辑校石刻手稿・造像》，《鲁迅大全集》第 25—26 册，长江文艺出版社，2011 年。毛远明：《汉魏六朝碑刻校注》，线装书局，2008 年。

“开老君光明主”这样的题记[①]。即使不把王守令造像碑中的“开光”字样视为开光仪式，而将蔡洪造像视为最早的道教开光记载，比北魏正光元年佛教造像开光也不过晚了二十多年，时间点非常接近。我们知道，道教造像遗存较少，加以现存北魏及之前的佛教典籍又未见有开光的仪轨，很难据此判断开光源自佛教，道教受佛教影响。

虽然开光在宗教造像和行为中常见，但是其中的核心行为——点眼却不是宗教先有，有资料表明，中国传统人物画像绘制中，点目是非常重要的工序。《历代名画记》卷五记载卫协画七佛图人物，不敢点眼睛[②]，这是迄今为止见到最早的关于佛像点眼的记载，但是，既然是名家画佛像，该佛像理应具有宗教功能，而不点眼睛，似乎说明此时的点眼还不具有后世“开光”的宗教功能，点眼更像是画像传神的最重要步骤，所以非常谨慎。东晋顾恺之的记载可以从某种角度佐证我们的看法，《世说新语》卷下之上记载顾恺之“画人，或数年不点目睛。人问其故，顾曰：‘四体妍蚩，本无关于妙处；传神写照，正在阿堵中。’”[③]在顾恺之看来，点睛是画像“传神”最重要的步骤，与是否佛教画像无关。南朝著名画家张僧繇也非常重视点睛，《历代名画记》卷七记载他画金陵安乐寺四白龙而不点眼睛，“每云‘点睛即飞去’。人以为妄诞，固请点之，须臾雷电破壁，两龙乘云腾去上天，二龙未点眼者见在”[④]。一方面说明张僧繇认为点睛是让龙有灵性的关键步骤，另一方面说明在一般人看来画像点睛没有这么神奇，这与后世普遍认为开光之后画像便有神性有很大差别。

由于迄今为止我们还没有见到汉魏南北朝佛、道经典关于开光或神像点睛的规定与记载，所以，笔者倾向主张，南北朝时期的佛、道神像开光是对中国传统画学中重视点眼这一步骤的宗教化。

接下来的问题是，开光在北朝是不是一个渐趋流行和普及的仪式呢？我们倾向认为是。南北朝造像中，“开光明主”“光明主”“开明主”题记确实不普遍，我们找到的实例在全部造像中所占的比例不算高，如果从题记判断，侯先生所言“这一仪式五六世纪可能尚不普遍”确有道理，这种依据题记来判断开光仪式的存在也是一种非常谨慎可取的态度。我们想从另外一个角度来观察当时开光仪式的情况，一方面，造像碑中“开光明主”“斋主”“邑子”“像主”等题记所反映的是造像过程中的出资情况，题记中没有“开光明主”之类的题记未必说明该造像没有开光，例如北魏神龟二年(519)七月二十日王守令造像碑、天统五年(569)潘景晖等造像，题记中并没有“开光明主”之类的题记，但是在碑文记载该

---

① 张勋燎、白彬：《中国道教考古》第3册，线装书局，2006年，第724页。陈垣：《道家金石略》，文物出版社，1988年，第32—33页。

② (唐)张彦远著：《历代名画记》卷五，俞剑华注释，上海人民美术出版社，1964年，第94页。

③ (南朝宋)刘义庆撰，(南朝梁)刘孝标注，余嘉锡笺疏：《世说新语笺疏》，上海古籍出版社，1993年，第721页。

④ (唐)张彦远著：《历代名画记》卷七，俞剑华注释，第151页。

造像有开光，说明如果造像出资人中无人特别为开光出钱，在造像题记中便不需要有“开光明主”之类的题记。另一方面，如所周知，在特定的地域，宗教仪式，尤其是可以公开的仪式，往往大同小异，而且有很强的模仿和传染性，正像侯先生前揭大著所揭示的，在特定地域某些类型的造像非常流行。所以我想，判断一个地区开光仪式是否流行，我们可以看看这些地域是否可以找到较多的实例即可，从附表可知，在北魏神龟二年之后，今陕西省临潼县栎阳镇、泾阳县，河南新乡地区、河内北孔村（今河南省沁阳县）、（河南）河内武德镇，河北保定一带，山西芮城、运城，山东省博兴县、长清县均有不止一个实例，这些造像不是几省的交界地带，很难说是某一地域的个别行为。考虑到这种情况，我们倾向认为至迟北魏神龟二年之后，开光在陕西、山西、山东、河南、河北的广大地域逐渐成为一种普及性较高的仪式。

开光毕竟不是艺术创作，伴随的往往是宗教礼仪，下面我们就来观察宗教开光的仪式。

三、六朝唐宋佛像开光仪式与时间的变化

六朝佛、道经典中不见神像开光的仪轨或科仪，诚如刘淑芬先生所言，目前所知较早记载佛像开光的仪轨保存在日本《东大寺要录》中。由于刘先生的大作主要是利用该仪轨来解释中国6世纪佛教造像碑中“开光明主”之类题记的含义，重点不在开光仪式本身，我们想了解佛教开光仪式本身，就有必要先对北朝造像碑中的题记进行一些力所能及的分析，然后再详引《东大寺要录》中的内容，进行一些对比，以期进一步了解当时的开光仪式。

从北朝造像的总体情况来看，侯旭东先生前揭书指出，造像完成后便可交付信徒供养，而供养主要包括三方面，施物（即烧香、献花、供物、燃灯、悬幡等）、礼拜与举办斋会[①]。这其实是佛教供养佛像的仪轨，仅从我们所搜有开光题记的造像也可以体现这一点。从附表可以看出，不少造像均有“供养主”“斋主”“道场主”“香炉主”“香火主”，与侯先生的归纳很符合。由于开光是佛像具有神圣性的关键步骤，故而可以认为，北朝时期的开光其实是供养佛像仪轨中的起始环节。

刘淑芬先生所揭“可能和其时唐代佛像的开光仪式相类”的《东大寺要录》中的记载提供了可资对比的珍贵材料，有必要详引其文，该书卷二“供养章第三・开眼供养会”记载：

（天平胜宝四年四月）九日，太上天皇、太后、天皇，座东大堂布板殿，以开眼。其

① 侯旭东：《五六世纪北方民众佛教信仰：以造像记为中心的考察》，第253页。

> 仪式并同元日，但无侍从。亦堂里庄严种々造花，美妙绣幡。堂上散种々花，东西悬绣灌顶，八方悬五色灌顶。其先请复位以上僧自南门直参入，引道，玄蕃头。外从五位下秦忌寸首麿，右中辨，从五位上县犬养宿祢麿。次开眼师僧正菩提法师，乘舆捧白盖自东入，迎，正五位下贺茂朝臣角足，从五位上安倍朝臣嶋麿。次讲师隆尊律师，乘舆差白盖自西入，迎，从四位上橘朝臣奈良麿，从四位上大伴宿祢古慈悲。次读师延福法师，乘舆差白盖自东入，迎，从四位下藤原朝臣八束，从四位下石川朝臣麿。并着堂幄。即开眼师进佛前，取笔开眼，亦笔着绳，令参集人等开眼了，即讲、读共登高座讲说花严经，请众僧沙弥等，自南门左右颁以参入，引道（左，玄蕃助正六位上县宿祢吉男；右，允从六位上榎井朝臣马养）着东面北幄，即大安药师元兴々福寺四寺，献种々奇异物。继自南门柱东，亦烈种々乐参入。……度罗乐四寺行道二返回毕，左右颁立于堂前（左大臣以下击鼓着座），以次第奏，大歌女……唐散乐……高丽女乐。同日夕入座东宫。三宝施……开眼师施，絁十疋，棉十屯，布十端……十日，中宫御幸东大寺，奏种々乐。《供养舍那佛歌辞》：有一莲花香水海，分十世界满无边。每华显身敷妙理，触处示说启芳缘。三明菩萨智慧眼，能灭众生业障缠。我皇称赞舍那德，群臣舞蹈法堂前。未见真花开彩色，非常宝树覆香烟。以兹修善施百姓，忠心转洁共承天。宗社不倾连万代，重虽继日照千年。①

这次开光供养会，具有明显的日本特色，大致上分几个步骤，首先是太上天皇、太后、天皇等及开眼师、讲师、读师等进入，然后是开眼师“取笔开眼，亦笔着绳，令参集人等开眼了”，接下来是讲经、用“奇异物”、乐舞供养、布施。略去日本特色不讲，其基本程序与北朝造像题记所体现的基本内容非常接近。

有鉴于此，或可认为，北朝直至唐前期，开光只是供养新佛像仪轨的起始环节。问题是，从北朝造像题记和佛教经典中，我们尚无法看到“开光”本身，即点眼这个步骤有专属的仪轨或咒语。上揭《东大寺要录》中有《供养舍那佛歌辞》，是不是专属开光呢？如果是，则表明开光已经有了专属的“歌辞”和仪轨。歌辞中有“我皇称赞舍那德，群臣舞蹈法堂前”之语，而开眼时很庄重，参集人拿着绳，不可能“舞蹈法堂前”，因此该歌辞只可能是开眼之后供养时所念，或者是开光供养会后所撰。也就是说，北朝直至唐前期，佛像开光本身没有专属的仪轨，仅仅是供养新佛像仪轨中的一环而已。

目前所知，将点眼这一动作本身进一步宗教化可能是在不空大规模翻译密教经典之时。不空译《七俱胝佛母所说准提陀罗尼经》中有准泥佛母画像法，“画像已，随力僧次请七僧供养，开光明呪愿赞叹，于像下应书法身缘起偈。将像于精室秘密供养”②。虽然并

---

① 筒井英俊校订：《东大寺要录》卷二，国书刊行会，1971年，第47—51页。

② （唐）不空译：《七俱胝佛母所说准提陀罗尼经》，《大正新修大藏经》第20卷，第184页。

不算非常详细，但是明显看得出有了专属佛像开光的“开光明呪赞叹”。与前面《东大寺要录》相比，是新的内容。鉴于密宗在盛唐之后颇为流行，我们相信这种仪轨对佛教神像开光，尤其是密宗佛教神像开光可能具有重要影响。

择吉是中国传统文化中的重要内容，可以上溯到先秦，北朝佛像开光有没有这方面的考虑呢？假如我们前面推论北魏神龟二年(519)之后佛教造像开光逐渐成为一种流行和普及的仪式可以成立，鉴于开光是佛像获得神圣性的关键和最后步骤，则侯旭东先生关于北朝佛教造像日期的结论也适用于开光的用日，侯先生指出：“(佛教)造像者越到后来越重视造像的日期与放置地点。他们选定的造像日期集中在某些特定的日子，如二月八日、四月八日、七月十五日的情况越来越多。”“这 3 天分别是释迦成道、释迦诞生与盂兰盆节。”据侯先生统计，“3 天之外的其他日期造像的分布很分散。出现这种情况并非偶然，是信徒们已经注意到这 3 天的不同寻常的征兆。他们渐已开始按照佛教年历把一年的日子加以区分，懂得哪些天具有重要的佛法意义，并开始趋向于更多地选择这些天作为造像的日期”。此外，南北朝时期生者为死者追福，按七七作法事的风气渐流行，为亡者造像日期也开始与七七法事挂钩[①]。假如仅从我们收集到的开光实例进行分析，也可以得到一些印象，从附表可知，开光的月日分布情况如下：四月八日 7 例，十月八日 3 例，二月八日 2 例，正月廿六日、二月十日、三月八日、三月十七日、四月二日、四月十日、四月十五日、四月二十三日、五月十五日、六月二十六日、六月二十八日、七月四日、七月十四日、七月二十日、七月二十七日、八月二十日、九月八日、九月十三日、九月十六日、十月二十五日、十一月十四日、十一月二十五日、十一月二十七日各 1 例，释迦诞生日即涅槃日开光的比较多，而二月八日则是释迦出家日，也有 3 例；由于某些题记中有八关斋主的题记，我们知道，与八关斋相连的有六斋日，即初八、十四日、十五日、二十三日、二十九日、三十日，吕升欢等造天宫金像碑月日不详，可不置论，李氏合邑造像碑在十月八日，恰好在六斋日之中，在不少造像碑中都有“斋主”这样的题记，说明造像碑开光伴随着斋仪，我们知道佛教有十斋日，即每月的初一、八、十四、十五、十八、二十三、二十四、二十八、二十九、三十日，从我们搜集的开光实例中可以看到，15 例找不到依据，20 例在佛教的斋日或节日，或许我们可以认为，北朝佛教造像开光比较偏爱佛教的节日和斋日。

目前所知，较早规定了开光仪轨吉日的佛经是北宋施护所译密教经典《佛说一切如来安像三昧仪轨经》，经云“如是供养仪则既已周备，复为佛像开眼之光明，如点眼相似，即诵开眼光真言二道……诵此真言已，复令施主弟子入曼拏罗。阿阇梨白言：汝今请我安庆佛像，我今为汝所作仪轨悉皆周毕”。宜应灌顶诵此真言。”除了要诵“开光明真言二道”之外，更重要的是，此经还规定了安像吉日，也是开光的吉日，即“若作坛法吉时者。正月、二月、三月、四月、五月、十一月、十二月。若所用日于白月，二日、三日、七日、十日、

① 侯旭东：《五六世纪北方民众佛教信仰：以造像记为中心的考察》，第 250—251 页。

十三日、十五日。黑月亦得。”所谓白月、黑月是印度历法中的概念，白月指从新月到满月的十五天，黑月是指自满月之翌日至新月前日之十五天。除此之外，还有更详细的择日法，经云：

> 复须就吉星宿直日。即可作法。若翼星、毕星、斗星、嘴星、尾星、心星、鬼星、箕星、室星，此是最上吉星，求一切事皆得成就。若井星，得作法成就，所求必遂，兼得外来眷属。若尾星、斗星、嘴星，得人敬爱及得财物。若参星，得息灾。若箕星，得子孙长寿。若室星，恒得美事成就。若鬼星，得一切最胜。若心星、房星，得快乐称意。若木星、水星、金星，吉善第一，若此三星和合直日，作安像庆赞仪则得最上福。若前第三（笔者按，即角星）、第七（笔者按，即虚星）、第六（笔者按，即斗星）、第十（笔者按，即昴星）及第十一星（笔者按，即觜星），此五星若与月合，同用大吉。若第二（笔者按，即翼星）、第六、第十及第十一星与水星合，同用大吉。若第二、第七、第九（笔者按，即娄星）及第十一星与木星合，同用作召请结净，最善大吉。若第六、第七、第十星与金星合，同用大吉。若第一、第三、第五星，能破财物。[①]

所谓翼星、毕星等星直日，是指二十八宿直日中的部分宿直日，马克先生曾梳理过来自密宗经典——《文殊师利菩萨及诸仙所说吉凶时日善恶宿曜经》（简称《宿曜经》）中的宿直日排列法[②]，李辉先生曾复原《宿曜经》每月每日的宿直，其中的月是印度的月，印度的一月即中国的二月，那么，只要将李辉复原表格的十二月为一月，一月为二月，以此类推，便可查出中国历中每天的宿直，进而择日开光。目前我们不清楚这一择日法有多大影响。

六朝唐宋佛教开光仪式与时间的发展总体脉络如上，可惜我们并不清楚道教的神像开光仪式有什么仪式规定，道教造像有开光题名的实例太少，不具有统计学意义。据传现在一些道士手中有道教神像开光仪式的秘本，我们并未目睹，难以分析。

事实上，魏晋南北朝时期，不属于佛、道二教的神像也很多，例如《魏书》卷七十三《奚康生传》记载他“出为抚军将军、相州刺史。在州，以天旱令人鞭石虎画像；复就西门豹祠祈雨，不获，令吏取豹舌”[③]。则西门豹祠中有西门豹的塑像，不然难以取“豹舌”。可惜迄今未见佛、道二教之外神像开光的实例，难以探究相关问题，既然佛、道二教圣像开光逐渐成为流行的作法，其他神像可能也不例外。

---

① 《大正新修大藏经》第 21 卷，第 935 页。

② Marc Kalinowski, “The Use of Twenty-eight Xiu as a Day-Count in Early China”, *Chinese Science* 13, 1996, pp.66-67.

③ 《魏书》卷七三《奚康生传》，中华书局，1974 年，第 1631—1632 页。

四、唐代皇帝圣容的开光一瞥

迄今未见六朝帝、后像开光的实例，如雷闻先生前揭文所考，唐代皇帝的像颇多，问题是，唐代的皇帝像有没有开光仪式呢？王维《贺玄元皇帝见真容表》曰：

> 臣某言：伏见中书门下奏，上党郡奏启圣宫圣祖大道玄元皇帝玉石真容、主上圣容，今月十五日三元齐开光明。其日戌后，道士陈希玉等十三人同朝礼，见殿内有光，非常照耀，及开殿门，其光弥盛……其时检校官及押官等皆共瞻睹者。臣闻仙祖行化，真气临关，圣人降生，祥光满室，固知仙圣必有景光。伏惟开元天地大宝圣文神武应道皇帝陛下，大道为心……敬想犹龙；写日月之仪，钦承大象。仍回旧邸，以奉清都。真容圣容，既明四目；照殿照室，忽类三光……实由陛下宏敷本际，大启玄宗……臣等限以留司，不获随例抃舞，无任踊跃喜庆之至。[①]

这道贺表中交代了开光的时间，简略提到了仪式，由于这是我们迄今所见唯一的唐代皇帝"圣容"开光文献，值得详细分析，为使我们的分析有一个较为牢靠的基础，现将其中相关的时间和关键词句进行一些力所能及的考据。

关于此次上表的时间，陈铁民先生校注此表时云作于天宝八载（749）七月十五或十月十五之后，主要根据是玄宗尊号上于本年闰六月，其中提到三元，三元是指正月十五、七月十五、十月十五[②]，则开光应该是在天宝八载七月十五或十月十五日。然而，雷闻先生前揭文指出《册府元龟》记载天宝八载"十二月，启圣宫琢玉造圣祖大道玄元皇帝真容及帝真容"[③]。在同一年，同一个地点，同样的玉像，显然是讲的同一件事，然而两种文献却有明显的矛盾，若依《册府元龟》所载十二月琢玉像，不可能七月或十月开光明。而如所周知，《册府元龟》中往往采用了唐代遗留的原始材料，我们很难轻易认为《册府元龟》所载失实，并且王维此表本身并未明确说是在天宝八载或哪一个月份，陈先生主要根据是天宝八载闰六月玄宗方有王维上文中的玄宗尊号，然据《旧唐书》卷九《玄宗纪》，天宝十二载（1753）十二月"张筠等请上尊号为开元天地大宝圣文神武孝德证道皇帝"，则天宝八载闰六月后至天宝十二载十二月大臣上表均可用此尊号，未必非在天宝八载。问题的关键在于王维贺表中的"今月"究竟是哪一年的哪一月，若此"今月"是指天宝九年正月，从贺表来看，与其中的信息并无扞格之处，而且可与《册府元龟》所载相合，因为天宝八载

① 陈铁民校注：《王维集校注》卷一〇，中华书局，1997年，第870—871页。

② 另参陈铁民《王维年谱》，陈铁民校注《王维集校注》，第1357页。

③ 雷闻：《论唐代皇帝的图像与祭祀》，第270页；王钦若等：《册府元龟》卷五四《帝王部·尚黄老二》，中华书局，1960年，第603页。

十二月开始琢玉为像或者基本完成圣像，次年正月十五开光，时间、情理上均可理解，因此我们认为此表当上于天宝九载正月十五。

另外，我们认为王维此表中“今月十五日三元齐开光明”可能是“今月十五日三元斋开光明”之误。理由有三：1.“三元”是正月十五上元、七月十五中元、十月十五下元的总称，迄今未见将其中之一称作“三元”的文献，因此此处的三元不可能是天宝九年正月十五的代称，一旦不将此处的“三元”理解成天宝九载正月十五，则“今月十五日三元齐开光明”便无法理解，贺表是极为庄重的文体，大诗人王维似无可能犯下如此错误。2.若“齐”做“斋”，一切问题可迎刃而解，即该句的意思是“今月十五日”举行三元斋时开光明。3.三元斋是道教重要的斋仪，许多文献都有记载，尤其是北周《无上秘要》卷五十二有《三元斋品》对相关仪式记载非常详细，其中云该斋仪在三元之日“平旦、正中、夜半三时沐浴身形，五香自洗”行道①，王维表中有“其日戌后，道士陈希玉等十三人同朝礼，见殿内有光”，陈铁民先生前揭校注指出戌时是指晚上七至九时，可称夜半，恰好与道教三元斋行道时间相合。

经过上面考证之后，我们可以对这次开光事件进行一些分析，首先，玄元皇帝（即太上老君）像开光延续了北朝以降的传统做法。其次，尽管我们尚未查到其他唐代皇帝像开光的例子，但是天宝九载玄宗像开光，说明皇帝在生时圣像也需要开光，我们倾向认为这可能是整个唐代皇帝像的通行做法。复次，道教和皇帝圣像，尤其是道观中的皇帝像，开光伴随着相关的道教斋仪。最后，在时间选择上，由于实例过少，还不能确定是否已经有了专门的开光吉日，但是可以肯定的是，道教的三元等吉日是合适的开光时间。

当然，唐代皇帝圣像也不全在道观，在其他地方的皇帝圣像是否也按照这种仪式和时间，难以探究。

唐代皇帝像的开光应是宋代神御开光的历史渊源，然而二者也有不少差别，下面我们就将探讨宋代的情况。

五、宋代帝、后神御开光的仪式与择吉

北宋时神御既可以是画像，也可以是塑像，而在南宋时，神御只是塑像。《宋会要辑稿·礼一三》是神御殿门，从中更可以明显看出北宋前期神御可以是塑像，也可以是画像，例如《宋会要辑稿·礼一三》之一至二记载：

乾德六年，就安陵旧城置院建殿，设宣祖、昭宪太后像。大中祥符二年六月，诏

---

① 《无上秘要》卷五二《三元斋品》，《道藏》第25册，文物出版社、上海书店、天津古籍出版社，1988年，第189页。

> 遣兵卒守卫，名曰庆基。庆历七年，重修殿成，以翰林学士杨察奉安。仁宗幸院，亲行酌献之礼。旧宣祖绘像靽袍，后冠帔，嘉祐五年正月，留旧像禁中，而别绘衮冕、后服奉安，帝亲酌献。

很明显，宋仁宗时还将画像也当成神御。直至徽宗时均是这种状况，神御殿中既可以是塑像，也可以是画像，关键在于塑像或画像要有专门的殿，殿中有“帐幄、荐献、仪物”。而在南宋，神御已经专指塑像，御容为画像，《中兴礼书》所载皇帝、皇后凶礼中，将御容和神御明确分开，神御需开光，御容不需开光，此不详引史料。

较为详细记载宋代帝、后神御开光相关事宜的史料保存在南宋礼部太常寺编《中兴礼书》中，该书卷二百六十二《凶礼二十七·昭慈圣献皇后·塑制奉安神御》记载：

> 绍兴三年三月三日，礼部太常寺言：“昭慈献烈皇后大祥。依国朝故事，大祥后迎奉神御赴景灵宫奉安，今具合行事件：一，依故事，于大祥前差近上内侍官一员，充都大主管，就禁中塑制神御，于大祥后择日迎奉赴景灵宫奉安。”
>
> ……
>
> （绍兴三年七月）十五日（可能有误）塑制神御都大主管所言：“塑制神御见行装饰，所有将来开光明，取到尅择官状具到开光明吉日时刻，诏用七月十四日乙时。”[①]

上述并非孤例，绍兴三十二年五月三日塑制显仁皇后神御都大主管所言：“契勘见塑制显仁皇后神御，于五月八日一切了毕。依故例，次日戴头冠，开光明合择日取旨。据尅择官选到开光明吉日时刻，宜用五月十一日丁未吉，时宜用其日巽时”，诏依[②]；隆兴元年(1163)六月十七日塑制钦宗皇帝神御都大主管所言“契勘塑制神御，于六月二十一日一切了毕，依故例，次日戴冠。所有开光明日分合择日取旨。取到尅择官状，选到开光明吉日时刻，宜用六月二十三日壬午，时宜用其日乙时吉”，诏依[③]。说明开光及开光择日在南宋均是惯例和制度，而且说明绍兴三年七月十四日丁卯、绍兴三十二年五月十一日壬午、隆兴元年六月二十三日壬午均是国家的尅择官选择并经皇帝认可的吉日。

这一史实反映出两个问题：一、南宋神御开光有专门的仪式；二、南宋帝、后神御均在大祥后择日开光奉安。需要探究的问题是，神御开光仪式是不是在南宋才有？神御开光

---

① 《中兴礼书》卷二六二《凶礼》二七《昭慈圣献皇后·塑制奉安神御》，《续修四库全书》第823册，第258、260页。

② 《中兴礼书》卷二七五《凶礼》四〇《显仁皇后·塑制奉安神御》，《续修四库全书》第823册，第326页。

③ 《中兴礼书》卷二五四《凶礼》一九《钦宗恭文顺德仁孝皇帝·塑制奉安神御》，《续修四库全书》第823册，第213页。

仪式与北朝以来的神像开光有哪些相同和不同？《中兴礼书》说大祥后神御开光是“国朝故事”，这个“国朝故事”是从何时开始的国朝故事？神御开光需要择日，是不是沿用了佛教或道教的择日法，如果不是，又是什么择日法？下面我们将逐一探讨。

虽然北宋的帝、后神御开光记载并不多见，但是应该是通行做法。苏颂《苏魏公文集》卷二十七《景灵宫天兴殿雅饰了毕开光明奉安奏告圣祖御容祝文》记载：

> 维元祐四年岁次己巳，九月戊辰朔，二十七日甲午，孝曾孙嗣皇帝臣名谨遣昭宣使、和州刺史、内侍省押班臣赵世长，敢昭告于皇高祖考真宗膺符稽古成功让德文明武定章圣元孝皇帝：伏以灵德在天，岂忘处语；时思有庙，虔奉衣冠。属增焕于睟仪，冀即安于宁宇。恭陈荐告，永誉燕贻。尚享。[①]

同书同卷又有《景灵宫天兴殿雅饰了毕开光明奉安奏告圣祖御容青词》[②]，时间相同，奏告对象是圣祖。天兴殿“奉圣祖九天司命天尊大帝玉石像，刻真宗皇帝圣容侍立（大中祥符五年作），及奉僖祖皇帝、顺祖皇帝、翼祖皇帝版位（元丰五年祔）”[③]，看来这次雅饰的主要是圣祖和真宗的神御。这次开光明可能与明堂大礼有关，《续资治通鉴长编》卷四百三十三记载元祐四年九月辛卯（二十四日）“以祀明堂礼毕，诣景灵宫天兴等殿行恭谢礼，次诣万寿观”[④]，有史料表明在明堂大礼之前对相关圣像进行雅饰是一种惯例，《宋会要辑稿》礼二八之六记载仁宗天圣五年七月二十八日，诏：“将来南郊除奉天地、宗庙自依典礼外，其余供应乘舆服御等物各行雅饰者，令三司相度减省，务从简约。”《宋会要辑稿》礼二四之八九记载绍兴四年九月将合祭天地于明堂，六月十四日，上曰：“祖宗以来，每遇大礼，凡所观见去处例皆雅饰。今多事之时，惟事天礼当严恭尽诚，其余宜从简省，所有雅饰可令并罢。”则元祐四年此次雅饰天兴殿应与明堂大礼有关，鉴于这次开光行为是沿用惯例，加以唐代皇帝圣像已经需要开光，所以帝、后神御开光应是宋初已有的通行做法。问题是，苏颂所云雅饰开光明奏告圣祖的时间不仅在明堂大礼之后，而且在皇帝恭谢景灵宫之后，苏颂之文所载时间、月朔、日干支又无误，不似传写讹误，不在皇帝行礼之前而是在之后三天雅饰奉安，难道哲宗皇帝恭谢时看到的是未经雅饰或者未奉安圣祖像的天兴殿吗？这令人颇为费解，正因如此，我们也很难根据苏颂此文确定该文所载时间是否是开光时间，也难以根据礼仪程序的时间考证开光的时间。

关于宋代帝、后神御开光仪式的材料很少，迄今未见北宋开光的具体日期和仪式，无法探究。目前所见较为详细的记载仍然保存在《中兴礼书》中，该书卷二百六十二《凶礼

---

① （宋）苏颂《苏魏公文集》，中华书局，1988年，第377页。

② （宋）苏颂《苏魏公文集》，第372—373页。

③ 《文献通考》卷九四《宗庙考四》，中华书局，1986年，第849页。

④ 《续资治通鉴长编》第29册，卷四三三，中华书局，1992年，第10447页。

二十七·昭慈圣献皇后·塑制奉安神御》记载（绍兴三年七月十五日，十五日疑误）太常寺言：

> 塑制神御了毕开光明，今具合行事件：一，合用御封降真香二合。一，合用茶、酒、果、器皿等件，并乞下临安府排办。一，时前奏告，系监辖官行礼；开光明毕，系都大主管官烧香（监辖官陪位）。①

虽然这只是前期准备的安排，而非详细的仪式，但是仍然知道一些内容。首先，开光前需要奏告，监辖官行开光明礼，开光之后大主管官烧降真香，用茶、酒、果供奉，监辖官陪位。也就是说，开光是神御获得神圣性的关键步骤，之后展开祭祀仪式。这与佛教造像开光之后的供养及仪式非常类似。或许，我们不妨说，宋代帝、后神御的开光在一定程度上借鉴了宗教神像开光的基本程序，将神御当作神像来对待。宋代帝、后的神御不仅仅具有纪念性，而且是具有神性的神像，而获得神性的关键步骤就是开光，将帝、后的"神"引入塑像。当然，帝、后神御的开光仪式，除了基本程序与宗教开光相类，在供品、开光人员、祭祀方式上，均与佛、道神像开光有一定差别，而与传统的祖先祭祀相近。

仅仅看到宋代帝、后神御对神像开光仪式的借鉴是不够的，宋代帝后神御开光择吉所依据的理论能表明宋人究竟在什么信仰基础上来神圣化已死的皇帝和皇后。下面我们将进行一点力所能及的探讨。

虽然上揭《中兴礼书》的史料表明择吉理论对开光时间有直接的影响，但是适合开光的吉日很多，并非随意选用，开光时间首先受到丧礼时间的限制，开光必须在大祥之后，《中兴礼书续编》卷七十八《凶礼四十四·永思陵·塑制奉安神御》记载淳熙十六年（1189）十一月九日礼部太常寺言："检照国朝典礼，合于禫祭前迎奉神御赴景灵宫奉安。所有将来塑制高宗圣神武文宪孝皇帝神御三位、宪节皇后神御一位毕工，欲乞依上件典礼，于禫祭前择日迎奉赴景灵宫、万寿观奉安。"②奉安都在开光之后，也就是说开光必须在禫祭之前。择吉理论必须受正统的丧礼时间制约。

问题是，上述《中兴礼书》说在大祥后、禫祭前开光是国朝故事，究竟是从何时开始的国朝故事？

关于宋代皇帝、皇后"大祥"的时间，《续资治通鉴长编》记载"今群臣易月而人主实行丧，故十二日而小祥，期而又小祥，二十四日大祥，再期而又大祥"③，即在国家层面，丧礼的时间以日易月，而皇帝在宫中实行三年之丧，故而"大祥"有两次，一次是在死后二十四

---

① 《中兴礼书》卷二六二《凶礼》二七《昭慈圣献皇后·塑制奉安神御》，《续修四库全书》第823册，第260页。

② 《续修四库全书》第823册，第672页。

③ 《续资治通鉴长编》第24册，卷三五九，中华书局，1990年，第8593页。

日，一在死后的二周年。查前揭汪圣铎等先生关于北宋帝、后神御塑造时间的考证，看不出在神宗皇帝即位之前的帝后神御与大祥、禫祭之间的关系。据《宋史》卷十四《英宗纪》英宗死于治平四年(1067)正月丁巳(八日)，神宗熙宁二年(1069)正月甲午(二十六日)奉安英宗神御于景灵宫英德殿[①]。英宗神御的奉安是在二周年大祥之后。正是从此开始，宋代进入景灵宫的帝、后神御才开始在大祥之后奉安，神宗死于元丰八年(1085)三月戊戌(五日)，其神御被奉安于哲宗元祐二年(1087)三月癸酉(二十一日)[②]；哲宗死于元符三年(1100)正月己卯(十二日)，其神御被奉安于崇宁元年(1102)三月丁巳(二日)[③]，均在大祥之后。开光一般在奉安前不久，也就是说，正是从神宗即位之后，帝、后神御的开光和奉安才在大祥之后，禫祭之前。为什么在大祥之后呢，因为大祥之前宫中有几筵殿，用以祭祀死去的皇帝，理论上皇帝的神灵在那里受祭，而大祥之后就需要撤去几筵，将神主迁至太庙，在太庙受飨。神御之所以在大祥之后开光迁入景灵宫，也是这个意思。因此，所谓宋代帝、后神御在大祥之后开光、奉安其实是宋神宗即位之后的“国朝故事”。

大体时间确定之后，择吉理论才开始发生作用，我们未找到北宋帝、后神御开光时间的实例，无法研究，南宋也仅仅找到上述三例，将这三例与相关择吉理论进行对比，也能看出一些问题。由于目前尚未见到南宋官方选择开光明吉日的理论文献，只能将这三个吉日和我们现在掌握的择吉理论进行逐一对比，以便观察。

我们在元代何士泰《新编历法集成续集》中找到了塑绘神像开光吉日的规定：

> 塑绘神像开光吉日：春秋二季心、危、毕、张四宿直日，太阴吉；夏冬二季房、虚、昴、星四宿直日，太阳吉。神像起手开光吉日，乙亥、癸未、丁酉、壬寅、甲辰、庚戌、辛亥、丙辰、戊午，宜除、成、开日。

该书另载有不可用的凶日，现列表如下

	天瘟	天贼	受死	月破	天罡勾绞	河魁勾绞	九空空亡	独火月火	破败次破败	建日	神隔	鬼隔
正月	未	辰	戌	申	巳	亥	辰	巳	甲	寅	巳	申
二月	戌	酉	辰	酉	子	午	丑	辰	戌	卯	卯	午
三月	辰	寅	亥	戌	未	丑	戌	卯	子	辰	丑	辰
四月	寅	未	巳	亥	寅	申	未	寅	寅	巳	亥	寅

① 《宋史》卷一四《神宗纪》，中华书局，1977年，第264、270页。

② 《宋史》卷一七《哲宗纪》，第318、324页。

③ 《宋史》卷一九《徽宗纪》，第357、363页。

续表

	天瘟	天贼	受死	月破	天罡勾绞	河魁勾绞	九空空亡	独火月火	破败次破败	建日	神隔	鬼隔
五月	午	子	子	子	酉	卯	卯	丑	辰	午	酉	子
六月	子	巳	午	丑	辰	戌	子	子	午	未	未	戌
七月	酉	戌	丑	寅	亥	巳	酉	亥	申	申	巳	申
八月	申	卯	未	卯	午	子	午	戌	戌	酉	卯	午
九月	巳	申	寅	辰	丑	未	寅	酉	子	戌	丑	辰
十月	亥	丑	申	巳	申	寅	亥	申	寅	亥	亥	寅
十一月	丑	午	卯	午	卯	酉	申	未	辰	子	酉	子
十二月	卯	亥	酉	未	戌	辰	巳	午	午	丑	未	戌

该书还有逐月塑绘神像吉日(见下表)。《新刊阴阳宝鉴尅择通书》前集卷二"塑绘神像起手开光"曰"凡塑绘神像依前经以求吉神日",接着记载:

> 塑绘神像开光吉日:春、秋季用心、危、毕、张四宿直日,属太阴吉;夏、冬二季用房、虚、昴、星四宿直日,属太阳吉。又宜天德、月德、天恩、福生、黄道、生炁、建、除、满、成、开日。神像起手开光吉日:乙亥、癸未、庚寅、丁酉、壬寅、甲辰、庚戌、辛亥、丙辰、戊午。右,历书云"此日雕刻绘画神像,必主通灵显应"。神像起手开光凶日:忌伏断、天贼、正四废、天地空亡、六壬空亡,又忌旬中空亡、截路空亡时。鬼神空屋日:春甲、夏寅、秋巳、冬亥,若其日得吉神并则不忌。[①]

这段记载中的宿直吉日与《新编历法集成续集》所载完全相同,之后的内容略有增加,这段记载也见于《类编历法通书大全》[②]。《类编历法通书大全》中的凶日除有前揭《新编历法集成》所载之外又加上了正月至十二月的"荒芜"日,依次是:巳、酉、丑、辰、申、子、卯、未、亥、寅、戌、午日。《类编历法通书大全》又有逐月塑绘神像吉日,与《新编历法集成》有所不同,现列表如下:

---

① 《续修四库全书》第1061册,第686—687页。

② 《类编历法通书大全》,《续修四库全书》第1062册,第273—274页。

	正月	二月	三月	四月	五月	六月	七月	八月	九月	十月	十一月	十二月
新编历法集成	丁酉外，甲子、丙子、壬子、癸酉	癸未外，甲申、丁未、巳未	丁酉外，癸酉、甲申	丙辰外，甲子、乙丑、庚午	癸未外，丙寅、辛未、己未、甲申	乙亥外，丙寅、甲寅、庚寅、癸卯、甲申、庚申	丙辰外，癸卯、壬辰、甲子、丙子、庚子	乙亥丙辰外，乙丑、庚寅、壬辰	乙亥外，癸卯、庚午、丙午、辛卯	癸未外，庚午、申子、辛未、乙未、丁未、巳未	□□外，甲戌、庚寅	庚寅外，丙寅、甲寅、甲申、庚申
类编通书大全	丁酉外，癸酉	癸未、乙亥、辛亥外，甲申、丁未、巳未	丁酉外，癸酉、甲申	戊午外，甲子、丁丑、庚午	癸未、壬寅、辛亥、丙辰外，丙寅、辛未、戊寅、甲辰、□寅、巳未	乙亥、丁酉、癸未、壬寅、辛亥外，丙寅、庚申、甲申、甲寅	丙辰外，戊辰、甲子、丙子、庚子、壬子	乙亥、庚寅、壬寅、辛亥、丙辰外，乙丑、壬辰、丁巳	戊午外，庚午、辛卯、癸卯、丙午、壬午	丁酉、丙辰、戊午外，甲子、庚午、辛未、乙未、丁未	庚寅	外，丙寅、戊寅、甲申、甲寅、庚申

《新编历法集成》《类编历法通书大全》云这些“逐月塑绘神像吉日”不犯朱雀、黑道、建、破、魁、罡勾绞、天瘟、九丑、天贼、受死、九空、独火、冰消、瓦陷、破败、离窠、转杀、阴阳错、九土鬼、正四废日、鬼神隔日。

更重要的是《新刊阴阳宝鉴尅择通书》这段材料之前有“凡塑绘神像依前经以求吉神日”，此“前经”是指《金华经》①。《宋史》卷二百六《艺文志五》记载“李筌《金华经》三卷”②，被归入五行类，与地理选择(即风水堪舆)书在一起。李筌，盛唐人，著有《太白阴经》。乾道五年(1169)进士，官至军器少监的婺源人王炎撰《双溪类稿》卷二十五《送曹成之序》中提到多种当时流行的风水典籍，其中便有《金华经》③，而地理类典籍中往往夹杂时日择吉，《新刊阴阳宝鉴尅择通书》所引《金华经》中便有大量的相关内容。虽然我们很难仅依《宋史》就断定《金华经》必定是唐代李筌所撰，但是其在南宋时期很流行则是事实。这就意味着，上引从元何士泰的《新编历法集成续集》《新刊阴阳宝鉴尅择通书》《类编历法通书大全》中的内容，大部分沿自南宋前期已经流行的典籍，我们将之与南宋帝、后神御开光择吉进行对比是合适的。

同时，很明显，从《新编历法集成续集》到《类编历法通书大全》，所载各种吉凶日有宿

① 《续修四库全书》第1061册，第685页。

② 《宋史》卷二〇六《艺文志五》，第5258页。

③ 《景印文渊阁四库全书》第1155册，台湾商务印书馆，1986年，第722页。

直、建除、神煞，不属于同一系统的理论，因此必须逐一检核。

先看是否按天德、月德、天恩、福生、黄道、生炁、建、除、满、成、开日择日。这牵涉到一系列方术用语及其时间排列，现先简述如下。

关于建除十二客、天德、月德的排列法，邓文宽先生《邓文宽敦煌天文历法考索》所载甚明①，此不重复列表。

天恩，是指甲子、乙丑、丙寅、丁卯、戊辰、己卯、庚辰、辛巳、壬午、癸未、己酉、庚戌、辛亥、壬子、癸丑日②。

福生，《钦定协纪辨方书》卷六"福生"记载：

《枢要历》曰：福生者，月中福神也，所值之日宜祈福求恩、祀神致祭。《历例》曰：福生者，正月酉、二月卯、三月戌、四月辰、五月亥、六月巳、七月子、八月午、九月丑、十月未、十一月寅、十二月申。

黄道，《钦定协纪辨方书》卷七"黄道"记载：

《神枢经》曰：青龙、明堂、金匮、天德、玉堂、司命，皆月内天黄道之神也，所值之日皆宜兴众务，不避太岁、将军、月刑，一切凶恶自然避之……李鼎祚曰：青龙正月起子，金匮正月起辰，司命正月起戌，皆顺行六阳辰也；明堂正月起丑，天德正月起巳，玉堂正月起未，皆顺行六阴辰也。③

所谓六阳辰是指子、寅、辰、午、申、戌，六阴辰是指丑、卯、巳、未、酉、亥。现据此及《新刊阴阳宝鉴尅择通书》所载表格将各种黄道日及生炁列表如下④：

	正月	二月	三月	四月	五月	六月	七月	八月	九月	十月	十一月	十二月
青龙	子	寅	辰	午	申	戌	子	寅	辰	午	申	戌
明堂	丑	卯	巳	未	酉	亥	丑	卯	巳	未	酉	亥
金匮	辰	午	申	戌	子	寅	辰	午	申	戌	子	寅
天德	巳	未	酉	亥	丑	卯	巳	未	酉	亥	丑	卯

① 邓文宽：《邓文宽敦煌天文历法考索》，上海古籍出版社，2010年，第127、135页。

② 邓文宽：《敦煌具注暦日选择神煞释证》，《敦煌吐鲁番研究》第八卷，中华书局，2005年，第180页。

③ 《景印文渊阁四库全书》第811册，第346页。

④ 《新刊阴阳宝鉴克择通书》卷五，《续修四库全书》第1061册，第791—792页。

续表

	正月	二月	三月	四月	五月	六月	七月	八月	九月	十月	十一月	十二月
玉堂	未	酉	亥	丑	卯	巳	未	酉	亥	丑	卯	巳
司命	戌	子	寅	辰	午	申	戌	子	寅	辰	午	申
生炁	子	丑	寅	卯	辰	巳	午	未	申	酉	戌	亥

各种排列法既明，下面可逐一检核南宋三个神御开光时间是否与之相合。

先看建除择日，绍兴三年七月十四日，为丁卯日，在星命七月[①]，则为危日。绍兴三十二年五月十一日丁未，在星命五月，则为除日。隆兴元年六月二十三日壬午，在星命六月，则为闭日。只有绍兴三十二年一例属于前揭文献记载的吉日，其他均非，国家选择吉日的方法具有连续性，有两例不合，显然并非用建除择日。

再看其他神煞，绍兴三年七月十四日为丁卯日非天德、月德，是天恩，非福生，非黄道，非生炁。绍兴三十二年五月十一日丁未，非天德、月德，非天恩，非福生；非黄道，非生炁。隆兴元年六月二十三日壬午，非天德、月德，是天恩，非福生；非黄道，非生炁。显然并未使用这些方式来择吉日。

绍兴三十二年五月十一日壬午为天瘟及建日，隆兴元年六月二十三日壬午为受死日及破败、次破败日。起码说明，当时并未避天瘟、建及破败日。

将这三个吉日与上揭逐月吉日对比，也不相合。

由上可以得出结论，南宋帝、后神御开光并未使用以上诸书中除宿直之外的理论择吉，神煞避忌之说也未被完全采用。下面我们只能来看看是不是采用了《新编历法集成中》所载的宿直择吉法。

马克先生前揭文指出中国古代宿直有三种，其中一种以《宿曜经》为代表，已见前述。另有两种，一种是日书系统的宿直，一种是南宋以来官方历书中的七元甲子术[②]。不同的宿直方法推算出的某日的宿直不同，会直接影响到我们的对比。邓文宽先生在《传统历书以二十八宿注历的连续性》指出从南宋淳熙九年（1182）至 1998 年这 860 年间传统历书使用二十八宿注历一直连绵未断[③]，邓先生所说是七元甲子术宿直法。然而我们找到的例子在淳熙九年之前，目前不清楚当时官方用哪种宿直法。所以我们将用三种方法来推算各日的宿直，并逐一与《新编历法集成续集》所载择日法进行对比。

---

① 各日的星命月需要通过该年的月节所在情况推算，每年月节的时间我们依据的是张培瑜《三千五百年历日天象》，大象出版社，1997 年，第 284、289 页。

② Marc Kalinowski, "The Use of Twenty-eight Xiu as a Day-Count in Early China", *Chinese Science* 13, 1996, pp.55-81.本文下面的推算均采用了马克先生本文所揭示的宿直算法，不再出注。

③ 邓文宽：《传统历书以二十八宿注历的连续性》，《历史研究》2000 年第 6 期。

我们找到的实例均在南宋，所以首先值得尝试的是七元甲子术。邓先生前揭文指出黑城出土《宋淳熙九年壬寅岁(1182)具注历日》残片中正月九日角宿直日，据此可推出绍兴三年七月十四日、绍兴三十二年五月十一日丁未、隆兴元年六月二十三日壬午的宿直。

查张培瑜先生《三千五百年历日天象》，绍兴三年七月十四日至淳熙九年正月八日共17713天，17713＝632×28＋17，则绍兴三年七月十四日是角宿前第17个宿，即危宿。绍兴三十二年五月十一日至淳熙九年正月八日共7173天，7173＝256×28＋5，则绍兴三十二年五月十一日为角宿前第5宿，即柳宿。隆兴元年六月二十三日至淳熙九年正月八日共6778天，6778＝242×28＋2，则隆兴元年六月二十三是角宿前第2宿，即翼宿。很显然，用七元甲子法推算出的宿直有两例与何士泰之书所载的选择法不合。

用《宿曜经》的方法计算。据李辉先生研究，汉译《宿曜经》中其实记载了两种方法，一种是原来印度的，只有二十七宿，其中的立成需要将十二月变成一月，之后顺延，才符合唐代的情况，另一种是唐代杨景风改造的，根据李辉先生复原的立成表格，用前一种方法[①]，七月十四日危直日、五月十一氐直日、六月二十三昴直日，五月十一并非吉宿，显然不合。用杨景风改造过的立成表格[②]，七月十四日斗直日，五月十一日角直日，六月二十三奎直日，更无可能与何士泰之法相合。

用日书系统的宿直日法推算。这种宿直法又被称为朔宿法，即每月初一的宿直是固定的：正月室、二月奎、三月胃、四月毕、五月井、六月柳、七月张、八月角、九月氐、十月心、十一月斗、十二月女，各月余下的日依二十八宿的次序排列(二十八宿的顺序是：角亢氐房心尾箕、斗牛女虚危室壁、奎娄胃昴毕觜参、井鬼柳星张翼轸)，例如正月一日为室直日，正月二日为壁直日，依次类推。据此，七月十四日是虚宿直日、五月十一日是房宿直日、六月二十三是昴宿直日。虚、房、昴均是《新编历法集成》中所载的吉宿，只有绍兴三年七月十四日用虚宿直日与《新编历法集成》云秋用心、危、毕、张有不同。我们认为，绍兴三年这次用虚宿可能是因为当时没有考虑到或用错了月份，因为这一年，同样是昭慈圣献皇后凶礼，三月三十日乙酉甲时修建焚昭慈圣献皇后几筵窑子，据我们研究，在该月就不应该用甲时，北宋、辽、金均有这样选用四大吉时而没考虑或用错月份的例子[③]。因此，我们有理由相信，南宋开光择吉所用的方法其实就是现载于《新编历法集成》中的宿直择吉法。

将这三个日子与《一切如来安像三昧仪轨经》所载宿直吉日进行对比，无论用哪一种宿直排列方法计算三个日子的宿直，均有日子与《一切如来安像三昧仪轨经》不合，显然

① 李辉：《〈宿曜经〉中的宿直》，《自然科学史研究》第26卷第4期(2007年)，该表格是印度的情况，不适用于唐代，我们对比是将其中的十二月改成一月，之后顺延。

② 李辉：《汉译佛经中的宿曜术研究》，上海交通大学博士论文，第44页。

③ 吴羽：《唐宋四大吉时的理论、实践及其变化》，吴羽《唐宋都城礼仪空间专题研究》，武汉大学博士后出站报告，2015年1月，第119—121、123页。

南宋神御开光择吉并没有采用此经所载的择吉法。

开光的吉时分别是绍兴三年七月十四日乙时、三十二年五月十一日巽时、隆兴元年六月二十三日乙时，属于衍生自六壬式的四大吉时，是为了让六壬式中“螣蛇、朱雀、勾陈、真武、白虎、天空”六凶神受制，四杀没于四维①。

鉴于宋代帝、后神御开光的择吉从宿直到择日择时法均与佛经无关，也与道教无关，我们倾向认为这可能是佛、道二教之外传统的延续，至于这一传统始自何时，尚待考证。

六、后论

通过以上考察，我们有以下几点认识：

点眼是中国传统画学中备受重视的步骤，被认为是传神写照的关键，在宗教蓬勃发展的六朝时期，这一步骤被佛、道二教宗教化，成为将艺术作品神圣化为宗教崇拜对象的关键环节。这种宗教化既包括仪式上的庄重，也表现为将点眼时间与各自宗教的节日和斋日等联系起来。唐宋时代，密教经典进一步传入的同时，佛像开光被进一步宗教化，表现为拥有专属的咒语、仪式和吉日，这一过程不是一次完成的，直到北宋初，佛教经典中才有了专门用宿直择吉法开光的规定。道教神像的开光则与道教的时间信仰紧密相关，例如其中的三元斋日便成为开光的重要吉日。六朝佛、道二教之外神像的开光情况目前尚不明晰。由于佛、道二教，尤其是佛教的组织性较强，影响甚大，我们倾向认为，佛、道二教对点眼宗教化而形成的开光仪式可能对其他神像也有影响。或者可以认为，佛、道二教，对开光这一影响中国千年的仪式的发轫与流行做出了重要的贡献。

六朝宗教对点眼的宗教化成为唐宋帝、后像开光的历史先声，为唐宋时期神化帝、后进而造像供祀提供了可以借鉴的文化资源。

仅从宗教中寻找唐代皇帝塑像和宋代帝、后神御开光的渊源是不够的，在宋代帝、后神御开光中我们又看到了不属于佛、道二教，但在中国有着更悠久传统的择吉术的深刻影响，这包括二十八宿直日、神煞观念、式法传统等，尽管这个系统的学问被认为是难登大雅之堂的小道，但是却实实在在地影响了上至皇帝下至庶民的古代中国。即使是这门学问之外的文化现象，也会很快受其影响，被涂上其色彩。如果古代中国文化有几层底色的话，以阴阳五行理论和天文历算为基础的方术当仁不让居其一。

不过，我们也应看到，随着不见于儒家礼仪经典的塑像供祀介入国家礼仪程度的加深，帝、后神御的塑造情况也在逐步发生变化，无论是开光本身还是择吉，最终都不得不受儒家礼仪的节制，宋神宗之后，一改以往相机塑制神御的做法，开始确定在大祥焚几筵之后才塑制神御，开光仪式将僧、道排除在外，开光择吉方法也与佛、道二教无关，祭祀借

① 吴羽：《唐宋四大吉时的理论、实践及其变化》，102—106页。

鉴了原有的祖先祭祀形式，拥有自己的特色。这意味着，在贵族制度日渐衰微并终结的唐宋时代，国家在加强皇帝家族的神圣性，构建皇家新形象，建立新的意识形态中，一方面不断从在社会上影响巨大的佛教、道教、方术中吸取资源，另一方面则逐步将吸收来的内容改造，使之与传统的国家礼仪和儒家礼仪能够有机地结合。

本专题或许可以从一个特定的角度折射出中国历史上一种意味深长的情况，无论有多少宗教和信仰流行于中国，汉代以来国家礼仪的正统学说从来都以儒家礼仪为本位，任何宗教都不能长时间完全凌驾于儒家礼仪之上。如果说两千多年的历史有一些一以贯之的治国方略的话，以儒家礼仪为本位，可能即为其一。同时，这一史实也表明，古代中国，虽然国家在构建主流意识形态时以儒家为本位，但是并不是一个封闭的系统，仍在不断从社会上流行的文化形态中吸取给养，这或许是中国古代国家礼仪既有连续性也不断变迁的奥秘所在，或许也是中国古代文化与制度一方面给人以超稳定的印象，另一方面又充满变化的奥秘所在。

附　表

（《鲁》指《鲁迅大全集》，长江文艺出版社，2011 年；《碑刻》指毛远明《汉魏六朝碑刻校注》，线装书局，2008 年）

造像名	时间	地点	开光明题记	部分相关题记	文献出处（页码为开光明题记所在）
王守令造像碑（佛道混合）	北魏神龟二年（519）七月二十日	陕西省临潼县栎阳镇	正文中有“建斋求神仙……开光七十人”		《碑刻》第 5 册，第 27 页
合邑一百三十人等造释迦石像碑	北魏正光元年（520）十月廿五日	河南省新乡	开大佛光明主、开菩萨光明主、开弥勒佛光明主、开菩萨光明主	邑子	《鲁》25 册，第 85 页
崔永高等三十六人造像	北魏正光四年（523）六月二十六日	陕西省泾阳县	开明主		《碑刻》第 5 册，第 207 页
杜文庆等造天宫像	北魏正光五年五月十五日	河南省辉县市	□佛光明主	正文“妙像开明，谁云不善”，题记大斋主某	《鲁》25 册，第 105—106 页
常申庆造像	北魏建义元年（528）七月十四日	不详	开仏光明		《碑刻》第 6 册，第 187 页

续表

造像名	时间	地点	开光明题记	部分相关题记	文献出处(页码为开光明题记所在)
薛凤颜等造像碑	北魏孝庄帝永安三年(530)(《碑刻》云普泰二年,可信)、仁寿二年四月八日	山西三交村(运城地区)	释迦佛开明主、多宝佛开明、弟四拘楼秦佛开明主、般舍牟尼佛开明主、弟六迦叶佛开明化主、第七释迦牟尼佛开明化主、弟一维越佛开明主、弟三□弃佛开明主	像主、斋主	《鲁》第25册,第155、156页,《碑刻》第6册,第364页
韩显祖等造须弥塔像	北魏永熙三年(534)六月廿八日		光明主	须弥塔主、象主、斋主	《鲁》25册,第186页;《碑刻》第7册,第83页
维那四十人等造像	东魏天平四年(537)闰九月十三日	不明	光明主命过某、菩萨光明主命过某		《鲁》第25册,第219页
吕升欢等造天宫金像碑	东魏兴和三年(541)	河南汲县(今卫辉市)	光明主	斋主、像主、菩萨主、供养主、八关斋主	《鲁》第25册,第244—245、248页
李氏合邑造像碑	兴和四年(542)十月八日	河南省滑县市	开二佛光明主、开佛光明主、光明主	八关斋主、像主、菩萨主、开经主、供养主、行道主、道场主、清净主、行道四面像主、法华经主、大八关斋主	《鲁》第25册,第258、264页
上官香等造像	东魏兴和四年十一月廿五日	河南省汲县(今卫辉市)	菩萨光明主、开仏光明主	像主、斋主	《鲁》第25册,第272、273页
秦绍敬等造像	北魏(无年月)	山东省博兴县张官村北出土	光明主	宝塔主、像主	《碑刻》第7册,第104页
道俗九十人等造像	东魏武定元年(543)七月廿七日	河南河内北孔村(河南省沁阳县)	开光明主	定光佛主	《鲁》第25册,第280页;《碑刻》第7册,第343页

续表

造像名	时间	地点	开光明题记	部分相关题记	文献出处（页码为开光明题记所在）
邑义五百余人造像碑	北魏永熙二年、东魏武定元年（543）八月	河南省淇县	光明主	大像主、八关斋主	《鲁》第25册，第284页
于子建等义桥石像碑	东魏武定七年四月八日	河南河内武德镇	开佛光明主	像主、菩萨主	《鲁》第25册，第361页
白实等造中兴寺石像	大统三年（537）四月八日	固城上下村（现河南省南阳市镇平县杨营镇贾庄村西）	开光明主	寺邑主、邑子	《鲁》第25册，第434—435页
惠好、惠藏等造像	东魏武定四年（546）二月八日		开佛光明主		《碑刻》第8册，第29页
王盖周等一百三十四人造像	东魏武定五年（547）七月四日	山东省长清县	光明主	像主、起像主、宝塔主	《碑刻》第8册，第60页
蔡氏造太上老君石像碑	大统十四（548）年四月八日	山西省芮城蔡村	立侍光明主、开光明主	都典录、金刚主、都斋主、斋主、香炉主、坎主、飞天主	《鲁》第25册，第464、465页
宗慈孙三十七人等造经像	西魏大统十七年（551）四月廿三日	不明	弥勒像开明主、石像开明主	开法华经主、金像主	《鲁》第25册，第472页
张龙伯兄弟造像	北齐天保元年（550）十月壬申朔八日辛巳（月朔干支均不合）	不明（原藏河南省洛阳市存古阁）	光明主		《鲁》第26册，第10页；《碑刻》第8册，第242页
僧严等造像	北齐天保三年（552）八月廿日	河南省辉县市	佛光明主、菩萨光明主	檀越施主、弥勒像主、供养主	《鲁》第26册，第21、22页

续表

造像名	时间	地点	开光明题记	部分相关题记	文献出处（页码为开光明题记所在）
宋显伯等四十余人造像	北齐天保三年（552）四月八日	河南省沁阳县	开佛光明主	像主、菩萨主、大斋主	《碑刻》第8册，第278页
叶容等造像记（畅洛生等造像记）	天保五年（554）四月二日	（顾燮光购于河南省安阳县）	光明主	右葙菩萨、供养主、斋主	《鲁》第26册，第33页；《碑刻》第8册，第322页
李荣贵兄弟等造经像碑	天保十年（559）二月十日	河南省辉县市	光明主、光明主	南面菩萨、南面大像、石经、菩萨主	《鲁》第26册，第105、112页
韩山刚造像碑	北齐河清三年（564）十月八日	不详	光明主、左相菩萨光明主、右相菩萨光明主	像主、坎主、菩萨主、斋主	《碑刻》第8册，第161页
刘僧儒三十余人造弥勒像	北齐天统二年（566）四月十日	山东省济宁市	光明主	大像主、副像主、邑正	《鲁》第26册，第164页
宋买廿二人等造天宫石像	天统三年（567）四月八日	《金石萃编》云当在河南缑氏县	开东面光明主、开西面光明主	邑子	《鲁》第26册，第171页
殷恭安等造像	天统三年（567）九月十六日	不详	光明主	斋主、法士像主、道场主、天王主、香火主	《碑刻》第9册，第273页
潘景晖等造像碑	天统五年（569）四月八日	不明	“北面开光”（此在正文中，题记中无）	起像主	《鲁》第26册，第186页；《碑刻》第9册，第298页
孙昨三十人等造像	天统五年（569）四月十五日	山东省兰山孔庙明伦堂	□明主	起像主	《鲁》第26册，第190页
董洪达四十人等造像	武平二年（571）十一月廿七日（买都石像主一区）、武平元年正月廿六日	河南省登封少林寺	右相下堪开光明主、都开光明主	起像斋主、斋主	《鲁》第26册，第194、198页；《碑刻》第9册，第315—316页

续表

造像名	时间	地点	开光明题记	部分相关题记	文献出处(页码为开光明题记所在)
杨映香等八十人造像	北齐武平元年(570)十一月十四日	河南省新乡市	开光明主	斋主、供养、起象主	《鲁》第26册,第200页
王子□四十人等造四面像碑	武平三年(572)三月八日		光明主	左葙都维那、大斋主、供养主	《鲁》第26册,第219、222页
郗景哲等造像	武平四年(573)		大像开明		《鲁》第26册,第248页
郑季茂六十一人等造像	武平六年(575)三月十七日		开明斋主		《山右石刻丛编》卷二
吴洛族十五人等造释迦弥勒像	不详	河南省偃师城内寿圣寺		仅为碑阴	《鲁》第26册,第298页
李神恩等造像题名	不详	山东省兰山右军祠	西龛象主并光明主、仏光明主、大像光明主、北龛大像主两菩萨并光明主	大斋主	《鲁》第26册,第302—305页
张操造像	北周保定二年(562)		□明主	释迦像主、典录、治律、侍者、典坐、斋主、香火	《鲁》第26册,第322页
圣母寺四面像碑	北周保定四年(564)九月八日	陕西(陕西省蒲城县)	开明像主、弥勒开明主	释迦像主、左葙典坐、左葙斋主、左葙化主、右葙斋主、左葙香火主、右葙香火	《鲁》第26册,第329、332页;《碑刻》第10册,第183页
合村长幼造像	天和元年(566)二月八日	山西省芮城	开金刚光明主、开加叶光明主、开□□光明主、开光明主、开阿难光明、开思惟像光明主、□□□光明主、开□□佛光明主	开金刚像主、典录、引像主、香花主、供养主、开思惟像主、阿难主供养主、□加像主	《鲁》第26册,第347—351页

续表

造像名	时间	地点	开光明题记	部分相关题记	文献出处（页码为开光明题记所在）
吕世标等造像	不详	山东省兰山北门护城堤上	大象光明主、左葙菩萨光明主、右葙菩萨光明主、左葙金刚主并光明主、右葙金刚主并光明主、南面光明主、左葙菩萨光明主、□葙菩萨光明主	斋主、大象主、大斋主	《鲁》第26册，第520、521页
李宝等造像	不详	山东省兰山右军祠	□像光明主、□□□菩萨光明主、□葙□菩萨光明主	□像主、左葙阿难主	《鲁》第26册，第523页
陈氏合宗等造四面石像碑	不详	山西省芮城	开光明主、开加叶光（后阙）、开阿难光明主	香火主、供养主、佛主、供养主	《鲁》第26册，第526—536页
田迈等造像	不详	河南省淇县市	开佛光明主	兴像斋主、佛殿主、起像斋主	《鲁》第26册，第568页
苏远等造像题名	不详	河南省新乡市	开光明主、弥勒光明主	弥勒像、菩萨、释迦像、观世音像主	《鲁》第26册，第571页

作者简介：

吴羽，华南师范大学历史文化学院教授。

宋季韩震之死及相关问题

熊燕军

[提要]关于韩震之死，传统上认为与韩震胁迁之议及陈宜中的政治投机有关。事实上，韩震胁迁之议出自伪造，而陈宜中政治投机也只是表象，韩震之死的幕后主使是谢太后。韩震之死是谢太后打击贾似道的需要，也是其为阻止元军、争取和平而采取的缓兵之策。

[关键词]韩震之死；谢太后；陈宜中；贾似道；重文轻武；晚宋

至元十一年(宋咸淳十年，1274)六月，元世祖忽必烈下诏南征，元朝灭亡南宋的全面战争正式拉开。元军进展顺利，六个月后，伯颜率军攻破鄂州，南宋长江屏障被撕开。德祐元年(1275)正月，贾似道出督江州。行前，贾与心腹殿帅韩震等商议，若江上之师不利，则邀车驾航海庆元，自己引残兵至海上相会，以图异时兴复宋室。二月，宋元双方在丁家洲大战，宋军大败，十三万大军一时俱溃，贾似道逃至扬州。消息传到临安后，韩震如约上书迁都。迁都的建议在朝中引起轩然大波，遭到左相王爚等人的强烈反对。三月一日，同知枢密院事兼参知政事陈宜中召韩震至枢密院议事，以韩震有胁迁之议，设伏诛之，是为韩震之死。

韩震之死是南宋晚期最重大的历史事件之一。韩震以殿帅之尊，在未加审理、未明确罪状的情况下，即被诛杀于枢密院。南宋立国一百五十年间，文武高级大臣中，遭此下场的，除宁宗时权相韩侂胄外，韩震实乃第二人。当元军正日渐逼近，国家处于生死存亡的关键时刻，韩震的非正常死亡不能不引起人们的关注，并引发一系列疑问。比如胁迁乃谋逆大罪，在贾似道兵败被劾的情况下，韩震何故要冒杀身乃至灭族的风险为之？宋朝专制主义中央集权高度强化，若无最高统治者授意，陈宜中有无诛杀韩震之可能？若确有最高统治者授意，则诛杀韩震的动机何在？陈宜中等人既然反对迁都，为何后来又有海上行朝之举呢？……关于韩震之死，南宋官私文献中留下了大量相关记载，但由于宋末史馆制度废弛，加之事涉隐秘，各书中记载不一致处甚多，一些关键问题也往往语焉不详、含混其词。今人著作对韩震之死虽有涉及，[①]但迄今尚无专门论著出现，认识上也未能超越古人。笔者认为，韩震胁迁之议出自伪造，而陈宜中政治投机也只是表象，韩震之死的幕后主使其实是谢太后，韩震之死是谢太后打击贾似道的需要，也是其为阻止元军、争取和议而采取的缓兵之策。

一

韩震被杀，通常认为是因为韩震有胁迁之议，即韩震有武力胁迫南宋王朝迁都的打算。元刘一清《钱塘遗事》卷七《诛韩震》：

> 乙亥三月初一日，诛韩震。三省奉圣旨云："韩震身为殿帅，阴怀异志。当此危急，不肯出战，声言提兵，哄入禁阙，奸谋叵测，罪不容赦。国人皆曰可杀，吾念其父有功于蜀，不料其子负国若此，除已明正典刑，罪止其身，若家属亲党决非同谋，一切并为免罪。"先是有言震谋胁迁都者，宜中与客潘希仁计议，乃伏甲士于枢密府，击杀之。[②]

明确指出胁迁之议乃韩震被杀的直接原因，这似乎也是南宋政府的官方解释。

除《钱塘遗事》外，其他文献中亦有多处提及韩震胁迁之议。郑思肖《大义略叙》：

> 三月，似道致书丞相章鉴曰："虏势已迫，但促三宫渡海，似道当海中迎圣驾矣。"似道又手批谕殿帅韩震，命之促三宫渡海，手批误达殿司副帅彭之才，之才密告丞相陈宜中，即与编修官潘希圣谋，希圣怂恿诛韩震。陈丞相密奏行其事，始以计呼韩震至，试验其语意，果恃似道跋扈不法。韩震谓："三宫不动，但殿司山上发土炮入皇城，警以虏至，三宫可迁驾矣。"遂命壮士出敕示斩之。[③]

---

① 涉及韩震之死的著作主要有：李天鸣《宋元战史》，台湾食货出版社，1988年；陈世松等《宋元战争史》，四川省社会科学院出版社，1988年；何忠礼、徐吉军《南宋史稿》，杭州大学出版社，1999年；戴仁柱《十三世纪中国政治与文化危机》，刘晓译，中国广播电视出版社，2003年。

② 刘一清：《钱塘遗事》，上海古籍出版社，1985年，第151—152页。

③ 郑思肖：《郑思肖集》，陈福康校点，上海古籍出版社，1991年，第163—164页。关于《心史》的真伪问题，数百年来一直存在争论，近年来，随着讨论的深入，人们已经基本确认《心史》特别是《大义略叙》是宋元文献，同时，大家也承认，由于此书出自民间，所记多为传闻，故内容上仍有较多错误。说参钟焓《〈心史·大义略叙〉成书时代新考》，《中国史研究》2007年第1期。

这是目前关于韩震胁迁之议最详细的记载。

其实，前引材料在内容及逻辑上存在颇多疑点。首先，贾似道致书章鉴及韩震日期有误。二月三十日，章鉴遁归绍兴，[①]三月一日，韩震被杀，故致书时间当在二月，而非三月。其次，贾似道谕韩震手批误达彭之才之手，殊难理解。贾似道手批内容机密，应该不会出现传递失误的情况。再次，韩震恃似道跋扈不法，于理不合。鲁港兵败，贾似道丧师辱国，逃至扬州，这种情况下，韩震似应主动避嫌才是。最后，殿司山上放炮一说，设想简单，根本就没有实现的可能。宋代的炮，种类繁多，大小不一，据《武经总要》载，北宋炮的射程一般在五十步左右，最远八十步（78—125 米[②]），今据《南宋皇城图》和《南宋京城图》[③]知，殿司中军、右军驻地在罗城七宝山一带，此地距离皇城较远，远在宋代炮射程之外。凤凰山、八盘岭、万松岭虽然离皇城较近，但宋人当年筑城的时候应该考虑过类似问题，从此处发射，皇城应仍在射程之外。即便在射程之内，也缺乏实施的可能性。由于炮装备复杂，体量巨大，其移动和施放往往需要大量的人力，最多可达二三百人，[④]这么多的人，这么大的声势，该如何避开京城内外诸司的耳目呢？而"惊以虏至"一说，也纯属幻想，元军此时尚在长江一线，怎么可能突入临安。如果是小股侦察部队，也不可能携带炮这种重型武器。

又，明正德《姑苏志》卷六十亦有韩震胁迁的记载，内容稍有不同：

> 韩震者，蜀将韩宣之子。为贾似道腹心，鲁港败，震主迁幸议，陈宜中等不从，乃于湖上放炮，谋奉三宫入广，故宜中诱而诛之。[⑤]

指出韩震的胁迁并未停留在"议"的层面上，而是已经实施。胁迁方式也由"山上发土炮入皇城"改为"湖上放炮"。

当然，"湖上放炮"一说也属无稽之谈。西湖远在罗城之外，湖上放炮根本威胁不到皇城，难以收到胁迁的效果。且作者将韩震胁迁之议由"议"变为"行"，明显与其他记载

---

① 《宋史》卷四七《瀛国公纪》，第 927 页。亦见方回《桐江集》卷六《乙亥前上书本末》，江苏古籍出版社，1998 年，第 369 页；刘一清：《钱塘遗事》卷七《二相遁去》，第 151 页。

② 据《中国历代量制演变测算简表》，宋元时期一尺约合今 31.2 厘米，一步合 5 尺。《资治通鉴》卷一八八（中华书局，1956 年，第 5905 页）：武德四年，秦王李世民率军攻打王世充占据的洛阳城，"大炮飞石重五十斤，掷二百步（约 300 米）"；《新唐书·东夷传》（中华书局，1975 年，第 6188 页）载，贞观十九年，李勣攻打高丽所据辽东城，"列抛车，飞大石过三百步（约 450 米）"。可见唐时的炮射程都在二三百步，不知北宋为何退缩至此。

③ 潜说友：《咸淳临安志》卷一，中华书局，1990 年，第 3354 页。

④ 据《武经总要》前集卷一二载，北宋最简单的单梢炮，需要四十人拽，一人施放；最大的七梢炮，需要二百五十人拽，二人施放。南宋炮的体量可能更大，需要的人手当更多。

⑤ 王鏊：《（正德）姑苏志》卷六〇《杂事》，台湾学生书局，1986 年，第 884 页。

不同。又,“谋奉三宫入广”也与事实不符。韩震上书迁都后,宗学生上书言:“陛下移跸不于庆元,则于平江,事势危急,则航海幸闽。”①可见当时考虑的目的地只是庆元、平江,最远是福建,两广并不在考虑之内。据《癸辛杂识》前集《施行韩震》的记载,贾似道与韩震等约定的驻跸地为庆元。②

韩震胁迁之议事关重大,但南宋官方文献中却不见记载,民间文献虽有记载,内容却多不实之处,逻辑上也不尽相通,性质上颇接近于街谈巷语之类,令人十分怀疑事件的真实性。当然,宋末史馆制度废弛,官方文献中没留下详细记载,尚可体谅,但元人在编纂《宋史》时,虽有提及胁迁之议,却没有详细内容的记载,大概也是认为上述记载荒诞不经,不足为信,故未加采择。

其实,不仅韩震胁迁之议的内容不真实,前引诛韩诏书格式上也有问题。执行机构不应该只是三省,而应该是三省枢密院。宋制,凡遇重大事件,特别是军政事务,三省枢密院同议进呈,共同执行。③ 毫无疑问,诛杀韩震为重大的军政事务,故应该是“三省枢密院同奉圣旨”才对。此外,诛韩时陈宜中身份为同知枢密院事兼参知政事,且地点在枢密院内,也足证应是“三省枢密院同奉圣旨”,执行机构应为三省及枢密院。又,此诏书后之叙事也有问题。与陈宜中同谋诛韩者为潘希圣,而非潘希仁。④ 代领其众的彭之才应是殿司副帅,非步军(都)指挥使。步军指挥使为孙虎臣,此前已溃逃至泰州,⑤不可能代领其众。

笔者以为,韩震不太可能有胁迁之议。首先,宋朝专制主义中央集权高度强化,皇帝对武将专权极为猜忌,采取了种种措施进行约束限制,一旦出现类似情况甚至苗头,就采取坚决的手段予以打击。何况胁迁乃谋逆大罪,有杀头甚至灭族的危险,韩震不可能不知道其中的利害关系,尤其是鲁港溃师后,贾似道丧师辱国,地位已不复从前,不再能够

---

① 佚名著,王瑞来笺证:《宋季三朝政要笺证》卷五,中华书局,2010年,第389页。

② 周密:《癸辛杂识》前集《施行韩震》,吴企明点校,中华书局,1988年,第52—53页。

③ 朱瑞熙:《中国政治制度通史》(宋代卷),人民出版社,1996年,第136页。

④ 希仁为希圣兄弟或从兄弟,二人均为潘凯从子。见《(弘治)温州府志》卷一一《人物志·宦业》。又,今温州永嘉县上塘镇有潘希圣墓。据《泰石潘氏宗谱》等载,潘希圣,讳崇益,字君友、养蒙,号杏山,永嘉楠溪江畔泰石村人。父潘世长。南宋宝祐四年进士,初授常山主簿,后迁户部侍郎。德祐二年,随二王南下,不久战死,卒年54岁。说参统英、逸民《留取丹青照汗青——朝请大夫潘希圣小传》,载永嘉县政协文史编纂委员会《永嘉历史人物》,第29页。今据《宋宝祐四年登科录》知,潘希圣为是榜一甲十五人,兄弟三人,娶胡氏,曾祖伯成,祖端,父保大,本贯临安府,居温州永嘉县。要注意的是,以上二文均未谈及希圣与陈宜中合谋诛杀韩震一事。又,清同治七年《臣庄潘氏宗谱》卷首收录陈宜中咸淳十年作《潘氏族谱原序》一文,其中云“咸淳癸酉,予以省亲归庐,适洛川潘氏家谱告成,遣力持币乞予一言以弁诸谱首。予以瓜葛之亲故,义不敢辞,县羡其孝思也。遂援笔洒墨,而为之序。”则潘氏与宜中很可能有远亲关系。惟未见原谱,不敢遂断。此序转引自孙建胜编《陈宜中集》,黄山书社,2012年,第13页。

⑤ 苏天爵:《元文类》卷四一《经世大典序录·平宋》,上海古籍出版社,1993年,第514页。

充当韩震的保护人，韩震应该只是坚决要求迁都而已。其次，韩震虽是贾似道心腹，但其长期任职川蜀，在殿司的影响力有限，并无胁迁的实力。咸淳七年(1271)六月，"以韩震带行御器械、知江安州兼潼川东路安抚副使"，[①]则韩震至早于咸淳八年左右调入临安，进入殿前司。咸淳八九年时，范文虎仍为殿前司都指挥使，则韩震主掌殿司的时间当更晚，一二年内，韩震不可能完全掌握殿司，即使他有胁迁的想法，估计也难以获得殿司诸将的认同。韩震死后，其部将李大明率百余人，反出临安，[②]亦见韩震真正掌控的"死力之士"十分有限。最后，韩震如果确有胁迁之议，南宋政府完全可以通过正常途径处理，实在不应该采取暗杀的方式，进而给人一种阴谋论的想象。

事实上，诛杀韩震就是一场阴谋。《续资治通鉴》卷一八一载有章鉴对诛杀韩震的评价："韩震虽请迁都，意实无它，遽置之死，震惊乘舆，似亦太过。"章鉴虽然也赞同迁都，[③]但如果韩震确有胁迁之议，他定然不会为韩震辩解的。此外，前引材料指出，陈宜中诛杀韩震乃"奉旨而为"，从"震惊乘舆"看，陈宜中应该没有获得高层授权。前引诛韩诏令，要么系子虚乌有，要么系陈宜中等人伪造。元佚名《三朝野史》"韩震无辜而被杀"[④]，也认为韩震无胁迁之议。清代也有人认为韩震之死系外朝(主要是陈宜中)矫旨为之，目的是防止韩震阻止和议的进行。[⑤]

二

韩震之死既是陈宜中的一场阴谋，陈宜中为什么一定要杀死韩震呢？《宋史》卷四一八《陈宜中传》：

> 二月，似道丧师芜湖，乃以宜中知枢密院兼参知政事。已而翁应龙自军中归，宜

---

① 《宋史》卷四六《度宗》，第 907 页。

② 《元史》卷八《世祖五》(第 163 页)谓二百人。《宋季三朝政要》(第 391 页)和《钱塘遗事》(第 152 页)谓百余人。明正德《姑苏志》卷六十(第 884 页)谓有千余人，误。

③ 方回：《桐江集》卷六《乙亥前上书本末》，第 369 页。

④ 佚名：《三朝野史》，中华书局，1991 年，第 4 页。

⑤ 清凉道人：《听雨轩笔记》卷三《余论》(商务印书馆，1931 年，第 75 页)："韩震之杀，本非谢后意，盖震系恭帝时殿帅，贾似道出师拒元时，与震及枢密陈宜中、府尹王某密言：'我此行幸胜则已矣，若不得志，国势必危，诸君当奉三宫走海上以筹恢复，不可他图也。'后鲁港兵溃，似道复遣人再申前语，而此时朝局已变，贾旋得罪远窜。众议佥欲降元，时震握重兵，恐其执前说以诅之。于是省吏翁某为宜中谋，仿后唐继岌杀郭崇韬故事，召震至都堂议事，使力士袖铁椎就坐中击之，震流血被面，谓宜中曰：'相公何故及尔？'宜中答以宫中之意，震遂拔靴刀自刎死。禁兵闻震被杀，汹汹欲变，旋知出自上意而止。此事皆出外廷之谋，矫传内旨，以安禁旅，谢后深处慈宁，绝不知之也。"该材料所记较为详实，但部分内容明显有误，如府尹王某(应为曾渊子)，翁某为宜中谋(翁应龙为贾似道谋士)，不知出自何处。

> 中问似道所在，应龙以不知对。宜中以为似道已死，即上疏乞正似道误国之罪。似道行时，以所部亲信韩震总禁兵，人有言震欲以兵劫迁者，宜中招震计事，伏壮士袖铁椎击杀之，以示不党于似道。[①]

指出陈宜中杀害韩震乃其政治投机的结果，目的是为了同贾似道划清界限。[②]

笔者注意到，前引材料在谈到陈宜中诛杀韩震缘由时，特别提到"翁应龙自军中归"这一细节，看起来，陈宜中是在误认为贾似道已死的情况下诛杀韩震，但若贾似道已死，诛杀韩震意义何在？如果如文中所示，"人有言震欲以兵劫迁者"，则陈宜中诛杀韩震乃忠义之举，与政治投机无关。

《宋史》记载应该有遗漏的地方。事实上，陈宜中诛杀韩震，确有政治投机的意味。史载，陈宜中为人多术数，早年曾受贾似道提携。[③] 贾似道出督之时，以陈宜中曾"受卵翼之恩，且柔顺易制"，故委以国政。[④] 但当陈宜中从翁应龙处得知贾似道不知所终时，他马上劾贾以自解：

> 近北兵渡江已逾两月，上而三宫，下而万姓，皆谓平章贾似道督师一出，未必负三朝礼遇之恩，必能以一死酬天地涵容之泽。而乃拥师逗留，不发一矢。今月二十日，忽报孙虎臣(退师)；又二十二日，报臣等以诸军皆溃散。初犹有自与一决之语，既乃发为海上迎驾之言。臣见其平日自诡以知兵意，或有深谋秘计，可以救一脉于垂亡。观其所措，有非腐儒所能测识。忽二月二十八日早，有督府随行吏回归，乃言似道于二十日夜三更鸣锣一声，回散诸军，窜身而去，莫知所之。臣闻之血泪并流，欲死无由，因自痛念，曩经丁大全败窜之余，适际理宗再生之德，徼逾末年。似道时适当国，起自书生，叨居枢地。彼虽一出，臣每见其施行时有差舛，未尝不从容纳规，而才弱力薄，凡莫能救。正如范文虎事，争之不力，稔祸今日，涕殒何追！今似道以溃师窜身，上误宗社，臣曩为台谏，既无吕诲之先见；臣今为执政，又不能为社稷力争，罪何所逃！谨自具劾以闻，欲望圣慈重行追窜，正平日苟容之罪，以谢公论；仍乞正似道误国之罪，以谢天下。祖宗德泽未衰，人心戴宋犹故，元气一脉尚可挽回，仍

---

① 《宋史》卷四一八《陈宜中传》，第 12530 页。

② 德祐元年三月四日，因诛韩之功，内批陈宜中特进、右丞相。事闻，陈宜中上《辞右丞相奏》，其中云："或谓臣乘时倾似道而夺其权，或谓臣拱手不留臣鉴而据其位，臣既无面颜立于百僚之上，亦安能复有精神念虑能为陛下宣一日之劳哉。"可见是时大家皆以为诛韩乃陈宜中政治投机结果。此奏见《钱塘遗事》卷七《相陈宜中》，第 162 页。

③ 宝祐年间，陈宜中因攻击丁大全，成为太学"六君子"之一。贾似道入相后，对其十分赏识，曾建议度宗让陈宜中免除省试，直接参加廷试中举，并在数年内迁为监察御史。《宋史》卷四一八《陈宜中传》，第 12532 页。

④ 《宋季三朝政要》卷五，第 403 页。

乞将公田、市舶茶盐等拂民所欲者悉赐改正。令学士院降诏，以明太皇太后、陛下哀痛悔恨之意，少回皇天舍逆助顺之心。[①]

当贾似道未死、犹在扬州的消息传来后，朝中传言贾似道将兴报复之师，回朝问罪，“始朝廷谓似道已死，后乃知犹在扬州，举朝阿党皆宣言似道将兴晋阳问罪之甲”[②]。陈宜中当然不能无动于衷。

进一步讲，陈宜中很可能参与了贾似道迁都海上的相关谋划。《宋史》卷四一八《陈宜中传》后“论”云：“士大夫不幸与权奸同朝，自处难矣。似道督视江上之师，以国事付王爚、章鉴、陈宜中，盖取其平时素与己者。”[③]按：移跸迁都如此大计，贾在出督前一定会有最高人事安排，否则只凭韩震和曾渊子的地位和实力，根本不可能达成目的。三位执政中，陈宜中与贾似道关系最密切，[④]他很可能参与了该计划，否则在当时朝论大哗的情况下，韩震不至于轻信陈宜中，在毫无防备的情况下赴枢密院商议。

要说明的是，文献中关于陈宜中上书时间存在不同记载。前引材料提到，“二十八日早，有督府随行吏回归”，则陈宜中上书起码在二十八日后。而据《宋季朝事实》所载，则在三月初二。方回《乙亥前上书本末》则谓：“二十六日，省吏翁应龙以督府印至行都，同知枢密院事兼参知政事（陈）宜中劾似道偾军丧师，乞与解罢平章都督，罢公田。”[⑤]认为陈宜中上书时间在二十六日。又，二月二十九日（三十日），谢太后内批贾似道罢职与祠，[⑥]由于陈宜中是弹劾贾似道的第一人，故此奏不可能上于三月初二。又，德祐元年三月初七日，安吉州通判方回奉旨回都堂禀议，十四日，方回上书请诛贾似道。《乙亥前上书本末》所述即此次上书经过。[⑦] 方回上书距离韩震之死时间上较为接近，且其身为朝

① 刘一清：《钱塘遗事》卷八《陈宜中奏》，第 167—169 页。亦见《宋季朝事实》卷二（见《宋史全文续资治通鉴》附录，北京图书馆，2006 年，第 315—316 页），惟系此奏于三月初二。《（乾隆）温州府志》卷二八下亦收有此文，文字大致相同，略有差别，没有“二月二十日”“二十二日”“二月二十八日早”等文字，其记贾似道溃逃于二十一日夜。《乙亥后上书本末》有“首劾罢似道者陈宜中，首乞诛似道者方回”，可见此奏属实。

② 方回：《桐江集》卷六《乙亥前上书本末》，第 370 页。

③ 《宋史》卷四一八《陈宜中传》，第 12533 页。

④ 三人中，王爚“清修刚劲”，贾葬母时，百官皆于雨中默立，惟爚不与，其为元老，后以元老入相位。章鉴，为人宽厚，与人多许可，士大夫目为“满朝欢”。惟陈宜中与贾似道关系最为密切。

⑤ 方回：《桐江集》卷六《乙亥前上书本末》，第 368 页。

⑥ 《续资治通鉴》卷一八一（第 4945 页）系于二月庚午（二十九），《乙亥前上书本末》（第 369 页）谓二月三十日。二十九或三十日应为内批的时间，正式下制当在三月三日。

⑦ 周密《癸辛杂识》别集卷上《方回》条（第 251 页）：“先是回为庶官时，尝赋《梅花百咏》，以谀贾相，遂得朝除。及贾之贬，方时为安吉倅，虑祸及已，遂反锋上十可斩之疏，以掩其迹。时贾已死矣，识者薄其为人。有士人尝和其韵有去：‘百诗已被梅花笑，十斩空余谏草存。’”谓方回上书时，贾似道已死。按贾似道死于九月，此条记载显误。

廷命官，消息当更为准确，以二月二十六日为准。

一般认为，翁应龙自军中回归，主要为护送都督府印，“诸军尽溃，翁应龙以都督府印归临安”。[①] 但元代文献中却有丁家洲、鲁港之战中缴获都督府印的记载。《元史》卷一二七《伯颜传》：“伯颜命步骑左右掎之，追杀百五十余里，溺死无算，得船二千余艘，及其军资器仗、图籍符印。”《元经世大典序录·平宋》、王恽《大元光禄大夫平章政事兀良氏先庙碑铭》[②]及《元名臣事略》卷二《丞相淮安忠武王》皆有缴获都督府印的记载。按：军功统计方面，由于统计口径的不同，加之不易核实，杀敌人数、缴获物资等数据往往存在重复夸大的现象，有些将领为了冒领军功，也常常人为造假，但符印尤其是高级官署的符印则不一样，这类物品象征意义极大，往往需要上缴中央，用以激励士气，宣示天命。元朝既有缴获都督符印的明确记载，则鲁港溃师中都督符印可能确实失落。事实上，宋人文献中也有相关记载，《钱塘遗事》卷七《芜湖溃师》：“十三万军一时溃散，督府之印已失。”前引方回《乙亥前上书本末》虽有二十六日翁应龙护印回朝的记载，但在《论贾似道十可斩疏》又说其“畏而退，退而溃，假息淮海，失其督印”。

关于丁家洲之战，宋方的记载明显不同。《癸辛杂识》续集下《鲁港风祸》：“贾平章鲁港之师，尝与北军议定岁币，讲解约于来日各退师一舍，以示信。既而西风大作，北军之退西者旗帜皆东指。南军都拨发孙虎臣意以为北军顺风进师，遂仓忙告急于贾，贾以为北军失信而相绐，遂鸣锣退师，及知其误，则军溃已不可止矣。是南军既退之后，越一宿而北军始进，盖以此也。”《宋季三朝政要》卷五：“二月戊午，似道遣宋京使军前请和。京与北使来，要似道自往。似道遣阮思聪、火元嘉代行。及至思聪回，知事不就，惶怖失据，阴备快船为走计。辛酉，屯丁家洲。时大军大势冲下，南北两岸立炮座，设划车，中流数千艘乘风直进，我师不敌。诸军有反噬之意。似道遂许喝转官资。诸军诟曰：‘要官资做甚。己未、庚申，官资何在？’似道不能答。癸亥，三鼓，孙虎臣告急，至似道舟中泣告曰：‘追兵已迫。’夏贵亦曰：‘彼众我寡，委难抵当。’垂泣而去。似道鸣锣一声，退兵于珠金砂。十三万军，一时溃散。督府之印已失，乃奔入扬州。”[③]鲁港败后，有人写诗讽刺贾似

---

① 《宋史》卷四七《瀛国公纪》，第925页。（元）刘一清：《钱塘遗事》卷七《罢贾似道》（第158页）：“（三月）十四日，贾似道堂吏翁应龙护都督印归朝，上表自劾。”但《宋史》卷四七《瀛国公纪》（第927页）：三月五日，“侍御史陈过请窜贾似道并治其党人翁应龙等，不俟报而去。监察御史潘文卿、季可乞从过所请，乃命捕应龙下临安府狱”。则三月五日，翁应龙已下狱，《钱塘遗事》所记误。

② 王恽：《秋涧先生大全文集》卷五〇，四部丛刊本。

③ 《宋季三朝政要》卷五，第379—380页。2013年11月，临安市郎碧村西坟山发现洪起畏墓。据墓志所言，丁家洲之役，贾似道作为三军统帅，主要负责物资转运等后勤工作，而当时军队指挥权皆在大将孙虎臣手中，孙虎臣作为前锋，未战已怯，宋军一触即溃，贾似道虽有过招集溃兵的努力，然无能为力，以至这场战斗，宋军几乎全军溃败。所述与《宋季三朝政要》同。见马黎《临安知府墓，揭开宋元决战往事》，《钱江晚报》2014年6月11日C0001版。

道："丁家洲上一声锣，惊走当年贾八哥。寄语满朝谀佞者，周公今日变周婆。"[①]汪元量《越州歌》二十首之八："鲁港当年傀儡场，六军尽笑贾平章。三声锣响三更后，不见人呼大魏王。"[②]则似乎丁家洲之战宋元双方并未发生激烈战事，[③]如此一来，督府符印丢失一事反而不太好理解。

其实，不论督府符印是否失落，翁应龙回归都别有使命。翁应龙，生平事迹不详，与廖莹中同为贾似道的重要谋士，贾似道主政期间，"大小朝政，一切决于馆客廖莹中、堂吏翁应龙，宰执充位署纸尾而已"[④]。自元人全面侵入南宋后，由于前线战况不断恶化，贾似道曾经一再请求朝廷迁都避敌。咸淳十年十二月时，度宗梓宫渡越，似道密请三宫以护送山陵为名，航海避敌。德祐元年正月，似道辍出督隆兴之议，修浚平江府城池，为迁跸计。寻又谋以扬州为归，运浙西公田米实之。[⑤] 二月，贾似道出督江州，临行前与韩震等约定，若江上之师不利，则邀车驾航海。《癸辛杂识》前集《施行韩震》：

> 德祐元年乙亥正月，贾平章似道督府出师，时平昔爱将已有叛去者，贾闻之气大馁，临行与殿帅韩震、京尹曾渊子约曰："或江上之师设有蹉跌，即邀车驾航海至庆元，吾当帅师至海上迎驾，庶异时可以入关，以图兴复。"且留其二子于震家，使仓卒可以随驾。时省吏翁应龙实知其谋。

翁应龙参与了贾似道一伙迁都海上的谋划，由他回朝进行联络发动，是最合适的人选。

论者或以为，翁应龙返回临安时，并不知道贾似道的具体所在，则翁应龙回朝乃个人行为，与贾似道无关。事实上，由于太皇太后谢氏一直对迁都持反对意见，且鲁港溃师后贾似道地位受损，翁应龙回朝时，如果没有贾似道的信物或亲笔文书，韩震应该不会冒险上书要求迁都。《癸辛杂识》前集《施行韩震》：

> 会似道以蜡书至韩，趣为迁避。其间有云："但得赵家一点血，即有兴复之望。"震得之，即具申状，亲携蜡书白堂白台，陈丞相宜中遂奏之太后，宫中为之震动，时都民戚里官寺往往皆欲苟安，疑惑撼摇，目之为贼。

贾似道的蜡书应该就是翁应龙带回的。

---

① 丁传靖：《宋人轶事汇编》卷一八引《矶园稗史》，中华书局，1981年，第1019页。

② 汪元量撰，孔凡礼编：《增订湖山类稿》卷二，中华书局，1984年，第60页。

③ 作为战争中失败的一方，宋方似不必故意贬低战争的激烈程度，"不战而溃"应该是事实。与之相对应，元方的记载则可能有夸大的成分。

④ 《宋史》卷四七四《贾似道传》，第13783页。

⑤ 方回：《桐江集》卷六《乙亥前上书本末》，第366页。

翁应龙回朝时既受贾似道指派，则翁为何又言不知贾似道所在。笔者以为，翁应龙应该真不知道贾之所在。按照行前的约定，翁应龙应该是鲁港溃师时离开贾似道回朝的。鲁港溃师后，二十二日，似道至建康龙湾，但是日江东转运判官知太平州孟之缙降。二十三日，似道至真州珠金沙，结果沿江制置使赵溍弃城走。[①] 贾似道本欲召集溃军，结果反招谩骂。淮东制帅兼知扬州李庭芝为贾似道心腹，遂奔扬州。可见贾似道逃往扬州并非计划之事，翁不清楚贾之下落乃情理之中。

要强调的是，翁应龙回朝时只是提到不知贾似道所在，并未涉及贾的生死问题，朝中关于贾似道已死的传闻与其无关。事实上，早在二十六日翁应龙回朝之前，朝廷就已经知道贾似道未死且逃至扬州的消息。前引陈宜中奏文："二十二日，报臣等以诸军皆溃散。"则二十二日，陈宜中曾收到贾似道的战报，此时他就知道贾似道未死。《宋史》卷四七《瀛国公纪》："甲子（二十三日）……似道上书请迁都。乙丑（二十四日），下公卿杂议，王爚言不能与大计，遂去。"[②]《续资治通鉴》卷一八一："乙丑，贾似道至扬州，檄列郡如海上迎驾，上书请迁都。太皇太后不许，诏下公卿杂议。王爚请坚跸，未决，以己不能与大计，乞罢政，不待报径去。"[③]《乙亥前上书本末》也有二十四日王爚遁归绍兴的记载。[④] 可见至晚二十四日朝廷就知道贾似道在扬州。[⑤] 又《钱塘遗事》卷七《二相遁去》："乙亥二月二十六日，左丞相王爚去。先是，贾似道奏请迁都，太皇太后不许。及是，殿前都指挥使再申前请。爚议坚壁固守，求罢不允，径去。"[⑥]所载内容大致相同，只是将王爚逃遁时间系于二十六日，与翁应龙回朝同日。考虑到《宋史》《乙亥前上书本末》皆系于二十四日，以二十四日为准。

朝廷既然早就知道贾似道还活着，为何文献中还是一再渲染贾似道已死的传闻。笔者以为，他们这样做是在为太皇太后谢氏开脱。因为只有不断强调这一传闻，才能让人们相信诛杀韩震是陈宜中的个人行为，是其政治投机的结果，与最高掌权者太皇太后谢氏无关。

三

宋朝专制主义中央集权高度强化，诛杀韩震这样的高级文武大臣，没有最高统治者

---

① 方回：《桐江集》卷六《乙亥前上书本末》，第 367 页。

② 《宋史》卷四七《瀛国公纪》，第 926 页。

③ 毕沅：《续资治通鉴》卷一八一，中华书局，1957 年，第 4944 页。

④ 方回：《桐江集》卷六《乙亥前上书本末》，第 367 页。

⑤ 刘辰翁：《六州歌头》词前小序云："乙亥二月，贾平章似道督师至太平州鲁港，未见敌，鸣锣而溃，后半月闻报，赋此。"则鲁港溃师后，朝廷曾一度封锁消息，半个月后才向社会公布。

⑥ 刘一清：《钱塘遗事》卷七《二相遁去》，第 151 页。

的授意或默认，是根本不可能实现的。即使实现了，事后也会被追责。虽然目前并无直接证据表明是谢太后下令诛杀韩震，但谢氏在韩震之死前后迅速将陈宜中从签书枢密院事升至知枢密院事兼参知政事、丞相，[①]谢氏的态度于此可见一斑。难怪周密认为谢太后就是诛韩的幕后主使。[②]

谢氏诛杀韩震，表面上看是因为其反对迁都。开庆元年(1259)，元军大举进攻南宋，包围鄂州，大有顺江东下，消灭南宋之势。理宗议迁都平江、庆元，谢皇后上书"请留跸，以安人心"。[③] 而如前述，贾似道出督前，曾经一再请求朝廷迁都避敌，均遭谢后拒绝。鲁港溃师后，贾似道再次上书朝廷，要求迁都海上，谢后仍然不予支持："迩日以来，京师内外喧传，皆得内人今已放散，御船今已排定，营卫诸军皆已点差，仓库今已搬移，陛下移跸亦在旦夕。踌躇未即行者，独吾太皇太后不肯轻动尔。"[④]"太皇太后坚驻行都，跬步不移，仰见定力。"[⑤]德祐元年六月，元军攻下常州，临安危在旦夕，陈宜中请迁都，太后不许。陈宜中痛哭固请，不得已从之。出发之日，因宜中失奏不至，"太后怒而止"。[⑥]

谢氏反对迁都的态度是一贯的，也是坚决的，但前几次关于迁都的争议中，并未有大臣因此受责，[⑦]更不用说被杀。笔者以为，反对迁都只是一个借口，谢氏授意或默认陈宜中诛杀韩震，主要还是为了打击贾似道。贾似道与谢后之间到底有无矛盾，史无明载，不得而知。但作为南宋晚期著名的权相，又是理宗宠妃的弟弟，[⑧]贾似道与谢后的关系应该不会太融洽。只是限于宋朝女人不得干预政事的祖制，加之贾似道权势熏天，二人的关系没有闹翻罢了。但鲁港溃师，南宋十三万大军一时俱散，这是南宋最后的精锐力量，朝廷必须给全国人民一个交代。尤其贾似道是不战而溃，如此恶劣的行为，如果不加追究的话，何以劝效军民，激励士气。更让人不能接受的是，虽然遭受了军事上的惨败，贾似道仍然不愿望放弃自己的权力，在逃往扬州的路上，一面上书朝廷要求迁都，一面通知列郡海上迎驾，丝毫没有任何承担责任的意思。

确实应该教训一下贾似道。要惩治贾似道，当然不能由谢太后自己提出来，这不符

---

① 度宗死后，陈宜中升迁极快。咸淳十年十月二十三日，陈宜中为签书枢密院事兼权参知政事；德祐元年正月十三日，同知枢密院事兼参知政事；二月二十七，知枢密院事兼参知政事；三月五日，右丞相兼枢密使。

② 《癸辛杂识》前集《四韩》，第 38 页。

③ 《钱塘遗事》卷四《议迁都》，第 79 页。亦见《宋史》卷二四三《理宗谢皇后传》，第 8659 页。

④ 《钱塘遗事》卷八《议迁跸》，第 166 页。

⑤ 《桐江集》卷六《乙亥前上书本末》，第 387 页。

⑥ 《宋史》卷二四三《理宗谢皇后传》，第 8660 页。

⑦ 事后有追究的，比如吴潜，当时则没有进行处理。

⑧ 贾似道的姐姐贾氏是理宗最宠爱的妃子，只是由于杨太后坚持，理宗最后不得已才立谢氏为后。《宋史》卷二四三《理宗谢皇后传》(第 8659 页)谓谢氏与贾氏、阎氏"处之裕如，略不介怀"，恐是春秋笔法，不足为信。

合中国的政治传统。但朝中对鲁港溃师的反应着实让谢后失望，刚开始的时候竟然没有一个人敢于弹劾贾似道。《乙亥前上书本末》："始朝廷谓似道已死，后乃知犹在扬州，举朝阿党皆宣言似道将兴晋阳问罪之甲。似道初闻变时，台谏官四人，陈过为殿中侍御史，徐卿孙为右正言，潘文卿、季可并为监察御史。……正月末，似道既出，此四台谏姑毛举细故，论数小吏，犹不敢一发忤似道。及似道败矣，国危急亡矣，惧其复入者且肆为恐吓，噤舌缩声。陈过除侍御史，谩以一疏略言似道，即走归安吉州，徐卿孙已出为起居郎兼权兵部侍郎，新除左司谏潘文卿、右正言季可、监察御史何梦桂、曾唏贤，并未有论列。"① 又，王义山《徐侍郎(卿孙)逸事状》："宋德祐甲戌，北兵渡江，举朝相顾失色。余往访正言徐公，与论国事。闻台谏哭声震天，御史中丞(殿中侍御史)陈过[庭]哭尤恸。明日过[庭]先走，又明日监察御史李(季)可走。又明日监察御史潘文卿走，独公彷徨不忍去，谓余曰：'自古无走台谏。'阅月，除公左史兼权户部侍郎，然问过[庭]、可、文卿当愧死，不死。初，平章贾似道督师江上，自度力不支，将议和，权也。畏公议弗敢，欲其议自台谏学校出，贻书政府，达意于公，公毅然不从。呜呼，壮矣！"②则是时台谏不仅未有论列，反被元军吓破了胆，先后逃遁。③

可能是猜到了谢太后的心思，二十六日，陈宜中第一个上书弹劾贾似道。二十七日，谢后改组政府。由于左丞相王爚遁归绍兴，罢爚为观文殿大学士、浙西江东宣抚招讨使，在京置司。升陈宜中知枢密院事兼参知政事，临安府两浙制置使曾渊子同知枢密院事，职任依旧。上位的二人，陈宜中曾上书劾贾，曾渊子则为贾似道同党，④并参与迁都之议，这种权力安排，在鼓励告发贾似道的同时，也在拉拢分化贾似道集团。这一调整很快即见成效。三十日，两浙转运司干官陈桂上书，乞斩右丞相章鉴及同知枢密院渊子、殿帅

① 《桐江集》卷六《乙亥前上书本末》，第 370 页。

② 王义山：《稼村类稿》卷二八《徐侍郎(卿孙)逸事状》。

③ 文献中亦有陈过等弹劾贾似道的记载。《宋史》卷四七《瀛国公本纪》："丙子，下诏罪已。以陈宜中为特进、右丞相兼枢密使。罢章鉴官，予祠。侍御史陈过请窜贾似道并治其党人翁应龙等，不俟报而去。监察御史潘文卿、季可乞从过所请，乃命捕应龙下临安府狱，罢廖莹中……"结合前引诸材料，陈过等请窜贾似道事要么系杜撰，要么在陈宜中上书后。

④ 有学者认为，曾渊子反对陈宜中擅杀韩震的做法，弃官出逃，并引文天祥《与曾架阁书》，指出文天祥深信陈宜中处置失当，对曾渊子进退之宜表示敬叹。见周鑫《国变与世变：宋末元初抚州儒士研究》，中山大学博士后出站报告(2010 年)，第 30 页。《癸辛杂识》前集《施行韩震》："渊子固尝预迁避之谋，闻变，面无人色。既而得免而出，自庆再生，行至通衢，复有呼召，仓忙而入，自分必死，口噤几不能言。及至，乃处分他事耳。"可见未有反对陈宜中擅杀韩震的举动。又，文天祥《集杜诗·相陈宜中第十六》："鲁港败后，陈宜中当国，首斩殿帅韩震胁迁之议，差强人意。"则文天祥对陈宜中诛杀韩震一事是认同的。又，曾渊子未曾担任架阁一职，今据揭傒斯《宋署兵部架阁曾公墓志铭》(《梅溪曾氏族谱》附《文翰类编》卷三《武职文翰》，转引自刘文源编《文天祥研究资料集》，第 63 页，中国社会科学出版社，1991 年)知，文天祥《与曾架阁》一文中，曾架阁为其外弟曾明孺。

震，谓不当议迁。[①] 同日，右丞相章鉴遁归绍兴。章鉴历事三朝，政治经验老到，他一定是嗅到了朝廷政治风向的转变，否则仅凭一个小小陈桂的上书，他是不可能遁归绍兴。[②]

正当谢后准备对贾似道开刀的时候，贾似道私自扣押元使郝经的事情曝光。中统二年（宋景定元年，1260）四月，郝经“奉书使宋”。郝经一行进入宋境后，即被贾似道扣留于真州。从一开始，元朝就怀疑是南宋扣押了使团。五月，“遣崔明道、李金义为详问官，诣宋淮东制置司，访问国信使郝经所在。仍以稽留信使，侵扰疆埸诘之”[③]。此次交涉结果不详，估计宋方未予理会。中统二年七月，元世祖以南宋扣押使团为名，谕将士举兵攻宋。[④] 此后很长一段时间，忽必烈因忙于应对国内的叛乱，未再与宋朝交涉使团问题。

至元后期，随着北方局势的稳定及宋元战争中元方的不断胜利，元朝准备全面南侵，于是决定以使团事件作为征伐的借口。至元十一年六月庚申，忽必烈诏谕行中书省及蒙古、汉军军士曰：“爰自太祖皇帝以来，与宋使介交通。宪宗之世，朕以藩职奉命南伐，彼贾似道复遣宋京诣我，请罢兵息民。朕即位之后，追忆是言，命郝经等奉书往聘，盖为生灵计也。而乃执之，以致师出连年，死伤相藉，系累相属，皆彼宋自祸其民也。……”[⑤]至元十二年二月庚申，遣塔不带、斡鲁召鄂汉降臣张晏然等赴阙，在和这些南宋降臣的交谈中，忽必烈再次强调南征的原因是贾似道私自扣押使团。[⑥]

对于元朝的怀疑与指责，南宋方面一向采取坚决否认的态度。但至元十一年发生的一件事改写了这段历史。是年秋，郝经择日率众北拜，傅诗雁足以纵，其诗吟称：“零落风高姿所知，归期回首是春初。上林天子援弓缴，穷海累臣有帛书。”具款为“中统十五年九月一日放雁，获者勿杀，国信大使郝经书于真州忠通军营新馆”[⑦]。此雁北飞后为人所获，转呈元世祖。元世祖览书恻然，叹曰：“四十骑留江南，曾无一人雁比乎。”立即遣礼部尚书中都哈雅与郝经之弟行枢密院都事郝庸使宋问罪。

次年二月二十八（二十九）日，宋廷遣人礼送郝经回国。[⑧] 但十六年的欺骗不是送郝

① 《桐江集》卷六《乙亥前上书本末》，第370页。

② 陈桂上书很可能系陈宜中指使。王义山《稼村类稿》卷二九《稼村自墓志铭》：“乙亥春，江上报至，丞相杭山先生章公鉴议国事不合，有睨揆席者嫉公，嗾其徒攻之。公抗章三上，不报，遂去。……章公去国而某以坐党罢，（潘）希圣谓公之议国事，某实误之。”潘希圣为陈宜中同党，系陈宜中曲杀韩震的主谋。

③ 《元史》卷四《世祖一》，第70页。

④ 《元史》卷四《世祖一》，第72页。亦见王恽《秋涧大全集》卷六七《中书省牒宋三省文》。

⑤ 《元史》卷八《世祖五》，第155页。

⑥ 《元史》卷八《世祖五》，第162页。

⑦ 陶宗仪：《南村辍耕录》卷二〇《雁书》，王雪玲点校，辽宁教育出版社，1998年，第242页。

⑧ 《宋史》四七《瀛国公纪》，第926页。《元史》卷八《世祖五》（第163页）：庚午（二十九），“宋贾似道至扬州，如遣总管段祐送国信使郝经、刘人杰等来归”所载略有不同。

经回国可以解决的,南宋必须给元朝一个明确的交待。既然元朝人认定扣押使团的罪魁祸首是贾似道,且有陈宜中劾贾在前,谢太后何不顺水推舟呢?尤其是此事还牵扯到谢太后的丈夫,已故的理宗皇帝。[①]

二月二十九(三十)日,内批贾似道罢职与祠。三月三日,贾似道罢平章、都督[②]。其罢职制书曰:"大臣具四海之瞻,罪莫大于误国。都督行诸军之事,律尤重于丧师。告九庙以奉辞,诏群工而听命,具官贾某小材无取,大道未闻。昔相穆陵,徒以边将而自诡。逮事先帝,遂于国事以独专。谓宜开诚布公,以扶皇极之彝,并谋合智,以尽天下之议,而乃恣行胸臆,不恤人心,以吏道沮格人才,以兵术剸裁机务。括田之令行,而农不得安于野;权利之法变,而旅不愿出其途。矧当任阃之驱驰,不知戎事之缓急。战攻或旷岁而不举,兵事或临时而不修,纤悉于文法之搜求,阔疏于边政之科琐,遂令饮马以渡长江,乃者抗表出师,请身戡难。人方期以孔明之志,朕亦责以裴度之功,谓当披发缨冠而疾趋,乃复二矛重弓而容与。三军解体,百将离心。彼被甲之谓,何未闻声而先溃?……可罢平章军国重事,都督诸路军马。"[③]耐人寻味的是,制书中并无问责贾似道扣押元使的内容。

要说明的是,不仅贾似道的罢职制书中没有问责其扣押元使的内容,前引陈宜中弹劾贾似道奏文,及此后弹劾贾似道的文字中大都没有相关内容的记载。[④] 宋人的这种"选择性遗忘"与民族自尊和政治欺骗有关,[⑤]公开提及扣押使团就等于公开承认元朝南侵的正当性。此外,扣押使团事件还可能牵扯到已故的宋理宗。但不提及、不记载不代表此事对南宋政局没有影响。元朝一直指责南宋扣押使团,并以此作为南侵借口,如今事情坐实,战争性质陡然逆转,南宋政府不可能不有所表示。

但南宋政府不能直接处死贾似道。一方面,贾似道此时远在扬州,且扬州地方长官

---

① 关于郝经使宋,理宗最初准备接待,但在贾似道的劝阻下,下诏称:"誓不与北和。"并派人拆毁都亭驿,表示决不接纳蒙古使臣。见郝经《陵川文集》卷三八《再与宋国丞相书》(秦雪清点校《郝文忠公陵川文集》,山西人民出版社、山西古籍出版社,2006 年,第 525 页)。

② 《宋史》卷四七《瀛国公纪》,第 927 页。亦见《宋季三朝政要》卷五(第 396 页)、《钱塘遗事》卷七《罢贾似道》(第 157 页)。

③ 《钱塘遗事》卷七《罢贾似道》,第 157 页。亦见徐自明《宋宰辅编年录校补》卷二一,王瑞来校补,中华书局 1986 年版,第 1716 页。

④ 笔者所见,只有方回所上《论贾似道十可斩疏》中有所涉及,见前引《乙亥前上书本末》,第 373 页。

⑤ 南宋晚期类似事件并不鲜见。德祐二年,忽必烈派出由礼部尚书廉希贤、工部侍郎严忠范、秘书丞柴紫芝等人组成的高级使团,持国书使宋。他们途经建康时,伯颜派了 500 人护送。三月十五日,元使团到达独松关,遭宋将张濡袭杀。伯颜得到此讯,即致书谴责宋廷。宋人回复道:"杀使之事,太皇太后及嗣君实不知,皆边将之罪。当按诛之,请输岁币,罢兵通好。"事实上,张濡袭杀元使,还"以为己功,受赏,知广德军"。伯颜不相信宋方的解释,又派行省议事官张羽随同宋使,结果又被宋军杀害。

李庭芝为贾似道亲信，贸然下令处死贾似道可能会导致意想不到的情况发生；另一方面，当然也是最重要的，宋朝奉行“重文轻武”的国策，除大逆不道外，有“不杀读书人”的祖训，所以当陈宜中乞正贾似道之罪时，太后曰：“似道勤劳三朝，岂宜以一旦罪而失遇大臣礼。”[①]拒绝处死贾似道。

罢职与祠的处理结果，既不会让元人满意，也难以反映宋人的心声。事实上，这只是一系列严厉处置的开始，贾似道对此心知肚明，由于害怕回朝被追责，贾似道一度赖在扬州，不肯回朝。[②] 这种情况下，朝廷需要拿贾似道的亲信开刀，“敲山震虎”，一方面打击贾似道的势力，另一方面逼贾似道回朝。本来，夏贵和孙虎臣是比较合适的人选，二人在丁家洲之役中消极应战，是宋军大败的重要原因，但二人皆统兵在外，朝廷一时无下手机会。相反，鲁港溃师后，韩震在朝中仍与贾似道保持统一战线，坚持要求迁都，于是被选中。但韩震充其量只是坚持迁都，这虽然突破了宋代武人不得干预政事的传统，但若就此处死韩震，势必令朝臣尤其是武人心寒，[③]尤其是在国家危亡之时。陈宜中等人既领会了谢太后的意图，又担心贾似道回朝后，贾韩二人重新勾结，肆行报复，于是编造韩震“胁迁之议”的故事，将其处死。既是编造的，自然经不起公开审问和对质，故最终以暗杀的方式将韩震除掉。整个事件中，谢太后看似不知情，实际却是幕后真正的推手。

要强调的是，处死韩震也有迟滞元军进攻步伐，为宋朝争取反应时间的意味。自从元军占领长江一线重要城镇，控制江淮天堑以后，宋廷数次下诏，要各地宋军勤王，但由于元军控制了长江防线，又驻兵瓜州、和州，两淮宋军“无一旅渡江勤王者”；[④]四川、京湖地区宋军亦受元军牵制，不能自拔，故当时勤王者寥寥无几。先后入卫的只有张世杰、文天祥、李芾等少数几人，合三万余兵力。[⑤] 又，宋廷对贾似道出督本来是满怀希望的，但鲁港一夜而溃，宋人的反应时间大幅压缩。处死韩震，表面上是告诉元人，在息兵议和的问题上，宋人是极有诚意的，[⑥]实际上是迟滞元军进攻步伐的缓兵之计。可惜的是，元人

① 《宋史》卷二四三《理宗谢皇后传》，第8659页。

② 虽然朝廷不断下诏要求贾似道归里终丧，但直至六月一日，贾似道才与廖莹中、王庭航海至绍兴。

③ 德祐元年三、四月时，元军暂停进攻，但宁国、常州、平江、广德却先后投降，朝中大臣也纷纷逃遁，以致朝堂为之一空，这种局面的出现不能说与韩震被杀无关。

④ 《蒙兀儿史记》卷九一《阿术传》。

⑤ 《宋史》卷四七《瀛国公纪》，第926页。《宋季三朝政要》卷五有“今勤王之兵不下二十万，犹堪一战，岂束手待毙而已哉”的记载，据整理者王瑞来自述，原本（元刻本）无，后据守山阁本补。据元刘岳申《申斋集》卷一三《文丞相传》知，此“二十万”为“京师义士”，非正规部队，战斗力有限。

⑥ 韩震死后三天（三月四日），宋廷诏谕降元的吕文焕、陈奕、范文虎，想通过他们与元军议和息兵。见《宋史》卷四七《瀛国公纪》，第926页。

早就看穿了宋人的伎俩，[1]遂将计就计，用和议稳住南宋，最终赢得了战争的胜利。

作者简介：

熊燕军，韩山师范学院历史系副教授。

① 伯颜在南下临安前，曾召问谋臣孟祺，问进取之策，孟祺说："宋人之计，惟有窜闽尔。若以兵迫之，彼必速逃，一旦盗起临安，三百年之积，焚荡无遗矣。莫若以计安之，令彼不惧，正如取果，稍待时日耳。"（《元史》卷一六〇《孟祺传》，第3771页）由于元军始终没有关上和谈的大门，一直到元军兵临城下时，谢后才以自己投降为掩护，密遣亲信护送二王行幸闽广，可惜行已晚矣。三年后，崖山一战，南宋覆灭。

归属与调整：界区小尺度区划的变动

——以宋代乐安县云盖乡为中心的考察

王 旭 周 倩

[提要]地处边界地带的小尺度区划因其特殊的地理位置，变动时牵扯面较内部政区的变动要广得多。云盖乡处于吉、抚两州的交界地带，宋代时该乡“几易其主”，前期主要是随县而变，后期是作为一个独立的地域单元变动，其原因涉及交纳赋税便利程度，乡的交通、经济及文化地位，与原属中高层政区的经济文化联系三个方面。透过对云盖乡隶属变迁原因的探析，可知小尺度区划与自然区、文化区、经济区之间相互整合的关系至少可以上延至宋代。小尺度区划绝非是孤立的单元，它与长期统辖自己的中高层政区存在千丝万缕的联系，强制性的划割会打破原来和谐的整体，造成税收混乱、沟通不便等问题。

[关键词]边界地区；基层区划；乐安县；云盖乡

历史时期对政区的调整多不胜数，其原因和方式也多种多样。有经济方面出于赋税征收、交通运输考虑的，有政治方面出于行政管理、内部监察考虑的，有军事方面出于边疆防御、防止地方叛乱考虑的，还有出于民族部落分布、文化风俗传统等方面考虑的，相关的研究成果也非常多。① 而关于基层区划变动的论文则偏少，目前所见有满志敏《1542—2001年青浦县界变迁》，厘定了明嘉靖年以后青浦县界的变化情况，其中多涉及

① 相关论文有徐建平《行政区域整理过程中的边界与插花地——以民国时期潼关划界为例》，《历史地理》第24辑，上海人民出版社，2010年，第89—110页；徐建平《政治归属过程中的地缘与血缘——以皖浙边区荆州盆地为例》，《历史地理》第26辑，上海人民出版社，2012年，第348—363页；陈贤波《明代中后期粤东增设新县的地方政治背景——以万历〈普宁县志略〉为中心》，《中国历史地理论丛》2010年第1期。

乡、保等基层区划的调整。游欢孙《地方自治与近代江南县以下行政区划的演变——兼论商业市镇的政区实体化》,从江南县的行政区划调整出发探讨了清末民初基层行政区的变化过程。周振鹤、陈琍《清代上海县以下区划的空间结构试探——基于上海道契档案的数据处理与分析》,以上海道契档案为基本材料,复原了清代上海县县以下的区划。[①] 对基层区划的研究不仅可以为其他学科的细化研究奠定空间基础,而且可以通过对更小区划的定位和复原来确定或修正上级区划的边界和地域范围,实为历史政区地理应该大力拓展的方向之一。许怀林先生的《江西省行政区划志》[②]是今江西政区研究的集大成之作,作者在补记中梳理了乐安县云盖乡的隶属变化情况。蒙其启发,笔者拟补充史料,完善该乡的变迁过程,并借此探讨变迁背后的深层次动因及小尺度区划与自然区、文化区、经济区之间的关系等问题。

一、乡名、地望及隶属变化情况

“云盖乡”原名“太平乡”,唐延载元年(694)吴姓道士得道于此,州县官员上奏朝廷,改“太平乡”为“云盖乡”[③]。宋景祐元年(1034)因董氏一门五人同时登科,又改乡名为“五桂”[④]。但可能是因为云盖乡名使用时间较长,在民众中已经形成了“路径依赖”,宋代多称该乡为“云盖”,而非“五桂”,如元丰七年(1084)曾肇所撰《曾氏总谱旧序》就提到“吉阳旧云盖乡”[⑤]。云盖乡在《太平寰宇记》中被记为“仙盖乡”,卷一百一十“崇仁县”条谓:“西宁水,在县西南一百七十里。源出仙盖乡,沿流至县入汝水。”据所述里程判断,此处“仙盖乡”已经出了崇仁县境而到了永丰县“云盖乡”地,因疑“仙盖乡”是“云盖乡”之误。下引《故曾明翁墓志铭》还提到云盖乡有“望仙里”。“云盖”“望仙”“仙盖”三名极易混淆,《太平寰宇记》的记载有误。

关于该乡的地望可以通过以下几则材料推断。《绍兴十八年同年小录》载:“第一甲

---

① 满志敏:《1542—2001年青浦县界变迁》,《历史地理》第25辑,上海人民出版社,2011年,第108—123页;游欢孙:《地方自治与近代江南县以下行政区划的演变——兼论商业市镇的政区实体化》,《中国历史地理论丛》2011年第2期;周振鹤、陈琍:《清代上海县以下区划的空间结构试探——基于上海道契档案的数据处理与分析》,《历史地理》第25辑,上海人民出版社,2011年,第124—148页;等等。

② 许怀林:《江西省行政区划志》,方志出版社,2005年。

③ (宋)董德元:《仙游观记》,摘自同治《永丰县志》卷三三《艺文志》,同治十三年刻本。

④ (宋)周必大:《文忠集》卷七二《参议董君昌裔墓志铭》,文津阁《四库全书》本。

⑤ (清)曾唤文纂修:《江西省赣州府长宁县扩田曾氏三修族谱》,清光绪二十七年木活字本,上海图书馆藏。另《武城曾氏重修族谱》(不分卷)(曾秉灵等纂修,清光绪六年木活字本,上海图书馆藏)等族谱中也有相似的记载。

第二人。右迪功郎董德元,吉州永丰县云盖乡善和里。”[①]善和里即今善和村,村东北不远处有明刑部尚书董裕墓,估计历史时期该地区是董氏的聚居区。又《故曾明翁墓志铭》载:“唐以来,吉、抚号江右望郡。两郡之交,有山耸秀特起,曰华盖,俗传古神仙所憩。华盖以西先属吉之永丰,后属抚之乐安。乡名‘云盖’,里名‘望仙’,因山与仙而名也。”《故逸士张君静翁墓志铭》载:“乐安南乡之张,号为富族。……其生也,宋开庆已未六月;其逝也,元延祐已未四月。岁辛酉正月八日,葬云盖望仙里之大塘凤坑。”[②]两篇墓志中提到的望仙里即今望仙乡。据此,云盖乡应该在今乐安县望仙乡、牛田镇、万崇镇、湖坪镇、招携乡、罗陂乡、金竹畲族乡一带。《中国历史地图集》[③]绘制的北宋政和元年(1111)的崇仁县县境显然过大,该年云盖乡尚属永丰县,崇仁县的西南界最远不会超过报恩江上游的牛田小溪(今牛田河)。

五代、宋时云盖乡几易其主,经历了隶属庐陵—吉水—永丰[④]—乐安—永丰—乐安县的复杂过程。云盖乡最初属庐陵县,南唐保大八年(950)后属吉水,该年割庐陵水东十一乡置吉水县。关于吉水建县的时间,史载不一。《太平寰宇记》卷一百零九“吉州”条载为大业末。《宋史》卷八十八《地理四》《三朝志》载为雍熙元年(984)[⑤]。《记纂渊海》也不能断定时间,卷十一谓:“南唐置吉水县,一云本朝置。”唯《舆地纪胜》有详细论述,卷三一引《新庐陵志》云:“按隋、唐《书志》,并无吉水县。而县之荐福寺有乾正二年铜钟,款识云‘庐陵县吉水场’,则保大以前吉水未为县也。《通鉴》周广顺二年书曰:‘吉水欧阳广拜本县令。’是岁实保大十年,在置县之后二岁,则是不待雍熙而置吉水县,第恐废而复置耳。”[⑥]

到了至和元年(1054),云盖乡被划割给永丰县。《太平寰宇记》卷一百九载吉水县元十一乡,《元丰九域志》卷六载吉水县仅辖六乡,所失五乡就是划割给了永丰建县,云盖乡即在这五乡之中。史载:“至和元年十月一日,有诏以吉州吉水县五乡书社之民三万有五千家为永丰县,以昔之报恩镇为之治所。按吉水之为邑,自太平兴国至至和初,尤为诸邑剧,丁粮之繁,赋输之多,疆理之充斥,诉讼之纷纭,为州与县者举常病之。兹者特请于朝,得有是诏。然当积病之后,为永丰县亦甚难也。”[⑦]这一格局一直持续到绍兴十九年(1149),该年十二月在抚州的詹墟置乐安县,割抚州崇仁县天授、乐安、忠义三乡及吉州

---

① (宋)佚名:《南宋登科录两种》,文海出版社,1981年,第31页。

② (元)吴澄:《吴文正集》卷七八、七九,文津阁《四库全书》本。

③ 谭其骧主编:《中国历史地理集》第六册,中国地图出版社,1996年,第26页。

④ 宋代有两个永丰县,一属江南西路的吉州,一属江南东路信州,本文所述为吉州永丰县。

⑤ 雍熙元年即太平兴国九年(984),《国朝会要》及《元丰九域志》亦载为太平兴国九年(984)。

⑥ (宋)王象之撰:《舆地纪胜》卷三一《县沿革·吉水县》,李勇先点校,四川大学出版社,2005年,第1434页。

⑦ (宋)段缝:《新建永丰县记》,摘自同治《永丰县志》卷三三《艺文志·记》。

永丰县云盖乡隶属,将吉州吉水县迁莺乡割还永丰县,抚州临川县惠安、颖秀两乡割还崇仁县。又过了五年,即绍兴二十四年(1154),诏抚州乐安县云盖乡复隶吉州永丰县,其永丰县迁莺乡依旧拨还吉州吉水县。[①] 这次政区变动涉及吉水县迁莺乡和临川县惠安乡、颖秀乡,这三乡的变隶与云盖乡的变隶是联动的,绍兴十九年因为失去了云盖乡而将吉水县迁莺乡补偿给永丰县,因为失去天授等三乡而将临川县颖秀、惠安二乡补偿给崇仁县。绍兴二十四年因为永丰县又重新得到云盖乡,迁莺乡失去了补偿的意义,又拨还给了吉水县。

六年后,即绍兴三十年(1160),云盖乡又再次划割给了乐安县。康熙《永丰县志》卷一《疆域志》及乾隆《吉安府志》卷二《地理志》都载:"绍兴十(八)〔九〕年置乐安县于抚州,割县之云盖乡以属乐安,取吉水之迁莺乡以偿,此民称不便,二十四年尝复其旧,至三十一年又卒如初议。"《乐安县治厅壁题名记》亦载:"绍兴十九年,江西路部使者以抚支县崇仁疆境犹大,山薮劫掠之盗难制,遂请诸朝,析其三乡乐安、忠义、(添)〔天〕授,及外析吉州永丰之云盖一乡,别置县,名曰乐安,有令、有丞、有尉,而簿酒税皆丞兼之。未几,以民讼,归云盖于吉。既归,则力辩。越六年(绍兴三十年)而又得之。由置县至今。"[②]虽一为绍兴三十一年,一为绍兴三十年,但记载的是同一件事,即云盖乡最终又回到了乐安县。而这一次,迁莺乡又再次作为补偿划割给了永丰县,《进士题名碑记》载:"况邑建于至和甲午,而云盖乡之地隶焉;迁莺乡之来属,则又昉于绍兴辛巳(三十一年)。董兴于云盖,曾著于迁莺,如彼其久也;地势离合,如彼其不齐也。"[③]此后两县所辖的乡再未发生变化,按清雍正《江西通志》卷十五《水利》所载,清代时永丰县管龙云乡、迁莺乡、兴平乡、明德乡、永丰乡。乐安县管忠义乡、天授乡、乐安乡、云盖乡。

二、隶属变化原因探析

云盖乡隶属变化分为两个阶段,前三次是随县而变,建县原因就是改隶。后三次仅仅涉及云盖一乡的变化,但原因要复杂得多,分述如下:

(一)前三次隶属变化原因

建永丰县的原因前已叙述,不再赘述。建乐安县的原因在弘治《抚州府志》卷一《乡都》中有记载,谓:

---

① (清)徐松辑:《宋会要辑稿》方域六之二六、二七,中华书局,1957年,第7418—7419页;《舆地纪胜》卷三一《县沿革·永丰县》,第1435页;(宋)佚名:《名公书判清明集》卷三,中华书局,2002年,第89—90页。

② (宋)谢谔:《乐安县治厅壁题名记》,摘自同治《乐安县志》卷十《艺文》,同治十年刻本。

③ (宋)曾大发:《进士题名碑记》,摘自同治《永丰县志》卷三三《艺文》。

宋绍兴十七年三月，转运钧光祖《备崇仁县丞张咏札子》，(六)〔大〕略云："崇仁、宜黄、永丰、丰城数县自建炎以后，常有盗贼，累诛累聚，盖缘自县治西抵永丰，相去二百余里，南北抵宜黄、丰城，亦百余里，山川险恶，可为盗贼巢穴，其地又近虔化诸县，居民诱引入境，玩习既久，四县远乡顽犷之民见其有得，歆羡从之。良民相聚为山寨以自防，耕牧废弛，租税不辨，今若割崇仁之天授、乐安、忠义三乡及永丰之云盖一乡于中间创立一县，复割临川之惠安、颖秀两乡却隶崇仁，如此则道里均平，斯民渐化，盗贼不生，公私实有利济，请于朝得旨。十九年，拨崇仁之天授、乐安、忠义三乡，并吉州永丰之云盖乡立为县，因乐安乡名以为邑号，天授乃安浦之故地。云盖乃兴平之故地，管乡凡四。"

可见创立乐安县的初衷是防止地方叛乱，稳定地方秩序。南宋初年，此区确实盗贼丛生，不太安定。如建炎三年(1129)发生"杨皋之变"，永丰县令赵训之及县尉陈自仁率兵抵御，平定叛乱。绍兴三年(1133)，谢姓、唐姓民众"啸聚"叛乱。[①] 因为地方叛乱时有发生且多盗贼，监司檄谔摄尉还"条二十策，大要使其徒相纠而以信赏随之"[②]。谭其骧先生认为"一地方至于创建县治，大致即可以表示该地开发已臻成熟；而其设县以前所隶属之县，又大致即为开发此县动力所自来"[③]。但从乐安县的例子看，经济发展并非置县的唯一动因。

（二）后三次隶属变化原因

绍兴初年，已有官员提出新建乐安县，并获批准，但因永丰县争云盖乡，不肯割隶，遂拖延了下来[④]。又从前面"未几，以民讼，归云盖于吉。既归，则力辩。越六年而又得之"的记载来看，乐安县和永丰县双方的争执是相当激烈的，甚至通过了"司法"程序。其实从永丰县角度看，失去云盖乡后得到了吉水的迁莺乡，单就乡的数量而言，并不吃亏。从乐安县角度讲，辖四乡与辖三乡的差别似乎并不是很大，但双方为什么都执着于这一乡的得失呢？下面将从赋税交纳便利程度，云盖乡的交通、经济、文化地位，乡与永丰县的文化与经济共联性三个方面进行原因分析。

---

① (宋)林永中：《县令尉熊陈二公祔祠记》，摘自同治《永丰县志》卷三三《艺文志》；(宋)周必大：《文忠集》卷五三《赵训之忠节录序》，文津阁《四库全书》本。

② (元)脱脱：《宋史》卷三八九《谢谔传》，中华书局，1985年，第11930页。

③ 谭其骧：《浙江省历代行政区划——兼论浙江各地区的开发过程》，《长水集(上册)》，人民出版社，2009年，第416—434页。

④ (宋)张咏：《上转运司创乐安县札》，摘自道光《崇仁县志》卷二三《艺文》，道光元年刻本。

1.赋税交纳便利程度

梁方仲先生对田赋史上起运、存留的划分与道路远近的关系有非常精辟的见解,谓:“如空间距离愈远,则运输愈费事,而问题亦愈多;反之,距离愈短,则运费愈省劲,问题亦就比较少了。”[①]绍兴二十一年把云盖乡回拨给永丰县的理由是“云盖乡税户张达等具状,陈本乡不通运漕,负(檐)〔担〕路远,难于输纳,故有是命”[②]。从相关史料的记载及今地形来看,不管是乐安县还是云盖乡都确实存在税粮“难于输纳”的困难。早在乐安县建县之初,县令魏彦林、郡守张孝祥等就因难以输纳,表奏“以币折纳”[③]。但是这一政策并未坚持下去。到了元代,乐安县赋民在运输粮食时仍然非常艰辛。吴当《燮仁侯及刘义民与颂序》谓:

抚之属邑五,惟乐安僻在万山中,舟楫不通,山陵复崎岖扼塞,行者且病焉。邑正赋之外子粒为尤多,每岁输粟,壮夫所荷,人不过官石之半,上历重岭,下履峻坂,喘汗颠顿,肩瘢而趾血,车数日不至郡,故岁入常后期,有司漫不省日,鞭笞于庭,不能辨,民之病此久矣。[④]

而非纳税性质的粮食也难以向外运输,这使富户可以囤积粮食,以备荒年提高粮价,赚取暴利。《专请乐安县十提督牒》载:

诸县除各一面次第询访寄寓,委其任责转劝外,惟是乐安一邑,去州独远,报应不易,倍切苦心。访闻乐安介万山间,每当歉岁,卒至乏食,所幸不通舟楫,境内之米少得出浅粜外处,尚可自救乡里。但常年官司排粜,止及在县市户,其在县郭外以及四乡,实系辛苦农种根本之民,官司反不暇及,蓄米之家,遂得公然闭粜邀价。吾民无所赴愬,使人恻然。[⑤]

商旅贩夫也苦于交通不便。《鳌溪浚河记》载:

乐邑届在山间,重冈叠嶂,治前仅一小溪,溪中突兀巉岩,两旁树木蓊郁,水道盘旋,如羊坂九折。自枧渡历猴查陂,迄龙鸣坳一带,水从石出,湍悍冲激,若建瓴百丈

---

① 梁方仲:《田赋史上起运存留的划分与道路远近的关系》,《明清赋税与社会经济》,中华书局,2008年,第261页。

② 《宋会要辑稿》方域六之二七,第7419页。

③ (清)同治《乐安县志》卷三《田赋》。

④ (元)吴当:《燮仁侯及刘义民与颂序》,摘自同治《乐安县志》卷一二《艺文》。

⑤ (宋)黄震:《黄氏日抄》卷七八,文津阁《四库全书》本。

之势，商旅不能通一苇，贾子贩夫咸负担载筐，从岭道迤逶而行，艰苦万状，不可胜言者。……又按志及乡民皆言，宝塘之界，并芙蓉阪水，东流入崇仁，凿而引之，可令入乐。如此，则鳌溪之水滋益多，操舟者可连樯而至。[①]

依上叙述，乐安县境内多山，陆路和水路交通都不便利。据今《乐安县志》的统计，该县地处雩山余脉，境内地形复杂，地貌多样。全县地形大致是南高北低。南部多山，地势东高西低；北部多丘陵，地势由西南向东北倾斜。地貌类型有山地、高丘和低岗地，并以低丘岗为主，约占全县总面积的51%；其次为山地，约占全县总面积的38%；再次为高丘，约占全县总面积的11%。[②] 从地缘角度看，云盖乡与其他乡稍有不同，该乡到乐安县城(宋鳌溪镇)的距离不算远，但是中间阻隔了几条西北—东南走向的高山和河流，而相反到永丰县城(宋报恩镇)的直线距离虽然较远，但是两地间地形平坦，无大山大河阻隔，交通条件较好。[③] 所以云盖乡民以"难于输纳"为由，要求回归永丰县非常合理。

2.云盖乡的交通、经济与文化地位

从水系角度讲，乐安县大致分为南北两个流域单元，北部河流多发源于新干县与乐安县交界的大山，最大的河流为县北部西南—东北走向的宝塘水。南北向的巴水也属宝塘水系，但主体不在乐安县，且上游穿行于大山之中，航运价值不高。南部河流多发源于乐安县与永丰、宁都、宜黄等县交界的高山，最大的河流为东南—西北流向的报恩江。县内其他各支流均汇入这两条水。未置乐安县之前，天授等三乡可通过宝塘水顺流而下交纳粮食或运送物资到崇仁诸县，云盖乡可通过报恩江水系沟通永丰县，但建乐安县后这种良性的水运交通体系被打破，天授等乡不可能逆流而上通过水路沟通县城，云盖乡也只能通过陆运去北部的县城交纳税粮。

从平面布局看，县治鳌溪镇(今乐安县城)处于绝对的几何中心，这固然是出于政治控制的考虑。但从流域地理角度看却并不合理，鳌溪镇因临鳌溪水而得名，鳌溪水属报恩江水系，报恩江下通永丰县城，这就决定了乐安县主要的沟通对象是永丰县，而非崇仁县。但据前《鳌溪浚河记》的记载，鳌溪因为水流湍急和水量少，不适于航运。又明董裕所撰"浚河记"也载："鳌治前有小河，仅受小舟，自昔商贾罕至，货贿弗流，居民负戴不赖舟楫之利。"[④]作为县治的鳌溪镇似乎被割裂于两个水系之外。幸运的是云盖乡有一条牛田小溪(今牛田河)，该水是沟通永丰县的重要路径。黄震《四月十九日劝乐安县税户发粜榜》载：

---

① (明)詹事讲：《鳌溪浚河记》，摘自同治《乐安县志》卷一二《艺文》。

② 乐安县地方志编纂委员会：《乐安县志》，江西人民出版社，1989年，第1页。

③ 《江西省地图集》，中国地图出版社，2008年，第304—305页。云盖乡的东部虽然属山区，但有河流可沟通永丰县(下证)。

④ (明)董裕：《鳌溪浚河记》，摘自雍正《江西通志》卷一三三《艺文》，雍正十年刊本。

又访闻云盖一乡田产当本邑三分之一,而半归于永丰湖西罗宅之寄庄。罗,大族也,视利甚轻,本亦未尝不肯平粜,而其远在乐安之庄干,瞒其主人,乘时射利。本邑虽不通舟楫,而有牛田一小溪,直透吉之永丰,一棹扁舟,即泄界外,实为尾闾。云乡艰食,则一邑俱艰食矣。此项除帖本县请急移文罗宅觉察庄干,并请其行下牛田隅保,出榜赏一千贯米给捕人,籍庄黠干,严禁戢矣,并合榜示。①

这条材料不仅说明牛田小溪乃是乐安县沟通西南地区最重要的水路通道,还揭示了云盖乡的经济地位,该乡的田产占乐安县总田产的三分之一,出产的粮食也最多,所以才会出现“云乡艰食,则一邑俱艰食矣”的情况。从今地形看,云盖乡东部多为高山,西部地区地形平坦,且多湖泊,是农业生产的良地。历史时期亦是如此,《吴文正集》卷七十八《故曾明翁墓志铭》载:“望仙之地宽平广衍,山水环合,自昔宅其地者多兴盛。”反观乐安县的其他地方,或是山区,或地形破碎,不利于耕作。云盖乡既是乐安县对外联系的门户,又是粮食生产的重地,所以两县都想得到也在情理之中。

宋代时云盖乡文风昌盛,出了很多在政治、文学、史学上有建树的名人。乐安县的牛田镇今还有五桂坊、状元楼的名胜古迹。五桂坊是为了纪念景祐元年(1034)董氏一门五人同时登科,《参议董君昌裔墓志铭》载:“君姓董氏,讳昌裔,字梦觊,庐陵郡著姓,儒风郁然,登科者相继。仁宗景祐元年放进士五百人,郡之中选者十有一,而董氏曰洙与其子师德,弟汀,侄师道、仪,一门五人在焉。洙父子咸同丙科。太守江钧奏所居为五桂乡,邦人荣之。”②状元楼则是为了纪念董德元,他在靖康元年(1126)的乡试中考中第一,并在绍兴二十一年(1151)的殿试中考中第一,因为已有官职在身,降为第二。③ 此外还有著名的文人曾丰,他是今安牛田镇人,登乾道五年(1169)进士,著有《缘督集》。又《吴文正集》卷三十二《云盖乡董氏族谱序》载:“每贡举之年,预荐名或七,或六,或五,或四,自祥符八年乙卯至咸淳七年辛未擢进士科近三十人,武举、特奏、世赏、异路而仕者不与通。”可见该乡文化、科举之风兴盛,名人辈出,文化资源丰富,为其他乡所不及。那么宋代人对这些“文化资源”持何种态度呢?

从南宋理宗淳祐十二年(1252)一桩争“名人”的案子中我们可以得到答案,该年朝廷因杨懋卿纯孝,“诏旌表其门闾”。杨懋卿“家于吉之太和而馆于赣之兴国”,即户籍地与任职地分别为太和县和兴国县,为得到“孝子”,太和县之人谓:“君占籍吾里,生长吾里,吾县之孝子也。尝欲奉柩归祔于先茔。县尹师侯应极扁君所居为孝感堂,又表其坊,能

① (宋)黄震:《黄氏日抄》卷七八《四月十九日劝乐安县税户发粜榜》。《全宋文》本录为“永丰湖四罗宅之寄庄”,有误。

② (宋)周必大:《文忠集》卷七二。

③ (宋)周必大:《杂著述》卷三《间居录》,《全宋文》本;《南宋登科录两种》,第31页。

言之士已记之矣。”兴国县之人则谓：“君馆吾里，母窆吾里，吾县之孝子也。并该其太平乡为孝感乡。”[1]太和县和兴国县为了争孝子杨懋卿而各施手段，说明地方民众对“名人”这种文化资源非常看重。这种心态就像我们今天也会因为本村出了什么大人物而感到骄傲一样。云盖乡拥有丰富的“文化资源”，这必然成为双方争夺的交点之一。

3.云盖乡与永丰县的文化、经济共联性

乐安县处吉州、抚州、虔州的交接地带，沾染了各州之风，表现出杂芜的特点。《新建永丰县记》载：

> 今天下号难治，惟江西为最；江西号难治，惟虔与吉为最。其所以为难者，盖居民居深山大泽，习俗不同，或相尚以讼，相好以酒，视死如戏玩，较利如析毫，虽间有儒良美秀之士，而不能不渐染其众多之俗。柔之以文，则曰懦而怯；齐之以法，则曰暴而少恩。是以政治为难。今天子览臣下之言，析为二邑，盖欲使昔之远而难告者今得近而赴愬，昔之棼而难理者今得总而就绪，昔之劳苦而无功者今得逸豫而有续也。[2]

这是建永丰县前的情形。而建县之后这一情况并未改变，《鳌溪群贤诗选序》载：“山川人物固然，而土风自不可以概齐也。抚，江西郡，统县五，而乐安最后置。割永丰之东鄙合崇仁之西鄙而为县，故其风有抚、吉之杂。”[3]具体到云盖乡，则与吉州风俗一致，《故平洲居士远墓志铭》载：“抚之县五，乐安最后置。乐安之乡四，吉永丰割其一来隶，云盖是也。云盖乡占县上游，虽隶抚，而吉之流风固存。地产之美饶，户口之蕃庶，士气之英特，世家之盛大，萃然出三乡之表。”[4]而永丰县也乐意将云盖乡视作本县之地。重刻《缘督集》序载：

> 按先生（曾丰）登五年进士，通志及府志尤隶丰籍。是时，丰之云盖乡入乐安未久，先生集中如重建“状元楼”、重修“柳侯祠”，诸记皆自称乡邑，故丰志仍谨登焉。先生子五人，四居丰，挈其一徙乐安之板桥，两邑俱蕃衍。月亭则乐裔也。……咸丰元年端节后二日翰林院修撰内廷供奉永丰后学刘绎谨序。[5]

从这条材料可以得出如下认识：第一，在云盖乡入乐安县后，曾丰还以丰城人自居，自称

---

① （宋）刘克庄：《后村先生大全集》卷九一，《全宋文》本。

② （宋）段缝：《新建永丰县记》，摘自同治《永丰县志》卷33《艺文志·记》。

③ （元）吴澄：《吴文正集》卷一六。

④ （元）吴澄：《吴文正集》卷八一。

⑤ （清）刘绎：重刻《缘督集·序》，摘自同治《乐安县志》卷一二《艺文志》。

“乡邑”。第二,曾丰有五子,其中四子居永丰,一子居乐安,两县居民有血缘联系。费孝通认为“血缘是稳定的力量,地缘是血缘的投影,两者的合一是社区的原始状态”[①]。强行的划割会激化血缘与地缘的矛盾,破坏社区稳定的状态。第三,永丰县仍然把重建的“状元楼”“柳侯祠”等记载在《永丰县志》之下,且序言的落款为“永丰后学”,这表现出对云盖乡的文化认同。故云盖乡虽然划归给了抚州,但却表现出与吉州及永丰县相似的特征。

云盖乡与永丰县之间有水运的便利,经济往来自然不少,但两地的经济互动远不止物资交流这么简单,前《黄氏日抄》卷七十八《四月十九日劝乐安县税户发粜榜》讲到,云盖乡的田产占乐安县的三分之一,但却有一半属于“永丰湖西罗宅之寄庄”,罗氏因委托乐安县的庄干管理,还出现了庄干“瞒其主人,乘时射利”的情况,显然罗氏不居住在乐安县。又据“国朝巨儒罗先生,讳伦,字应魁,改字彝正,号一峰,其先豫章人,唐末徙居吉安永丰湖西”[②]的记载,可知永丰湖应当在永丰县境内。罗氏居永丰,但是其田产却在云盖乡,原来云盖乡属永丰县,自然无问题,但是如果划割给乐安县,就会出现“地主”与土地属于不同县,即通常所说的“寄庄”的情况,这样肯定不便于庄户管理和政府收税。有了“土地”这一层经济联系,乐安县想要得到云盖乡自然有难度。

三、小尺度区划与自然区、经济区、文化区及中高层政区的关系

中国历代行政区划的变迁虽然主要受政治因素的影响,但并不唯一,自然环境、经济、文化乃至军事等因素也深刻地影响着政区变动。因此,行政区划往往与自然区、经济区和文化区存在某种整合和契合的关系。关于中国历史上自然区、行政区与文化区之间的关系,周振鹤先生曾有专文论述。[③] 但是所述的区划非常广大,不能用来说明基层区划的问题。关于小尺度区划与自然区、行政区与文化区之间关系的研究有张伟然先生的《归属、表达、调整:小尺度区域的政治命运——以“南湾事件”为例》一文。[④] 但属近现代史的文章,不能用来讨论时代较早的基层区划变迁问题。从本文研究的情况看小尺度区划与自然区、文化区、经济区之间相互整合的关系至少可以上延至宋代。

从自然区角度讲,乡是由很多自然村组成,自然村往往形成于自然条件较好的地区,如山麓、河流两岸,这样山、水等自然界限应该是村落的界限,同理也应该有乡界。从政

① 费孝通:《乡土中国》,人民出版社,2013 年,第 87—88 页。

② (明)贺钦:《医闾集》卷四《一峰罗先生墓志铭》,文津阁《四库全书》本。

③ 周振鹤:《中国历史上自然区域、行政区划与文化区域相互关系管窥》,《历史地理》第 19 辑,上海人民出版社,2003 年,第 1—9 页。

④ 张伟然:《归属、表达、调整:小尺度区域的政治命运——以“南湾事件”为例》,《历史地理》第 21 辑,上海人民出版社,2006 年,第 172—193 页。

区角度讲，宋以前乡是以户口为准绳划分的，如《大唐六典》卷三载："百户为里，五里为乡。"再如《文献通考》卷十二《职役一》载："三十家为邑，邑十为率。率十为乡，乡三县，县十为属。"但基层区划在运作过程中，必然要划分边界以明确"乡官"的职能范围，地方管理者在处理乡村事务中也必定要有明确的地域，而为了便于赋税的征收和政令的下达，乡一般不会跨高山或大河。宋中期以后乡逐渐"地域化"，其名称和地望变化都较少，也不可能破坏自身在地域上的整体性，这是小尺度区划与自然区之间关系。

费孝通先生在论述村落关系时说，村落之间的孤立和隔膜并不是绝对的，但是人口的流动率小，社区间的往来也必然疏少，乡土社会的生活是富于地方性的。地方性是指他们活动范围有地域上的限制，在区域间接触少，生活隔离，各自保持着孤立的社会圈子。① 由村落组成的乡，其粘合率虽然不及村落，但地域上的差异性也使得小尺度经济区与自然区、政治区存在相互影响的关系，因相同自然条件而形成的政治区有利于生产经验的交流及商品货物的流通，更容易形成独特的经济区，云盖乡因地形、水系的关系就表现出与乐安县其他三乡不同的经济特色。

文化区没有明确的界限，但也受到自然区、政治区和经济区的影响，宋乡的面积较今天广大，在交通不便等因素的影响下，各乡之间的交流较少，非常容易形成独特的文化区，即所谓"十里不同风，百里不同俗"。以江西的新喻县为例，所辖各乡因人文环境不同而名称各异。安和乡因其人安分而和易而名，崇教乡因其人多业儒而崇教礼而名，振藻乡因其地振拔而有文藻而名，长乐乡因名山连亘，民多康乐而名。② 再如兴国县的衣锦乡，《赣州兴国县安湖书院记》载："赣兴国县夫子庙在治之北门。县六乡，其五乡之人来游来歌，被服儒雅。东二百里曰衣锦乡，其民生长斗绝险塞，或为龙蛇，渎于邦经。……改其乡曰儒学。"③衣锦乡因为处于县的边地，就出现了与其他五乡不同的风俗。

但需要注意的是，虽然基层区划与小尺度自然区、文化区、经济区之间相互叠加和契合很容易形成一个独特的地域单元，但也不能把它孤立于中高层政区之外。云盖乡就是因为与永丰县有着千丝万缕的联系，才导致划割的反复。它与永丰县同属报恩江水系，中间无高山阻隔，这是两地难以割裂的自然基础。在划割给乐安县后仍然保持着吉州的风俗，说明两地同属一个文化区。通过"牛田小溪"，两地发生着经济联系，说明两地又属同一个经济区。一旦通过行政命令把这种联系强行分割，就会出现"庄干瞒其主人，乘时射利"的情况，清江县的修德乡亦是一例，《乞委官吏体究改正税苗寄佃之弊奏》载：

(绍兴二十一年十月二十八日)临江军倚郭清江县有税钱四十余贯，苗米四百余

① 费孝通：《乡土中国》，第5—6页。
② 康熙《新喻县志》卷三《坊都》，康熙十二年刻本。
③ (宋)文天祥：《文山集》卷一二，文津阁《四库全书》本。

> 石,人烟田产并在筠州高安县新丰乡第一、第二等户,其税苗却坐落在本县修德乡。上项税苗在经界法谓之寄佃,在乡村谓之包套。未经界之前,尚可追理,经界既定,两县各随产承认无额税苗。本军不绝人户陈诉,虽累行关移,乞随产坐落,而高安不即承受。又两县一时结局,清江不免有无田之税,高安却有无税之田。谨按国朝淳化癸巳岁诏:"建临江军,取筠州之萧滩镇为清江县,割高安之建安、修德两乡以隶。盖当时新丰与修德地界相接,以故税苗有交乡寄佃之弊。乞行下本路,专委监司差清疆官体究诣实,改正施行。"①

建安、修德两乡原属高安县,后割置清江县,随着经界法的推行,两县原来税收差异的弊端显现出来,建安乡和修德乡与清江县其他乡的税收标准不一,出现了税收混乱的局面。

地处边界地带的小尺度区划因其特殊的地理位置,变动时牵扯面较内部政区的变动要广得多。这是因为它长期统归某一中高层政区,两者在长期的政治、经济、文化交流过程中,也会形成较基层区划更大一级的"共同体",这个"共同体"也包含了政治区、自然区、经济区和文化区。云盖乡因为长期属于吉州,它的上一级"整合区"是永丰县,划给乐安县就意味着原来整合的单位被打破,需要重新构建新的单元,这种构建是渐进和漫长的,在构建初期很容易出现税收混乱、风俗杂乱等问题。这也启示我们在今天的基层区划调整过程中,要注意小尺度区划与中高层政区的地缘、血缘联系及经济、文化关系。

作者简介:

王旭,暨南大学文学院历史地理研究中心博士研究生;周倩,北京师范大学历史学院博士研究生。

① 《宋会要辑稿》食货七〇之一三二,第6436页。又见同书食货六之五一、五二。

元代色目人康里回回事迹考述

马建春　陈小红

[提要]康里回回，元代色目人，名臣不忽木之子，官至中书右丞。幼受家庭影响，"读书属文，学为儒生"。及长，多与通儒名士交往，成为典型的中国士大夫。其为官廉洁公正，不畏权势，荐举贤才，颇有作为。且能文善诗，擅长书法。时人以其弟巎巎与之合称"双璧"。本文钩稽、辨析回回相关史事文献，就其家世生平加以系统梳理，并通过其官迹品行、交游群体、诗文成就之史籍辑述，以考察元代色目人融入中华之历史轨迹。

[关键词]康里回回；生平家世；官迹品行；交游与华化

蒙古远征西域，大量色目人经征调、签发、招募而进入中原。他们为元朝统治者所重用，供职、服务于政府各军政机构和诸王投下，对元代社会产生了重要影响，亦为元人及后世史家所关注。

回回，西域康里人。康里，乃元代色目人之一种，文献又称康礼、航里、抗里、夯力、杭斤等，时居乌拉尔河以东、咸海以北，以及伊塞克勒湖和楚河一带。蒙古首次西征，进入康里境，一些人口被掳掠来华。史载回回之先世原附于克烈部王罕，后王罕为铁木真所灭，祖父燕真因俘而来蒙古。学界以往对回回家族常有关注，其成果主要体现于对不忽木治政成绩和巎巎书法的研究，而对其家族重要一员的回回则限于史料，多有忽略；所见文章亦仅限于对其诗文、儒学成就的概要性介绍。[①] 本文揽括文献，钩沉探赜，以期对回

① 见刘坎龙《西域诗人不忽木父子论略》(载《新疆教育学院学报》2008 年第 4 期)；赵嘉麒、范学新《论哈萨克族思想家不忽木父子对儒学的贡献》(载《东北师大学报》2007 年第 1 期)。

回之事迹给予全面、系统的探究，并由此考察元代色目人融入中华历史轨迹之一斑。

一、康里回回家族世系

康里回回(1283—1333)，又称和和[①]，字子渊，号时斋，先世为西域康里部大人。元名臣不忽木之子，康里巎巎之兄。元人赵孟頫《不忽木神道碑》尝记述其家族世系脉络，其文曰：

> 公讳不忽木，自祖父海蓝伯而上，世为康里部大人。海蓝伯事王可汗，王可汗灭，帅麾下遁去，太祖皇帝虏其全部以归。第十子燕真，年十余岁，分赐庄圣太后。性恭谨，善为弓，服事世祖皇帝，不离左右。配以高丽美人，名长姬，姓金氏，生五子，次二为公……武宗追念其忠，赠纯诚佐理功臣，开府仪同三司太傅上柱国，追封鲁国公，谥文贞。夫人寇氏、王氏，皆鲁国夫人。冠氏前卒，生子回回，今为淮西廉访使。王氏，御史中丞、蓟国文正公寿之女，生子巎巎，今为集贤待制，二夫人皆与公合葬。父官至卫率，赠开府仪同三司上柱国，追封晋国公，母晋国夫人，祖父赠光禄大夫上柱国，追封河东郡公，祖母河东郡太夫人。[②]

不难看出，回回世出康里部大人，曾祖父海蓝伯与王罕迎击蒙古兵败，领麾下数千骑遁去。“太祖遣使招之”，因其“不忍改所事，遂去，莫知所之”[③]。祖父燕真为海蓝伯第十子[④]，被成吉思汗所俘，随之掳往蒙古高原，先侍于庄圣太后(拖雷正妻)，后奉忽必烈于藩王府。因其“性恭谨，善为弓”，“尝同卧起，寒暑饥渴，曾不告劳”[⑤]，服事世祖不离左右。并数随忽必烈征伐，屡有战绩，乃得其赏识，升至卫率。世祖即位，燕真未及大用而

---

① 明人王鏊《(正德)姑苏志》(卷四二)，清人嵇璜《续通志·列传·元五十三》(卷四九九)、孙岳颁《佩文斋书画谱·书家传十六》(卷三七)等著，均以“回回”为“和和”。

② (元)赵孟頫：《松雪斋集》卷七《故昭文馆大学士荣禄大夫平章军国事行御史中丞领侍仪司事赠纯诚佐理功臣太傅开府仪同三司上柱国追封鲁国公谥文贞康里公碑》，文津阁《四库全书》本，第 399 册，商务印书馆，2005 年，第 752—753 页。

③ 《元史》卷一三〇《不忽木传》，中华书局，1976 年。

④ 赵孟頫《松雪斋集》及《元史·不忽木传》记海蓝伯有十子，燕真最幼。而苏天爵《元朝名臣事略》卷四《平章鲁国文贞公》(中华书局，1996 年，第 61—67 页)及姚燧《不忽木神道碑》则载燕真为康里国贵族十质子之一，其年最幼。此十子是否皆为海蓝伯之子，或其他九子侍于何处，均无史籍可考。

⑤ (元)苏天爵：《元朝名臣事略》卷四《平章鲁国文贞公》，第 61—67 页。

卒[①]。忽必烈尝以高丽美人金长姬相配，金氏生五子，次子不忽木[②]，即回回之父。不忽木(1254—1300)，自幼"资禀英特，进止详雅"[③]。曾从王珣、许衡习理学，官拜昭文馆大学士，中书平章政事，加平章军国事，仕世祖、成宗两朝，为元初一代名臣，世祖誉其为"朕之左手"[④]。大德四年(1300)卒，享年46岁。"武宗追念其忠，赠纯诚佐理功臣，开府仪同三司太傅上柱国，追封鲁国公，谥文贞。"[⑤]惠宗时，加赠太师，进封东平王。

不忽木先娶寇氏，生子回回；后以王氏为妻，生子巎巎。回回生母寇氏，出于中山安喜耕读之家。刘因《处士寇君墓表》言其祖父：

> 君寇氏，讳靖，字唐臣。祖禹、父曾，耕於中山安喜陉，号质行家。……子男二：长元亨，幼失明，精于术数；次元德，早以文学名天下。相国廉希宪荐，事今上潜邸。从征江南。自真定宣抚司谘议，历怀孟京兆判官，迁知陕州，再加同知岳州总管，转同知京畿都漕运使，改燕南河北提刑按察副使，今擢为两浙都转运使。为政廉易，姚左丞枢、杨参政果、王承旨磐皆作诗以美之。[⑥]

寇氏祖父寇靖，曾应蒙古国戊戌(1238)之试，中而不仕。父寇元德为寇靖次子，早年即以文学名满天下，经中书平章廉希宪推荐，侍奉忽必烈于潜邸。后从征江南，历任怀孟京兆判官、同知岳州总管、同知京畿都漕运使、燕南河北提刑按察副使及两浙都转运使等。

寇元德子嗣，不见史载。已知其女寇氏嫁于不忽木外，尚有一子。陈旅《安雅堂集》云："曩予客虎林，与冦公榦臣相见于西湖之西，……尝与礼部尚书康里公言之，公曰：'寇公，我舅氏。'乃为予详言其为人。"[⑦]礼部尚书康里公，即回回之弟康里巎巎，由其"寇公，我舅氏"之语，可知寇榦臣为其母寇氏之兄弟。据巎巎言，寇榦臣曾"守沧州，政成"，后"以湖州路总管秩满家居"[⑧]。

---

① 《元史》卷一三〇《不忽木传》。

② 赵孟頫《松雪斋文集》及《元史·不忽木传》均记不忽木为燕真次子，而苏天爵《元朝名臣事略》卷四《平章鲁国文贞公》(第61—67页)及姚燧《不忽木神道碑》则载其为燕真"元子"，即长子。本文从赵孟頫、《元史》说。

③ 《元史》卷一三〇《不忽木传》，第3163—3173页。

④ 《元史》卷一三〇《不忽木传》。

⑤ (元)赵孟頫：《松雪斋集》卷七《故昭文馆大学士荣禄大夫平章军国事行御史中丞领侍仪司事赠纯诚佐理功臣太傅开府仪同三司上柱国追封鲁国公谥文贞康里公碑》，第752—753页。

⑥ (元)刘因：《静修先生文集》卷一七《墓表·处士寇公墓表》，《四库提要著录丛书》集部第29，北京出版社，第317页。

⑦ (元)陈旅：《安雅堂集》卷七《阅稼亭记》，《四库提要著录丛书》集部第60，北京出版社，据明祁氏澹生堂钞本影印，第588页。

⑧ (元)陈旅：《安雅堂集》卷七《阅稼亭记》，第588页。

寇氏早卒，回回实由不忽木继娶之王氏抚养成人。王氏之父为御史中丞王寿，与不忽木曾同朝为官，同侍太子真金。吴澄《鲁国太夫人王氏墓志铭》就王氏生平、性格、懿德等载道：

> 鲁国太夫人王氏，资政大夫、前御史中丞王公某之子，故昭文馆大学士、荣禄大夫、平章军国事、行御史中丞，赠纯诚佐理功臣、开府仪同三司、太傅、上柱国、鲁国文贞公康里氏讳不忽木之妻，嘉议大夫、太常卿回之继母也。王公正直和易，为时端人。夫人生长名门，天质纯美，父教母范，闲习见闻，懿德夙成，如古淑女。年及笄字，谨选所归。会康里公丧初配，议者咸曰："贵族重臣，有行有学，可妻宜莫如公。遂以夫人归焉。夫人沉静寡言，廉俭中度，克相克顺，官事无违，礼于族姻，仁于媵御，闺门之内，雍雍如也。暨康里公薨，屏居一室，称未亡人，非归宁不至门外。男曰猺（巎），女曰宜童，视前夫人子，均爱如一。""生之日，至元乙亥六月辛酉；薨之日，至大庚戌三月癸未。越七日己丑，窆。太常卿与予游，予国子师，而猺国子生也。请曰：宜为吾母铭。乃铭。①

由于王氏"父教母范，闲习见闻，懿德夙成"，故能"礼于族姻，仁于媵御"，为世人所称道。而王氏对回回、巎巎"均爱如一"的品性，亦为回回所感念，故而有其请国子监丞吴澄为之作《墓志铭》之举。王氏家风谨严，其懿行除"父教母范"外，尚有其姑母、王寿之妹王夫人之影响。马祖常《石田集》载《王夫人贞节序》一文，内云：

> 集贤待制、兵部郎中喀尔库库（巎巎）之外祖姑王氏，故赠上护军、琅琊郡公之女，故御史中丞、蓟国文正公女弟，陕西行省郎中刘天瑞之夫人也。夫人十四岁嫁刘天瑞，又十六年，而夫死。又二十六年，所在有司上其事于丞相府，旌其门焉。呜呼！甚矣。礼之可以善俗也。古者妇女人，夫死，己称曰未亡人，则是欲从而死也。今王夫人始为显官女与妇也，则夙夜敬事，修饰工容。及其夫之没也，则疏布被体，号泣若将终身。呜呼！妇人之行，尽如王夫人，则俗岂有不善者乎？然善俗之道，视其上之礼如何尔，上之礼既已敷锡导杨，表异褒美，书在官府，名在州里，凡所以为善俗之道者，亦云至矣，而缙绅学士读古诗，周知先王善俗之意，相属而为之诗，以宣昭天子人伦之化，使民有所歌咏而观感焉。是亦缙绅学士之懿德也，为义固不伟欤？②

---

① （元）吴澄：《吴文正公集》卷七三《鲁国太夫人王氏墓志铭》，文津阁《四库全书》本，第400册，第227页。

② （元）马祖常：《石田集》卷九《王夫人贞节序》，文津阁《四库全书》本，第403册，第202页。

赵孟頫《不忽木神道碑》言金氏生五子，次子不忽木外，其他四子未能明记。《元史·不忽木传》、苏天爵《平章鲁国文贞公》及姚燧《不忽木神道碑》亦未有交待。而据《蒙兀儿史记》《新元史》载，至元"二十八年(1291)春，世祖猎于柳林，不忽木之弟野礼审班及彻里等劾奏桑哥罪状，世祖召问不忽木，具以实对，世祖始决意诛之，罢尚书省，复以六部隶于中书"①。由此可知，不忽木有一弟名曰野礼审班，或作也里审班。其人曾任职怯薛歹②，从其能与彻里(时任利用监，后进为御史中丞、福建行省平章政事)等弹劾桑哥看，野礼审班身份应为侍于忽必烈左右的中书臣属。而按《蒙兀儿史记·色目氏族表》云，不忽木尚有一弟名曰萨里都③，因史料乏载，其事迹不详；且野礼审班、萨里都于不忽木之兄弟中排行为几，亦不明了。

回回之弟巎巎④(1295—1345)，字子山，其继母王氏所生，不忽木次子。侍文宗、顺帝两朝，历任监察御史、礼部尚书、翰林学士承旨、浙江行省平章政事等职。其学识渊博，擅长书法，以行、草、长真名世。

回回之后裔，宋濂《元故荣禄大夫陕西等处行中书省平章政事康里公神道碑铭》记载颇详：

> 公先配史氏、王氏俱前卒，无子，并封渔阳郡夫人。再娶崔氏，封齐国太夫人。子男五人：祐童，太中大夫、济宁路总管兼管内劝农事，崔氏出也。孛蛮台，入备宿卫，未及调；帖木烈思，中奉大夫、江南诸道行御史台治书侍御史；孛罗，奉训大夫、河间路献州达鲁花赤兼劝农事；皆侧室蒙古乃蛮氏出也。脱脱木儿，国子生，侍姬高丽氏出也。某某某皆先卒。女四人：长适某，阶福建亳州翼万户廉和尚；次许某，阶江南行台御史中丞吴铎，未婚而夭；次适宣寿；次适某阶监察御史买买。孙男三人：完者不花，某阶某判官；太禧奴，至正甲午进士，将仕郎、太常礼仪院太祝；福寿尚幼。孙女一人，元童，亦先卒。曾孙男二人，也先帖木儿、某俱幼。⑤

回回子祐童，文献记载略有出入，《新元史》言其为"济南路总管"⑥。另一子帖木烈思，又译称帖木列思、帖睦烈思、铁木烈思、特穆尔斯、特穆赉斯、特穆尔鲁斯、特穆尔齐等。《元

---

① 《新元史》卷一九八《不忽木传》。

② 屠寄：《蒙兀儿史记》卷一五五《色目氏族表下》，中国书店，1984年，第1058页。

③ 屠寄：《蒙兀儿史记》卷一五五《色目氏族表下》，第1058页。

④ 元人吴澄《鲁国太夫人王氏墓志铭》称"巎巎"为"猱"；明人王鏊《(正德)姑苏志》(卷四二)，清人嵇璜《续通志·列传·元五十三》(卷四九九)、孙岳颁《佩文斋书画谱·书家传十六》(卷三七)等著，均以"巎巎"为"库库"。

⑤ 宋濂：《宋文宪公全集》卷四一《元故荣禄大夫陕西等处行中书省平章政事康里公神道碑铭》，中华书局，2007年，第221页。

⑥ 《新元史》卷一九八《不忽木传》。

秘书监志》记道："铁木烈思，字周贤，康里人。中书平章政事回回之子，至元六年四月用其祖中书平章政事追封东平王卜忽木，荫以奉训大夫上。"[①]明万历《杭州府志》云帖木列思，"至正十三年(1353)守，杭属蕲黄寇犯郡之余，庙学鞠为瓦砾。帖睦烈思以学校教化所系，难以时艰为辞，乃谋兴造。基地旧隘，因购回回氏礼拜寺地，以充广之"[②]。

回回其子事迹不见记载。其孙太禧奴，亦称泰熙奴，但不知其父为谁？至正十四年(1354)进士，善于书法，并曾有《草书帖》[③]诗书流传，云：

> 草书不可识，节字少于即。草书不可知，甚字小于其。草书不可解，於字何曾草。所贵者笔圆，所上者笔老。献之答谢安，云世人那得知耳。

巙巙子名维山，《元史》言其"材质清劭，侍禁廷，起崇文监丞，擢给事中，迁同佥太常礼仪院事，调崇文太监"[④]。《新元史》亦载维山"终于崇文太监"[⑤]。

史载巙巙尚有名拜住(字闻善)之从子，乃贤《金台集》有《送康里闻善之猗氏长》诗一首，为乃贤送别拜住之作，内注"子山平章从子名拜住"[⑥]。诗云：

> 青丝白马出京华，乍剪宫袍眩海霞。作宰不须辞下邑，历堦从此拥高牙。小楼刻烛听春雨，白书垂帘看落花。见说三槐阴德厚，孝廉还在相君家。

从子，旧义指伯父或叔父之孙，唐宋时又以亲兄弟之子为从子。巙巙之兄回回五子中未有名拜住者，由此推断，拜住或为巙巙叔伯父之孙，亦即不忽木兄弟之孙辈。不忽木兄弟五人，其排行为二，另见有野礼审班、萨里都两弟。拜住祖、父为谁，尚不知晓。但由《元史·拜住传》之记载，可知其为燕真后裔无疑。

> 拜住，康里人也，字闻善。以材累官至翰林国史院都事，为太子司经。兵至，拜住谓家人曰："吾始祖海蓝伯封河东公者，与太祖同事王可汗，太祖取王可汗，收诸部落，吾祖引数十骑驰西北方，太祖使人追问之，曰：'昔者与皇帝同事王可汗，王可汗

---

① (元)王士点、商企翁撰：《秘书监志》卷九《题名·秘书监丞》，《四库提要著录丛书》第254册，第254页。

② (万历)《杭州府志》卷六三《名宦传·杭州路总管》，(台湾)成文出版社，1983年。

③ (明)郁逢庆：《书画题跋记》卷八《康里泰熙奴草书帖》，文津阁《四库全书》本，第271册，第189页。

④ 《元史》卷一四三《不忽木传》。

⑤ 《新元史》卷一九八《不忽木传》。

⑥ (元)乃贤：《金台集》卷一《送康里闻善之猗氏长》，《四库提要著录丛书》集部第61册，第320页。

今已灭，欲为之报仇，则帝乃天命；欲改事帝，则吾心有所不忍，故避之于远地，以没吾生耳。'此吾祖之言也。且吾祖生朔漠，其言尚如此，今吾生长中原，读书国学，而可不知大义乎！况吾上世受国厚恩，至吾又食禄，今其国破，尚忍见之！与其苟生，不如死。"[①]

综观康里回回家世，其祖父以俘虏由西域入蒙古，进中原，家族规模逐渐壮大，成员亦于原色目人中融入了汉人（不忽木之妻寇氏、王氏，回回之妻史氏、王氏、崔氏，回回三子之妻任氏等）、蒙古人（回回侧室乃蛮氏）、高丽人（燕真之妻金氏，回回侍姬高丽氏）等。显然，在元朝大一统多元社会中，不同族际间的通婚常有发生，但回回家族数代联姻对象却主要为汉人。

回回自其父始，即与汉人联姻。不忽木先后所娶寇氏、王氏，皆为汉族士大夫之女。寇氏祖父寇靖"力学为士"，中科举，但隐居不仕，"日为琴数弄，读《易》一编"[②]。父寇元德早年"以文学名天下"[③]，历任同知京畿都漕运使、燕南河北提刑按察副使、两浙都转运使等。其兄寇幹臣"蚤岁读书，有志节"[④]，曾任湖州路总管。王氏则为集贤大学士、御史中丞王寿之女。而回回"先配史氏、王氏，……再娶崔氏"，亦皆出汉人望族。

回回之子也有娶汉人者。巙巙《跋任仁发张果见明皇图》云："余之三侄，大年月山之婿也。"[⑤]月山，即任仁发（1254—1327），字子明，号月山，元松江青浦（今属上海）人，历官都水监丞、都水少监。善绘画，尤善画马，曾奉敕画《春熙》《天马》二图。回回为巙巙唯一兄弟，任仁发之婿既为巙巙三侄，亦即为回回之三子。或为《康里回回神道碑铭》所记之帖木烈思，其曾任职江南诸道行御史台治书侍御史，居官江浙。

回回之女亦尝嫁于汉人之家。其四女中，"长适某，阶福建亳州翼万户廉和尚；次许某，阶江南行台御史中丞吴铎，未婚而夭；次适宣寿；次适某阶监察御史买买。"[⑥]亦即二女许配于冀州信都名宦吴氏家族，但未婚而夭亡。三女则嫁与汉人宣寿。

与回回家族联姻之汉人，多出自元代世家大族。其多具文化素养，遵从儒家礼教。如回回继母王氏"生长名门，天质纯美，父教母范，闲习见闻，懿德夙成，如古淑女"。其"沉静寡言，廉俭中度，克相克顺，官事无违，礼于族姻，仁于媵御，闺门之内，雍雍如也。

---

① 《元史》卷一九六《忠义列传四·拜住》，第4431页。

② （元）刘因：《静修先生文集》卷一七《墓表·处士寇公墓表》，第317页。

③ （元）刘因：《静修先生文集》卷一七《墓表·处士寇公墓表》，第317页。

④ （元）陈旅：《安雅堂集》卷七《阅稼亭记》，《四库提要著录丛书》集部60，第588页。

⑤ 《跋任仁发张果见明皇图》，现藏于故宫博物院。

⑥ （明）宋濂：《宋文宪公全集》卷四一《元故荣禄大夫陕西等处行中书省平章政事康里公神道碑铭》，第221页。

暨康里公薨，屏居一室，称未亡人，非归宁不至门外”[①]。他们在生活方式、风俗习惯、文化教育、思想观念等方面对回回家族成员耳濡目染，产生了潜移默化的影响，使之文化倾向明显受到汉文化浸染，乃成为元代中华一统疆域内颇具特色的家族之一。

康里回回家族世系表：

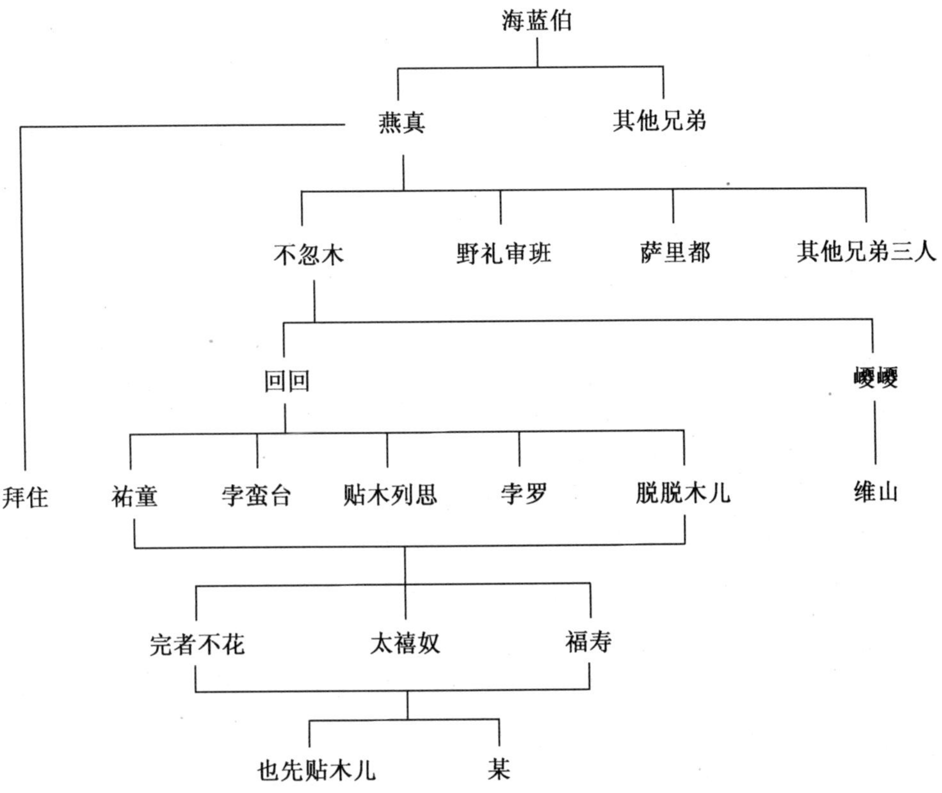

二、康里回回生平及官迹品行

1.回回生卒考

回回生年元人记载不详，清人钱保塘《历代名人生卒录》[②]、吴修《续疑年录》[③]则言其生于至元二十年(1283)。这一记载或应由回回卒年推断而来。按宋濂《元故荣禄大夫陕西等处行中书省平章政事康里公神道碑铭》载，“至正元年五月二十有八日，故荣禄大夫

① (元)吴澄:《吴文正公集》卷七三《鲁国太夫人王氏墓志铭》，文津阁《四库全书》本，第400册，第227页。

② (清)钱保塘:《历代名人生卒录》卷六《辽至元》，《丛书集成续编》第30册，第152页。

③ (清)吴修:《续疑年录》卷二，《续修四库全书》第517册，第188页。

陕西等处行中书省平章政事康里公，以疾薨于京师之私第，享年五十有一”[①]，亦即回回卒于至正元年(1341)。但《蒙兀儿史记》却载其于“天历二年，闻旺兀察都之变，流涕不能食，自是杜门不出，元统元年(1333)卒于家，谥忠定”[②]。《新元史》[③]《历代名人生卒录》[④]《续疑年录》[⑤]等文献亦均称其卒于元统元年。条缕析解史料，宋濂认为其卒于至正元年(1341)或有误，而屠寄等人之元统元年(1333)似乎有理，其依据如下：

首先，回回生母寇氏卒后，不忽木续娶王氏。按吴澄记载，时王氏“年及笄字，谨选所归。会康里公丧初配，议者咸曰：贵族重臣，有行有学，可妻宜莫如公。遂以夫人归焉”，亦即王氏出嫁之年适值“及笄”。而其“生之日，至元乙亥六月辛酉；薨之日，至大庚戌三月癸未”[⑥]，至元乙亥，即 1275 年。按“女子……十有五年而笄”[⑦]计，王氏嫁于不忽木当在至元二十九年(1292)。回回“享年五十有一”[⑧]，时年 7 岁尚幼，符合王氏对其抚之并与巎巎“均爱如一”的记载。若以回回卒于至正元年(1341)，其出生应在至元二十八年(1291)。此时其生母寇氏已离世，与史记难合。

其次，《元史》载回回“闻明宗崩，流涕不能食，自是杜门不出者数年，以疾卒”[⑨]。明宗天历二年(1329)八月，被燕帖木儿毒死。回回若卒于至正元年(1341)，时间相隔 12 年，与《元史》“不出者数年，以疾卒”记述不符。

再者，宋濂《元故荣禄大夫陕西等处行中书省平章政事康里公神道碑铭》云：“公度为时不容，力辞还第。顷之，闻明宗陟方，涕泗交颐不能食。自是杜门读书，不出者凡数年。今上皇帝入继大统，夙夜图治，方征用老成而公薨矣，为震悼者久之，寻赐钞二万五千缗以恤其家。”明宗逝后四年间，先后有文宗、宁宗、顺帝继位。此处“入继大统”的“上皇”，应指顺帝。其登基时间为至顺四年(1333)，同年，改年号为“元统”，由“今上皇帝入继大统，夙夜图治，方征用老成而公薨矣”之句，回回卒于元统元年(1333)不疑。

最后，吴澄《王氏墓志铭》记王氏死于至大庚戌(1310)三月。时“太常卿与予游，予国

---

① (明)宋濂：《宋文宪公全集》卷四一《元故荣禄大夫陕西等处行中书省平章政事康里公神道碑铭》，第 221 页。

② (清)屠寄：《蒙兀儿史记》卷一一四《不忽木传》，第 709 页。

③ 《新元史》卷一九八《不忽木传》。

④ (清)钱保塘：《历代名人生卒录》卷六《辽至元》，《丛书集成续编》第 30 册，第 152 页。

⑤ (清)吴修：《续疑年录》卷二，《续修四库全书》第 517 册，第 188 页。

⑥ (元)吴澄：《吴文正公集》卷七三《鲁国太夫人王氏墓志铭》，文津阁《库全书本》，第 400 册，第 227 页。

⑦ 《礼记注疏》卷二八《内则》，(汉)郑玄注，(唐)孔颖达疏，文津阁《四库全书》本，第 39 册，第 256 页。

⑧ (明)宋濂：《宋文宪公全集》卷四一《元故荣禄大夫陕西等处行中书省平章政事康里公神道碑铭》，第 221 页。

⑨ (明)宋濂：《元史》卷一三〇《不忽木传》，第 3173 页。

子师，而猛国子生也”[1]。亦即回回请吴澄为继母王氏作墓志铭时，已历怯薛宿卫、朝列大夫、太常寺少卿之任，升为太常卿。如前所述，若回回以年51卒于至正元年（1341），其时方19岁，出任太常卿，似不大可能。

由此看来，吴修《续疑年录》“回回，生至元二十年（1283）癸未，卒元统元年（1333）癸酉”[2]的记述，应该不误。

2.官迹品行

由《元史·回回传》、宋濂《元故荣禄大夫陕西等处行中书省平章政事康里公神道碑铭》及《蒙兀儿史记》、《新元史》、《元史本证》等文献，可知康里回回虽生年不长，却久居官场，一生历仕成宗、武宗、仁宗、英宗、泰定、文宗诸朝，可谓“六朝元老”。

早在成宗时，回回即以大臣子宿卫禁中，后除集贤学士，以年幼辞。大德（1297—1307）末，擢朝列大夫、太常少卿。再升太常卿，进阶嘉议大夫。至大元年（1308），太常寺改太常院，成宗以太常院使任，乃请辞。

武宗在位，遣回回以籓邸旧臣奉使称旨。至大（1308—1311）初，调任大司农卿，以疾辞。后任山南江北道肃政廉访使。至大末，改任江南诸道行御史台治书侍御史，后迁淮西江北道肃政廉访使，所至皆有政声。仁宗初，改任河南江北道肃政廉访使，再迁浙东海右道肃政廉访使，因“同列所忌，公自引去”[3]。

英宗即位（1321），因丞相拜住推荐，回回出任户部尚书。未及，改参议中书省事。泰定（1324—1327）初，又获授太子詹事丞，升中奉大夫。不久，再升翰林侍讲学士、知制诰、同修国史，后因与宰相倒剌沙政见不合辞任。诏任江浙等处行中书省右丞，升资德大夫，但以病请辞。

至文宗立（1328），再获起用，拜荣禄大夫、宣政院使，后擢中书右丞。时燕帖木儿专政，回回不予迎奉，乃为其所恨。先泰定帝死，元廷发生两都之争。大都佥书枢密院事燕帖木儿与上都中书左丞相倒剌沙，分别拥立武宗次子图帖睦尔（文宗）和皇太子阿速吉八（天顺帝）展开皇位之争。后文宗继位，陕西等地仍为倒剌沙、天顺帝所控。时燕帖木儿却外遣回回出任陕西行省平章政事，遂以朝局未明，辞官还第。后闻“天历之变”[4]明宗遭难，“涕泗交颐不能食”。自此不仕，闭门读书，数年后卒于家。

康里回回自幼受教于儒家学理，为中华传统礼教所浸染。为官一生，沿袭家风，行止

---

① （元）吴澄：《吴文正公集》卷七三《墓志铭·鲁国太夫人王氏墓志铭》，第227页。

② （清）吴修：《续疑年录》卷二，第188页。

③ （明）宋濂：《宋文宪公全集》卷四一《元故荣禄大夫陕西等处行中书省平章政事康里公神道碑铭》，第221页。

④ 两都之争后，文宗即位。不久，遣人迎其兄和世瓎回，即帝位，是为明宗，以图帖睦尔（文宗）为皇太子。天历二年（1329）八月，文宗和燕帖木儿拜迎明宗于旺忽察都，君臣欢宴，当晚明宗暴毙，文宗复位。或曰为文宗、燕帖木儿毒死，史称“天历之变”。

有道。所任行事多循儒家治国之道，不阿权贵，无惧权势，廉洁公正，举荐贤才，颇有作为。

回回之父不忽木习儒、崇儒，其“修身治国”，多尊儒学。故回回自小受家庭熏陶，好读书，尤深于《易》。至投身宦海，无论就职中央，还是出任地方，均强调以儒治国，常以儒学思想劝诫帝王，其言行亦体现出深厚的儒学修养。

武宗时，御史台议选廷臣为诸道肃政廉访使。武宗征询意见，回回答曰：“中台表也，诸道景也，表正则景正，陛下宜慎选正人，以长中台，次用刚毅有为者以使诸道，则有司知畏法矣。”①“表正则景正”之语出自荀子“君者，仪也，民者，景也，仪正而景正”②。回回于此强调了肃政廉访使人选，应注重官员自身之表率作用，只有以身作则，方能景行规范，立官场之正气。

仁宗亦曾询问回回儒释道三教之异同，回回对曰：“释氏以明心见性为宗，道家以修真炼性为务，皆一偏一曲，足乎自己。至于儒者之学，则修己治人，以仁义化成天下，此所以完世不可易，而帝王所宜究心者也！”③“修己治人，以仁义化成天下”，这正是回回深受中国传统儒学影响的思想体现。

中华天人合一观念，常把帝王与日相比。即所谓“日五色，至阳之精，象君德也。五色照耀，君乘土而王”④。“圣人之身犹日也。夫日圆尺，光盈天地。圣人之身小，其所烛远”⑤。英宗时，一次适逢日食，英宗问朝臣于因果，诸臣皆“泛引汉、晋事，以天道悠远为言”。惟回回以为：“日者君象也，君不修德则天垂鉴戒。方今经理田赋，劳师边境，无罪杀杨朵儿只、萧拜住，皆足以致天变。唯陛下念之！”⑥君王修德的天下治理思想一向为儒家所推崇，它要求帝王以德治民，而顺天命。回回给予英宗的对答，即是儒家这一思想的表达，它反映了儒学在回回政治事务认识上的深刻影响。

回回性格耿直，为官不阿权贵，无惧权势，尝为人所称道。其任江南诸道行御史台治书侍御史时，御史大夫铁木迭儿怙权自尊，嚣张跋扈，“凡议事，自中丞以下皆侍立，莫敢相可否。回回独坐，与之言事，有不直必执法折之”⑦。

丞相拜住每次退朝，诸同僚皆送其至私第，拜住亦对此习以为常。回回与之同朝为

---

① 《新元史》卷一九八《不忽木传》。

② 《荀子》卷八《君道篇第十二》，文津阁《四库全书》本，第231册，第70页。

③ （明）宋濂：《宋文宪公全集》卷四一《元故荣禄大夫陕西等处行中书省平章政事康里公神道碑铭》，第221页。

④ （清）汪继培辑校：《尸子》卷下，《续修四库全书》第1121册，第289页。

⑤ （清）汪继培辑校：《尸子》卷上《神明》，《续修四库全书》第1121册，第288页。

⑥ （明）宋濂：《宋文宪公全集》卷四一《元故荣禄大夫陕西等处行中书省平章政事康里公神道碑铭》，第221页。

⑦ 《新元史》卷一九八《回回传》。

官多年，则不趋炎附势，并以为："是不过鼓为谄媚耳，均人臣也，于礼何稽乎？"[①]其言行反而得到拜住赏识。至治初，拜住推荐回回为参议中书省事，诏令即下，有官员劝回回往丞相府致谢。回回不肯，云："荐举，丞相职也，何谢为？能尽瘁事国，乃所以谢丞相也！"

曾有驸马平章之家奴强买人口，回回依法治罪，不予开脱，即使其出自宗室女家亦不免[②]。泰定帝时，燕帖木儿专横跋扈，权柄左右，朝中官员多趋附之。回回则不以为然，"视之淡如，面折廷诤，謇謇不少贬"[③]。

回回其父不忽木，身为朝廷重臣，却一生清廉。受其影响，回回亦为官公正廉洁，其"尝扈徒上京，将发，成宗怜之，赐钞一万五千缗。公力辞，强之乃受。在淮西，藩王有以米三百石为馈者，公谢弗受，王以为有父风"[④]。世祖忽必烈曾在大都赐宅第于不忽木，至回回长成，宅第为权豪所占，乃租屋以居。后回回升中书右丞，有人讨好其云："某氏珍宝田宅，咸没入于官，吾属索之宜无不得者。"回回"正色曰：'既入官，即府藏中物，尚可觐觎耶！况官食非贫，纵贫亦士之常也。'其人怒而止"[⑤]。

回回处事公正，其任山南江北道肃政廉访使时，"振肃宪度，治劾暴强，风采凛凛"。时辖地一妇人因杀夫而入监，且已定案。回回翻阅案宗，以为该妇或被冤枉，遂重新审理。经再查，凶手实为其夫仇人，真相大白，妇人得以获释[⑥]。

仁宗即位，皇太后以铁木迭儿为中书右丞相。司徒刘夔为贿于铁木迭儿之子、宣政使八剌吉思，买江浙一地主吴机祖上田产，并以增僧廪之名，将此田产挂名寺庙田产。铁木迭儿为之"矫诏出库钞六百五十万贯酬其值"，并从中"分取其半"[⑦]。后事败露，仁宗大怒欲赐其死。回回则未落井下石，而遵从律例，以为"受赂而按田不实罪，准枉法论，不至于死"[⑧]。

另有湖广省臣者，尝出兵讨杀当地洞酋，却以贿败，皇帝欲置以极刑，回回谏曰："赃

---

① （明）宋濂：《宋文宪公全集》卷四一《元故荣禄大夫陕西等处行中书省平章政事康里公神道碑铭》，第221页。

② （清）屠寄：《蒙兀儿史记》卷一四〇《不忽木传》。

③ （明）宋濂：《宋文宪公全集》卷四一《元故荣禄大夫陕西等处行中书省平章政事康里公神道碑铭》，第221页。

④ （明）宋濂：《宋文宪公全集》卷四一《元故荣禄大夫陕西等处行中书省平章政事康里公神道碑铭》第221页。

⑤ （明）宋濂：《宋文宪公全集》卷四一《元故荣禄大夫陕西等处行中书省平章政事康里公神道碑铭》，第221页。

⑥ （明）宋濂：《宋文宪公全集》卷四一《元故荣禄大夫陕西等处行中书省平章政事康里公神道碑铭》，第221页。

⑦ （明）宋濂：《宋文宪公全集》卷四一《元故荣禄大夫陕西等处行中书省平章政事康里公神道碑铭》，第221页。

⑧ 《元史》卷一四三《回回传》。

罪应杖，律无置死之科，况有功可赎过乎！不然，适足快夷獠心，非御将之良衍也。”[①]皇帝遂依回回奏议，免以极刑。

回回为官一生，所任重视、珍惜人才，常遇良材，多荐举之。他们中后多有所作为，有人甚至成为一代名臣。回回任河南江北道肃政廉访使时，河南行省丞相做事多违律令，时高纳璘任郎中，“每格不下，丞相怒欲出之”[②]。回回获知纳璘贤良，上书举荐其任御史台官。后纳璘任南台御史大夫，兼太尉，为朝廷所倚重。又有杜秉彝、张晋方者，本为布衣，时任参政，回回视其贤能，“辟为宪吏”，世人以此赞回回能知人善任。宋濂尝云回回：“世有陷为人奴者，公为出金赎之，寘於宾馆，卒成名儒。”[③]

回回于职任之上，也常关心下层民众，督办了诸多益于百姓之事。武宗时，海盗横行，阻塞漕运，丞相奏议置康里卫分镇其地，且欲命回回为万户。回回以为此举会加重国家与百姓负担，乃力阻言道：“弭盗在用贤，不必设卫分屯以虚糜廪粟。”[④]丞相从之，事遂寝。泰定初，朝廷商议水路运粮之事，回回奏请减少北运粮食数量，以缓释东南地区民众之压力。其出任宣政院使，乂上书建言减汰僧人、道士，并请允寺院土地应与民田一样纳税。

不难看出，回回为官始终以儒家仁治礼教为宗旨。故以儒治国，以德行事，遵君子之义，扬士之正气，贯穿于其政治生涯。回回这一治政理念与作风离不开其家庭熏陶和自幼所受教育及培养。

回回之父不忽木即师从元初名儒王恂、许衡。王恂“潜心伊洛之学，及天文律历，无不精究”[⑤]。后为太子伴读，“每侍左右，必发明三纲五常，为学之道，及历代治忽兴亡之所以然。又以辽、金之事近接耳目者，区别其善恶，论著其得失。”[⑥]许衡则被称为“朱子之后，一人而已”[⑦]，曾以《时务五事》上奏世祖，于“立国规模”“用人立法”“劝农桑、重教化”等方面献言建策，遵依汉法。不忽木受二人教导，熟谙汉学，造诣颇深。以至元成宗曾问于不忽木，“先许仲平(衡)有隐于联耶，抑汝之贤过于师耶？”不忽木谦逊答曰：“臣师

① (明)宋濂：《宋文宪公全集》卷四一《元故荣禄大夫陕西等处行中书省平章政事康里公神道碑铭》，第 221 页。

② 《元史》卷一四三《回回传》。

③ (明)宋濂：《宋文宪公全集》卷四一《元故荣禄大夫陕西等处行中书省平章政事康里公神道碑铭》，第 221 页。

④ (明)宋濂：《宋文宪公全集》卷四一《元故荣禄大夫陕西等处行中书省平章政事康里公神道碑铭》，第 221 页。

⑤ 《元史》卷一四九《王恂传》，第 3843 页。

⑥ 《元史》卷一四九《王恂传》，第 3843 页。

⑦ (明)薛瑄：《薛文清公读书录》卷一《许鲁斋先生赞》，文津阁《四库全书》本，第 236 册，第 531 页。

见理甚明,臣之所闻知,何足以歧其万一?”[①]后大力兴办教育,施政推行汉法,成为一代儒臣。回回受父影响,“自幼习闻家庭之训,于经史精微、政治得失多所研究”[②]。其弟子山,亦自幼学于国子监,博通群书,精于儒学,后“以重望居高位,而雅爱儒士,甚于饥渴,以故四方之士从翕然宗之,萃于其门”[③]。兄弟二人“皆为时之名臣,世号为双璧”[④]。

三、康里回回的交游

在元代色目人中,康里人是一较大群体。他们中任怯薛者众,也有独立的军卫组织,在朝为官者亦不少。康里回回也曾任职怯薛宿卫,一生于宦海沉浮。但因其父不忽木之影响,自小从儒者读书属文,多有同门师友。又因为官多地,且能文善诗,乃多注重与各地士人交往,其交游群主要为官场同僚、文人儒士、晚生后学等。他们多为汉族士大夫及华化的蒙古、色目人,回回在与之互动交流中,儒学思想逐步深化,诗文水平得到提高,文化倾向亦更加凸现。

1.官场同僚

康里回回于官场年久,又任职多地,同僚属官应有不少。但见之史籍与之交往密切者有名儒吴澄、丞相拜住、平章吴绎及晚学贤才高纳麟等。

在元初汉人文士中,吴澄[⑤]之名颇为响亮。其深研六经,通晓朱子、陆学,以理学见长。时与许衡齐名,有“皇元受命,天降真儒。北有许衡,南有吴澄”[⑥]之誉。黄宗羲尝云:“有元之学者,鲁斋(许衡)、静修(刘因)、草庐(吴澄)三人耳。草庐后,至鲁斋、静修,盖元之所藉以立国者也。”[⑦]吴澄任职国子监时与回回相识。由吴澄为回回继母王氏所撰《鲁国太夫人王氏墓志铭》中所记“太常卿与予游,予国子师,而猛国子生也。请曰:宜

① 《元史》卷一三〇《不忽木传》。

② (明)宋濂:《宋文宪公全集》卷四一《元故荣禄大夫陕西等处行中书省平章政事康里公神道碑铭》,第221页。

③ (明)陶宗仪:《书史会要》卷七《大元》,上海书店,1984年,第336页。

④ 《元史》卷一九〇《杨载传》。

⑤ 吴澄(1249—1333),字幼清,晚字伯清,号一吾山人,亦称“草庐”先生,元抚州崇仁(今江西崇仁)人。宋咸淳间举进士不中,还乡筑草屋,讲学著书于其中。元初程钜夫奉诏求贤于江南,随之应召入京,历任江西儒学副提举、国子监丞、国子监司业、翰林学士、太中大夫等职,是著名理学家,有《吴文正公全集》传世。

⑥ (元)揭傒斯:《揭傒斯全集·辑遗》,《大元敕赐故翰林学士资善大夫知制诰同修国史赠江西等处行中书省左丞相上护军追封临川郡公谥文正吴公神道碑》,李梦生校注,上海古籍出版社,2012年,第538页。

⑦ 黄宗羲:《宋元学案》卷九一《静修学案》,1996年,第3021页。

为吾母铭”[①]看，二人颇有交情。时吴澄为国子监丞，回回之弟巎巎为国子生，乃吴澄学生。而回回则以太常卿，与吴澄交往颇深。因其好学，又喜儒学，可能私下常求教于吴澄。吴澄遂因回回、巎巎之请，欣然为王氏作墓志铭。此外，吴澄尚为回回新建于国子监西的居斋撰写《时斋记》一文，记曰：“康里子渊卜筑于国子监之西，而名其斋居之室曰时，大矣哉时之义乎！”[②]不难看出，因吴澄于当时理学中的重要地位，回回与之接触频繁，关系甚为密切。

拜住[③]是回回仕宦中的知己。其家世显赫，曾任中书右丞相。制定并颁布《大元通制》，起用张珪等大量汉人儒士入朝为官，兴办教育，裁汰冗官。康里回回与拜住因家世相近，同为世祖朝重臣之后，且均好儒学，主张以儒治国，其志趣相投，治政理念相合。在朝堂中，拜住赏识和敬佩回回，对其颇多推崇。

英宗即位，拜住以丞相之名荐举回回为户部尚书。不久，诏令以回回为江南诸道行御史台侍御史，但拜住“不欲公在远，奏止其行”[④]。英宗尝以法度不一，召中书省议定刑法。英宗问回回与拜住：“法孰变耶？”拜住不答，观视回回，回回即曰：“大德之初，法轻重适宜，迄于延祐，廷尉不加钦恤，恣以意出人之。诚使今日之法如大德初，则与古合矣！”英宗以为甚是。“既出，丞相执公手日：‘微子渊多闻，吾畿失封矣。’”[⑤]拜住还赞回回有经世济用之才，“谓人曰：‘吾以非才，致位宰相，每惭见子渊。’”[⑥]

高纳麟[⑦]在元代政坛上，以政绩斐然著名。而其能获升迁，并能有所作为，则得益于回回的大力举荐。回回早与纳麟熟识，知其有为，曾以贤才举任。《元史》即载：“行省丞相行事多不法，太尉纳璘为郎中，每格不下，丞相怒欲出之。回回察其贤，抗章举任风宪，后历三台，为名臣。”[⑧]

---

① （元）吴澄：《吴文正公集》卷七三《鲁国太夫人王氏墓志铭》，第227页。

② （元）吴澄：《吴文正集》卷四一《记·时斋记》，第141页。

③ 拜住（1298—1323），蒙古札剌儿氏，为蒙古开国功臣木华黎之后，前宰相安童之孙，其父兀都带官至大司徒。至大二年（1309），袭为宿卫长。延祐二年（1315），任太常礼仪院使、荣禄大夫、大司徒。七年，英宗即位，升中书平章政事。不久，进中书左丞相，继而任中书右丞相。至治三年（1323）八月，因“南坡之变”遇害。

④ （明）宋濂：《宋文宪公全集》卷四一《元故荣禄大夫陕西等处行中书省平章政事康里公神道碑铭》，第221页。

⑤ （明）宋濂：《宋文宪公全集》卷四一《元故荣禄大夫陕西等处行中书省平章政事康里公神道碑铭》，第221页。

⑥ 《新元史》卷一九八《不忽木传》。

⑦ 高纳麟（1281—1359），元中兴府（今宁夏银川）人。为西夏国遗臣高智耀之孙，元御史中丞高睿之子。先后任中书舍人、佥河南廉访司事、都漕运使、杭州路总管、湖广行省参知政事、江南行台治书侍御史、御史中丞、中书参知政事、江浙行省右丞、宣政院使、中书平章政事、江南行台御史大夫等职。所任锄奸去蠹，吏畏民悦，赈灾饥民，颇有政声。

⑧ 《元史》卷一四三《回回传》。

宋濂《康里公神道碑铭》载回回有四女，其中“次许某，阶江南行台御史中丞吴铎，未婚而夭”表明回回与吴铎曾结有翁婿姻亲，后因女儿夭亡作罢。

吴铎，字元振，号南窗，出身元代冀州信都名宦家族[①]。其父吴绎，曾拜江浙行省平章。吴铎为吴绎长子，至大(1308—1311)中任中书直省舍人[②]。泰定时为内供奉。至正年间，任江浙行省左丞[③]。后为江南行台御史中丞[④]。由吴铎政坛履历看，其在官场晚于回回，故回回应与其父吴绎为同僚。吴绎曾任职江浙行省平章，而回回亦曾为官江浙，两人或因此相识。吴绎与元时名士赵孟頫、虞集、程钜夫等多有交往，相互间尝赠诗唱和[⑤]，回回与赵孟頫亦交往深厚。这对倡导儒学，崇尚中华文化的回回颇具吸引力，故而有与之结儿女姻亲，以增强认同之举。史籍反映吴铎亦颇具才华，曾与杰出文士贡师泰、杨维桢、余阙等诗文唱和[⑥]。其书法也佳，有《褒封水记》[⑦](至正七年，1347)、《湖州路归安县修学记》[⑧](至正十一年，1351)等篆额传世。

2.诗书友人

“古人学问，必有师友渊源”[⑨]，康里回回自幼受学，通古今，能诗文，学养深厚，且善交名士。观其交友，赵孟頫、杨载、胡助等一代文坛名士在列。回回尝与之畅游山水，诗文唱和，翰墨往来，交往甚密。赵孟頫等渊博多识，才艺出众，回回与之交游，密切了彼此关系，提升了其汉学水平，也体现出回回深厚的文化素养。

在回回的交游士群中，赵孟頫[⑩]可谓重量级人物。他官至翰林学士承旨，能文善诗，博学多才，尤以绘画、书法名著于世。回回与赵孟頫有两代之情谊。其父不忽木尝与赵孟頫同朝为官，关系密切；其弟巎巎又曾于赵孟頫任职集贤院时为下属，且其书法亦得到

① (元)刘岳申：《申斋集》卷七《信都吴氏世德之碑》，文津阁《四库全书》本，第319页。

② 嘉靖《真定府志》卷五《仕籍》，《四库全书存目丛书》本，第192册，第111页。

③ 《元史》卷九二《百官八》。

④ 《元史》卷一九五《彭庭坚传》。

⑤ 分别见赵孟頫《松雪斋集》卷四《送吴思可总管汀州》；虞集《道园学古录》卷二九《寄吴思可廉使》；程钜夫《雪楼集》卷二十九《送吴思可守汀州》。

⑥ 分别见贡师泰《玩斋集》卷二《分题得姑苏台送吴元振赴江浙省左丞》；杨维桢《东维子集》卷二十二《濯缨亭志》；余阙《青阳集》卷一《赋得九里松送吴元振之江浙左丞》。

⑦ (明)李诩：《续吴郡志·褒封水仙记》，(台湾)成文出版社，1983，第157页。

⑧ (清)李光映：《金石文考略》卷一五，文津阁《四库全书》本，第87页。

⑨ 《苕溪渔隐丛话》前集卷六《诗眼》，人民文学出版社，1962年，第33页。

⑩ 赵孟頫(1254—1322)，字子昂，号松雪道人，又号水晶宫道人，元湖州(今浙江吴兴县)人，宋朝皇室后裔。宋亡后隐居在家，后被程钜夫举荐入仕，世祖时，为兵部郎中。延祐三年(1316)，官翰林学士承旨、荣禄大夫。至治二年(1322)卒，谥文敏，遂又称“赵文敏”。著有《尚书注》《琴原》《松雪斋集》。

赵孟頫指点。回回与子昂更是交往甚密。赵孟頫曾寄予回回一封信函——《与子渊书》[①]，该刻帖今藏于湖州南浔张石铭宅院，由此不难看出两人之深厚交情。信函如下：

廉访相公子子渊契友阁下：

体侯胜常，深以为慰。令弟子山时时相过，屡商略先太师碑文，孟頫不揆愚鄙，辄足有所述，其大意则子山当能言之。或高明以为然，便当趣为之也。《黄庭》至今未能临写，不至见弄不。淮右无事，官府清静，必稍安也。因便草草兴答时中，唯为相业自重不宣。

廿二日孟頫记事再拜

"先太师"指回回父不忽木，子山即康里巎巎。信函内容显示，时赵孟頫与巎巎交往频繁，一起商讨为不忽木撰写神道碑，子昂还答应为回回临写王羲之《黄庭经》。赵孟頫后撰成不忽木神道碑和画像赞，对其评价甚高，透露出二人之密切关系。而赵孟頫在信中以"契友"称回回，可见他是将其视为志趣相投、情谊深厚之好友的。

这封信函笔墨，后成为书家欣赏、临摹赵孟頫墨迹的重要资料。信函后尚有查昇用细楷书写的跋文一段，时间为康熙丙寅(1686)初夏。跋云：

文敏与中峰和尚书，文待诏摹刻停云馆，为临池家所推重。岁久漫漶，苦无佳本，何论墨迹。此与康里子渊书，更已精妙，知者绝少。其他散失不传者何可胜数。丙寅初夏浙西查昇识。

此刻帖在文献中均未见载录，有学者黄惇以为正是因有查昇[②]题跋，固其真伪之别或可明晰。再读信札文字，也绝非作伪者所能[③]。

---

① 黄惇：《赵孟頫〈与子渊书〉刻帖略论》，许江、马以主编：《书画为寄：赵孟頫国际学术研讨会论文集》，中国美术学院出版社，2007年，第1页。也见黄惇《风来堂集：黄惇书学文选》，荣宝斋出版社，2010年，第262页。

② 查昇(1650—1707)，字仲苇，号声山，浙江海宁人。康熙二十七年(1688)进士，官至少詹事。能文善诗，精小楷，得董其昌神韵，其书法与查慎行诗、朱白恒画并称"海宁三绝"。经人推荐入南书房多年，康熙皇帝十分赏识。

③ 黄惇：《赵孟頫〈与子渊书〉刻帖略论》，选自许江、马以主编《书画为寄：赵孟頫国际学术研讨会论文集》，第1—7页。

曾两度出任翰林国史院编修官的胡助[①]，学养深厚，诗文俱佳，为时人所推崇。明人庞龙称其著述为“沧海之一遗珠哉！”[②]而胡助与回回往来密切，情谊笃深，可称挚友。两人相识于大都，后交往频繁，常有诗文唱和。回回赴任江浙行省，胡助为其送行并有《送康里子渊右丞赴浙省三首》诗赠。诗云：

恭惟行中书，江浙实云盛，天子惠东南，遴贤持政柄，公真廊庙具，立朝色愈正，丞辖固优游，百司严法令，小试作霖手，大慰苏民病，行行谅匆迟，私为乡邦庆。

钱塘古都会，山水清且妍，出膺藩屏寄，光华映貂蝉，西湖了官事，冠盖倾群贤，登临望吴越，酌彼六一泉，秋风怒潮生，忠烈犹旧然，悬知发碓抱，勋业无穷年。

笛响适南迈，威行江海秋，平生周孔学，伟哉少其俦，方喜瞻衣旧，忽兹成别愁，落落门下士，终岁将淹留，何如理归檝，尚及从公游，复恐非久外，起作商声讴。[③]

按《元史·回回传》载：“泰定初（1323—1328），廷议漕运事，奏减粮数以纾东南民力。授太子詹事丞，改山东廉访使，未上，升翰林侍讲学士，迁江浙行省右丞。”[④]可知回回出任江浙行省右丞于泰定初，时胡助于翰林国史院任编修官，住于京师。胡助《送康里子渊右丞赴浙省三首》即作于此时。

回回亦曾为胡助作序，吴澄有《题康里子渊赠胡助古愚序后》，文曰：

古愚言论性标格，蔼然乡先达之遗风，不但其文之卓异而已。康里子渊赠与之交，欲进其文于道，期之者至矣。噫！道不载以文，则道不自行；文不载斯道，则文犹虚车也。故曰：笃其实，而艺者书之。子渊所期。[⑤]

胡助还尝随回回祭拜其父不忽木，并为此作有《上巳，从康里子渊拜鲁国文贞公墓》诗一首，诗曰：

---

① 胡助（1278—1355），字履信，一字古愚，自号纯白老人，婺州东阳人（今浙江东阳南马镇）。至大元年（1308），因举茂才授建康路儒学学录，兼太学斋训导。至大二年（1309），于金陵为教官。延祐二年（1315），至京城，结识元明善、王士熙等馆阁之臣。不久，出任美化书院山长。胡助儒学修养深厚，曾三度为儒学学官，两度任翰林国史院编修官。至正四年（1344），又为河南山东燕南乡试考官。五年，擢太常博士，未及，告老还乡。著有《纯白斋类稿》30卷。

② （元）胡助：《纯白斋类稿》，《纯白斋类稿跋》，《丛书集成续编》第66册，第352页。

③ （元）胡助：《纯白斋类稿》卷四《五言古体》，文津阁《四库全书》本，第405册，第693页。

④ 《元史》卷一四三《回回传》。

⑤ （元）吴澄：《吴文正集》卷五九《题跋·题康里子渊赠胡助古愚序后》，文津阁《四库全书》本，第189页。

> 宰木森森马鬣封，肃然生敬若从公。汉廷仪表群贤右，鲁国衣冠百世崇。想见英灵环北极，永思时序奠东风。我来陪拜增瞻仰，厚德清芳继不穷。[①]

胡助诗充溢着对不忽木的崇敬之意，可见其与回回关系甚为密切，亦说明二人常有诗文互动。

回回一生之诗书友人不少，与虞集、范梈、揭傒斯并称“元诗四大家”的杨载[②]亦常与之有诗文寄赠。杨载以律诗见长，《元史》云：“自其诗出，一洗宋季之陋。”[③]而他亦因受赵孟頫赏识而名闻于元代文坛。

回回与赵孟頫交往甚密，而杨载又为赵孟頫所重。于是，回回与杨载始也往来交游，互赠诗文，关系友好。杨载曾作《送户部康里尚书》《寄康里公》[④]《喜雪酬康子渊院使》赠与回回，诗中对其杰出的才能及执政成绩多有褒扬。诗云：

> 经济才高负重名，早趋兰省执权衡。唐除宰相同三品，汉拜司农列九卿。礼乐正图兴美化，锥刀先务已苛征。公家事业齐周召，重使斯民望太平。
>
> 屡挟囊书上国游，途穷独拥弊貂裘。骤蒙陆贽知韩愈，直待常何荐马周。北上尘埃怜寂寞，南游岁月苦淹留。鲰生资历犹卑浅，可使徘徊制锦不？（《送户部康里尚书》）[⑤]
>
> 庙堂为政已优游，第秉纯诚赞大猷。五纬连珠环北极，万方同轨会中州。衣冠肃肃趋金殿，钟鼓迟迟报玉楼。治世贤才今盛集，愿陈旱麓颂宗周。
>
> 叹息流年逐逝波，功名到手莫蹉跎。高才自昔遭逢少，公论于今责望多。梁栋

---

① （元）胡助：《纯白斋类稿》卷八《七言律诗》，文津阁《四库全书》本，第405册，第702页。

② 杨载（1271—1323），字仲弘，建宁蒲城（今福建蒲城县）人。后以父起潜，补京学诸生，徙居杭州，故又曰钱塘人。杨载四十岁前未仕，后因户部贾国英数次举荐，遂以布衣召为翰林编修，修《武宗实录》。又调任管领系官海船万户府磨，兼掌管文书。延祐二年（1315）复科举，杨载应中进士，授饶州路同知浮梁州事，迁儒林郎，官至宁国路总管府推官。存世有《杨仲弘（诗）集》（八卷）。其文散佚，今人整理《全元文》，录其文15篇。尚著有《诗法家数》一书。

③ 《元史》卷一九〇《杨载传》，第4340页。

④ 王颋先生《字得晋意——元康里人巎巎家世、仕履和作品》一文（载《湖北大学学报》2005年第5期）认为，《送户部尚书》《寄康里公》为杨载赠予康里巎巎诗。此说或可商榷，巎巎未尝任过户部尚书，史载任户部尚书者为其兄康里回回，故《送户部康里尚书》应为赠回回诗，而非巎巎。而由《寄康里公》所赋内容看，其事迹气势磅礴，此与不忽木、回回父子丰富的政坛阅历、以儒治国的政绩相符，且杨载此诗题名“康里公”，巎巎却曾与杨载学，为其学生，与“公”之称谓难符，故该诗或亦为赠回回之作。

⑤ （元）杨载：《翰林杨仲弘诗》卷六《七言律诗·送户部康里尚书》，《四库提要著录丛书》集部111，明嘉靖十五年刻本，第41—42页。

器充能负荷，盐梅味合要调和。共谁鲁国勋庸盛？青史何年可灭磨？（《寄康里公》）[①]

漠漠连天暗，霏霏著地轻。欲迷鳷鹊观，先入凤凰城。湅影筛帘密，寒光射隙明。诘朝宜表贺，来岁卜收成。（《喜雪酬康子渊院使》）[②]

杨载与回回之弟巎巎亦有密切交往。二者皆从赵孟頫学[③]，属同门。但杨载亦曾为巎巎师，巎巎又为杨载之子杨遵师。明人唐桂芳《白云集》之《赠陈生自新序》记道："犹记编修杨公仲弘（仲原误作何）以诗显，高弟平章康公子山得杨公之学而益显。编修殁，平章尽以家学传其子遵（"宗"之误写，杨遵，字宗道）道，凡经指画口讲，悉有法度可观，平章之力也。"[④]杨遵善篆书、隶书，篆隶"皆师杜侍制"[⑤]。

杨载有"子男三人：长即选也。次遵，次迪"[⑥]。除次子杨遵从学于巎巎外，其三子杨迪则为回回门生。杨迪曾于绩溪为吏，回回卒后，他特请宋濂为之撰写行状，千里迢迢至其墓前，勒铭于碑。文献即载："后十有六年，始奉门生杨迪所为状，不远五千里俾某勒铭于神道之碑。"[⑦]由此可见，回回不只与杨载个人交往甚密，两家成员间亦关系特殊，往来密切，可谓世交。

纵观回回之交游网络，他们中多为官场名士、宏才大儒和饱学之士。赵孟頫乃有元一代之学术大师，于书法、绘画、篆刻、金石、律吕、诗文等方面多有建树。吴澄为元代著名理学大师，精通儒学，师尊朱熹，是元代中期最具声望的学者之一。明代从祀孔庙，被尊为"先儒吴氏"[⑧]。拜住有"蒙古儒者"之称。杨载则为元代诗坛英才，其诗获名家推崇，为世人传诵。而胡助亦是元代后期诗坛杰出诗人，任职翰林国史院。回回与他们或同朝为官，或诗酒唱和，或翰墨往来，乃在治世思想，行为情操，诗文创作等方面，多汲取、吸纳其深厚的学养，不仅提升了回回的文化修养，也使之于诗文、书法中多有成就。

① （元）杨载：《翰林杨仲弘诗》卷六《七言律诗·寄康里公》，《四库提要著录丛书》集部111，明嘉靖十五年刻本，第42页。

② 杨镰主编：《全元诗》第25册，中华书局，2013年，第247页。

③ （元）杨载：《大元故翰林学士承旨荣禄大夫知制诰兼修国史赵公行状》，《全元文》第25册，江苏古籍出版社，2001年，第579—587页。

④ （明）唐桂芳：《白云诗集》卷五《序·赠陈生自新序》，文津阁《四库全书》本，第769页。

⑤ （明）陶宗仪：《书史会要》卷七《大元》，第327页。

⑥ （元）黄溍：《金华黄先生文集》卷三三《杨仲弘墓志铭》，《续修四库全书》本，第1323册，第427页。

⑦ （明）宋濂：《宋文宪公全集》卷四一《元故荣禄大夫陕西等处行中书省平章政事康里公神道碑铭》，第221页。

⑧ 方旭东：《吴澄评传》，南京大学出版社，2005年，第487—497页。

四、康里回回的文化归属

元朝一统天下，蒙古以草原民族入主中原，面对广大的汉地，如何实现大治。即“思大有为于天下”①，世祖忽必烈乃“延四方文学之士，问以治道”。继而重用名儒姚枢、王恂、窦默、许衡等，推行以理学、汉法为主的治国之道。随之兴学校，立国学，以教蒙、汉、色目子弟，激励其投身汉文化学习。至成宗、武宗、仁宗、文宗等在位，亦推崇儒学，施以文教。成宗尝下诏“中外崇奉孔子”②，武宗以孔子为“大成至圣文宣王”③。仁宗更是崇尚理学，重开科举，“非程朱学，不试于有司”④。元人许有壬乃曰：“我元一文轨，然后程朱之学大名于世，造诣深者蔚为名贤。”⑤朝廷的极力倡导，汉文化自身的博大精深与强大魅力，吸引了蒙古、色目人学习的热情，并促进了其汉学认同。正如陈垣先生所言：“自辽、金、宋偏安后，南北隔绝者三百年，至元而门户洞开，西北拓地数万里，色目人杂居汉地无禁，所有中国之文明声物，一旦尽发无遗，西域人羡慕之余，不觉事事为之仿效。故儒学、文学，均盛极一时。”⑥

康里回回“自幼习闻家庭之训”，受到良好的汉学教育。至其长成，步入政坛，乃与名儒及汉族士大夫交游频繁，使之具有深厚的汉文化修养和造诣。其虽出身色目家庭，却浸染华风，习随华俗，俨然以中国士大夫自居。由其所遵礼俗及诗文、书法成就，即可看出其儒学倾向与汉文化归属。

1.取字号，名书斋，守礼仪

取字号本为汉人礼俗文化，所谓“自称以名，名以正体；称人以字，字以表德”⑦。元代色目人效仿汉俗，取字号，名书斋，“请字请名者比比皆是”⑧。回回家族自其父辈时，即取汉名、字号。不忽木，一名时用，字用臣。而回回，取字子渊，应有解义。按《说文解字》云，“渊，回水也。从水，象形。左右，岸也。中象水皃”⑨，“回，转也，从口，中象回转

① 《元史》卷四《世祖本纪》。

② 《元史》卷二二《武宗纪》。

③ 《元史》卷二二《武宗纪》。

④ 欧阳玄：《圭斋文集》卷5，《赵忠简公祠堂记》。

⑤ 许有壬：《青崖魏忠肃公文集序》，李修生主编：《全元文》卷一一八七，凤凰出版社，2000年，第116页。

⑥ 陈垣：《元西域人华化考》，上海古籍出版社，2008年，第3页。

⑦ 颜之推著，檀作文译注：《颜氏家训》卷二《风操第六》，中华书局，2007年，第64页。

⑧ 陈垣：《元西域人华化考》卷六《礼俗篇》。

⑨ （汉）许慎：《说文解字》卷一一上《水部》，（宋）徐铉等注，文津阁《四库全书》本，第76册，第608页。

形”[1]，甲骨文像渊水回旋之形。故以为回回取字“渊”，实与其名同义互训。“子渊”之“子”，乃古之男子美称，并无实际意义。亦或为其景慕颜回之意，颜回，名回，字子渊，孔子弟子，后世称为“复圣”。此与回回尊崇儒学治世之道相符。

古代文士除取字外，尚有取号以代名字，或冠之以居室、书斋之俗。以《周礼》郑玄注，号义为“尊其名，更为美称焉”。回回“晚以道之行止系于时，乃以‘时斋，自号”。而时斋又源于回回书斋名。为书斋命名是文人雅士述志向，寄情怀，自戒勉之意趣表达。吴澄《吴文正集》有《时斋记》文，详记了回回以时为斋名之义。文曰：

春、夏、秋、冬，时之运也；温、凉、寒、暑，时之化也；阴、晴、风、雨，时之迭至而不齐者也。在天之时若是，而在人者如之何哉？夫先天而天不达，后天而奉天时，德与天合者然也。若夫君子而时中曰时，措之宜曰，当其可之谓时，是则人之所能焉者。康里子渊卜筑于国子监之西，而名其斋居之室曰“时”。大矣哉，时之义乎！昔先文贞公为国名臣，从贤师，知圣学，其行于身，施于家，发于事业，固已得中得宜，而当其可矣。子渊淳正明敏，益之以平日家庭之所闻，众人纷纷竞竞，而退然间处，若无意斯世者。然苟所当辞，虽近而怯就；苟所当受，虽远而勇去。所谓中、所谓宜、所谓可，盖亦无忝于其先公，此所以名其斋室之意也。虽然，时之为时，莫备于《易》。先儒谓之随时变易以从道，夫子传六十四象，独于十二卦发其凡，而赞其时与时义、时用之大。一卦一时，则六十四时不同也；一爻一时，则三百八十四时不同也。始于乾之乾，终于未济之既济，则四千九十六时各有所值。引而伸，触类而长，时之百千万变无穷，而吾之所以时其时者一而已。子渊好读《易》，予是以云云。子渊又善晋人书，书以志诸其壁。[2]

另，回回任淮西江北道肃政廉访使时，官署后有堂七楹间，回回曾将其修整并命之为“秋肃”[3]，以志严纲纪。

史载回回行事起居，甚合礼法。“虽极寒隆暑，必正衣冠而处。子山旦夕燕见，不命之坐不坐也。训诸子，动必由礼”[4]。

2.诗文、书法成就

由上述胡助、杨载赠回回诗看，双方必有唱和，但目前所见回回存世诗文不多，仅为

---

① （汉）许慎：《说文解字》卷六下《口部》，（宋）徐铉等注，第564页。

② （元）吴澄：《吴文正集》卷四一《记·时斋记》，文渊阁《四库全书》本，第400册，第141页。

③ （明）宋濂：《宋文宪公全集》卷四一《元故荣禄大夫陕西等处行中书省平章政事康里公神道碑铭》，第221页。

④ （明）宋濂：《宋文宪公全集》卷四一《元故荣禄大夫陕西等处行中书省平章政事康里公神道碑铭》，第221页。

清人顾嗣立《元诗选》辑录其《贾公祠二首》：

其一：
烈日当空存大节，严霜卷地揭孤忠。
至今凛凛有生气，消得声光吐白虹。
其二：
文肃有祠，谁所构兮？元祐为党，省无疚兮。
何人不没，名则封兮。邦人思公，食必祝兮。
好是正直，神汝祐兮。继其时享，公宜有后兮。[①]

两首诗，前者为七言，后者为骚体，均作于康里回回瞻仰贾公祠时。由诗文看，贾公乃宋哲宗元祐时官员，生平不详，只知其谥"文肃"，属司马光旧党。前诗赞贾公高尚气节犹当空烈日，在"严霜卷地"时亦能持以忠魂；其凛凛之像，至今如彩虹映照人间。后诗述以百姓爱戴贾公，食必祝祷，并为之立祠祭拜之事。两诗皆表达了回回对贾公这一忠贞之士的钦佩与敬仰，亦体现了其对儒家"忠义"理念的认同。

回回诗文章法有序，结构熟练，引以经典，频现气势。"好是正直"源于《诗经·小雅·小明》中"嗟尔君子，无恒安息。靖共尔位，正直是与。神之听之，介尔景福"[②]。此诗既显示了回回深厚的儒学功底，亦表现出其颇高的诗文水平。

除善于诗文，回回亦擅长书法。明初陶宗仪《书史会要》称其"正书宗颜鲁公，甚得其体"[③]。颜真卿书法以楷书为主，兼有行草。回回之父不忽木早年师从许衡，许氏"教诸生习字，必以颜鲁公为法"[④]。回回书宗颜氏楷书，或源于幼年其父之教导，亦为其主攻颜体的原因。回回楷书造诣颇深，且具声名。由陶宗仪赞其"宗颜鲁公，甚得其体"之语，即可见其于元代书法史上之地位。后世论楷书，颜真卿、柳公权、黄庭坚、欧阳询、苏轼、赵孟頫等外，也多以康里回回为重。

目前仅见回回楷书存于《澄鉴堂石刻》，前题"至正壬午春康里巎巎与弟回回同观文苏墨妙各赋一诗"，后刻以巎巎草书四行，回回正书三行（下图）[⑤]。但学者以巎巎作品题名皆书"巙巙"，而非"巎巎"；又，回回为巎巎兄而非弟。故多认为此帖巎巎、回回之书皆为伪造。

① （清）顾嗣立：《元诗选·癸集上》癸之乙，中华书局，2001年，第163—164页。
② 朱熹注：《诗经·小雅·小明》，上海古籍出版社，1987年，第103页。
③ （明）陶宗仪：《书史会要》卷七《大元》，上海书店，1984年，第337页。
④ （元）苏天爵：《元朝名臣事略》卷八《左丞许文正公》，中华书局，1996年，第174页。
⑤ 镇江焦山碑刻博物馆编：《澄鉴堂石刻》，文物出版社，2012年，第129—131页。

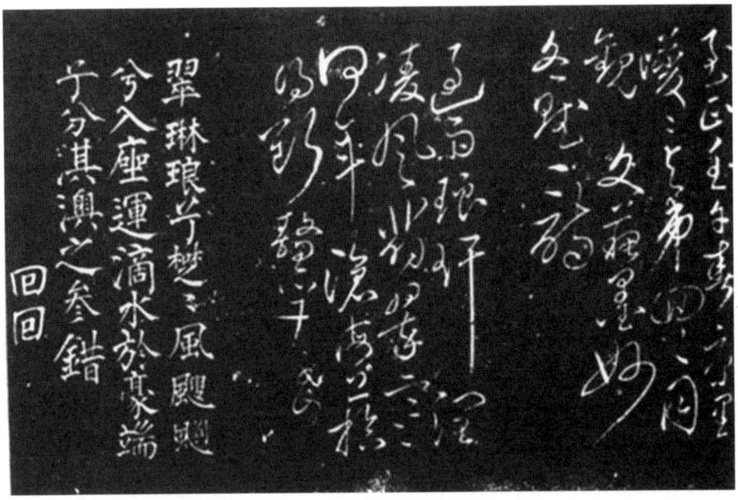

另，元人乃贤著有《河朔访古记》，内载姜里城文王庙门牓为时任正议大夫、河南江北道肃政廉访使康里回回所书，题曰“姜里城”①。而清人顾复《平生壮观》亦记：“《论书帖》，白宋纸，中字草书一卷，后延年款。康里回回一跋。”②然二书今皆不见。

回回爱慕华学，崇尚汉文化，其诗文、书法成就高，于色目人中更是突出。史称其“默寡言笑，从幼至老，嗜学不倦。于书无所不读，而尤深于《易》，故其见于文章不为崭绝深刻之辞，而理致自然渊永”③。故应有不少作品问世。但或因流失、散佚，今传世者少，实乃元代文坛之一大憾事。

作者简介：

马建春，暨南大学中外关系研究所教授；陈小红，暨南大学中外关系研究所研究生。

---

① （元）乃贤：《河朔访古记》卷中，第 689 页。

② （清）顾复：《平生壮观》卷二《北宋 · 石延年》，林虞生校点，上海古籍出版社，2011 年，第 42 页。

③ （明）宋濂：《宋文宪公全集》卷四一《元故荣禄大夫陕西等处行中书省平章政事康里公神道碑铭》，第 221 页。

元代儿童买卖刍议

陈柳晶　陈广恩

[提要]异常频繁的自然灾害、沉重的徭役赋税、儿童奴隶的盛行、典雇恶习等因素，导致元代儿童买卖猖獗。跨国跨境，贩于江南、卖于江北，全境普遍兴盛是元代儿童买卖的重要特点。元政府将买卖儿童行为定性为违法犯罪，鼓励检举揭发，严禁官员受财纵容买卖儿童，同时积极收养和赎买被卖儿童。

[关键词]元代；儿童；买卖

目前学术界对元代儿童买卖问题作专题研究的并不多见，只有一些学者在研究元代人口买卖问题时，会涉及一点相关内容。如洪用斌先生的《元代的奴隶买卖》(《内蒙古社会科学》汉文版，1982 年第 5 期)一文，讨论奴隶价格时指出儿童奴隶价格高于成年奴隶，幼年女奴隶价格高于幼年男奴隶。施萍亭在《延祐三年奴婢买卖文书跋》(《敦煌研究》1989 年第 2 期)一文中，对元延祐三年永昌税使司奴婢买卖文书，做了详细的解读，认为官府设置的官牙也参与了奴婢的买卖。谭晓玲在《元代买卖女口现象初探》(《中央民族大学学报》哲学社会科学版，2003 年第 4 期)一文中，指出元代女口买卖现象遍及大江南北，而其中家庭出卖女口占很大比重，主要是因为家贫、自然灾害、高利贷等因素造成的。陈高华在《元代的妾和婢》(《文史知识》2008 年第 10 期)一文中，指出用钱买和用钱典雇女子是妾的主要来源，婢女的买卖形式多样，不少人因贫困而出卖女子为婢。李中会的硕士论文《元代典卖人口研究》(南京大学 2011 年)研究了元代汉地和江南地区的人口典卖、人口贩卖、跨境人口贩卖以及乾讨虏军的掳掠人口活动，对其原因、现象及政府措施都作了介绍。以上这些研究成果虽然并未对儿童买卖进行专门研究，但都对探讨儿童买卖问题具有重要的启发意义。

一

人口买卖现象自古以来有之，但元代买卖人口的现象是比较突出的。当时甚至存在专门买卖人口的人肆。“今大都、上都有马市、羊市、牛市，亦有人市，使人畜平等，极为可怜”[①]，“父母鬻儿，夫鬻其妇，主鬻其奴，列于市，贱其估，兽犬豕不如”[②]。儿童买卖的情况十分猖獗，当时有人这样说道：“小儿非有壮夫携抱，不可令游行街巷，恐有诱略之人。”[③]造成元代儿童买卖猖獗的原因是多方面的，概括而言有以下几点。

1.自然灾害频繁

元朝是我国历史上自然灾害泛滥和高发的时期，尤其是元代中后期，灾害更是频繁。元代一百余年间受灾共计513次，[④]更有西方学者认为自然灾害的频发是元朝快速灭亡的原因之一。[⑤] 频繁的自然灾害给贫苦百姓带来巨大的灾难，发生自然灾害，农民庄稼无所收获，往往将鬻卖子女作为应急措施，“始则质屋典田，既不能济，甚则鬻妻卖子”[⑥]，“自云八口家，货易支凶年。妇人二斗粟，儿子一晌钱”[⑦]。由此产生的一个结果就是儿童买卖的猖獗。终元一代，因受灾而买卖儿童的情况始终存在。至元二十六年(1289)，“通州、河西务饥，民有鬻子、去之他州者，发米赈之”[⑧]；至元三十年(1293)，发生自然灾害，“百姓饥荒，以致父子兄弟离散，质妻鬻女，不能禁止”[⑨]；成宗大德元年(1297)六月，“汴梁、南阳大旱，民鬻子女”[⑩]；泰定三年(1326)时，夏秋水潦频繁，导致禾稼伤损，千里

---

① (明)黄淮、杨士奇编：《历代名臣奏议》卷六七《治道》“盐法”条，上海古籍出版社，1989年，第926页。

② (元)李穀：《稼亭集》卷三《代言官请罢取童女书》，《韩国文集中的蒙元史料》(上)，广西师范大学出版社，2004年，第252页。

③ (元)佚名：《居家必用事类全集》乙集《家法》，《北京图书馆古籍珍本丛刊》第61册，书目文献出版社，1989年，第57页。

④ 邓拓：《中国救荒史》，北京出版社，1998年，第18页。

⑤ [德]付海波、[英]崔瑞德等编：《剑桥中国辽西夏金元史》，史卫民等译，中国社会科学出版社，1998年，第591页。

⑥ (元)苏天爵：《滋溪文稿》卷二六《乞免饥民夏税》，陈高华、孟繁清点校，中华书局，1997年，第442页。

⑦ (清)陈焯编：《宋元诗会》卷八三《老翁行》，《四库提要著录丛书·集部》，第323册，北京出版社，2012年，第331页。

⑧ (明)宋濂等：《元史》卷一五《世祖十二》，中华书局，1976年，第326页。

⑨ 《通制条格校注》卷四《户令》“嫁卖妻妾”条，方龄贵校注，中华书局，2001年，第194页。

⑩ (明)宋濂等：《元史》卷五〇《五行志一》，第1070页。

萧然，饥饿之民“初则典质田宅，鬻卖子女，今则无可质卖矣”[①]；顺帝至正五年(1345)，“北方饥，子女渡江转卖与人，为奴为婢”[②]。自然灾害发生时，政府赈济措施不到位，也是灾民买卖子女的重要因素。“州县非才，奉行不至，不幸有水旱之不时，细民实获其惠者，未之见也。而况经费不赀，帑藏有数，嗷嗷仰给，卒无以应之，遂至鬻子卖妻，轻则为道路之流民，重则为原野之饿莩”[③]。张养浩曾写诗这样描述挣扎在死亡线上的流民：“死者已满路，生者与鬼邻。哀哉流民，一女易斗粟，一儿钱数文。哀哉流民夫妻不得将，割爱委路尘。”[④]

2.沉重的徭役赋税

沉重的徭役赋税导致百姓生活贫困，不得已而出卖子女。元代农民的赋税差役是比较沉重的。胡祇遹曾描述过一个五口之家的农民一年要承担的徭役赋税，感叹“欲无冻馁，得乎!”[⑤]至元七年(1270)，济南路人户王瘦厮，因家里贫困无力缴纳差发钱，于是“卖讫二子”[⑥]；江南地区的百姓往往是“理算积久逋赋，期限严急，……民至嫁妻卖女，殃及亲邻”[⑦]；元代军户出征得自备马匹、兵器以及日常费用，“蒙古军在山东、河南者，往戍甘肃，跋涉万里，装橐鞍马之资，皆其自办，每行必鬻田产，甚则卖妻子”[⑧]；元代站户的徭役负担是非常沉重的，“民之受役，莫重于站赤”[⑨]，不少站户为了应役，不得不典卖子女，“站户被害，鬻产破家，卖及子女，诚可哀悯”[⑩]。迫于徭役赋税而买卖年幼子女的情况相当普遍。

3.社会风气

(1)蓄奴之风

蒙古族在入主中原之时，仍处于奴隶制社会阶段，盛行奴隶使用，蓄奴之风盛行。如

---

① (元)张光大：《救荒活民类要》“县令救荒”条，《北京图书馆古籍珍本丛刊》第56册，第659—660页。

② (元)孔齐：《至正直记》卷三《乞丐不置婢仆》，《续修四库全书·子部·杂家类》第1166册，上海古籍出版社，2002年，第378页。

③ (元)许有壬：《至正集》卷七四《赃罚赈济》，《北京图书馆古籍珍本丛刊》第95册，第379页。

④ (元)张养浩：《张养浩集》卷二三《哀流民操》，李鸣、马奎振点校，吉林文史出版社，2008年，第199页。

⑤ (元)胡祇遹：《胡祇遹全集》卷二三《匹夫岁费》，魏崇武、周思成点校，吉林文史出版社，2008年，第501页。

⑥ 《通制条格校注》卷三《户令》“卖子圆聚”条，第127页。

⑦ (明)宋濂等：《元史》卷一七三《崔彧传》，第4043页。

⑧ (明)宋濂等：《元史》卷一三四《和尚千奴传》，第3258页。

⑨ (元)黄溍：《黄溍集》卷二九《宣徽使太保定国忠亮公神道第二碑》，王颋点校，浙江古籍出版社，2013年，第1083页。

⑩ (明)解缙等编：《永乐大典》第8册卷一九四二〇《经世大典·站赤》“至大四年九月”条，中华书局，1986年，第7226页。

元朝军队在对外征伐的过程中，往往掳掠人口充当奴隶。蒙古将领往往将战争中掳掠来的人口作为战利品赏赐给各个部下，金就砺、哈真等人在攻打契丹过程中，就曾受到“妇女童男七百口”，“女子年十五左右者遗冲、就砺各九人，骏马各九匹”[①]的犒赏。阿里海牙在征服南宋的过程中，“以所俘童男女千人、牛万头来献”[②]。奴隶被看成是奴隶主的财产，蒙古贵族和汉族官僚地主往往肆无忌惮地掠夺奴隶，以至于元政府规定“乙未年”（太宗七年）以后，“壬子年”（蒙哥汗二年）以前没有独立户籍的奴隶仍属奴隶主所有，而其他的均为国家良民[③]。

在所有奴隶中，儿童奴隶尤其受奴隶主的欢迎，这一点从儿童奴隶价格高于成年奴隶表现出来。洪用斌先生曾经折算过元代奴隶的价钱，指出儿童奴隶比成年奴隶值钱。以女奴隶为例，据史料记载，当时一个十五岁的童女相当于五匹马或五头牛，一个十五岁以下，十岁以上的童女则相当于三匹马或三头牛的价格[④]，折合成白银分别为 81.25 两和 48.75 两，而一个成年女奴隶的价格则为 20 两白银甚至只值一顿饱饭；男奴隶中，4 岁到 10 岁的男童折合白银 1—2 两，属于中等价[⑤]。洪先生的折算方式、准确性如何我们暂且不作评论，结合其得出的结论以及相关的史料，可以看出儿童奴隶的价格确实比较高。较高的价格意味着更大的利润，这种巨大的利润，极大地刺激了儿童买卖的兴盛。

（2）典卖恶习

江浙一带盛行出卖子女的陋习，这种风俗由来已久，唐宋时期便已经存在，元代此风依然盛行。“吴越之风，典妻雇子成俗久矣，前代未尝禁止”[⑥]；“吴风，中家以下生女，必习伎舞，质大家，一再而后妻于人”[⑦]。姚燧对此也有所记载：“尹湖之长兴，民俗：生女则教琴筑歌舞，长利技色，事人取货，岁满，则质他室。生男，谓无所于得，率不鞠，投弃诸水。”[⑧]也有为人父母者将自己的儿子典雇出去为仆的情况。《新编事文类要启札青钱》收录的《雇小厮契式》，其内容就是将亲生子雇与某人做男仆，约期三年，得工雇钞若干贯

---

① ［朝鲜］李麟趾：《高丽史》卷一〇三《金就砺》，《朝鲜史料汇编》第 12 册，全国图书馆文献缩微复制中心，2004 年，第 364 页。

② （元）宋濂等：《元史》卷八《世祖纪五》，第 166 页。

③ 《元典章》卷三四《蒙古军驱条划》，陈高华等点校，中华书局、天津古籍出版社，2011 年，第 1186 页。

④ 《元典章》卷四九《达达偷头口一个陪九个》，第 1642 页。

⑤ 洪用斌：《元代的奴隶买卖》，《内蒙古社会科学》（汉文版）1982 年第 5 期。

⑥ 《元典章》卷五七《诸禁·禁典雇·典雇妻妾》，第 2054 页。

⑦ （元）杨维桢：《平江路总管吴侯遗爱碑》，李修生主编：《全元文》第 42 册，卷一三二八，凤凰出版社，2004 年，第 274 页。

⑧ （元）姚燧：《牧庵集》卷二五《奉议大夫知龙阳州孝子梁公神道碑》，中华书局，1985 年，第 321 页。

文。[①] 被典雇的儿童在期满后可以赎回，但很多家庭往往在期限满后无力赎回子女，甚至继续典雇，这些情况下被典雇的儿童往往难逃被卖的厄运。可以说典雇儿童是一种特殊的儿童买卖。当时社会甚至已经出现了典雇小厮的契式，这也说明了当时社会上典雇儿童为小厮这一情况的普遍。

4.家庭贫困

许多儿童因家庭贫困而被父母卖掉。江淮以南地区，由于贫困，“百姓典卖亲子以给衣食”[②]。这种情况在蒙古族中也存在，仁宗曾对省臣言：“比闻蒙古诸部困乏，往往鬻子女于民家为婢仆，其命有司赎之还各部。”[③]不少百姓因无力偿还债务而出卖子女，元大都某村钱小马，因“少人钱债，阙少口粮，不能养活”，以“恩养财礼银子五两”，将五岁的亲生子出卖，令买主“永远为主，养成驱使”[④]。也有官吏因为俸禄微薄，挪用公款，无力偿还，最后被迫卖女为娼。建宁（今福建建宁）有娼女真氏，本为官吏之女，因其父“官朔方时，禄薄不足以给，侵贷公帑无偿，遂卖入娼家”[⑤]。徽州路休宁县一征税官，因无力完成额定的征税税额，只得将自己的幼女出卖为娼来填补，“休宁有务官，以亏课鬻二女，陷娼家”[⑥]。也存在因战争导致家贫而出卖子女的情况，“军兴以来，贫人或有所假贷，势家出子钱要利，如羊生羔，岁辄倍之，往往卖田宅，鬻妻子不能偿”[⑦]。

因贫困买卖子女的现象，在当时的文学作品当中也有反映。杂剧《看钱奴买冤家债主》中，饥寒交迫的穷秀才周荣祖，将亲生儿长寿立契卖给无儿无女的贾员外为养子，“当日三面言定，付价多少”[⑧]。元曲《刘夫人庆赏五侯宴》中，王屠之妻李氏在王屠死后，没钱埋葬，便打算将刚刚出生未满月的儿子卖掉换些银两埋葬其夫；[⑨]关汉卿《窦娥冤》中，窦秀才苦于囊中羞涩，无力偿还向蔡婆婆所借债务，于是便将女儿窦娥卖于蔡婆婆做童养媳。[⑩]

---

① 《新编事文类要启札青钱》外集卷一一《公私必用》，《四库全书存目丛书·子部·类书类》第171册，齐鲁书社，1995年，第755—756页。

② （元）张铉：《至正金陵新志》卷三（下），《中国方志丛书》第436册，（台湾）成文出版社，1983年，第1716页。

③ （明）宋濂等：《元史》卷二六《仁宗纪三》，第580页。

④ 汪维辉编：《朝鲜时代汉语教科书丛刊》（一），中华书局，2005年，第257页。

⑤ （元）陶宗仪：《南村辍耕录》卷二二《玉堂嫁妓》，中华书局，1959年，第271页。

⑥ （元）郑玉：《师山先生文集》卷八《鲍仲安墓表》，杨讷主编：《元史研究资料汇编》第64册，中华书局，2014年，第228页。

⑦ （元）苏天爵：《元朝名臣事略》卷六《万户张忠武王》，姚景安点校，中华书局，1996年，第100页。

⑧ （明）臧晋叔：《元曲选》，中华书局，1958年，第1593—1594页。

⑨ （元）关汉卿：《刘夫人庆赏五侯宴》，王季思主编：《全元戏曲》，人民文学出版社，1990年，第330—333页。

⑩ （明）臧晋叔：《元曲选》，第1499—1517页。

买卖子女多是贫民不得已之举,其根本原因在于人民生活的极度贫困。虽有违亲情伦理,但不乏有如元杂剧中穷秀才周荣祖的想法,饥寒交迫之中将子女卖与他人,“倒也强似冻饿死了”,“卖与个有儿女的是孩儿命衰,卖与个无子嗣的是孩儿大采”[①]。跟着自己受苦,倒不如将儿女卖给有钱人家,要是运气好,反而不用受苦。

二

(一)儿童买卖的特点

儿童买卖在元代以前就已经存在,与前代相比,元代儿童买卖跨国跨境的情况比较普遍;境内的儿童买卖,无论南北都普遍兴盛,儿童贩卖呈现出贩于江南,卖于江北的趋势。

1.跨国跨境买卖流行

元代儿童买卖表现出国际性的特点。这种国际性的儿童买卖,包括“输入型”的人口买卖,也包括“输出型”的人口买卖。“输入型”儿童买卖的对象,主要是高丽女童和黑人。元代的达官显贵之家,以拥有黑奴和高丽女童为荣,大力蓄养。当时社会上有这样一种风气:“北人女使,必得高丽女孩童;家僮,必得黑厮。不如此,谓之不成仕宦。”[②]在这种风气影响下,大量高丽人口尤其是高丽女童被卖往汉地,“尽将生口卖幽燕,年年探借高丽钱,肌肤玉血发云雾,罗列人肆真可怜!”[③]到了元朝顺帝时期,“京师达官贵人,必得高丽女然后为名家。自至正以来,宫中给事使令,大半高丽女”[④]。当时的这种社会风气,加上儿童奴隶的巨大价值,可想而知当时高丽女童买卖的兴盛。除了高丽女童,年幼的黑人也是“输入型”儿童买卖的主要对象。汪大渊在其《岛夷志略》中,就记载了当时国际性的年幼黑奴买卖情况:“其土商每兴贩黑囡,往朋加剌,互用银钱之多寡,随其大小高下而议价。”[⑤]“黑囡”就是黑人幼童,土商指的是阿拉伯商人,朋加剌乃今孟加拉。这些黑人幼童,除了由阿拉伯人贩卖至中国外,也有一些则通过朋加剌的奴隶市场转卖至中国。[⑥]

---

① (明)臧晋叔:《元曲选》,第1593—1594页。

② (明)叶子奇:《草木子》卷三《杂制篇》,吴东昆点校,上海古籍出版社,2012年,第49页。

③ (元)郝经:《郝文忠公陵川文集》卷一〇《高丽叹》,杨讷主编:《元史研究资料汇编》,第2册,第407页。

④ (清)毕沅:《续资治通鉴》卷二一四《元纪三十二年顺帝至正十八年》,中华书局,1957年,第5854页。

⑤ (元)汪大渊:《岛夷志略校释》“加将门里”条,苏继庼校注,中华书局,1981年,第297页。

⑥ 邓端本:《广州黑奴考》,《广州研究》1986年第4期。

除了有大量的儿童被买入元朝境内，也存在将汉人、蒙古人的子女卖往境外的“输出型”儿童买卖。许多汉人儿童被卖往他国，如“延祐三年三月，……歹人每将好百姓每的儿女，推称过房为由，车里船里多载省往高丽等地面里货卖去有”①；也有被卖到安南国的，“大元延祐七年，海南穷民掠百姓女子入安南，鬻为婢”②。海运是元代“输出型”人口买卖的主要途径之一，当时通过海运将良家子女卖往他国的情况比较普遍，以至于元文宗在至顺元年(1330)五月下达诏书，明令“金银铜铁、良家子女，比闻嗜利之徒，出使人员，海商市舶，下番转卖远方，并行禁止”③。顺帝至元元年(1335)时，商人怯里密丁“自徐州等处，买到北丝、铁条、人口，般赴广州市舶亭下杨舍宅内收顿，准备下番”④，最后事发未能成行。除了汉人儿童，也存在蒙古儿童被卖海外的情况，《通制条格》卷二十《杂令》“蒙古男女过海”一条就记载了蒙古族人被卖往阿拉伯国家、南亚印度次大陆的情况。⑤ 元政府规定将蒙古人口贩卖入番邦博易者，“严行断罪”，对于下番船只，在其出洋之际，“仰市舶司官用心搜验，如有将带蒙古人口，随即拘留，发付所在官司解省”⑥。政府甚至出台政策明令禁止，表明这一买卖情况已经相当兴盛，以至于政府出面干预。

2.境内普遍兴盛

儿童买卖在境内各地都比较兴盛。不少奸商“掳掠诱卖良民……自腹里至江南至闽广，动经数千百里之远”⑦，买卖跨越南北。在江南一带，“两浙良民，因值缺食，将亲生男女得价，虽称过房乞养，实与货卖无异，将来腹里转卖为驱”⑧。河西地区的不少站户，迫于驿站徭役的沉重，“逼临破家荡业，无可展免”，只能将“亲属男女于权豪势要富实之家，典卖驱使”⑨。辽海、朔漠等地区也存在儿童买卖情况，“间岁京师编民男女之未年者因事而出，多为奸民所攘匿。或女胁为婢，子压为奴，不然则载之遐徼殊域，若辽海、若朔漠，易羊马牛驼以规赢入。幸而败者常少，不幸而转市互鬻，使其父子昆弟妻女死生不相闻者，比比有焉”⑩；延祐年间，朔漠地区发生大风雪，导致“羊马驼畜尽死，人民流散，以子女鬻人为奴婢”⑪。由此可见，无论南北，元朝境内的儿童买卖都是普遍存在的。

---

① 《元典章》卷五七《诸禁·禁诱略·过房人口》，第2047—2048页。

② [越南]黎崱：《安南志略》卷一六《杂记》，武尚清点校，中华书局，1995年，第382页。

③ 韩国学中央研究院编：《至正条格校注本·条格》卷二八《关市》“违禁下番”条，韩国中央研究院，2007年，第91页。

④ 韩国学中央研究院编：《至正条格校注本·条格》卷二八《关市》“违禁下番”条，第91页。

⑤ 《通制条格校注》卷二〇《杂令》“蒙古男女过海”条，第635页。

⑥ 《元典章》卷五六《诸禁·杂禁·禁下番人口等物》，第2110—2111页。

⑦ 《元典章》卷五六《人口不得寄养》，第1863页。

⑧ 《元典章》卷五七《典雇妻妾》，第1891页。

⑨ 《元典章》卷五七《站户消乏转卖亲属》，第1883页。

⑩ (元)张养浩：《张养浩集》卷二三《驿卒佟锁住传》，第192页。

⑪ (明)宋濂等：《元史》卷一三六《拜住传》，第3302页。

3.贩于江南，卖于江北

儿童买卖包括典卖与贩卖两种形式，其中儿童的贩卖主要表现为贩于江南，卖于江北的特点。元代漕运以及海运的发展，极大地便利了南北之间的往来，“江淮、湖广、四川、海外诸番土贡粮运，商旅懋迁，毕达京师”[①]。江南地区主要为南人，在四等人中为最后一等，社会地位最低，容易成为买卖的对象。“时北人尤爱江南技艺之人，其价甚贵。……每一人易银二三百两，尤爱童男童女，处处有人市，价分数等，皆南士女也”[②]。元统治者统一江南后，江南地区的儿童被卖到北方为奴的情况相当普遍，以至于当时的参知政事王宪上奏疏言：“四海之内皆为王民，国家当敷宣惠泽，无间南北，涵濡抚育，俾长子老孙以沐承平之化。今犹纵民奴其子女，非一视同仁之意也，”皇帝“敕禁止之，著为令”[③]。“两浙良民，因值缺粮，将亲生男女得价，虽称过房乞养，实与货卖无异，将来腹里转卖为驱”[④]；至元年间，溧阳有一奸民曾被北兵掠去，后来回归故里，也干起了贩卖儿童到北方的勾当，“每掠买良人子女投北，转卖为奴婢”[⑤]；佟锁住，原籍江西泰和，七岁时“与群儿戏里中，为过骑掠之而北”，到兴和被卖给一个卖酒的刘姓盲人，数月后又被转卖至漠北牧区。新主人命他去二十里之外的牧地牧羊，跟他一起的十几个人“皆中国良家子，为奸民所贩至此”[⑥]。郑思肖曾说：“入北愈深，妇人愈少愈贵，易银二三百两，亦欲少壮男子，价杀于妇人，尤喜童男童女。处处有人市数层，等级其坐，贸易甚盛。”[⑦]

（二）元朝政府的应对措施

儿童买卖的猖獗，引起了当时一些官员的警惕，王忱曾就此上过奏疏：“时南北既一，无俚凶慝，略民子女，转卖四方，公谓此徒。于圣天子仁覆天下之政，梗害非小，建请严立法禁，从之。”[⑧]王忱认为，人口贩卖活动，严重影响社会的稳定，不利于政府的统治，建议对其进行严厉的禁止。对于买卖儿童的行为，元政府也确实采取了一系列措施进行惩治。

1.明令禁止买卖、典雇儿童的行为，将买卖儿童的行为定性为违法犯罪行为

元政府多次颁布禁令，明确禁止典卖、贩卖儿童的行为。至元三十年(1293)时，忽必烈下诏禁止南北买卖人口行为：“江南平定之后，悉为吾民，今十有八年。尚闻营利之徒，

① （元）苏天爵：《元朝名臣事略》卷二《丞相淮安忠武王》，第20页。

② （清）屠寄：《蒙兀儿史记》卷八《忽必烈汗纪》，《元史二种》（下），上海古籍出版社，2012年，第118页。

③ （元）苏天爵：《滋溪文稿》卷二三《元故参知政事王宪穆公行状》，第379页。

④ 《元典章》卷五七《典雇妻妾》，第1891页。

⑤ （元）孔齐：《至正直记》卷三《溧阳父老》，第394页。

⑥ （元）张养浩：《张养浩集》卷二三《驿卒佟锁住传》，第193页。

⑦ （宋）郑思肖：《心史》之《大义略叙》，陈福康点校，上海古籍出版社，1991年，第187页。

⑧ （元）苏天爵：《元文类》卷六八《参知政事王公神道碑》，商务印书馆，1958年，第991页。

以人为货，公然贩鬻……今后南北往来贩人客旅，并行禁止，仰经过官司关津去处盘问是实，犯人断八十七下，强掠者以强盗例科断，人归本家，和诱者各断一百七下。”①同年，又“禁江南州郡以乞养良家子转相贩鬻，及强将平民略卖者”②。大德十年（1306）三月，又有“禁治掳掠诱卖良民，拦当到官，犯人严行治罪，人口发付原籍，给亲完聚”③。延祐二年（1315），又“诏禁民转鬻养子”④。禁止典雇子女的行为，“诸以女子典雇于人，及典雇人之子女者，并禁止之”⑤；“将来腹里，转卖为驱，使父子离散，拟合禁治”⑥。再如前文提及湖州路长兴县养女不养男的风俗，其县尹梁琮到任后，颁布檄文晓谕百姓：“若新国也，未知吾元为律，倚市门子，犹不敢弃，况兹天民，长赖给上力役者。不特伤汝父子之亲，亦乖圣世繁育生齿之旨。敢复然者，论以违制。”⑦对于将儿童等人口卖到境外的行为，元政府明确颁布了禁令，将儿童等人口与金、银、铜钱、铁货、丝绵、段匹、米粮、军器等都列为不许下海私贩诸番之物，若有违者，“舶商、船主、纲首、事头、火长，各决一百七下，船物俱行没官”⑧，决一百七下，在元代已经是重刑。

除了明令禁止买卖行为，元政府还明确规定买卖儿童为违法行为，并制定相应的惩罚条例。至元七年（1270）十二月，王瘦厮因无力负担徭役，而“卖讫二子”一案发生后，政府最后判定王瘦厮将已卖的两个儿子从买主处“追付圆聚”，“据元买价钱，即系违法事理，不须回付”⑨，因为买卖儿女乃违法行为，因此之前卖儿子所得的钱，不需要归还。对于买卖行为，大德八年（1304），元廷规定：“今后诸掠诱良人为奴婢者，略卖一个人断一百七下、流远，二人以上处死。为自己妻妾子孙者，断一百七下、徒三年。”对于“假以过房乞养为名，因而货卖为奴婢者，断九十七下，引领牙保知情，减二等，价钱没官，人给圆聚”。⑩ 至大四年（1311），元政府明确规定“所有权豪势要人家典卖站户儿女为驱，即系违法，罪经释免，拟合改正，给亲完聚，免征元价”⑪。

2.鼓励检举揭发行为，严禁政府官员受财纵容儿童买卖的行为

除了惩治买卖行为，政府还鼓励揭发检举买卖儿童的行为：“如能告获者，略人每人给赏二十贯，和诱每人一十贯，以至元钞为则。”同时也鼓励自首行为：“其事未发而自首

① 《元典章》卷五七《禁乞养过房贩卖良民》，第1882页。
② （元）宋濂等：《元史》卷一七《世祖纪十四》，第374页。
③ 《元典章》卷五七《人口不得寄养》，第1863页。
④ （元）宋濂等：《元史》卷二五《仁宗纪二》，第568页。
⑤ （元）宋濂等：《元史》卷一〇三《刑法志二》，第2642页。
⑥ 《元典章》卷五七《典雇妻妾》，第1891页。
⑦ （元）姚燧：《牧庵集》卷二五《奉议大夫知龙阳州孝子梁公神道碑》，第321页。
⑧ 《通制条格校注》卷一八《关市》“市舶”条，第533页。
⑨ 《通制条格校注》卷三《户令》“卖子圆聚”条，第127页。
⑩ 《元典章》卷五七《略卖良人新例》，第1878页。
⑪ 《元典章》卷五七《站户消乏转卖亲属》，第1883页。

者，若同党能悔过自首，擒获其徒党者，并原其罪，仍给赏之半。"[①]元政府还规定，官吏不得因差税而逼迫百姓卖子，"诸有司治赋敛急，致贫民鬻男女为输者，追还所鬻男女，而正有司罪，价勿偿"[②]；前面提及王瘦厮卖子案中，元政府处理手段之一就是"仍取问当该官吏，桩配差税致令卖子违错情由，便行禁约，今后毋令买卖亲属"[③]。还有一些官员贪图钱财，有意纵容买卖，对于这种行为，元政府是严格禁止的。如对市舶司的官员，元政府规定：有商人下海开船当天，市舶司必须"输差正官一员"，"亲行检视各各大小船内，有无违禁之物"，如果因疏忽没有查出船上的违禁之物，该官员要被处以"杖八十七下，解见任，降二等"的惩罚；如果是"受财容纵者"，则"以枉法论"[④]。

3.官方收养、赎买被卖儿童

除了在颁布禁令、惩罚买卖儿童行为之外，元政府也积极收养和赎买被卖儿童。在收养方面，元政府在继承宋代基础上，形成和发展了一套比较完善的收养制度。如元政府设置了宗仁卫，专门收养被卖的蒙古子女，"设宗仁卫，赎蒙古子女之奴于民间者以隶焉"[⑤]；同时保障这些人的衣粮，如至治二年"给宗仁卫蒙古子女衣粮"[⑥]。元政府也积极赎买被卖儿童，（至元二十二年）诏："江淮以南，百姓典卖亲子以给衣食，深可衷悯，仰所在官司验元典卖价值，官为出钱收赎完聚。"[⑦]遇到改元，新皇登基等大事时，政府也会有相关的法令来保护儿童的权益，如延祐七年（1320）改元至治时，诏书中有两条与此相关的内容，一条是"其腹里百姓因值灾伤，典卖儿女，听依元价收赎"[⑧]。另一条则为："回回、汉人、南人典卖蒙古子女为驱者，诏书到日，分付所在官司应付口粮，收养听候，具数开申中书省定夺。"[⑨]对山东、河南前戍甘肃之军户，"官为出钱，赎其田产妻子"[⑩]。至治二年（1322），下诏"站户贫乏鬻卖妻子者，官赎还之"[⑪]。元代的朝廷命官赵思恭，曾经赎买出山北饥民质鬻其男女，及自没入奴者数万人。[⑫] 延祐四年（1317），仁宗谕省臣言：

---

① （元）宋濂等：《元史》卷一〇四《刑法志二》，第2662—2663页。

② （元）宋濂等：《元史》卷一〇三《刑法志一》，第2640页。

③ 《通制条格校注》卷三《户令》"卖子圆聚"条，第127页。

④ 《通制条格校注》卷一八《关市》"市舶"条，第539页。

⑤ （元）黄溍：《黄溍集》卷二九《中书右承相赠孚道志仁清忠一德功巨太师开府仪同三司上柱国追封恽代王谥文忠神道碑》，第1068页。

⑥ （元）宋濂等：《元史》卷二八《英宗纪二》，第684页。

⑦ （元）张铉：《至正金陵新志》卷三（下），第436册，中国方志丛书，第1716页。

⑧ 《元典章》卷三《恤流民（十二）》，第107页。

⑨ 《元典章》卷五七《禁典卖蒙古子女》，第1892页。

⑩ （元）宋濂等：《元史》卷一三四《和尚千奴传》，第3258页。

⑪ （元）宋濂等：《元史》卷二八《英宗纪二》，第625页。

⑫ （元）傅若金：《傅与砺文集》卷一〇《廉访司赵公行状》，《四库提要著录丛书·集部》，第256册，第412页。

"比闻蒙古诸部困乏,往往鬻子女于民家为婢仆,其命有司赎之还各部。"①

自唐宋开始,人口买卖现象就已经十分频繁,儿童是其中主要的买卖对象之一。元朝由于灾害频繁、徭役赋税繁重、买卖人口恶习等因素,导致儿童买卖现象时时发生,而疆域的广阔,对外贸易的发展,使得跨境间的人口买卖猖獗;南北交通的便利,使大规模的跨南北人口买卖成为可能。而人口买卖的猖獗,导致大量的人口不再供役于社会,政府的财政税收就会减少,因此,政府不时地采取措施限制买卖行为,甚至出钱赎买奴婢为良民,其最终目的还是在于维护自身的封建统治,而不是真正出于对被卖人口的关怀。

作者简介:

陈柳晶,暨南大学中国文化史籍研究所硕士研究生;陈广恩,暨南大学中国文化史籍研究所教授。

① (元)宋濂等:《元史》卷二六《仁宗纪三》,第580页。

东莞资福寺元至正铜钟款识考

陈鸿钧

[提要]广东东莞资福寺始建于南汉，代有修缮扩拓，向为粤中名刹，寺内元至正年间所铸铜钟形制巨大，镌刻精良，铭文众多，内容涉及当时东莞建置、职官、币制、寺规等。元代采铜冶炼业不甚发达，大型铜器存世较少，该东莞资福寺铜钟不啻为粤中重器，即在全国亦属不多见者，特别是在铸造该钟材料中使用了来自中亚波斯地区的矿产——鍮石，反映了鍮石乃东西海贸物资之一类。

[关键词]资福寺；铜钟；东莞；鍮石

广东东莞博物馆典藏有元至正六年(1346)所铸铜钟一口，钟体完整，镌制精良，高210厘米，口径111厘米，重约2500公斤，蟠螭钮。钟腰处横列刻六字大明咒(包括汉字与梵文)；四周间隔阳铸铭文“风调雨顺、国泰民安、法轮常转、佛日争辉”；钟身阴刻小字长幅铭文(图1—5)，文曰：

大元国广州路东莞县资福寺僧众广募众缘，化到十方贤相宰官、善男信女、僧尼道俗净财金银铜鍮等宝，选于至正六年十二月二十七日铸造铜钟一口，永镇寺门。于是随扣击以无亏，莫不废发于深省，闻音思武，应铎铭功，敬列善信芳名传流万古云。

(以上为钟身第一面文字)

进义副尉、广州路东莞县达鲁花赤兼劝农事木八剌。

承务郎、广州路东莞县兼劝农事孙善卿。

广州路东莞县尉萧显祖。

广州路东莞县尉李仁杰。

广州路东莞县典史林瑞。

忠武校尉、广州路东莞县务税课提领马凡伯都剌。

敕授广州路东莞县务税课大使马一端。

广州路东莞县务税课副使佘安道。

儒学教谕李震。

信士李安道同室杨氏秋娘助钞十定。

杨氏一娘、陈氏三娘、刘氏一姐、张氏福奴娘、姚氏大姐各助钞十两。

连四姐、刘四奴各助钞五两。

邓君卿助钞一定。

梁维金、黄绍夫各助钞十两。

（以上为钟身第二面文字）

信士黎子安同室吕氏助钞两定。

陈义可助钞五定。

信士杨信德助钞两定。

姚德璋、尹叔大、梁芳、梁祐、王叔达、瞿道真、袁德富、彭德明各助钞一定。

信士罗国珍、王子元、李君辅、邓伯珍、陈国政、李道、程三、黎观第、李淳夫、袁子章、刘德辉、封元泽、梁圣养、各助钞半定。

黄惠可助钞十五两。

黎伯净助钞十五两。

信士陈志广、周思善、罗定安、戴德阳、信女王一姐各助钞二十两。

信士朱子廉、翟恕卿、翟严卿、翟愿卿、何永伯、王祐卿、王彦卿、钟以和各助钞十五两。

信士黎善与、殷源泽、邹天与、周思道、林子实、王有义、阮德伯、刘仲山、何兴、陈文秀、曾士荣、高伯谅、叶养浩、王宗敬、莫□、陈以安、陈国贤、邓伯章、刘贵德、刘信玉、周以仁、戴观□、黄德盛、黄君德、黄亭岗、谭子贤、彭世喜、信女雷一姐、罗一姐、詹四姐各助钞十两。

信女刘三姐助铜钱一贯。

（以上为钟身第三面文字）

信女黎一姐助铜二十七斤。

真乘寺住持妙贵、妙坚、妙宝各助钞一定。自贤觉、闰觉、意觉馀各助钞半定。

圆明寺住持圆性、佛隐、法端各助钞半定。僧广修助钞三十两。

陀性寺住持永澄、雁塔寺住持惠祖、圆应堂住持应慧、洪山堂住持有亮各助钞一定。

本寺耆旧志璨捨钞两定。僧智性助钞一定。僧志□助钞半定。僧正举、普升各助钞半定。

十方信善喜舍净财金银铜鍮等宝，各愿家门昌吉，嗣续绵延，□在时中，吉祥如意。

铸钟功德所集殊勋，端为祝延当今皇帝万万岁，文武官员长居禄位，檀那善信福慧庄严，四恩普报，九有齐资，三途息苦，地狱停酸，法界人天，同沾善利。

钟者，警众之号令，晨昏不越准绳。晓钟者，破长夜，警睡眠。昏钟者，觉昏衢，苏蒙昧。引椎须缓，扬声渐长，每通三十六下，起煞各三下，三通一百八下。六道三途，停酸息苦，如欲鸣钟先念偈，叩击云："愿此钟声超法界铁围，幽暗悉皆闻□尘清净证圆通，一切众生成正觉。"闻钟声念偈云："闻钟声，烦恼轻，菩提长智慧，生离地狱出火坑，愿成佛，度众生，南无观世音菩萨。"《高僧传》云如法持念菩萨圣号，鸣钟，声震地府，受苦之者，皆得解脱。又《付法传》云罽宾吒王命尽，作千头鱼，常被剑轮斫首，痛不可忍，惟闻钟声，剑轮不下，晨昏叩击，厥功博哉。

集此殊胜，善因所冀，乡闾宁谧，合邑康安，常存闻性不昏，得遇地天之泰。凿井耕田，而各安生业；含哺鼓腹，而咸乐天真。商歌廛而物阜财丰，士修学而功成名遂。蚕桑春富，家家练白雪之丝；禾稼秋成，处处列黄云之穗。狱囚永息，疫疠潜消，圆满一切愿心，成就无边福利者。右恭请三宝证明，龙天洞鉴。

劝缘　萧觉韵　福嗣　普升　允奇

寺众　聪演　惠仁　惠立　惠存　簪良

化主　惠宣　惠初　惠真　奉礼

掌财　志璨

耆旧　永积　永悟　永□　永富　祖富

头首　惠贤　宝璋　龙鼎

掌事　聪满　聪达　万琼　志闻

至正七年岁次丁亥正月二十一日，住持圆通慈照佛心沙门慧福谨识。

铸造匠人彭德明。

（以上为钟身第四面文字）

钟原置于东莞资福寺(寺址在今东莞市莞城小学校园内),于20世纪60年代拆除大雄宝殿时移至东莞博物馆。

元朝祚短,金石器物所存不多,偏远岭南之地更是少见,而有如斯巨钟之存世,自当视为遗珍而永宝之。

崇祯《东莞县志》、康熙《东莞县志》有"资福寺"条,而未载该钟及款识。宣统陈伯陶纂修《东莞县志》卷九十一《金石略二》有辑(文字略有出入,当以钟上文字为正)。陈氏《东莞县志》较前志数种资料丰富,且多考订,允为良志。

铜钟乃元惠帝至正六年(1346)铸造,住持僧慧福撰铭。

资福寺为粤东名刹,始建于南汉,代有修缮,入民国则渐废。宋·祝穆《方舆胜览》卷三十四《广东路·广州·寺观》载:

> 资福寺,在东莞一百六十步,有罗汉阁,苏子瞻为之记。苏公又以犀带并藏阁上,及作《舍利阁铭》。①

又宋·王象之《舆地纪胜》卷八十九《广南东路·广州·景物下》载:

> 资福寺,在东莞县一百六十步,有罗汉阁。元符三年,比丘祖堂建,阁成,走惠州,求记于苏轼。苏公易以犀带,并藏阁上,与作偈及舍利塔铭、再生柏赞。②

又《大明一统志》卷七十九《广东布政司·广州府·寺观》载:

> 资福寺,在东莞县治西。宋元符中建有罗汉阁及舍利塔,苏轼为记。③

又见陈伯陶等纂《东莞县志》卷四十《古迹略四·寺观》载:

> 资福寺,在县治西一百五十步。南汉禹余宫使邵廷琄以居宅为之,周围四至凿井为界。有罗汉阁,一名灵源阁。④

崇祯《东莞县志》、康熙《东莞县志》"资福寺"条未言至正六年僧众募捐铸钟之事,陈氏《东莞县志》则有之,曰:

---

① (宋)祝穆撰,祝洙增订:《方舆胜览》,中华书局,2003年,第167页。
② (宋)王象之:《舆地纪胜》,中华书局,1992年,第103页。
③ (明)李贤:《大明一统志》,三秦出版社影印本,1990年,第2116页。
④ (清)陈伯陶等修纂:《东莞县志》,台湾成文出版社影印宣统三年刻本,1967年,第342页。

元初，张宏范取佛脑舍利进于京。至元二十年(1283)，寺毁于海寇。大德间，县尹邓荣暨尉刘进程、邑人翟龛相继修复。至大四年(1311)，住持僧某修佛殿。至正六年(1346)，僧圆进募铸大钟。①

募铸钟僧圆进及撰钟铭僧福慧，于数种县志中均无传。

元代行省之下设路、府、州、县四级，一部分行省设有宣尉司，“掌军民之务，分道以总郡县，行省有政令则布于下，郡县有请则达于省”。(注:《元史》卷九十一《百官志》)宣尉司是居于行省之下，路、府、州、县之上的承转机关，其辖区称为“道”。)元世祖至元十五年(1278)，“立广东道宣尉司”于广州，设广东道宣尉使司都元帅府。至元二十九年(1292)，将前此隶属广西的肇庆路、德庆路、封州、连州复划归广东道，广东道的疆域始定，其下设置路(及州、军)、县二级行政机构。(注:广东道[及海北南道]之下的路和州、军为平级，与全国性的普遍规定稍异。)

东莞县为广州路属县之一，中等县级。康熙《东莞县志》卷六《职官一》对县级职官述之甚详:

东莞在晋为东官郡，置太守，其属有宝安县，置令焉。隋始废郡为县，唐因之，时县之繁简有赤畿望系上中下之次，东莞第为中县，置令，若尉若簿。凡县自晋后无丞，宋初亦不置丞，其后乃置，居簿、尉之上。元以蒙古色目人为达鲁花赤，佐以汉人为之县尹，而丞、簿、尉皆如宋旧。中、下县不置丞，故东莞缺焉。他如隋之户曹、法曹，唐之经学博士、司户，宋之镇寨官，元之文学掾、邑备设否，不得而详矣。明县有令有丞有簿有尉各一人，学有教谕一人、训导二人，四司各置巡检一人，又驿丞二人、场大使一人。国朝因之，惟主簿不设，训导、巡检、驿丞各裁去一人。②

崇祯《东莞县志》卷七《职官》亦言:

元以蒙古色目人为达鲁花赤，专持政柄，而县尹以主判署，乃用汉人为之。(东)莞列中县，故省丞职，而簿、尉仍旧。③

以此观照钟款东莞县诸职官，甚合。唯务税课提领、税课大使、税课副使，《元史·百

① (清)陈伯陶等修纂:《东莞县志》，第351页。

② (清)郭文炳等修纂:《东莞县志》，东莞市政府影印康熙二十八年刊本，1993年，第318页。

③ (明)汪运光等修纂:《东莞县志》，东莞市政府影印崇祯十二年年刊本，1993年，第95页。

官志》在各路总管府下只写有“税务提领一员，大使、副使各一员”，未明确散府州县是否有之。明代始在府设税课司，县设税课局，负责征收“商贾侩屠杂市”税款，其主官大使从九品。清沿明制，仍设税课大使，只不过隶道、府者官阶从九品，隶州、县者未入流。

元代府、县主官多兼劝农事衔，乃仿汉代郡县设劝农掾者，掌监督劝勉地方农事。

进义副尉广州路东莞县达鲁花赤兼劝农事木八剌、忠武校尉广州路东莞县务税课提领马凡伯都剌均系色目人。进义校(副)尉，为宋元时期武散官阶名。宋徽宗政和二年(1112)重定武官阶官名，进义校尉位在进武校尉下、下班祗应上，属无品武阶官。金、元皆置，为武散官三十四阶第三十二阶。金为正九品下，元为正八品，敕授。进义副尉位在进武副尉下、守阙进义副尉上，属无品武阶官。金、元皆置，为武散官三十四阶最末一阶。金为从九品下，元为从八品，敕授。忠武校尉，金始置，为文散官阶，以授从七品上武官。元朝沿置，改武官从六品，敕授。明朝为武官从六品，升授。

钟款所列诸官吏无考，但可补志乘，陈氏《东莞县志》即据此以补职官表之阙漏。

末署“铸造匠人彭德明”亦无考，该钟工艺精良，对研究元代民间铸造工艺亦有价值。

元代铸冶雕塑工艺很发达，除了有阿尼哥、刘元等大师外，还有许多民间工匠艺人，但其名字多已泯没无传。沈柔坚《中国美术辞典》收元代雕塑家(包括民间工匠)凡21人，比两宋和明代都要多，从一个侧面反映了元代雕塑艺术的兴盛。该钟铸造匠人彭德明可补《辞典》之漏。

钟款详述撞钟念咒之法，于佛事研究有其参鉴价值：

> 钟者，警众之号令，晨昏不越准绳。晓钟者，破长夜，警睡眠。昏钟者，觉昏衢，苏蒙昧。引椎须缓，扬声渐长，每通三十六下，起煞各三下，三通一百八下。六道三途，停酸息苦，如欲鸣钟先念偈，叩击云：“愿此钟声超法界铁围，幽暗悉皆闻□尘清净证圆通，一切众生成正觉。”闻钟声念偈云：“闻钟声，烦恼轻，菩提长智慧，生离地狱出火坑，愿成佛，度众生，南无观世音菩萨。”《高僧传》云如法持念菩萨圣号，鸣钟，声震地府，受苦之者，皆得解脱。又《付法传》云罽宾吒王命尽，作千头鱼，常被剑轮斫首，痛不可忍，惟闻钟声，剑轮不下，晨昏叩击，厥功博哉。

钟是佛教礼仪中的重要法器，在许多名刹古寺里，高大的钟楼，增添了寺院的威严。而圆润洪亮，深沉清远的钟声，也被注入了“惊醒世间名利客，唤回苦海梦迷人”的佛教含义。寺院的钟依其用途分为梵钟与唤钟两种。梵钟，又称大钟、撞钟、洪钟、鲸钟等，悬挂于钟楼上，用于召集大众，或做朝夕报时之用；唤钟，又称半钟、小钟，吊于佛堂内的一隅。其用途在于通告法会等行事的开始，故亦称行事钟。钟是佛教寺院里的号令，在《百丈清规·法器》中说：“大钟丛林号令资始也。晓击即破长夜，警睡眠；暮击则觉昏衢，疏冥昧。”无论是召集僧人上殿、诵经做功课，还是日常的起床、睡觉、吃饭等无不以钟为号。

清晨的钟声是先急后缓，警醒大家，长夜已过，勿再放逸沉睡，要早起抓紧时间修持；而夜晚的钟声是先缓后急，提醒修炼人觉昏衢，疏冥昧。寺院一天的作息，是始于钟声，止于钟声。

元沿宋金钞币制，刊印发行纸币，有中统元宝交钞和元统交钞两种，以白银为本，五十贯为一锭。中统元宝交钞与较早发行的元统交钞的比值是中统元宝交钞一贯相等于元统交钞一两，民间"贯""两"两个币值单位混用。户部负责钞法，下属有宝钞总局、印造宝钞库、烧钞东西二库，诸路设宝钞提举司。南宋两广仍多使用铜钱，很少通用纸币。元朝广东始普遍使用纸币（中统钞、至元钞），从钟款所列捐输者率多以钞即可见其一斑。

元代采铜业不甚发达。从元初起，便一直以纸钞为通货，除武宗至大年间偶一用铜钱外，其余年代均不用铜钱，致使铜矿开采冶炼业萎缩。在广东，元前中期从未提及产铜，韶州岑水场铜矿及其他铜矿已基本停采。顺帝至正十二年（1352）十月，因决定行用铜钱，乃重置铜场于韶州岑水，"掌浸铜事"，[①]所产铜运往设在江西的宝泉提举司铸钱。然此时已掀起全国农民大暴动，该场很快停废。

在铜业不甚发达的元代尚有如此巨型铜钟之铸造，的确让人叹为惊奇。元代金属器物传世不多，粤中更少，此铜钟与同年铸造之潮州开元寺铜云板，以及于元祐年间广州制作的铜壶滴漏一套，[②]均极具历史与艺术价值，堪称粤中重器。

铸造该钟使用了一种新材料——鍮。

陈氏《东莞县志·金石略》按语称僧众所捐之"鍮"来自元时中亚波斯地区，语云：

> 按《广韵》鍮，讬侯切。《玉篇》鍮石，似金。《格古要论》鍮石，自然铜之精也。崔昉曰铜一斤，炉甘石一斤炼之成鍮石。真鍮生波斯国者，如黄金烧之，赤色不黑。考泰西人所著《四夷年表》云蒙古成吉思汗卒，以属地分王四子，第三子察葛台立国于波斯之土阑。蒙古太宗二年，以亚台为波斯督，十三年，亚台卒；宪宗元年，封弟火拉几于波斯，六年，火拉几征服波斯而称王。元世祖至元元年，阿白加嗣火拉几为王；十八年，尼古达嗣立；二十一年，阿肯嗣立；二十八年，铅多嗣立。成宗元贞元年，白度铅嗣立。大德九年，马罕末乃可达嗣立。仁宗延祐四年，阿夫山爱嗣立，国人作乱。七年，蒙古权势渐衰。《瀛寰志略》云波斯回部大国，雄富多宝货，与中国贸易，最早所谓碧眼波斯胡也。元末，驸马帖木儿据撒马尔罕，富强无敌，遣其子沙鲁哈据波斯。据此，是波斯国终元之世为蒙古所有，粤中番舶云集，故当时铸钟有波斯真鍮。[③]

---

① 《元史》卷九二《食货志》，中华书局，1976 年，第 1245 页。

② 铜壶滴漏乃古代计时器，此滴漏原置广州拱北楼上，今存完好，现藏中国国家博物馆，广州博物馆陈列有复制品。

③ （清）陈伯陶等修纂《东莞县志》，1967 年影印宣统三年刊本，第 362 页。

鍮石，即黄铜，是纯铜与锌的合金，其颜色似金，古籍内称其为“鍮石”。张星烺《中西交通史料汇编》第六编《古代中国与伊兰之交通》有记述：

炉甘石　李时珍曰：真鍮石生波斯，如黄金，烧之赤而不黑。（《本草纲目》卷九）①

鍮石之名，亦见《魏书》《周书》及《隋书》之《波斯传》。《荆楚岁时记》云：“七月七日，为牵牛织女聚会之夜。是夕人家妇女结彩缕，穿七孔针。或以金银鍮石为针。陈几筵酒脯瓜果于庭中以乞巧。”李时珍所言与曹昭《格古要论》相同。中国诸家所记鍮石性质，与波斯人及阿拉伯人所记吐梯亚（tutiya）完全相同，亚铅（锌）矿石也。②

元代笔记《长春真人西游记》记载长春真人丘处机历经中亚波斯境域，见“国人皆以鍮石、铜为器皿，间以磁（按：磁、瓷通），有若中原定磁者”。③ 又宋元期间以鍮石铸造佛像及军刀，欧阳修有诗曰：“鱼皮袋巾香木鞘，黄白间杂鍮与铜。百金传入好事手，佩服可以攘袄凶。”元朝疆域辽阔，交通贸易发达，广州港为重要货物集散地，其输入域外物品数量若何，史料记载阙如，无法统计，但据元人吴莱所记“番舶金、珠、犀、象、香药，……盖不下巨万计”来看，种类数量相当可观，鍮石也属其一，且数量较大，从钟款识中寻常信众都能获得即可知也。

东莞资福寺为粤中名刹，寺内该至正大钟亦为粤中重器，流传有绪，颇具声誉，元明以来为之题咏者殊夥，清人陈铭珪《资福寺至正大钟歌》一诗论述并夹，辞意隽美，兹附录之：

东官古刹溯南汉，修慧资福高阁浮。修慧大宝钟已没，惟此至正今犹留。
忆昔元兵下西域，法王佛子来神州。八思巴锡帝师号，金叶经呗争焚修。
庚申帝立事尤佞，番僧演教忘春秋。当年铸钟镇此寺，仰赞作法扬王休。
铜五千筋出檀越，杂以至宝金银鍮。金银人显幕骑马，海舶输送如泉流。
惟鍮所出路更远，波斯金眼争来投。虽云宝货富粤产，亦见兵力行欧洲。
三钱布施事更怪，大士岂遂无金沟。胡为跃冶现三宝，始悟月□青莲眸。
腰中梵字二十四，云谁刻者老比丘。胆巴神咒或即此，用压灵怪惊龙湫。
我闻至正阅七载，中原盗起连海陬。真人龙蟠在濠泗，布衣会化为王侯。

① 张星烺编：《中西交通史料汇编》第六编《古代中国与伊兰之交通》，中华书局，2003年，第1119页。

② [美]劳费尔：《中国伊朗篇》，转引自张星烺《中西交通史料汇编》第六编《古代中国与伊兰之交通》，第1141页。

③ （元）李志常：《长春真人西游记》，《王国维遗书》第8册，上海书店出版社，1983年，第58页。

秀支仆谷铃语动，相轮来告难为谋。如何副尉木八剌，勒此尚欲铭勋猷。
君不见大宝三年东监铸，金涂铁塔同雕锼。
羊头二四白雨至，昌华花谢谁巡游。诗成语佛佛不语，惟有蒲牢怒吼风飕飕。[①]

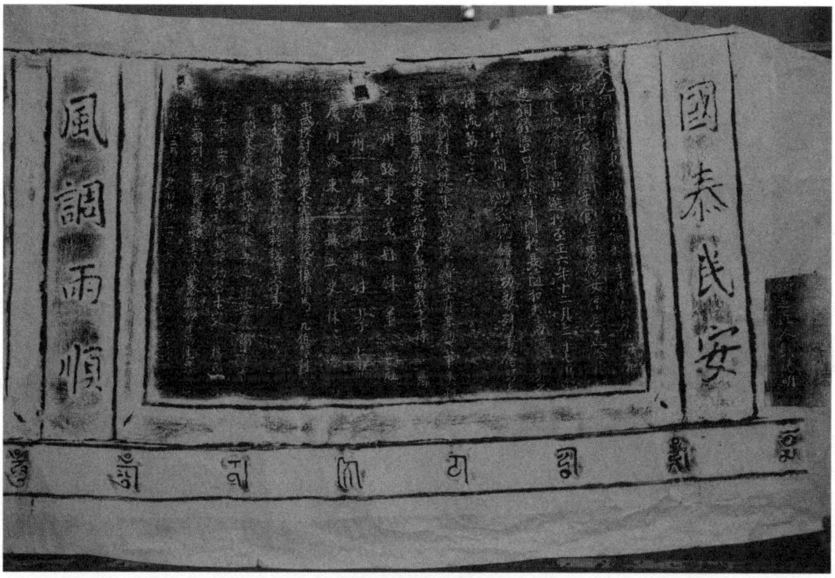

图 1　资福寺铜钟款识之一

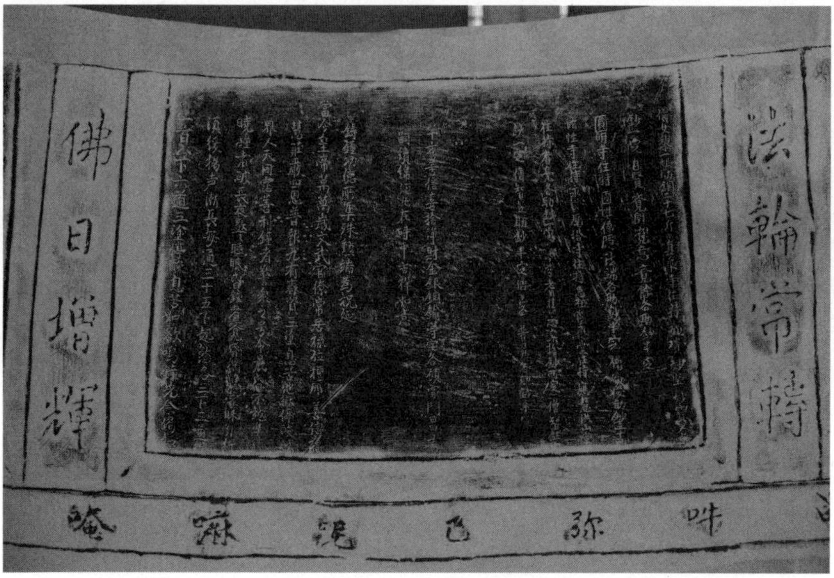

图 2　资福寺铜钟款识之二

① （清）陈伯陶等修纂：《东莞县志》，台湾成文出版社，1967 年，第 564 页。

图 3　资福寺铜钟款识之三

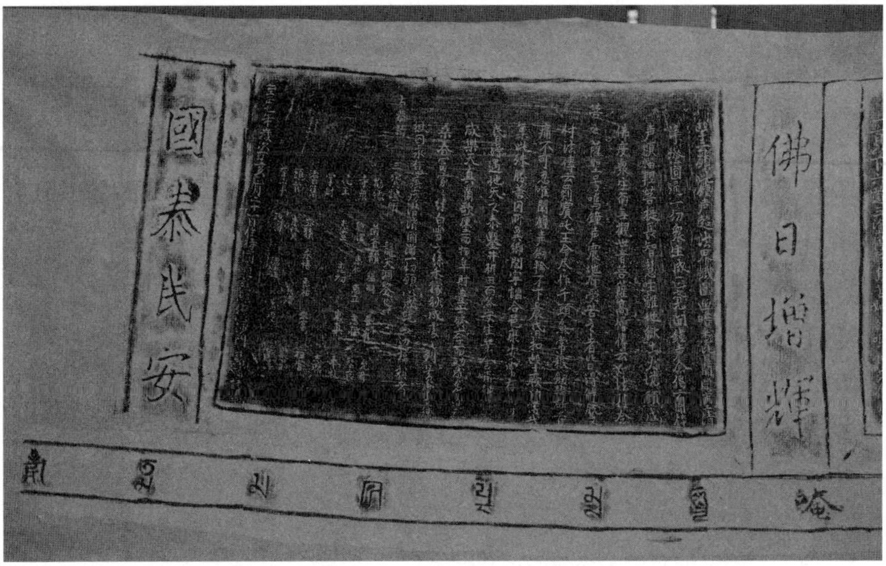

图 4　资福寺铜钟款识之四

图5　东莞资福寺元代铜钟

作者简介：

陈鸿钧，广州市博物馆研究员。

明代广东倭患的时空分布特征研究[①]

吴宏岐　崔文超

[**提要**]明代广东的倭患属于全国倭患的一部分，但有其自身的诸多特点，不仅倭患持续时间长、高峰期多，而且倭患高峰期呈现相对滞后性。受季风气候盛行风向的影响，广东倭患的频繁期是在冬春之际，与江浙一带形成了明显的反差。明代广东的倭患还因为倭寇入侵顺潮汐而动的择时规律而存在日期上的特征，这一点往往被学者们所忽略。倭寇入侵广东主要有东、中、西三路，并且均有具体的路线和主要据点。明代广东的倭患在不同时期也存在明显的区域差异情况，倭患重心也相应发生过转移情况，并且直接影响到广东海防军事部署的调整。

[**关键词**]明代；广东沿海；倭寇侵扰；时间分布；空间分布

① 本文为国家社科基金重大项目“环南海历史地理研究”(编号12&ZD144)相关研究成果。

一、引言

倭患，或称倭祸，即倭寇的侵扰，是明代的一个重要问题①。从洪武初年开始迄于明朝末期，倭患一直长期存在。倭寇的侵扰给沿海地区造成了巨大的危害，以至于“终明之世，通倭之禁甚严，闾巷小民，至指倭相詈骂，甚以噤其小儿女云”②。广东拥有漫长的海岸线、众多的岛屿和港湾，其中东路有柘林湾、海门湾、神泉港、甲子港、碣石湾、大鹏湾等；中路则是开阔的珠江三角洲，河汊、港湾众多；西路有广海湾、北津湾、广州湾、雷州湾、龙门湾等；海南有海口湾、清澜港、榆林港等。明代广东 11 个府州，除了粤北的韶州府、南雄府和粤西罗定州，其余 8 府均濒临南海。广东沿海地区经济较为发达，故而成为倭寇垂涎之区。尤其嘉靖朝之后，广东的倭患明显加剧，“时浙直倭患稍息，而闽广警报日至”③。

自明嘉靖以来，倭寇问题开始引起人们的关注，留下了关于倭寇的丰富史料，为后世学者研究相关问题提供了便利。自 20 世纪 30 年代以来，倭寇研究几度掀起高潮，近年来更成为学术研究的一个热点问题，相关论著、论文不时涌现，其中也不乏关注倭患的时空特征方面的研究成果。如岑仲勉的《明代广东倭寇记》④、刘伯骥的《明代广东的倭寇》⑤，虽然统计资料不够全面，但皆有一定的参考价值。另外，陈懋恒的《明代倭寇考略》更是一部值得充分肯定的力作，此书第二章“倭寇猖獗之原因”，分洪武、建文成祖、宣德以后、嘉靖年间等四个时期进行了相应的讨论；第三章“沿海各省之倭祸”，则以图表并举之形式，分别研究了辽东、山东、江南北、浙江、福建、广东等六个地区历次倭祸的事实和分布情况，其中涉及广东倭祸的为《广东倭祸图》和《广东倭祸》表⑥。此书在体例上有

---

① 关于明代倭寇的来源，学术界颇多争议。明人郑若曾云：“今之海寇，动计数万，皆托言倭奴，而其实出于日本者不下数千，其余皆中国之赤子无赖者，入而附之耳。”（参见郑若曾《筹海图编》卷一一《经略上·叙寇源》，中华书局，2007 年，第 671 页）陈懋恒在《明代倭寇考略》一书中虽然说：“倭寇者，日本之海盗，起源于九州及山阴、山阳二道，根据壹岐、对马二岛，侵掠亚洲大陆沿海地方，自元初日本北条氏执政时代，迄明中叶丰臣氏当国时代，寇掠三百余年，沿海数千里，备受荼毒。中国史学家统称之曰倭寇。”但同时又特别强调，“倭寇来源甚为复杂：有亡命、有武人、有海贾、有游氓，亦有中国部分失业人民，附从为寇。”（参见陈懋恒《明代倭寇考略》，人民出版社，1957 年，第 3 页）所论均较为全面。本文在研究明代侵扰广东的倭寇时，将所谓“真倭”（即日本海盗）和“从倭”的中国海盗一并考虑在内。

② （清）张廷玉：《明史》卷三二二《外国三·日本传》，中华书局，1974 年，第 8358 页。

③ （清）谷应泰：《明倭寇始末》，广陵书社，2007 年，第 2242 页。

④ 岑仲勉：《明代广东倭寇记》，《圣心》1931 年第 1 期，又载于岑仲勉《中外史地考证（外一种）》（下），中华书局，2004 年，第 677—687 页。

⑤ 刘伯骥：《明代广东的倭寇》，《更生评论》1938 年第 3 卷第 2 期。

⑥ 陈懋恒：《明代倭寇考略》，第 120、121—128 页。

发凡之功，但分期不够细致，其统计资料更有较多遗漏甚至错误之处[①]。后来日本学者田中健夫《倭寇——海上历史》一书附表《倭寇在明朝的行动地域与行动次数》[②]，主要参照陈懋恒提供的资料进行了的相关统计(其中只统计出倭寇在广东行动次数共计 74 次，未计入《广东倭祸》表所列 4 次单纯是明朝官军击败、平定倭寇的情况)，虽然统计标准比较严格，但对相关史料缺乏细致的考证，其统计数据自然也存在一些问题。范中义、仝晰纲所著《明代倭寇史略》一书，是近年来研究明代倭寇的集大成之作，作者将明代的倭寇分为三个时期、八个阶段，即洪武至正德年间为前期，嘉靖年间为中期，隆庆至崇祯年间为后期。其中前期又分为洪武、永乐至宣德、正统至正德三个阶段，中期又分为嘉靖三十年(1551)前、嘉靖三十一年(1552)后两个阶段，后期又分为万历十九年(1591)前、万历二十年至二十七年(1592—1599)、万历二十八年(1600)以后这三个阶段，并仿照陈懋恒的体例，分辽东、山东、江南北、浙江、福建、广东等地区对各主要阶段倭寇入侵的情况作了统计分析[③]，不过其统计数据仍然不够完备[④]，并且也有不少错讹之处[⑤]。总的来看，上述相关研究成果，在研究方法上颇有可借鉴之处，但统计数据皆不尽完备，并且限于论述体例，于广东地区的倭寇侵扰情况也未能作专题讨论。

孙子曰："兵者，国之大事，死生之地，灭亡之道，不可不观察也。"又云："天者，阴阳、

---

① 如岑仲勉在 1957 年 11 月为重刊《明代广东倭寇记》一文所写的附记中，就客观地指出《明代倭寇考略》一书中的《广东倭祸》表比自己的论文"搜罗更富，然比读之下，亦有缺略，彼为表式体，此为叙述体，且如永乐八年寇廉州而误作四年(一二一页)，嘉靖三七年死事者有杨玺(一二三页)，复有杨篁(一二四页)，四三年既作公元一五六四，又作一五六五(一二六页)，疑所据或不实不尽，其余人、地名等亦颇有同异"。参见岑仲勉《中外史地考证(外一种)》(下)，第 686 页。

② [日]田中健夫：《倭寇——海上历史》，杨翰球译，武汉大学出版社，1987 年，第 113—115 页。

③ 范中义、仝晰纲：《明代倭寇史略》，中华书局，2004 年。

④ 《明代倭寇史略》第 18、28、33、140、158、351 页，分别统计出明朝前期之洪武年间倭寇入侵广东 7 次、永乐至宣德年间倭寇入侵广东 6 次、正统至正德年间倭寇入侵广东 10 次，明朝中期之嘉靖三十一年至三十六年倭寇入侵广东 2 次、嘉靖三十七年后倭寇入侵广东 12 次，明朝后期之万历中期后倭寇入侵广东 1 次。对于明朝前期统计较为明确，但对于明朝中期、后期的统计数据不全。

⑤ 如《明代倭寇史略》第 27 页谓："永乐七年十月，倭寇陷廉州，广州府学教授王翰，临危不惧，整衣端坐于明伦堂，最后被倭寇所杀。"而据万历《广东通志》记载："永乐八年冬十二月，倭寇陷廉州，教授王翰死之。翰，河东人，任廉州府学教授，严立规程，教诲不倦，倭贼陷城，民皆逃匿，翰整衣端坐明伦堂，贼至，欲执之，骂詈不屈，遂遇害。"(参见郭棐等纂万历《广东通志》卷七〇《外志五・倭夷》，中国书店，1992 年，第 786 页)可见该书不仅搞错了倭寇陷廉州的具体时间，而且将"廉州府学教授"误作"广州府学教授"。又如《明代倭寇史略》第 31 页谓："天顺二年二月，海寇进犯宁川守御千户所。副总兵都督同知翁信、总督备倭都指挥张通等，未能严督各卫所守哨，致使倭贼劫掠宁州守御千户所，杀人掠财。巡按广东监察御史吕益奏闻，令翁信等戴罪剿贼。"这段论述的是同一件事情，但先后提到了"宁川守御千户所"和"宁州守御千户所"两个地名，所谓"宁州守御千户所"明显是"宁川守御千户所"之讹误。

寒暑、时制也。地者，远近、险易、广狭、死生也，”“知之者胜，不知者不胜。”[①]明代倭寇对广东沿海地区的侵扰，不惟为害广大城乡，而且不时以卫所、城池为攻击目标。倭寇虽然说大体上属于流寇性质，但其实也往往能借助天时、地利进行侵扰，因而其侵扰活动具有明显的时空特征。这一时期的倭患不仅对广东沿海地区经济、社会发展产生了重大影响，而且从某种程度上来说，也促成了明代广东海防体系的形成与演变。有鉴于此，笔者拟在前人相关研究的基础上，通过更详细完备的资料整理与统计分析，对明代广东地区倭患发生的时间特征和空间特征作较为深入细致的研究，以期有助于相关问题研究的推进。

二、明代广东倭患的分期特征

明代广东地区最早出现倭寇活动是在洪武二年(1369)，据顺治《潮州府志》记载：“洪武二年，倭寇惠、潮诸州，始天下初定，海内乂安，倭夷窃发，滨海骚动，乃命行人杨载使日本，以玺书谕其国王。”[②]而最后一次相关记载是在泰昌元年(1620)，史载此年八月“两广总督许弘纲奏：乌猪外洋有倭船四只寄泊，官兵斩获贼首五颗，生擒四十名，夺获器甲，余贼落海无数”[③]。如果从洪武二年(1369)算起，到泰昌元年(1620)截止，广东的倭患历经了约252年的时间，可以说大体上与明朝相始终，这自然会产生严重而深远的影响。不过，在有明一代，广东发生倭患的具体分期特征如何？明代诸朝中，又有哪些朝倭患为害较为严重，哪些朝倭患相对较为轻微？这些是需要首先搞清楚的问题。

表1　明代广东倭患分期分朝统计表

时期	朝代(年数)	倭患次数(次)	年均数(次)	百分比
前期	洪武朝(31)	17	0.55	10.97%
	建文朝(4)	——	——	——
	永乐朝(22)	5	0.23	3.23%
	洪熙朝(1)	——	——	——
	宣德朝(10)	4	0.40	2.58%
	正统朝(14)	2	0.14	1.29%
	景泰朝(7)	1	0.14	0.65%

① 《孙子》卷上《始计第一》，《中国军事史》编写组：《武经七书注译》，解放军出版社，1986年，第2—3页。

② (清)吴颖：顺治《潮州府志》卷七《兵事部》，岭南美术出版社，2009年，第379页。

③ 《明光宗实录》卷四，泰昌元年八月辛亥。

续表

时期	朝代(年数)	倭患次数(次)	年均数(次)	百分比
前期	天顺朝(8)	7	0.88	4.52%
	成化朝(23)	3	0.13	1.93%
	弘治朝(18)	3	0.17	1.93%
	正德朝(16)	6	0.38	3.87%
	小计(154)	48	0.31	30.97%
中期	嘉靖朝(45)	56	1.24	36.13%
	隆庆朝(6)	29	4.83	18.71%
	小计(51)	85	1.67	54.84%
后期	万历朝(47)	21	0.45	13.55%
	泰昌朝(1月)	1	1.00	0.64%
	天启朝(7)	——	——	——
	崇祯朝(17)	——	——	——
	小计(71)	22	0.31	14.19%
合计	明代各朝(276)	155	0.56	100.00%

说明：

1.本表数据的资料来源主要有《明太祖实录》卷一一二、一一三、一四〇,《明太宗实录》卷九〇、一一三,《明宣宗实录》卷六九,《明英宗实录》卷一八一、二八七、三二七,《明宪宗实录》卷二二四,《明世宗实录》卷三八一、四一二、四一三、四一五、四二〇、四三六、四五五、四五六、四六八、四八一、五一七、五三〇、五三四,《明穆宗实录》卷二八、三一、五七、六二、六六、六七,《明神宗实录》卷一、三四、三五、三六、四一、一〇〇,《明光宗实录》卷四,《明史》卷一九《穆宗纪》、卷二一二《刘显传》、卷二二二《殷正茂传》,《筹海图编》卷八上《嘉靖以来倭夷入寇总编年表》,《皇明御倭录》卷一,《明史纪事本末》卷五五,《天下郡国利病书》第七册《广东上》《广东中》《广东下》,嘉靖《广东通志》卷六六《外志三·海寇》,万历《广东通志》卷六《事纪》、卷七〇《外志五·倭夷》,《粤大记》卷三二《政事类·海防》,雍正《广东通志》卷九《海防》、万历《雷州府志》卷一八《武烈》、崇祯《肇庆府志》卷二《事纪二》、顺治《潮州府志》卷七《兵事部》、乾隆《潮州府志》卷三八《征抚》、乾隆《琼州府志》卷八《海黎志》、道光《廉州府志》卷二一《事纪》、光绪《广州府志》卷七八《前事略四》等,并参考了岑仲勉、刘伯骥、陈懋恒、范中义、仝晰纲诸氏相关考证统计成果;

2.建文、洪熙、天启、崇祯四朝无倭患,但列入表内,以便于整体分析;

3.泰昌朝仅1月,统计相关数据时按1年计算。

从表1中的统计数据可以看出,明代广东的倭患是相当严重的,从洪武元年(1368)建立至崇祯十七年(1644)亡国的276年间,共发生倭患155次,年均0.56次,也就是说平均不到两年就会发生1次倭患,总体来说是相当频繁的。

明代广东的倭患大致又可以分为三个大的时期：明前期（洪武至正德年间）、明中期（嘉靖、隆庆年间）和明后期（万历以后），其中明前期 154 年间共发生倭患 48 次，占明朝广东全部倭患的 30.97％，几近 1/3，而年均发生倭患次数为 0.31 次，频繁程度仅次于明中期；明中期 51 年间共发生倭患 85 次，占明朝广东全部倭患的 54.84％，已达半成以上，而年均次数为 1.67 次，频繁程度则超过明前期之五倍；明后期 71 年间共发生倭患 22 次，占明朝广东全部倭患的 14.19％，发生倭患的总数较少，但年均次数为 0.31 次，其频繁程度却与明前期大致相同。

如果按朝来分析，在洪武以降的明代十七朝中，仅建文、洪熙、天启、崇祯四朝未见有倭患发生，其余十四朝均不同程度地有倭寇肆虐。如表 1 所示，发生倭患超过 10 次的共有洪武、嘉靖、隆庆和万历四朝，均为倭患的高峰期，其中明前期洪武朝 17 次，约占广东倭患总数的 10.97％，年均发生倭患次数为 0.55 次，为明朝广东倭患的第一个高峰期；明中期嘉靖朝 56 次，约占广东倭患总数的 36.13％，年均发生倭患次数为 1.24 次，为明朝倭患的第二个高峰期，同时也是明朝广东倭患的最高峰；隆庆朝 29 次，约占广东倭患总数的 18.71％，年均发生倭患次数为 4.83 次，为明朝广东倭患的第三个高峰期，但同时也是明朝倭患的最酷烈期；明后期万历朝 21 次，约占广东倭患总数的 13.55％，年均发生倭患次数为 0.45 次，为明朝广东倭患的第四个高峰期，虽然倭患次数多过洪武朝，但年均发生倭患次数却略少一些。至于永乐、宣德、正统、景泰、天顺、成化、弘治、正德和泰昌等其他九朝，倭患则普遍较少，只是天顺朝略显特殊，8 年间发生 7 次倭患，年均发生倭患次数为 0.88 次，频繁程度竟然大于洪武朝，大致可看作是明前期广东倭患发生的另一个小高峰期。

上述统计分析结果，可以补正学界一些不准确的研究结论。例如《明代倭寇史略》一书统计明洪武年间倭寇入侵的分区情况为辽东 1 次、山东 9 次、南直隶 7 次、浙江 16 次、福建 4 次、广东 7 次，合计 44 次，并据之得出一个重要的结论："从横的来看，倭寇入侵沿海两个地区最为严重，一是辽东、山东，一是浙江。"作者还分析说："之所以出现这种情况，和当时的航路有关。倭寇入侵中国必须航渡大海，因此熟悉航路是至关重要的事情。山东半岛和辽东半岛一直是中日交往的门户，宋以前日本政府的来华使节和商人一般是从日本九州的博多出发，经台岐、对马等岛屿，沿朝鲜半岛西海岸北上，先抵辽东半岛，然后横渡渤海湾口，在山东半岛的登州一带登陆。这是一条沿海航行的航路，是日本人历来熟悉的。"另外，"从日本到浙江也有一条倭寇所熟悉的航路。"[①]不过，按照笔者的最新统计结果，洪武朝广东的倭患为 17 次，超过了《明代倭寇史略》一书所统计出的辽东、山东（合计 10 次）以及浙江（16 次），考虑到该书对于各地区的统计可能均不同程度存在遗

① 范中义、仝晰纲：《明代倭寇史略》，第 18—19 页。按：引文中的"台岐"当为"壹岐"或"伊岐"之误。

漏的情况，我们虽然不能就此说在洪武朝广东是倭寇入侵最为频繁的地区，但至少可以判定广东是当时倭患“最为严重”的地区之一。其实，郑若曾在《筹海图编》中已揭示了日本贡使所取航路与倭寇的入侵路线略有不同：“其贡使之来，则必由博多开洋，历五岛而入中国。因造舟水手俱在博多故也。贡舶回，则径收长门，因抽分司官在焉故也。若其入寇，则随风所之。东北风猛，则由萨摩，或由五岛至大小琉球。而视风之变迁，北多则犯广东；东多则犯福建。若正东风猛，则必由五岛历天堂官渡水。而视风之变迁，东北多则至岛沙门分艅，或过韭山海闸门而犯温州；或由舟山之南而犯定海，犯象山、奉化；犯昌国；犯台州。正东风多，则至李西岙壁下陈钱分艅，或由洋山之南而犯临观；犯钱塘。或由洋山之北而犯青南，犯太仓，或过南沙而入大江。若在五岛开洋，而南风方猛，则趋辽阳，趋天津。”[①]可见，在分析倭寇入侵的地区差异时，一定要以全面而准确的统计数据为基础来立论，同时也要注意倭寇入侵与来华使节和商人活动并不完全相同，而不能简单地只根据传统的航路来分析倭患的分布问题。再如，也有学者称“明时倭患以闽浙为烈，广东虽不及此，然于两广，亦为巨政”[②]。这种说法更失之笼统，根本没有考虑到不同时期倭寇入侵的重点地区会有明显的不同，其说对于嘉靖年间或许大致不谬，但如果对应到其他时期如倭患相对比较频繁的洪武、隆庆、万历诸朝恐怕就严重失实。

明代广东的倭患属于全国倭患的一部分，其在时间上的发生规律与全国的倭患情况大体是吻合的，但是其自身的诸多特点：

其一，倭患持续时间长，高峰期多。如前所述，明代广东地区最早出现倭寇活动是在洪武二年(1369)，最后一次相关记载是在泰昌元年(1620)八月，历经了约252年的时间。而实际上，明朝最早的倭患是洪武元年(1368)“倭寇出没海岛中，乘间辄傅岸剽掠”[③]，最后一次倭患是天启元年(1621)四月“倭船入福建彭湖地方，官兵擒斩贼首黄十二等于虎井屿，抚臣王士昌具疏上闻”[④]，前后均只差一年时间。这说明，明代广东的倭患与全国的倭患大体上同步，持续时间较长。就整个明代而言，明前期洪武朝、明中期嘉靖朝都是倭患高峰期，万历以后则是倭患消退期，广东的情况大体也是如此，与全国是基本同步的。不过，广东地区又表现出高峰期多的特点。范中义、仝晰纲《明代倭寇史略》一书将隆庆后的倭患定调为明代倭寇“衰弱期”，即认为“隆庆万历初，沿海虽有倭寇的侵扰，但势力不大，危害较轻”，再具体一点来说就是“隆庆年间的倭患较嘉靖时期已大为减轻”，“万历初年，倭寇更加衰弱”[⑤]。其主要依据是《明穆宗实录》中所载三条史料：隆庆元年(1567)六月，户部言，福建每年额征各种银“约二十五万，自嘉靖三十六年至四十三年，以

① (明)郑若曾：《筹海图编》卷二下《日本纪略》，第178—179页。
② 何林夏：《〈苍梧总督军门志〉与明代广东海防研究》，《中国边疆史地研究》1993年第2期。
③ 《明史》卷一三〇《张赫传》，第3832页。
④ 《明熹宗实录》卷九，天启元年四月己丑。
⑤ 范中义、仝晰纲：《明代倭寇史略》，第309、313页。

倭乱兵兴，留为兵饷，不复起解。其后抚按往往请留，今倭寇既宁，供亿渐减，请征太仓，毋以国家常赋滋一方糜费”[①]；兵部覆巡应天都御史谢登之奏：“往者，大江南北以倭寇故募兵增饷，万非得已。今地方稍宁，宜将水陆军兵量为汰革，岁省粮费八万有奇，其常、镇二府各设重兵，无所统辖，宜令清军同知改注海防，分地防守，兼理清军事。”[②]隆庆二年(1568)十月，提督操江都御史吴时来上奏：“国初，江防惟有水操京军，比因倭患，又增水兵六千余人，所费兵饷以七万余计。今倭寇已靖，宜汰简，以苏民困。”[③]其实，以上史料中所说“今倭寇既宁”“今地方稍宁”和“今倭寇已靖”，分别反映的只是福建、大江南北(南直隶)的情况，并不能代表其他地区。有些史书所称“迨总督胡宗宪计擒巨猾徐海、汪直，而总兵俞大猷、戚继光歼倭殆尽；至嘉靖四十三年，始平。于是罢市舶，严通番之禁；倭气渐息”[④]同样也是如此。其实，嘉靖以后的隆庆年间和万历年间，广东的倭患次数虽然有所减少，但仍然相当频繁，分别达到 29 次和 21 之多，显然都仍然是倭患高峰期。

其二，倭患高峰期呈现相对滞后性，倭患分期具有自身的特征。学者一般将隆庆时期的倭患归入明后期，这种分期对于全国而言未尝不可，但对于广东地区就不太合适。从整个明代而言，嘉靖朝无疑是倭患最为严重的时期，尤其是在嘉靖三十一年(1552)以后，由于浙江、福建等地的“走私贸易的人为保护真正的海贼的袭击也自我武装起来。当贸易不顺利，就利用手中的武器进行抢劫而成为海贼”，于是，“就出现了将中国的无赖也卷入其中的倭寇危害”，“抢劫浙江、南直隶各地，甚至还南下推动福建、广东沿海地区”，这就是史称“嘉靖大倭寇”的开始。[⑤] 嘉靖时期，东南沿海各地的倭患都十分严重，而广东地区也不例外，“嘉靖中，倭寇闽、浙，滋蔓亦及于广东”[⑥]。不过，当嘉靖末年，浙江、福建等地的倭乱被相继平息之后，由于海贼吴平余党曾一本南下窜入广东境内，再加之其他海贼此起彼伏，勾结倭寇肆意扰乱，从而造成隆庆年间广东的倭患较之嘉靖年间更为剧烈[⑦]。如果单纯从倭患次数来说，隆庆朝的 29 次，较之嘉靖朝的 56 次，明显要少很多，但隆庆朝只有六年时间，所以年均发生倭患次数竟然高达 4.83 次，远远高于嘉靖朝的

---

① 《明穆宗实录》卷九，隆庆元年六月丙申。

② 《明穆宗实录》卷九，隆庆元年六月壬子。

③ 《明穆宗实录》卷二五，隆庆二年十月己亥。

④ (清)洪若皋：《海寇记》，《丛书集成续编·史部》第 25 册，上海书店出版社，1994 年，第 113 页。

⑤ [日]松浦章：《中国的海贼》，谢跃译，商务印书馆，2011 年，第 55 页。

⑥ (清)佚名：《防守江海要略》卷下《南海》，《中国边疆史志集成·海疆史志》第 23 册，全国图书馆缩微复制中心，2005 年，第 134 页。

⑦ 据明人何乔远记载，隆庆二年(1568)“总督两广谭纶移镇蓟，速上书乞大猷与同练车破虏。继纶者张翰以海贼吴平虽死，其党曾一本复炽，复疏留经略之”。(参见何乔远《名山藏》卷七九《臣林记·俞大猷传》，顾廷龙主编：《续修四库全书·史部》第 427 册，上海古籍出版社，2002 年，第 312 页)即可作为一个证据。

1.24次，就是一个明显的证据。万历年间的情况略相仿佛，海贼、流倭时合时分，频繁侵扰，也造成此一时期广东的倭患相当严重，从而形成明代广东倭患的第四个高峰期。鉴于嘉靖朝、隆庆朝和万历朝三个倭患高峰是相连的，就使得广东的倭患高峰期较之全国其他地区呈现出相对滞后性，换言之，在隆庆以后，全国的倭患重心已转移到了广东地区。这种倭患高峰期呈现出来的相对滞后性，也影响到了整个明代广东倭患的分期特征。由于隆庆朝广东的倭患不仅剧烈程度大于嘉靖朝，而且有前后相承的关系，其实就是"嘉靖大倭寇"在广东地区所表现出来的第二浪，理应与嘉靖朝归并在一起，划入明中期广东倭患期之中。至于万历朝，情况则有所不同，虽然从倭患次数上来说，仍然是广东倭患的一个高峰期，但由于万历朝长达47年，所以年均倭患次数只有0.45次，不仅远低于嘉靖、隆庆两朝，而且不及明前期的洪武朝，显然反映出广东倭患渐趋消退的情况，所以理应划入明后期之中。

三、明代广东倭患的季节分布特征

倭寇从海上入侵中国，在当时海上交通条件困难，各方面技术均比较落后的情况下，不得不慎重考虑季风对航行的重要影响，从而选择最佳的时机。由于倭寇侵扰的时间和季风有着密切的关系，因此其入侵活动具有十分明显的季节规律。

据《筹海图编》记载："大抵倭舶之来恒在清明之后。前乎此，风候不常，届期方有东北风，多日而不变也。过五月风自南来，倭不利于行矣。重阳后风亦有东北者，过十月风自西北来，亦非倭所利矣。故防春者，以三、四、五月为大汛，九、十月为小汛。其停桡之处，焚劫之权，若倭得而主之；而其帆樯所向一视乎风，实有天意存乎其间，倭不得而主之也。"[①]《日本一鉴》中也有相关记载："日本来朝中国，必乘风汛乃可入觐。抑夷岛居东北，论风汛有大小，大汛者，清明以后，端午以前，风有旬日之久，若端午后不利其来也。小汛者，中秋以后中月望前，逾期则不得而遵，贡通乃漂流如闽、广矣。曩昔鄞人每于朝贡之期至，清明之后，端午之前，则曰日本进攻风光，只今东南则曰倭贼风候也。其归本国，必西南风，端午以后，中秋以前，十月望后，仲冬望前可行也，否则不利于行尔。鄞馆贡夷之秋至，端午后则人语曰送使风。只今东南则兵语曰助阵风，何也？夫贼之来，则乘风至，而我兵船则难通风，故贼得而登犯者矣。贼乘风去，而我兵船亦预乘风追击之。"[②]

《筹海图编》的说法产生了较大的影响。如万历《温州府志》亦谓："大抵倭船之来，恒在清明之后，以其东北风多，若过五月，风自南来，倭不利矣。重阳后，风亦有东北，若过

① (明)郑若曾:《筹海图编》卷二下《日本纪略》，第179页。

② (明)郑舜功:《日本一鉴·风汛》，郑樑生编较:《明代倭寇史料》第7辑，台北文史出版社，1987年，第2885页。

十月，风多西北，倭也不利矣。”[①]清人顾祖禹所撰《读史方舆纪要》更是大致直接引用了《筹海图编》的相关文字：“大抵倭船之来，恒在清明之后。前乎此，风候不常，届期方有东北风，多日而不变也。过五月，风自南来，倭不利于行矣。重阳后，风亦有东北者。过十月，风自西北来，亦非倭所利矣。故防倭者以三四五月为大汛，九十月为小汛焉。”[②]当代学者也基本上采用了这个说法，如郑樑生《明代倭寇》即云：“因每年六、七、八月，风渐险恶，正月、十一月、十二月的风向不定，故舟皆不可行。三月至五月则东北风多，倭来便宜。十月小阳汛，亦可渡海。”[③]

然而，《筹海图编》是昆山人郑若曾在嘉靖年间充任浙直福建江西等处总督胡宗宪幕府时所作，反映的主要是江浙一带的倭寇入侵规律，郑舜功在《日本一鉴》中也明确说是“鄞馆贡夷”的情况，均未必与岭南广东倭寇的具体情况完全吻合。

表 2　明代广东倭患分期之季节月份统计表

季节	月份(农历)	前期	中期	后期	合计
春季	正月	2	12	1	15
	二月	3	7	1	11
	三月	1	4	2	7
	月份不详				
	小计	6	23	4	33
夏季	四月	4	3	3	10
	五月	2	6	3	11
	六月		6		6
	月份不详		1		1
	小计	6	16	6	28
秋季	七月	2	2		4
	八月	4	6	1	11
	九月	2	2		4
	月份不详		1		1
	小计	8	11	1	20

① (明)王光蕴：万历《温州府志》卷六《兵戎志》，《稀见中国地方志汇刊》第 18 册，中国书店，1992 年，第 143 页。

② (清)顾祖禹：《读史方舆纪要》卷九四《浙江六 · 附考》，中华书局，2005 年，第 4360 页。

③ 郑樑生：《明代倭寇》，台北文史哲出版社，2008 年，第 29 页。

续表

季节	月份(农历)	前期	中期	后期	合计
冬季	十月		7		7
	十一月	1	4	3	8
	十二月	2	5	1	8
	月份不详		2		2
	小计	3	18	4	25
季节不详		25	17	7	49
总计		48	85	22	155

说明：

1.本表数据的资料来源同表1；

2.隆庆六年(1572)闰二月倭患计入二月。

据表2的相关统计数据，明代广东155次倭患中，有可考季节者共为106次，其中春季33次、夏季28次、秋季20次、冬季25次，春季最多，夏、冬季二季次之，秋季最少。如按可考月份计之，则农历正月最多，达到15次；二、四、五、八月这四个月次之，在10—11次之间；十一、十二月这两月又次之，均为8次；三、六、七、九、十月这五个月较少，在4—7次之间。这就说明，与江浙一带"以三、四、五月为大汛，九、十月为小汛"的情况有所不同，广东的"大汛"明显是在十一、十二、正、二月这四个月，"小汛"则在四、五月之两个月。这就是说，对于广东地区而言，倭寇侵扰频繁之"大汛"期是在冬春之际，此时江浙一带正是倭患稀少之时，形成了明显的反差；至于"小汛"期，则与江浙一带春夏之交的"大汛"期基本一致而略有滞后。

明代广东地区倭患的季节特征之所以与江浙地区不同，其实与中国东南沿海地区季风的盛行风向的区域差异性紧密相关的。早在20世纪30年代，地理学家郑资约在其所著《南海诸岛地理志略》第三章，就专门研究了南海地区的气候气象特征，指出"控制东亚气候之活动中心有四，即冬季之蒙古高气压，与阿留申群岛附近之低气压，夏季北太平洋副热带高气压，与蒙古之低气压是"，"冬季高气压中心固定时，气流绕此高压中心作时针方向之旋转，而以外方顷角吹送。在华北为西北风，至福建沿海变为北风，再南至南海区域则成东北风"。至于南海之风向，基本规律是"以上述气压分布关系，冬季半年多东北风，夏季半年多西南风。二者随季节而变换，为控制南海之主要风向"，其中"居南海北部之东京湾沿岸及广东南岸一带，东北信风由十月初至翌年三月间续吹不息。惟风向受地形影响，多顺海岸而行，在东京湾内为东北风，在广东南岸则变为东北东之方向。但海岸地方之信风，常受北风之扰乱，北风强吹时，常继续二三日之久。南西信风，普遍四月后半始吹。南海之南部发动较早，北部稍迟。至五月末渐盛，以六、七、八月最为卓越”。[1]当代地理学家也有类似观点，认为在“冬季，当强大而寒冷的极地大陆气团笼罩中国大陆的时候，华南受冷高压脊的控制，自北向南盛偏北风或东北风。夏季整个气压场形势与冬季相反，西北太平洋副热带高压北跳西伸，印度洋西南暖湿气流异常活跃，故各地风向以偏南风为主。春季是过渡季节，盛行风向比较零乱，但南部分地区以南风、东南风居多，秋季大部地区转为北风控制，惟沿海仍以偏东风为主”[2]。

值得提及的是，季节气候与海流形成也有很大的关系。中国的海流，可分为两大系统，即外来洋流系统黑潮暖流主干及其分支，和近海就地形成的海流系统，包括各种沿岸流和季风漂流。渤海、黄海和东海的海流，在很大程度上受黑潮暖流系统的控制，冬、夏季的环流形式变化不大。但是南海的海流主要受季风的影响，形成季风漂流，冬、夏季的环流形式迥然不同。而沿岸流则是在我国沿岸流域，由河水和海水混合形成的冲淡水性质的海流。南海北部沿岸流，流动趋势基本随季节而变化，冬季自东北流向西南，夏季基本自西南流向东北。其中南海北部东端的沿岸流与闽浙沿岸流相连，西端则分为两支，其中的一支流经琼州海峡进入北部湾，另一支沿海南岛东部沿海流动，至海南岛南部折向西北方向，流入北部湾。对于南海季风漂流而言，冬季在东北季风影响下，一部分黑潮水从巴士海峡冲入南海，同时来自台湾海峡的东海沿岸流以及广东沿岸流汇合南下，构成西南漂流（即东北季风漂流），最终将大部分海水输入爪哇海；夏季受西南季风的影响，南海东北漂流（即西南季漂流）流向东北，主流出巴士海峡汇入黑潮，另一股经台湾海峡入东海。南海西南漂流和东北漂流，均来自温度较高的海水，故称之为南海暖流。[3]

可见，冬季在蒙古高气压的控制下，江浙一带盛行西北风，不利于倭寇入侵，而广东此时恰恰盛行东北风，南海北部沿岸流和季风漂流均是自东北流向西南，再加上广东的海岸线大致是呈东北—西南走向，也正好有利于倭寇登陆侵扰。前引《筹海图编》有“而视风之变迁，北多则犯广东”之说法，可以为证。由于广东地区冬半年盛行的东北风由公历十月（农历十一月）一直吹到次年三月（农历二月）间，所以倭寇入侵的高发期往往也要持续四个月左右。清明之后，由于江浙一带盛行东北风，利于倭寇入侵，故在农历三、四、五月形成“大汛”；此时广东地区盛行偏南风，本不利于倭寇从日本直接南来侵扰，但由于江浙、福建流倭的南下，与本地海盗相合流，故而四、五月间倭患也比较频繁，形成了“小汛”，这一点在明中期（嘉靖隆庆年间）表现得尤为明显（参见表 2）。

《筹海图编》云：“尝考之，三四月东南风迅，日本诸岛入寇多自闽趋广。”[4]嘉靖《香山县志》亦称：“由香山至廉州，寇之西路。每岁夏四月，南风至，倭船易于北来，谓之风讯。

① 郑资约：《南海诸岛地理志略》，《中国边疆史志集成·海疆史志》第 48 册，第 324—326 页。
② 曾昭璇、黄伟峰主编：《广东自然地理》，广东人民出版社，2001 年，第 124 页。
③ 张耀光：《中国边疆地理（海疆）》，科学出版社，2001 年，第 18—19 页。
④ （明）郑若曾：《筹海图编》卷三《广东事宜》，第 244—245 页。

官军以是出海防守,毋得先期而扰,亦毋得后期而缓。"①其实,两书关于风讯的论述均不是十分准确的,因为广东沿海地区农历三四月时候的东南风或南风,并不利于倭船北来,此时日本诸岛入寇多自闽趋广者,主要是因为有广东邻近福建之便,所以通常只是形成了"小汛",而只有在冬半年东北风盛行的时候,才更有利于倭船的大规模南犯,从而容易形成"大汛"。还有研究者认为:"频繁活动于江南一带的倭寇通常凭借三四月东南风汛南下,由闽入犯广东,只需借风势顺流南下,短时间内即可游遍中、西两路。"②亦未能通过比较完备的统计数据而立论,同样也是似是而非的说法。

值得一提的是,台风(古时亦称飓风)对倭寇活动季节规律的形成也有较大的影响。台风是发生在热带海面上的一种强烈气旋,其各种风向和风力分布具有圆对称性。一般来说,风从海洋吹向陆地那一半(右半圆)往往风力大,范围广,持续时间长,会把大量的海水吹向海岸,堆积壅高而形成异常增水。另外,台风中心的气压很低,相对于四周较高的气压,在台风中心数十里范围内的海面上就会出现水体的隆升现象。这两种异常增水构成了台风暴潮③。如果在沿海地带遇到强烈的台风暴潮,"海舟之行,触礁则摧,入洋则覆。又有黑风、海动之变,遇之则天地晦瞑,波涛鼎沸,故舟人每委曲趋避"④。即使在航海技术发达的今天,台风对海上航行也十分不利,在航海技术比较落后的古代更是如此。"南海飓风之发生,以六至十一之六个月较多,十二至次年五月之六个月较少,即多分布于夏、秋二季,而以冬、春二季为少"⑤。明代倭寇于夏、秋二季入侵广东的频率相对较低,而于冬、春二季入侵的频率相对较高,当与广东沿海地区台风的发生规律也有较为密切的关系。

四、明代广东倭患的日期特征

明代广东倭患,除了具有明显的分期特征和季节特征,还因为倭寇入侵顺潮汐而动的择时规律存在日期上的特征,这一点往往为学者们所忽略。

所谓潮汐,指的是海水在月球、太阳引潮力的作用下所产生的周期性的涨落。海水在产生潮汐现象的同时,还产生周期性的水平运动,成为潮流。在多数情况下,潮汐升降与潮流涨落的类型是一致或相似的,即潮位上升是由外海海水涨潮流入引起的,而潮位下降是海水由内海向外海流动的结果⑥。由于月球以一月为周期绕地球运动,随着月

---

① (明)黄佐:嘉靖《香山县志》卷三《政事志》,岭南美术出版社,2009年,第38页。

② 鲁延召:《明清时期广东中路海防地理研究》,暨南大学博士学位论文,2010年,第137页。

③ 梁必骐主编:《广东的自然灾害》,广东人民出版社,1993年,第193—194页。

④ (明)张瀚:《松窗梦语》卷三《东倭纪》,中华书局,1985年,第60页。

⑤ 郑资约:《南海诸岛地理志略》,第331页。

⑥ 孙湘平:《中国近海区域海洋》,海洋出版社,2006年,第39页。

球、太阳和地球三者所处相对位置不同，潮汐除周日变化以外，以一月为周期形成一月中两次大潮和两次小潮。在朔（初一）、望（十五）日，由于月球、太阳和地球运行位置处于一条直线上，月球和太阳的引潮力相互叠加，此时海面升降最大，形成一月中两次最高的高潮和最低的低潮，称为大潮。在上弦日（初七或初八）与下弦日（廿二或廿三），由于月球、太阳和地球相互运行的位置，接近直角三角形，月球、太阳对地球的引潮力相互消减，此时海面升降最小，称为小潮。事实上，由于自然环境和海水运动的惯性以及海底摩阻力等的影响，大潮通常发生在朔、望日后两天到三天（习惯上称为迟后），小潮通常发生在上弦、下弦后两天到三天。习惯上把大小潮称为大小潮汛。从一天来看，因地球自转和月球公转，潮汐波由东向西，沿周日运动的方向传播，一次潮汐涨落经历的时间是半个太阴日，即 12 小时 25 分，就是所谓半日潮。如果在一个太阴日即 24 小时 50 分内有一次高潮和一次低潮，就叫全日潮。另外，还有混合潮，又分作两种情况，一是不正规半日潮，即在一个朔望月中的大多数日子里，有两次高潮和两次低潮，但有少数日子里（月赤纬较大时）第二次高潮很小，半日潮特征不明显；一是不正规全日潮，即在一个朔望月中的大多数日子里（月赤纬接近零时）具有全日潮的特征，但有少数日子则具有半日潮的特征。① 渤海、黄海、东海主要为半日潮。南海绝大部分海域为不正规全日潮，正规全日潮分布于北部湾、吕宋岛林加延湾一带、加里曼丹的米里沿岸、卡里马塔海峡至苏门答腊海域以及泰国湾北部，只是在广东沿岸以不正规半日潮占优势。②

关于明代倭寇依潮汐而动的规律，《筹海图编》有明确的记载："在船亦候潮大水满之时，方敢深入。而每月初一、二、三、四、五、六，十五、六、七、八、九、二十等日；以时定之，又在子、午。此日此时，皆潮汛长大之水也。灌诸港浦，无不深满，涂礁无不平没，水脉无不通流。"③《广东新语》中也专门论及广东沿海地区潮汐发生规律与倭寇侵扰的相关性："广人以潮汐为水节，或日一潮而一汐，或日两潮而两汐，皆谓之节，"其中"广州潮，以朔日长，至初四而消，以望日长，至十八而消，谓之水头。以初四消至十四，以十八消至二十九、三十，谓之水尾。春夏水头盛于昼，秋冬盛于夜。春夏水头大，秋冬小。故防倭者，自清明前三日，至大暑前一日，谓之春汛。春汛为大，以水头故，言大汛也。自霜降前一日，至小寒前一日，谓之冬汛。冬汛为小，以水尾故，言小汛也"；至于"琼州潮，每月不潮不汐二三日，冬不潮不汐三四日，八、九月潮势独大，夏至大于昼，冬至大于夜。二十五、六潮长，至朔而盛。初三大盛后渐杀，十一、二又长，至望而盛，十八大盛，后又渐杀。大抵视月之盈虚为候，以为随长短星者，妄也。以为半月东流，半月西流，亦非也。盖地形西北高，东南下，琼、雷两岸相夹，见水长而上，则以为西流；见水消而下，则以为东流耳。"④另

① 孙文心、李凤岐、李磊主编：《军事海洋学引论》，海洋出版社，2011 年，第 169 页。
② 孙文心、李凤岐、李磊主编：《军事海洋学引论》，第 344 页。
③ （明）郑若曾：《筹海图编》卷二下《倭船》，第 202 页。
④ （清）屈大均：《广东新语》卷三《山语》，中华书局，1985 年，第 135 页。

据《广东海图说》的资料来分析，珠江口虎门一带潮汐“朔望日潮长，于未初初刻上下小潮，高二尺半，大潮高五尺余至七尺”①，广东沿海其他各海口在大潮时一般高达四尺至六尺余不等，个别海口更高一些，如高州府吴川县硇洲“大潮高七尺至余至八尺半”②。现代观测数据也表明，虽然南海北部沿岸的潮差有明显的区域差异，最大潮差出现在北部湾顶，如北海港可达 7.83 米；粤西沿岸潮差也较大，可达 4 米以上；粤东沿岸次之，平均潮差为 1—3 米。③

倭寇之所以“在船亦候潮大水满之时，方敢深入”，主要是为了避免在海口附近搁浅或触礁。广东的潮汐发生规律如《广东新语》所说，大致是“以朔日长，至初四而消，以望日长，至十八而消，谓之水头”，也就是每月的初一至初四日，十五至十八日，是潮涨水满之时。但如果按照《筹海图编》的说法，初五、六日和十九、二十日，也是潮汐较盛之日。在这些日子，倭寇往往也会利用水涨之机，驾船驶入海口，并进而登陆侵扰。

笔者据相关史料，共找出了 29 个明代倭寇入侵广东的具体日期，其中初一、二、三、十、十四、二十一、二十四日各有 2 次，十一日有 4 次，初五、七、八、九、十五、十七、十九、二十二、二十三、二十六、二十八日各 1 次。如果将初一至初六日、十五至二十日合计，共有 7 次，只占到 29 次的 24.14%，似与《筹海图编》《广东新语》有不小的出入。这可能与相关史料中对于倭寇入侵的具体日期多失记载（其中有些日期也有可能只是官员上报战功的日期而非倭寇入侵的日期）而导致统计数据失真有一定关系。

五、倭寇入侵广东的路线和主要据点

关于倭寇入侵朝鲜和中国沿海的路线，嘉靖年间郑若曾在《筹海图编》中所绘《日本岛夷入寇之图》中有比较清晰的标绘，自北而南分作“倭寇至朝鲜辽东总路”“倭寇至直浙山东总路”和“倭寇至闽广总路”，其中“倭寇至闽广总路”中涉及广东的又分成入潮惠、入广州、入雷州和入琼州四条路线④。不过，他在《广东事宜》认为“广东列郡者十，分为三路”，即将入雷州和入琼州的路线合并，只划分出东、中、西三路，或者左、中、右三路，即所谓“左为惠、潮，右为高、雷、廉，而广州中处”⑤。

---

① （清）张之洞：《广东海图说》，《中国边疆史志集成·海疆史志》第 24 册，第 126 页。

② （清）张之洞：《广东海图说》，第 227 页。

③ 孙文心、李凤岐、李磊主编：《军事海洋学引论》，第 344—345 页。

④ （明）郑若曾：《筹海图编》卷二下《入倭图》，第 211—212 页。

⑤ （明）郑若曾：《筹海图编》卷三《广东事宜》，第 244—246 页。按：《广东事宜》中多次论及西路（左路）之政区，往往只是重点提到高州、雷州、廉州三府，没有明确说到肇庆、琼州二府。不过，从其论述中有“高州东连肇、广，南凭溟渤”，“西南雄郡，如琼为廉之外户”，“凡此皆西路今日所当汲汲经画焉者”诸句可知，在作者的心目里，肇、琼二府大致上也属于西路范围。

《广东事宜》中的东、中、西三路，一般被学者理解为明代广东海防的分路区划，这是没有疑问的。不过，这个分路区划显然是根据倭寇入侵的路线而确定的，所以实际上也可以看作是明代倭寇入侵广东的三条主要路线。这一点，从嘉靖《广东通志》的相关说法就可以得到证实："海寇有三路，设巡海备倭，官军以守之。春末夏初，风汛之时，督发兵船出海防御。中路东莞县南头城，出佛堂门、十字门、冷水角诸海澳。(《海语》：自东莞之南亭门放洋，至乌潴、独潴、七洲三洋，星盘坤未针至外罗；坤申针，则入占城，至昆仑洋；直子午收龙牙门港，则入暹罗。若番贼、海寇，则入十字门打劫，故防之。)东路惠、潮一带，自柘林澳出海，则东至倭奴国，故尤为滨海要害。漳州番舶，北风过洋必经此路。水寨去此尚离一日之程，彼处海寇出没水寨，一时何知？倘视我无备，趁虚而入，无柘林则无水寨矣。东路官军宜于无事挚班之时，定以柘林为堡，阻其咽喉之路，且附近大城所官军互相哨守，庶保无虞，各据险把隘。西路高、雷、廉，惟廉州接近安南、占城，为重地也。"[①]由此可见，倭寇经常通过的路线，也应当是官军防御的重点所在。中路东莞县南头城及佛堂门、十字门、冷水角诸海澳，东路的柘林澳等均是"滨海要害"，为倭寇入侵必至之地；至于西路，虽然涉及诸多府州，但比较而言，廉州由于"接近安南、占城"，地处交通要冲，形势最为重要，也是倭寇、海外诸番经常侵扰之地。

不过，所谓"海寇有三路"，确实是比较笼统的说法，依据相关史料，还可以对明代倭寇入侵广东之东、中、西三路的具体路线和主要据点作进一步的分析。

1.广东东路

关于倭寇入侵广东东路的具体路线和主要据点，郑若曾在《筹海图编》有较为清晰的总结："东路为惠、潮二郡，与福建连接，漳舶之所必经。议者谓潮为岭东之巨镇。柘林、南澳俱系要区，枕吭抚背之防不可一日缓。而靖海、海门、蓬洲、大城诸所又皆跬步海涛，所赖以近保三阳，远卫东岭者也。惠州、海丰东南滨海，其捷胜、平海、甲子门，皆瞬息生变。惠、潮守备札于卫治，诚有以严其防矣，然未知柘林为尤要也。柘林乃南粤海道门户，据三路之上游，番舶自福建趋广，悉由此入。"[②]从中可以知道，明时倭寇之所以频繁侵扰东路的惠、潮二府，主要原因是其地"与福建连接，漳舶之所必经"。潮州府的柘林、南澳，惠州府的捷胜、平海、甲子门诸地，俱是冲要之区，倭寇入侵广东东路时通常会占为据点。其中"柘林为尤要"，原因是"柘林乃南粤海道门户，据三路之上游，番舶自福建趋广，悉由此入"。其他史料，对柘林的重要性也每每有所言及。嘉靖《广东通志稿》记载："柘林澳，内漳、潮海寇，外暹罗诸番，倭常泊舟于澳，为内地方患。洪武年间建大城千户所于腹里，而外筑烟墩以瞭望之。"[③]嘉靖《广东通志》也记载："东路惠、潮一带，自柘林澳

① （明）黄佐：嘉靖《广东通志》卷六六《外志三》，广东省地方史志办公室，1997年，第1724页。

② （明）郑若曾：《筹海图编》卷三《广东事宜》，第244页。

③ （明）戴璟：嘉靖《广东通志稿》卷三四《营堡》，岭南美术出版社，2009年，第570页。

出海，则东至倭奴国，故尤为滨海要害。漳州番舶，北风过洋必经此路。”①《读史方舆纪要》则云：“柘林波连南澳，跨闽、粤之交，海寇恒窥伺于此，往来突犯。盖他寨或山、或礁、或港，皆有险可恃，柘林寨南面平洋，海寇扬帆直指，瞬息可至，且四面孤悬，无附近卫所可以缓急应援。”②可见，柘林澳的交通位置十分重要。倭寇入侵粤东，必以柘林为捷径。反之，明军如果要防御倭寇侵扰，也必须首先加强柘林的海防力量。正因如此，郑若曾就特别指出：“无柘林是无水寨也，无水寨是无惠、潮也。为今之计，东路官军每秋掣班，必以柘林为堡，慎因要津，附近大城所戍卒互为声援，不得规避空所，纵贼驰骤。若遇飓雾尘霾，尤宜加以意焉。”③嘉靖《广东通志》的作者同样也建议：“水寨去此尚离一日之程，彼处海寇出没水寨，一时何知？倘视我无备，趁虚而入，无柘林则无水寨矣。东路官军宜于无事掣班之时，定以柘林为堡，阻其咽喉之路，且附近大城所官军互相哨守，庶保无虞，各据险把隘。”④

与柘林不同，南澳岛其实是明中前期倭寇长年盘踞的一个巢穴。《筹海图编》中说：“南澳当闽、广之交界处，周围皆山，山中有田百顷，乃国初起遣居民遗弃之地也。四面蔽风，大潭居中，可以聚舟，其大视金塘二倍。五六年来，因浙、直攻捕之严，倭船无所容，俱于此互市。福建捕急，则奔广东；广东捕急，则奔福建。定期于四月终至，五月终去，不论货之尽与不尽也。其交易乃搭棚于地，铺板而陈。所置之货，甚为清雅。刀枪之类，悉在舟中。若能密令人于海滨沉灭其舟，则在岸上之倭，生擒也何有？”⑤陈天资《东里志》对于南澳的地理形势讲得更为清楚：“南澳，在东里南三十里许大海中，周围百余里，翔翎于潮、揭、海、饶之境。中分四澳，其最南曰南澳，东曰青澳，北曰深澳，西曰隆澳。南澳地广衍，然在外海，登陆处皆涉滥。青澳自南澳东折，风波甚恶，是以二澳少有泊舟者。惟深澳内宽外险，有腊屿、青屿环抱于外，仅一门可入，而中可容千艘，番舶、海寇之舟，多泊于此，以肆劫掠。”⑥指明番舶、海寇之舟，多泊于南澳岛北面“内宽外险”的深澳。顾祖禹在《读史方舆纪要》中则补充了一些资料：“洪武二十六年，居民为海倭侵扰，诏令内徙，遂墟其地。其山四面蔽风，大潭居中，可以藏舟。嘉靖初倭泊于此互市。既而倭自福建之浯屿移泊南澳，建屋而居，大为粤东患。其后海寇吴平、许朝光等亦窟穴于此。万历三年增设重兵屯据其地。四年筑城，周二里。”⑦可知，明朝自洪武二十六年(1393)“墟其地”之后，南澳基本成为无人区，嘉靖初年有日本商人泊于此互市，继而又有大量倭寇自福建之

---

① （明）黄佐：嘉靖《广东通志》卷六六《外志三》，第 1724 页。

② （明）顾祖禹：《读史方舆纪要》卷一三〇《广东四》，第 4725 页。

③ （明）郑若曾：《筹海图编》卷三《广东事宜》，第 244 页。

④ （明）黄佐：嘉靖《广东通志》卷六六《外志三》，第 1724 页。

⑤ （明）郑若曾：《筹海图编》卷三《广东事宜》，第 247 页。

⑥ （明）陈天资：《东里志》卷一《疆域志・澳屿》，饶平县地方志编纂委员会办公室，1990 年，第 29 页。

⑦ （清）顾祖禹：《读史方舆纪要》卷一三〇《广东四》，第 4724 页。

浯屿移泊南澳，建屋而居，作为长年盘踞的一个巢穴，始成广东东路之患。后来海寇吴平、许朝光等亦窟穴于此。这种局面，直到万历三年(1575)明朝增设重兵屯据其地之后，才发生彻底的变化。

需要补充说明的是，柘林和南澳因为其地理位置的重要性而被倭寇作为入侵粤东的首选，但这并不代表倭寇就只以这两处为据点进行侵扰。粤东沿海有许多港湾和岛屿，这些港湾和岛屿都有可能为倭寇所觊觎，成为入侵粤东时的交通要道或者据点。如赤沙澳，在潮州府惠来县南四十里，“沙堤蔽涛，海艘时集于此。当神泉澳口，海寇猖獗，兵民难以寄顿”[①]。再如长沙尾、后汐澳、钩刀嘴等地也是如此，“长沙尾，西跨南洋，近于莱芜澳，为船艘往来门户，海寇亦常泊焉”；“后汐澳，即后泽澳，俗讹为宅，在隆澳。贼首许朝光，置寨于此”；“钩刀嘴，在大埕前。过此为湾港，寇舟劫大埕，由此起岸”[②]。郑若曾提到“其外碣石、靖海、甲子门海澳，虽视柘林稍次，而舟师防御各有信地之责者，又可少懈乎！”[③]可见惠州府境的碣石、甲子门海澳，同样也是倭寇频繁出入之地。

2.广东中路

关于倭寇入侵广东中路广州府沿海的主要据点，郑若曾在《筹海图编》也有较清晰的总结：“环郡大洋，风涛千里，皆盗贼渊薮，帆樯上下，乌合突来，楼船屯哨，可容缓乎！尝考之，三四月东南风迅，日本诸岛入寇多自闽趋广。柘林为东路第一关锁，使先会兵守此，则可以遏其冲而不得泊矣。其势必越于中路之屯门、鸡栖、佛堂门、冷水角、老万山、虎头门等澳，而南头尤甚。或泊以寄潮，或据为巢穴，乃其所必由者。附海有东莞、大鹏戍守之兵，使添置往来，预为巡哨，遇警辄敌，则必不敢泊此矣。其势必历峡门、望门、大小横琴山、零丁洋、仙女澳、九灶山、九星洋等处而西，而浪白澳尤甚，乃番舶等候接济之所也。附海有香山所戍守之兵，使添置往来，预为巡哨，遇警辄敌，则亦必不敢泊此矣。其势必历厓门、寨门海、万斛山、纲洲等处而西，而望峒澳为尤甚，乃番舶停留避风之门户也。附海有广海卫、新宁海朗所戍守之兵，使添置往来，预为巡哨，遇警辄敌，则又不敢泊此矣。夫其来不得停泊，去不得接济，则虽滨海居民且安枕而卧矣，况会城乎！按今设御之法，浪白、望峒二所，各置战舰，慎固封守；而南头宜特设海道驻扎，居中调度，似有以扼岭南之咽喉矣。应援联哨，其中路今日之急务乎！”[④]

可见倭寇入侵如果在东路遇阻，往往西犯广州府境，其侵扰广东中路的具体路线大致有三条：首选的是屯门、鸡栖、佛堂门、冷水角、老万山、虎头门等澳，尤其是南头一带，“或泊以寄潮，或据为巢穴，乃其所必由者”；如果上述诸处明军有备，倭寇就选择第二条路线，历峡门、望门、大小横琴山、零丁洋、仙女澳、九灶山、九星洋等处而西，往往又选择

① (明)顾祖禹：《读史方舆纪要》卷一三〇《广东四》，第4727页。

② (明)陈天资：《东里志》卷一《疆域志·澳屿》，第29—32页。

③ (明)郑若曾：《筹海图编》卷三《广东事宜》，第244页。

④ (明)郑若曾：《筹海图编》卷三《广东事宜》，第244—245页。

浪白澳为主要基地，因为此处“乃番舶等候接济之所也”；如果上述诸处又遇到阻击，则历厓门、寨门海、万斛山、纲洲等处而西，这时就会选择望峒澳为主要基地，因为此处“乃番舶停留避风之门户也”。针对倭寇在上述三条路线的活动规律，郑若曾从海防战略高度思考，建议官军在原有防御体系的基础上，再在“浪白、望峒二所，各置战舰，慎固封守”，同时在南头特设海道驻扎，以便居中调度，应援联哨。

3.广东西路

高州、雷州、廉州三府以及肇庆府、琼州府均属于广东西路。郑若曾在《筹海图编》云：“议者曰：‘广东三路虽并称险厄，今日倭寇冲突莫甚于东路，亦莫便于东路，而中路次之，西路高、雷、廉又次之，西路防守之责可缓也。’是对日本倭岛则然耳。三郡逼近占城、暹罗、满剌诸番，岛屿森列，游心注盼，防守少懈，则变生肘腋，滋蔓难图矣，可弗讲乎！”[①]细读可知，郑若曾虽然不同意“西路防守之责可缓”的观点，但却认为广东西路的倭患较少，而占城、暹罗、满剌诸番骚扰的情况更为严重一些。这个认识显然是不够全面的，也与该书《日本岛夷入寇之图》中专门绘有入雷州和入琼州两条路线的情况颇有出入。

其实，其他一些史料，对于倭寇入侵广东西路诸府的情况有不同的记载。顾祖禹《读史方舆纪要》称高州府“至东南皆据大海，虽有沙带、限门之阻，而水深潮平，顺乎易达，御倭营堡，不容少疏也”[②]。可见，高州府沿海的港湾“水深潮平，顺乎易达”，每每被倭寇利用，因而成为明军重点防守之地。同书还提到，雷州“府三面距海，北负高凉，有平田沃壤之利，且风帆顺易，南出琼、崖，东通闽、浙，亦折冲之所也”[③]。由于农业条件不错，又处于四通八达之地，因此这一条海路自然不会被倭寇忽略。再如万历《琼州府志》对倭寇入侵琼州府的主要据点也有专门论述：“其沿海冲要：郡城北十里曰白沙港，宋设水军，赵汝珞拒元兵于此。国朝隆庆初，始设白沙寨。兵船防守，与海口唇齿相通。凡大舟、商船皆住泊焉，是琼治之咽喉也。东六十里曰铺前港，深广可容商船。凡倭寇贼船，常从此入，即李茂澳党住泊为患处，势与白沙相倚，是琼治之胸项也。铺前东去二十里，至文昌白峙澳；四十里，至木兰澳；五十里至急水门，八十里至抱虎湾；一百里至抱陵港；不数里铜鼓角一带以来，常有贼舟湾泊，登岸取水，乘间暴掠。至于清澜一港，海门宽阔，水道委蜒，内达文昌治县，外通大海、七洲洋，贼船、倭寇顺风南抵，此其先据，盖琼郡之肘腋，最宜加关防者也。清澜南去六十里至冯家湾，四十里至会同、哆南，八十里至乐会、博敖，屡被寇害，其为要地，更当备守。八十里至万州那鹿港。那鹿出外洋，有南北二澳，贼船常此取水。四十里至大塘湾，六十里至旧陵水，三十里至牛头岭，突出海口。六十里至桐栖盐水港，六十里至黎菴港，四十里至琅邪澳，六十里至榆林港，常有贼船寄泊。遇警便于各处防之，惟三亚一港，东至万州，西达昌化。东南风发时，有大泥诸番沿海登岸，抢夺滨民，

① （明）郑若曾：《筹海图编》卷三《广东事宜》，第245页。

② （清）顾祖禹：《读史方舆纪要》卷一四〇《广东五》，第4736页。

③ （清）顾祖禹：《读史方舆纪要》卷一四〇《广东五》，第4747页。

最宜防守。”[1]尤其难得的是，该志还记载了万历年间明朝针对入侵路线所做到的海防体系的调整情况：“按琼郡州县俱附海滨，周回数千里，时有倭寇、番船之警。今设东、西二路，左、右、前、司分哨防守策应，而统领于白沙寨，兵家所谓星方棋置之势。况加以天堑之险，第夷情叵测，风波靡常，尤当于冲要处整饬兵船，精选器械，查诘墩堠，巡查海道，始可保孤屿之金汤也。”[2]这些史料记载，大多论及广东西路诸府在防御倭寇方面的重要性，均可补正《筹海图编》相关说法之偏颇。

六、广东倭患的区域差异与倭患重心的变化

如前所述，郑若曾在《筹海图编》转引了一个当时较为普遍的看法，认为“广东三路虽并称险厄，今日倭寇冲突莫甚于东路，亦莫便于东路，而中路次之，西路高、雷、廉又次之，西路防守之责可缓也”。这个说法已经认识了明代广东倭患存在明显的区域差异，影响很大，常为后世的相关著述所沿用[3]。不过，这个说法实际上只是大致反映了明中期尤其是嘉靖年间的倭患情况，并不能完全代表整个明朝倭患的整体区域差异情况，也未能充分体现明朝不同时期倭患重心的变化情况。

表 3 明代各时期广东三路倭患地点分府统计表

时期	朝代	东路			中路	西路						不详
		潮州府	惠州府	合计	广州府	肇庆府	高州府	雷州府	廉州府	琼州府	合计	
前期	洪武	4	2	6	3	1	1	2	2	5	11	1
	永乐	1		1					2	2	4	
	宣德	2		2								
	正统	1		1	1					2	2	
	景泰	3	1	4								
	天顺	4		4	2		1				1	
	成化									2	2	1
	弘治									3	3	
	正德	1		1						2	2	2
	小计	16	3	19	6	1	2	2	4	16	25	4

① （明）蔡光前：万历《琼州府志》卷八《海黎志》，岭南美术出版社，2009年，第242—243页。

② （明）蔡光前：万历《琼州府志》卷八《海黎志》，第243页。

③ （清）卢坤、邓廷桢：《广东海防汇览》卷四《舆地三·险要三》，河北人民出版社，2009年，第103页。

续表

时期	朝代	东路			中路	西路						不详
		潮州府	惠州府	合计	广州府	肇庆府	高州府	雷州府	廉州府	琼州府	合计	
中期	嘉靖	34	8	42	6	1		1	1	5	8	7
	隆庆	4	6	10	10	1	7	4	3	5	20	
	小计	38	14	52	16	2	7	5	4	10	28	7
后期	万历	3	1	4	5	3	1	3	2	3	12	
	泰昌	1		1								
	小计	4	1	5	5	3	1	3	2	3	12	7
合计		58	18	76	27	6	10	10	10	29	65	18

说明：

1.本表数据的资料来源同表1；

2.各次倭患涉及多府者，各府均统计1次。

根据表3的相关统计数据，可以细致分析明朝前、中、后各期广东三路倭患的情况，甚至也可以进一步研究包括较多府的东路和西路内部的倭患差异情况。

明前期广东之东、中、西三路分别发生倭患19次、6次和25次，这个数据说明此一时期西路倭患最为严重，东路次之，而中路较轻，与《筹海图编》所述情况迥然有异。当然东、西路二路均涉及多个府，其内部也存在明显的差异。其中东路潮、惠二府之中，倭患集中发生于潮州府，计达16次之多；而惠州府则只有3次。西路肇、高、雷、廉、琼五府之中，倭患集中发生于琼州府，也达16次之多；廉州府次之，但只有4次，已远远少于琼州府；而其他三府则只有1次或2次，显然倭患较为轻微。中路只有广州一府，只发生了6次倭患，于三路之中倭患最少，但如果单纯以府论之，则仅次于东路的潮州府和西路的琼州府，与西路的廉州府相同。总的来看，明前期的倭患重心是在东路邻近福建的潮州府和西路孤悬于海洋的琼州府，而内侧沿海诸府的倭患均相对较为轻微。这种分布格局的形成，与明前期流窜于中国东南沿海一带的日本海盗往往选择明军防御薄弱的广东边境府州频繁侵扰有一定关系。

就整个明中期而言，广东之东、中、西三路分别发生倭患52次、16次和28次，这个数据说明此一时期东路倭患最为严重，西路次之，中路稍轻，与《筹海图编》所述情况也略有出入。其中嘉靖年间广东之东、中、西三路分别发生倭患42次、6次和8次，同样也是东路倭患最为严重，西路次之，中路较少。不过，如果单纯以府论之，嘉靖年间广东沿海八府之中，倭患次数排在前三位的分别是东路的潮州府34次、惠州府8次和中路的广州府6次，均明显多于整个明前期倭患次数；而西路倭患最多的琼州府只有5次，肇、雷、廉三府各只有1次，高州府无倭患，均要比明前期大为减少。如果此一时期的广东西路只计算高、雷、廉三府，则仅发生倭患2次，就与时人“今日倭寇冲突莫甚于东路，亦莫便于东路，而中路次之，西路高、雷、廉又次之”的说法完全吻合。这种倭患分布格局的形成，与明中期广东的倭患主要以福建海盗和广东潮州海盗纠结日本倭寇频繁侵扰为主有着紧密的关系。

然而值得注意的是，隆庆年间倭患的重心似发生了重大变化。隆庆年间广东之东、中、西三路分别发生倭患10次、10次和20次，西路倭患次数大大超过嘉靖年间，而东路、中路倭患次数均只有西路的一半，并且东路倭患次数较嘉靖年间大为减少，中路则稍有增加，这说明此一时期倭患的重心已移到广东西路，呈现出西路倭患最为严重、中路次之、东路最轻的倭患格局，与嘉靖年间完全相反。这一倭患格局的形成，当与嘉靖四十四年(1565)、隆庆三年(1569)，纠结倭寇频繁侵扰闽、广两省尤其是福建漳州府与广东潮州府沿海一带的海贼吴平及其余党曾一本相继被平灭[①]，海贼与倭寇残众只能向西流窜骚扰有非常密切的联系。万历《广东通志》的记载“往年倭患惠、潮为甚，民遭涂炭而严备之，而有司防守加密，故倭遂西向”[②]，就揭明了其中的原因。

当然，隆庆年间东、西路二路内部的倭患重心也发生了一些变化，其中东路潮州府的倭患由嘉靖年间的34次骤减为4次，而惠州府的倭患为6次，只比嘉靖年间减少了2次，以至于破天荒地出现了惠州府的倭患多过潮州府的情况；西路琼州府的倭患仍然为5次，肇庆府仍然为1次，但高、雷、廉三府的倭患却明显增加，其中高州府在嘉靖年间未见倭患，在隆庆年间竟然发生了7次，同样也多过琼州府。至于中路的广州府，隆庆年间的倭患由嘉靖年间的6次上升为10次，也多过其他各府。隆庆年间广、惠、高三府的倭患次数居广东沿海八府的前三位，这一事实充分说明，此一时期广东的倭患的重心不仅呈现出东移的趋势，而且还有向内侧沿海诸府尤其是中路广州府转移的趋势。

明后期广东倭患渐趋消退，这是不争的事实。其中的缘由，除官军的积极进剿以外，也与日本幕府相关政策的调整有关，据说丰臣秀吉于天正十六年(1588)七月八日颁布了“贼船停止令”，“命令诸国的地头、代官、船头、猎师，禁止再次从事海盗行为，征缴誓纸”[③]。有研究者分析说，德川幕府因为担心天主教在日本的传播会酿成反政府的力量以及害怕对外贸易逐渐威胁到幕府的统治基础而逐渐由开放转为锁国，“在这种情况下，不断骚扰进犯中国东南沿海的倭寇，也就失去了生存的土壤。自此以后，中国鲜有倭患发生”[④]。不过，“鲜有倭患发生”并不是没有倭患，据笔者统计，万历、泰昌年间广东的倭患仍然多达13次(其中万历十六年即1588年以后为9次)，较之其他省份略显严重一

---

① 陈懋恒：《明代倭寇考略》，第137—138页。

② (明)郭棐等：万历《广东通志》卷六《事纪》，第149页。

③ [日]松浦章、卞凤奎：《明代东亚海域海盗史料汇编》，台北乐学书局有限公司，2009年，第13页。

④ 范中义、仝晰纲：《明代倭寇史略》，第355—361页。

些。表3的相关统计数据显示，明后期广东东路、中路的倭患各有5次，而西路则多达12次。不过如果以府论之，中路的广州府发生倭患5次，仍居沿海八府首位；东路潮州府4次，又明显超过了惠州府，位于第二；雷、琼二府各有3次，反超高州府，位于第三。总的来看，由于广东东路包括五个府，虽然倭患次数较多，但较为分散，所以防倭压力并不大。相比较而言，中路广州府和东路潮州府的倭患略显严重一些。当然，这一时期广州府、潮州府的倭患之所以仍然较为严重，与潮、惠诸地海盗的再度猖獗不无关系。万历初年，这些海盗"外勾岛孽，内结山巢，恣其凶虐，屠城铲邑"①，而"山贼每连海贼而出入，故所重在海"②，使广东沿海地区的动乱形势愈演愈烈。为此，时任两广总督不得不重新考虑广东沿海一带的军事布防问题，先是"吴桂芳等议设六水寨，各统以参总，募土客兵，给与船器，专备追击"，后来"刘尧诲以南澳为闽广之交，议设副总兵以总两省舟师，协柘林、铜山二寨而守之"③。万历七年(1579)十一月，当粤西罗旁"傜乱"平定之后，总督刘尧诲在肇庆大规模重建总督行台，历时四月，万历八年(1580)春季完工，并将两广总督府址由梧州迁移肇庆。④ 这些军事部署的调整，大概就是为了适应广东中路和东路海防形势变化的需要。

作者简介：

吴宏岐，暨南大学历史地理研究中心教授；崔文超，暨南大学历史地理研究中心硕士研究生。

① (明)应槚、刘尧诲：《苍梧总督军门志》卷五《舆图三》，全国图书馆文献缩微复制中心，1991年，1970年，第87页。

② (明)张瀚：《松窗梦语》卷八《两粤纪》，中华书局，1985年，第166页。

③ (明)应槚、刘尧诲：《苍梧总督军门志》卷五《舆图三》，第87页。

④ 吴宏岐、韩虎泰：《明代两广总督府址变迁考》，《中国历史地理论丛》2013年第3辑。

万历朝鲜战争第一阶段中的陈璘

郑洁西

[提要]陈璘是万历朝鲜战争期间(1592—1598)的抗倭英雄，其抗倭活动主要体现于战争的第二阶段(1597—1598)，但对第一阶段(1592—1593)的战局亦有所介入。在该阶段，陈璘最初自广东赴调京营，续后在拱卫京师的蓟镇担任副总兵，在平壤大捷(1593.正)后被委任为蓟、辽、保定、山东等处防海御倭副总兵，是继经略宋应昌、提督李如松的第三位高规格御倭官员，为明朝御倭水军的实际最高统帅。此后一度出现过改调其赴援朝鲜的动议，但因明日封贡之议的展开而被停行。陈璘在这一阶段的活动与他在战争第二阶段的赴朝抗倭是一脉相承的。

[关键词]陈璘；万历朝鲜战争；防海御倭副总兵；赴援朝鲜

陈璘是万历朝鲜战争期间(1592—1598)的抗倭英雄。关于他的抗倭活动，在近年已经引起了学界的普遍关注，中日韩三方均出现了相关论考。[①] 但以往的研究一般将视野

---

① 关于陈璘的生平及其抗倭活动的相关考述，主要有张玉荣的《为中国抗倭英雄陈璘正名——韩国韩瑞大学教授张庆姬专访》，《小康》2015 年第 2 期；谭海清的《广东抗倭英雄陈璘纪事》，《小康》2014 年第 9 期；李克玉的《抗倭名将陈璘军事活动述略》，《广东教育学院学报》2007 年第 1 期；卢彩庆的《明代援朝战争中的陈璘将军》，《韶关大学韶关师专学报(社会科学版)》1991 年第 3 期。近年学界对描绘陈璘作战情形的《壬辰征倭图》有所重视，出现了一系列相关论著，其代表性研究主要有陈邦植的《陳璘明水軍都督의征倭紀功図再照明》，东邦企画，2000 年；Gari K. Ledyard 的《〈新発見資料〉「壬辰征倭図」の歴史的意義》，《新東亜》1978 年 12 月号，东亚日报社；黑田庆一的《順天城と「征倭紀功図巻」》，《倭城の研究》第 2 号，1999 年 8 月；黑田庆一的《南海倭城と「征倭紀功図巻」》，《倭城の研究》第 4 号，2000 年 7 月；黑田庆一的《新発見史料「壬辰征倭図」と慶長の役の新事実》，《歴史読本》第 45 卷第 12 号，2000 年 8 月。

放在战争的第二阶段(1597—1598),即陈璘在朝鲜的实际参战情况,极少有人关注战争第一阶段(1592—1593)中陈璘的相关活动情况。陈璘此前因遭弹劾而被罢免,但在万历朝鲜战争爆发前夜已有起复动议,后来一度被委任为蓟、辽、保定、山东等处防海御倭副总兵,是继经略宋应昌、提督李如松的第三位高规格御倭官员,为明朝御倭水军的实际最高统帅。在此阶段,明廷一度出现过改调其赴援朝鲜的动议,但因明日封贡之议的展开而被停行。陈璘在这一阶段的活动与他在战争第二阶段的赴朝抗倭是一脉相承的。本文将着重考察陈璘在万历朝鲜战争第一阶段的活动情况。

一、起复经过

陈璘在万历朝鲜战争之前历任广东肇庆游击将军①、广东副总兵②,万历十二年(1584)改任狼山副总兵③,但遭御史弹劾,被"褫官永锢"④。万历朝鲜战争的爆发,为陈璘的起复提供了重要的契机。万斯同和张廷玉的两种《明史·陈璘传》均称"朝鲜用兵,以璘熟倭情,命添注神机七营参将",认为陈璘起复于万历朝鲜战争爆发之后。但事实上,在万历朝鲜战争爆发前夜,已经屡有起复陈璘的动议,并最终为明廷所采纳。

万历朝鲜战争爆发前夜,因为日本丰臣秀吉意图侵犯大明的军事情报不断传入⑤,迫使明廷开始筹措相应战备⑥,其中以选拔大将至为重要。当时,科臣王德完、胡汝宁、许子伟等,巡抚常居敬、陈于陛等皆力主选求名将。但陈璘最初却被排除在推选之列。如万历十九年(1591)闰三月四川巡抚李尚思等会荐将才,明廷同意将朱文达、陈琳、刘綎、万鏊、边之垣、王之翰、周于德等人"附记将籍升用",但独不起用李应祥、陈璘两人。⑦同年七月,陕西巡抚叶梦熊荐举将才,兵部同意推用麻承恩、杨绍勋、王化熙、李承勋、董

---

① 《明神宗实录》卷三七,万历三年四月乙亥(初七日),台北"中央研究院"历史语言研究所,1966年。

② 《明神宗实录》卷一〇九,万历九年二月癸卯(初九日)。

③ 《明神宗实录》卷一五三,万历十二年九月己卯(初六日)。

④ 万斯同:《明史》(上海古籍出版社,1995年)卷三二一《陈璘传》:"璘有谋略,善将兵,而所至贪赎,为巡方御史所劾,褫官永锢。璘既被废,朝士多惜其才,不敢荐。"

⑤ 关于当时的日本情报,请参看松浦章的《明代海商と秀吉「入寇大明」の情報》,末永先生米寿記念会編《末永先生米寿記念献呈論文集》坤,奈良明新社,1985年;管宁的《秀吉の朝鮮侵略と許儀後》,《日本史研究》298号,1987年6月;米谷均的《『全浙兵制』「近報倭警」にみる日本情報》,《8—17世紀の東アジア地域における人・物・情報の交流—海域と港市の形成、民族・地域間の相互認識を中心に—》,东京大学大学院人文社会系研究科,2004年。

⑥ 明朝当时的战备举措主要体现以下几方面:一、强化军事力量;二、扩充军费,筹备粮草;三、向战略要地转移兵力;四、修筑军事设施;五、严肃军纪;六、收集情报。参见郑洁西《明代万暦時期の中日関係史の研究》,日本关西大学博士论文,2010年11月,第172—176页。

⑦ 《明神宗实录》卷二三四,万历十九年闰三月辛未(初六日)。

一元、刘缙国、邓子龙、陈燮、张沛等多人，独以陈璘“奉旨不许推用”[①]。陈璘之得以起复，最初靠的是两广总督刘继文的力荐。万历十九年十一月，刘继文上疏备陈防倭条议，提议任用惯于海战的陈璘、武应隆。此议最终为明廷所采纳，陈璘最终因擅海战之长得以起复。[②] 时在万历朝鲜战争爆发前夜。

陈璘在起复之初的活动情况，据两广总督萧彦的《取用御倭将官疏》，其谓“本年（万历二十年，1592）正月内，该本部题奉钦依，起补神机七营参将”，则当是旧年（万历十九年）十一月两广总督刘继文上疏举荐陈璘后，兵部于当年正月内已经题奏起补陈璘为“神机七营参将”，此奏在当时得到了万历皇帝的允准。[③] 神机营与五军营、神枢营并称明代京城三大营，是明朝最为精锐的禁卫部队，其“七营参将”指的是“车兵七营练勇参将”[④]。陈璘的这项职衔原系“添注”[⑤]，并非实授，但明廷在开初就安排其赴京就职治事，然而陈璘并未马上进京赴任。因为当时两广汛期在即，防倭军务甚为紧迫，所以刘继文向兵部提出申请，要求暂留陈璘在广东沿海的惠、潮两地防汛备倭[⑥]。当年三月，继任两广总督的萧彦认为当时“寇在门庭，安可夺我锁钥”[⑦]，也不同意将陈璘调赴京营。

两广汛期结束后不久，万历朝鲜战争随即爆发。因为当时“倭患方殷”，急需将才，当年六月，明廷要求陈璘火速进京以备援朝之役[⑧]。此际的总督萧彦不得不奉命“马上差人催促本官束装兼程赴京到任”，但陈璘却并未响应号召马上赴京，而是首先向明廷提出了募带亲兵的要求：

> 摧锋陷阵，非得服习之兵，利害俱与，恩信相洽者，难奏成功。……窃计抵京，必有见兵付之统领，固无不可，第兵不识将意，将不知兵情，则兵家所忌。……职固尝养士，亦颇精强，但为数不多，必须添募，乃可启行。……除职见有家丁随带充

---

① 《明神宗实录》卷二三八，万历十九年七月丙寅（初三日）。

② 《明神宗实录》卷二四二，万历十九年十一月壬午（二十日）。

③ 萧彦：《制府疏草》卷下《取用御倭将官疏》，《丛书集成初编》第910册，中华书局，1985年。

④ 《大明会典》卷一三四《兵部》，《续修四库全书》第791册“史部政书”类，上海古籍出版社，2002年。

⑤ 萧彦：《制府疏草》卷下《取用御倭将官疏》。

⑥ 萧彦：《制府疏草》卷下《取用御倭将官疏》。

⑦ 喻政：《陈大将军传》，《康熙翁源县志》卷七《艺文志》收，《日本藏中国罕见地方志丛刊》第31册，北京图书馆出版社，2002年。

⑧ 萧彦：《制府疏草》卷下《取用御倭将官疏》：“今照彼中汛期已毕，此之倭患方殷，相应速取来京，以备缓急。案呈到部。看得辽阳之倭报日传，将官之得人甚急，委应速为取用，合候命下，将陈璘添注神机七营参将，本部马上差人催本官星夜来京，听候调遣。”《明神宗实录》万历二十年六月己酉（二十一日）：“以参将陈璘素熟倭情，屡经荐牍，命添注神机七营参将，马上差人守催，星夜前来，听候调遣。”

役，……将见在营兵，挑选精锐，部领启程。[1]

明廷同意了陈璘的要求，但对他募带亲兵的员额作了“以五百名为率”[2]的限制。陈璘此后不久应当募全五百名家丁进京赴任，但其具体抵京日期不得而知。

二、赴调京营

陈璘赴调京营后，明廷对他的职衔作了重要调整。万斯同《明史稿》和张廷玉《明史》均称其一到北京即被升职改任为“神枢右副将”[3]。

陈璘的这次改任，与两广总督萧彦的大力举荐不无关系。万历朝鲜战争爆发后，明廷在南京兵科给事中徐桓的提议下，要求省直督抚不拘一格荐举将才：

命各省直督抚官招选将才，不必拘数，务得真才济用，无以虚文塞责。仍严举主赏罚之令。从兵部覆南京科臣徐桓疏也。[4]

萧彦响应了明廷的号召，推举了两广地区的将才共六人：其中“可备大将之选”者，有原任总兵郭成，见任参将陈璘、游击彭信古等三人；其中“可备参游偏裨之用”者，有原任参将叶劝、见任守备吴广、原任游击王有麟等三人。另外还荐举了并非任职两广地区的将才原任副总兵张奇峰、见任参将杨威、原任参将骆尚志、原任总督漕运军门坐营俞尚志、原任游击范朝恩、原任参将吴海占、千户毛有泽等共七人。萧彦指出，陈璘“身经百战，气雄万夫，虽投闲而不忘裹革之思，甫起废而益奋弃繻之志”[5]，认为他一方面有着丰富的实战经验，另一方面虽然一度闲赋，但从未消沉，故而可备大将之选。

萧彦的荐举无疑在一定程度上影响了明廷的用人决策。当年十月，明廷进一步重用陈璘，将其由神机七营参将升为神枢营右副将。[6]

---

① 萧彦：《制府疏草》卷下《取用御倭将官疏》。

② 萧彦：《制府疏草》卷下《取用御倭将官疏》。

③ 万斯同：《明史》卷三二一《陈璘传》：“二十年，朝鲜用兵，以璘熟倭情，命添注神机七营参将。至则改神枢右副将。”

④ 《明神宗实录》卷二五一，万历二十年八月己酉（二十二日）。

⑤ 萧彦：《制府疏抄》卷下《遵明旨举将才以备任使疏》。

⑥ 《明神宗实录》卷二五三，万历二十年十月己亥（十三日）：“升神机七营练勇参将陈璘为神枢右副将。”

三、防海御倭副总兵

陈璘起复以后，其在短时间内不断升迁。陈璘最初任职神机营参将（万历二十年正月），后升任神枢营副将（万历二十年十月），之后又很快改任为“协守蓟镇、宝坻海防副总兵”①。蓟镇系京师门户，为“防虏防倭”要地，战略位置极为重要。明廷原来在此地设总兵一员、副总兵三员②，但此次任陈璘为“海防副总兵”，当为临时增设，其目的无疑是为了预防日军对京畿地区的突袭。当时与陈璘相先后被任命为蓟镇总兵的是原山西总兵王保，其“身轻战阵，勇冠戎行”，“骁雄足备折冲之用”，在当时颇有盛誉。③

次年（万历二十一年）正月初，陈璘又以“协守蓟镇副总兵署都督佥事”充任“统领蓟、辽、保定、山东等处防海御倭副总兵”④。该职衔虽然仍为负责海防的副总兵，但其辖区却发生重大变化，即由蓟镇一区扩大为蓟镇、辽东、保定、山东四区。此前的万历二十年九月二十六日，万历皇帝敕命宋应昌“前去蓟、辽、保定、山东等处经略防海御倭军务”⑤，名义上为蓟镇、辽东、保定、山东四区的防海御倭经略，实际上全面负责援朝军务，此为援朝明军最高文官经略之初设。万历二十年十月十六日，明廷再以原任提督陕西讨逆军务总兵官李如松“充提督蓟、辽、保定、山东等处防海御倭总兵官”⑥，此为援朝明军最高武官提督之初设。由此可见，陈璘其实是继经略宋应昌、提督李如松的第三位高规格御倭官员。但陈璘的职掌与宋应昌、李如松又有所不同，其最初并无赴援朝鲜的安排，而是全面负责明朝的实际海防军务。可见，陈璘在当时并非提督李如松的副手，而是独当一面的明朝御倭水军实际最高统帅。陈璘的职掌在蓟、辽、保定、山东四区海防，其又以邻接朝鲜的山东、辽东海域海防最为重要。时任山东巡抚的孙鑛在当年正月二十三日曾致书陈璘专门与之协商山东、辽东海域海防事宜：

> 御倭水兵，今得足下为之帅，固令挥篙橹，足以摧歼夷艘矣。海中形势，不敏近亦耳剽其概，大抵自旅顺至登莱，乃往日士民所走通道也，中岛屿接连，而黄城、灶矶二岛最大，不敏止辖山东，固当只言山东，顾念在同舟内，并谈之。今议调募水兵大略可一万，登莱分调三千，近已奉有旨，无容言矣。其外七千，鄙意以为足下可自率

---

① 喻政：《陈大将军传》。

② 万斯同：《明史》卷一一三《志》。

③ 《明神宗实录》卷二五四，万历二十年十一月甲申（二十八日）。

④ 《明神宗实录》卷二五六，万历二十一年正月壬戌（初七日）。

⑤ 宋应昌：《经略复国要编》附《敕兵部右侍郎宋应昌》，《四库禁毁书丛刊》史部第38册，北京出版社，2000年。

⑥ 《明神宗实录》卷二五三，万历二十年十月壬寅（十六日）。

三千驻旅顺。旅顺悬出海中，东盼登莱，西顾山海，北望天津，固海中绾毂道也。而别令二将各领二千，一驻于黄城，一驻于灶矶，令四处会哨，庶几足为犄角矣。其天津或无须用水兵，但用陆兵防备可也。何如何如？若足下所见不同，即望酌议详示。诸部将何人熟于水技，陈九霄、杨亮皆陆战有功者，其于水寨事，果兼通否。用人贵因才授任，倘未相宜，不妨更置。更惟熟筹之。似密教焉。[①]

作为"御倭水兵"之帅，陈璘主要负责统筹的是旅顺至登莱一带黄渤海的海防。陈璘的水兵员额约为一万。当时明廷已经下旨调用三千水兵驻守登莱，所以需要安排的是剩下的七千水兵的布防事宜。孙鑛建议陈璘本人亲率三千水兵驻守旅顺，余军分作两支，各二千兵力，使之分驻庙岛列岛的黄城（今隍城岛）、灶矶（今砣矶岛）二岛。至于天津，则可用陆兵防守，不建议驻扎水兵。孙鑛在信中还探讨了水军部将的人选问题，认为陈九霄、杨亮两人虽然有功于陆战，但未必娴熟于水战，建议陈璘重新筹措此事。

陈璘是否采纳孙鑛的建议，其最终以何种方案规划黄渤海海防，因史料阙如，其实情不得其详。

四、赴援朝鲜动议

由上可知，陈璘虽被委任为统领蓟、辽、保定、山东等处海防军务的御倭副总兵，但其当时主要负责防守旅顺、登莱一带海域，在最初并无赴援朝鲜的动议。虽然经略宋应昌早在万历二十年十月二十五日的《报石司马书》中就称自己出关后还要"得杨文、刘綎、陈璘等诸路兵马凑集"[②]，但陈璘在当时只是京营的神枢营副将，其所部仅为召募家丁的五百名[③]，亦迟迟未被调发，宋应昌的要求在当时应该就已经为兵部所拒绝。之后，陈璘被升任为防海御倭副总兵，但其最初的海防布局，仅限于旅顺、登莱一带海域。

明朝的战略布局在平壤大捷（1593.正）之后发生过一次重大调整。援朝明军收复平壤后，宋应昌有意再图进取，一再向兵部要求催促陈璘兵马作速调发朝鲜协助攻取王京。[④] 这一要求为明廷所采纳，陈璘帅水军赴援朝鲜被提上日程。宋应昌为陈璘所预设

---

① 孙鑛：《月峰先生文集》卷四《与陈副将璘书》，北京大学图书馆藏清嘉庆十九年（1814）刻本。

② 宋应昌：《经略复国要编》卷二《报石司马书（万历二十年十月二十五日）》。

③ 宋应昌：《经略复国要编》卷三《议处海防战守事宜疏（万历二十年十一月十三日）》。

④ 宋应昌：《经略复国要编》卷五《移本部咨（万历二十一年正月十五日）》《与李提督书（万历二十一年正月二十一日）》《与平倭李提督书（万历二十一年正月二十一日）》《报石司马书（万历二十一年正月二十三日）》《与李提督书（万历二十一年正月二十五日）》《报石司马书（（万历二十一年正月二十五日）》《咨本部（万历二十一年正月二十六日）》。

的行军路线是从水路赴援朝鲜[①]，其预设的登陆点，可能在王京（今首尔）以南的忠清道。[②] 配合陈璘从水路续援朝鲜的，还有沈茂统领的浙兵。[③]

调用陈璘水军赴援朝鲜，对侵朝日军形成水陆夹攻的战略考虑对集结在平壤的日军产生过一定的震慑作用。明朝谈判使者沈惟敬在当年三四月入王京谈判时曾私下向日方代表小西行长透露："汝辈久留此不退，天朝更发大兵，已从西海来，出忠清道，断汝归路，此时虽欲去不可得。我自平壤与汝情熟，故不忍不言耳。"[④]计划从"西海（今黄海海域）"泛海而来、试图在忠清道登陆截断日军归路的明朝"大兵"，显然就是宋应昌要求调用的陈璘水军。明朝的这一战略威胁，一定程度上迫使日军主动撤出王京。

但当年三月以降，随着明日之间封贡之议的展开，明廷决定将大部分明军撤回本国。虽然宋应昌在当年六月还希望陈璘能够到朝鲜替换撤回国内的明军驻留朝鲜[⑤]，但陈璘却被改任为协守广东潮、漳等处的副总兵[⑥]，其所部原有兵力则被留在了蓟镇[⑦]。显然，明朝认为朝鲜战局已经基本告终，在对日战略上实施了全面收缩政策。

陈璘于当年年底回到广东和福建交界的南澳岛，在当地开展过一场大规模的植树活动，留下了一方由其亲撰的《南澳山种树记》碑刻[⑧]。在此前后，陈璘向兵部尚书石星馈送"大红天鹅绒、大绿天鹅绒各一断，西洋布二端，犀盃二副、龙苏合九封"[⑨]，但却反遭举报，结果以行贿之名被再次罢免[⑩]。

结　语

在万历朝鲜战争的第一阶段，陈璘因惯于海战被起复，其在当时被一度委任为统领蓟、辽、保定、山东等处海防军务的御倭副总兵，是继经略宋应昌、提督李如松的第三位高

---

① 宋应昌：《经略复国要编》卷六《与参军郑同知赵知县书（万历二十一年二月初一日）》。

② 柳成龙：《惩毖录》卷四，（日本）关西大学藏元禄八年（1693）刻本。

③ 宋应昌：《经略复国要编》卷八《报三相公并石司马书（万历二十一年五月十九日）》。

④ 柳成龙：《惩毖录》卷四。

⑤ 《宣祖实录》卷三九，宣祖二十六年（万历二十一年）六月壬子（二十九日），（日本）学习院东洋文化研究所，1961年。

⑥ 《明神宗实录》卷二六一，万历二十一年六月庚子（十七日）："以蓟、辽、保定、山东等处防海御倭副总兵署都督佥事陈璘协守潮、漳等处。"

⑦ 宋应昌：《经略复国要编》卷一〇《讲明封贡疏（万历二十一年八月二十九日）》，《明神宗实录》卷264，万历二十一年九月壬戌（十一日）。

⑧ 陈璘：《南澳山种树记》，万历二十二年春正月碑记拓本。原碑位于南澳岛的深澳天后宫门口。该碑刻的拓本由中山大学历史系杨培娜博士提供。

⑨ 《万历邸钞》万历二十一年癸巳卷十二月，江苏广陵古籍刻印社，1991年，第816页。

⑩ 张廷玉：《明史》（中华书局，1974年）卷二四七《陈璘传》："改璘协守漳、潮，坐贿石星，为所奏，复罢归。"

规格御倭官员，为明朝水军的实际最高统帅。陈璘当时负责统筹旅顺至登莱一带黄渤海的海防，其后一度出现改调其赴援朝鲜的动议，但最终未获实施。陈璘在这一阶段的活动动向，一定程度上反映了明朝的对日战略调整情况。

陈璘在当时并未赴援朝鲜，但其在这一阶段的活动对他后来的赴朝抗倭产生了一定影响。万历二十四年(1596)，明朝册封丰臣秀吉告败，朝鲜战事于次年再次爆发，万历朝鲜战争进入第二阶段(1597—1598)。陈璘虽然最初一度以“素行有疵”为时人所诟病，但“废将中未有能出其右”[①]，确为难得的将才，所以仍然很快被重新起复。万历二十五年(1597)九月，陈璘以副总兵身份统领广东水兵五千北上应援[②]，十月则被实授为正二品的都督佥事[③]，次年二月又被升任为御倭总兵官[④]，正式以援朝明军的水军最高统帅身份援朝抗倭。陈璘在战争第二阶段的援朝抗倭活动，与其在战争第一阶段的活动动向是一脉相承的。

本文系由2015年11月27—28日在广东翁源召开的“陈璘研究学术研讨会”学术报告改稿而成。

作者简介：

郑洁西，宁波大学人文与传媒学院副教授。

① 邢玠：《经略御倭奏议》卷二《增调宣大蓟辽马兵觅调闽海商船疏》，全国图书馆文献缩微复制中心，2004年。

② 《明神宗实录》卷三一四，万历二十五年九月丁酉(初九日)。

③ 《明神宗实录》卷三一五，万历二十五年十月甲戌(十七日)。

④ 《明神宗实录》卷三一九，万历二十六年二月戊寅(二十三日)。

再谈玉米在中国引种和农民起义发生率

——兼与陈永伟等先生商榷[①]

李昕升　王思明

[提要]玉米在明代中晚期引种到中国之后，并未产生多大的影响，引种时间的早晚与种植强度并无必然联系，直到乾隆中期之后，玉米才在全国广泛种植，成为重要食粮。但有清一代只有在山地才堪称“高产”的玉米，在耕地中所占比例是较低的，对农业产出的贡献率也是很有限的，甚至不比番薯更有优势。玉米与农民起义发生率之间没有过多的关联，与中欧近代化“大分流”的联系更是无从谈起，不能过高估计玉米在中国引种的影响力。

[关键词]玉米；番薯；农民起义；“哥伦布大交换”；“气候—治乱循环”

“哥伦布大交换”终结了“气候—治乱循环”吗？“哥伦布大交换”（Columbian Exchange）陈文[②]主要就是指明清时期美洲作物传入中国，并产生的一系列影响；“气候—治乱循环”也就是历史上由于气候变迁引起的社会治乱。陈文此项命题的前提中国王朝历史存在“气候—治乱循环”，气候变迁与社会治乱的关系是否成立笔者暂且不谈，这不是本文主要讨论的，当然笔者认为历史上影响农业生产从而影响社会治乱的因素有

---

① 本文系中国博士后科学基金（一等）“‘一带一路’视野下美洲作物在中国的推广及影响研究”（2015M580439）、南京农业大学中央高校基本科研业务费人文社科基金面上项目“美洲救荒作物在中国的本土化研究”（SK2016002）阶段性成果。

② 陈永伟、黄英伟、周羿：《“哥伦布大交换”终结了“气候—治乱循环”吗？——对玉米在中国引种和农民起义发生率的一项历史考察》，《经济学（季刊）》2014年第3期。（以下简称陈文，对原文内容的引用不再标注。另，因本文出现较多人名，统一略去“先生”的称呼。）

很多，气候只是其中之一；笔者也认为影响社会治乱的因素除了农业生产外还有很多因素，与气候则毫无关联。

一、只有“哥伦布大交换”能终结“气候—治乱循环”?

为什么单拿出“哥伦布大交换”？并认为其可能会终结“气候—治乱循环”，笔者略有不解。中国历史上的“农业革命”（该词可能不甚妥当）何止明清时期的“哥伦布大交换”，如春秋战国时期铁农具、牛耕的应用和普及，精耕细作的农业开始发生；再如唐代北方冬小麦主粮地位的确立，南方水稻集约技术体系的形成。如果可以把农业技术的划时代进步称为“农业革命”的话，试举的两例都可谓“农业革命”，当然明清时期美洲作物的引种，尤其美洲粮食的作物引种，视为一项技术引入，也堪称“农业革命”。“气候—治乱循环”应该是贯穿古代社会的，笔者并不认为“哥伦布大交换”比之前的农业革命的意义更大，如果“哥伦布大交换”存在终结“气候—治乱循环”的可能性，那么此前的农业革命也具有可能性。如此论之，“气候—治乱循环”在历史上伴随着技术进步常有被推翻的危险，说明该“循环”并不稳定，其他的“不稳定因素”均值得探讨，举例：《“精耕细作”终结了“气候—治乱循环”吗?》；反之，“气候—治乱循环”也就是一种稳定的循环，除了气候因素之外其他任何因素都无法决定是“治世”还是“乱世”，陈文也就没有提出命题的必要了。

陈文也指出了“哥伦布大交换”存在“环境塑造效应”，带来了一定的负面影响，历史时期很多农业进步几乎全无负面影响，如弗兰克林·哈瑞姆·金（F. H. King）津津乐道的有机肥料施用在战国时就已经比较普遍，“多粪肥田”“土化之法”之说先秦已有之，“远东的农民从千百年的实践中早就领会了豆科植物对保持地力的至关重要，将大豆与其他作物大面积轮作来增肥土地”[①]。这里再提下2015年刚刚出炉的“85项‘中国古代重要科技发明创造’”，其中涉及农业科技就有十余项。又如生态农业、山地梯田等等，不可胜举，百利而无一害。

二、清代的农业成就都有终结“气候—治乱循环”的可能性

有清一代，一些农业生产进步的表现除了美洲高产作物的引种，还有许多其他方面。一是耕地面积的扩大，尤其是在边疆地区，东北、新疆、西南一带。以“下云贵”为例，从《清实录》的数字来看，雍正初年到道光末年（1723—1850），云南共新增耕地约493674

---

① [美]弗兰克林·哈瑞姆·金：《古老的农夫不朽的智慧：中国、朝鲜和日本的可持续农业考察记》，李国庆、李超民译，国家图书馆出版社，2013年，第9页。

亩，贵州自康熙四年到嘉庆二十三年（1665—1818），共新增耕地152761亩；[①]广西从顺治十八年至道光二十九年（1661—1849），共新增土地面积647657亩。[②] 这些地区本来就是地广人稀的地区，鼓励垦荒是一项政策性措施，"闯关东""走西口"大幅度增加的土地也是如此。新垦土地可以栽培的作物十分广泛，"南旱北稻"是基本的格局，玉米的确能够利用一些不适合耕种的边际土地，尤其在无地可种时便炙手可热，陈文指出"在新垦耕地中，有相当部分是播种玉米等美洲作物的"，对此笔者是不能同意的。

二是提高复种指数、多熟种植高度发展。清代多熟制的推广，不同程度上提高了粮食的亩产量，在两年三熟制地区提高12%—30%，在稻麦一年二熟制地区提高20%—91%，在双季稻地区提高25%—50%。[③] 三是农田水利建设的发展，仅经朝廷议准的水利工程，从顺治到光绪共974宗，乾隆一朝就占了近半数（486宗），[④]北方的凿井灌溉、南方的塘浦圩田、山区的陂塘堰湖都有显著的发展。四是以肥料为中心的技术进步，清代前中期的江南更是堪称发生了"肥料革命"，豆饼的发现被珀金斯称为明清"技术普遍停滞景象的一个例外"[⑤]。

如果说"哥伦布大交换"能够动摇清代的"气候—治乱循环"，那么清代其他的农业成就也都有资格挑战，清代就是靠这些达到了传统农业成就的最高峰，气候变化造成的不稳定因素，其他农业成就都可以缓解，也就是都具有"风险分担效应"，此外它们也具有"生产率效应"，甚至不存在"环境塑造效应"，这在一定意义上比美洲作物更为可靠。高估"哥伦布大交换"是不正确的。

三、番薯较玉米有过之而无不及

陈文选择玉米作为代表性的美洲作物，考察美洲作物与农民起义发生率之间的关系，实际上和上文笔者探讨的陈文忽略清代其他农业成就只关注"哥伦布大交换"是一样的道理。因为美洲高产粮食作物并不只是玉米一种，马铃薯、番薯都很有代表性，马铃薯更适合高寒的山区，番薯更高产，它们的重要性较玉米有过之而无不及，尤其是番薯。郭松义根据20世纪30年代玉米产量是158—176万石，番薯产量316万石，估算出19世

---

① 根据清代历朝《实录》云南、贵州各地上报垦田记录整理。

② 根据《清代广西历史纪事》清代垦田记录整理。

③ 闵宗殿：《试论清代农业的成就》，《中国农史》2005年第1期。

④ 郭松义：《政策与效应：清中叶的农业生产形势和国家政策投入》，《中国史研究》2009年第4期。

⑤ ［美］德·希·珀金斯：《中国农业的发展1368—1968》，宋海文等译，上海译文出版社，1984年，第90页。

纪初中期，玉米产量是60—80万石，番薯是150—200万石。[①] 向有“芋之收倍于稻，薯之收倍于芋”[②]之说，番薯即使在新中国之前平均亩产1000斤，折合成薯粉也有250斤。可见陈文“玉米作为播种面积最广、产量贡献最大的美洲作物”一说在新中国之前并不完全正确。更为可信的是农林部所绘全国十八种主要作物产量比较图，番薯在1931—1937年间仅次于稻麦，稳居全国第三大粮食作物的地位，战前全国22省年均总产约为370百万市担（排名第六的玉米约为130百万市担），战时后方15省番薯产量更是高于小麦。[③]

事实上，确实很多省份玉米并不比番薯更有优势，据民国二十八年（1939）《江西省农业统计》，江西食用作物中水稻产量为大宗，估计为102，276，903石，甘薯次之为14，397，814担，芋再次之为4，629，420担，然后依次是大豆、大麦、小麦、小豆、豌豆、玉米。[④] 可见民国时期江西粮食作物以水稻、番薯为主，其他作物重要性远不能及，玉米仅为254，038石，栽培面积和产量远不能及，说明在江西番薯重要性比玉米更为突出。根据笔者最近研究，至迟在19世纪中期，番薯就已经是江西第二大粮食作物。[⑤] 同样，清末两湖玉米和番薯的种植面积至少为106万亩和185万亩，每年可产玉米60万石、番薯1080万石左右。[⑥] 两者孰重孰轻明显可见。

表1：种植各种主要作物之田场百分比（1929—1933年）

	小麦地区			水稻地带				
	春麦区	冬麦小米区	冬麦高粱区	扬子水稻小麦区	水稻茶区	四川水稻区	水稻两获区	西南水稻区
玉米	11%	39%	33%	6%	18%	47%	0	14%
番薯	0	3%	36%	11%	32%	43%	54%	12%

资料来源：[美]卜凯：《中国土地利用》，台湾学生书局，1971年，第268页。

因各人统计的差异，就全国而言，番薯的播种面积也不一定低于玉米很多，见表1。番薯在冬麦高粱区、水稻茶区、四川水稻区、水稻两获区比例均高于30%，是这些区域山区（尤其南方山区）的主要作物。吴慧推算，北方玉米参加轮作复种的耕地比不种玉米的耕地亩产增产23.75%，南方则可增产28.33%；种植番薯与未种番薯的耕地相比，北方亩

① 郭松义：《民命所系：清代的农业和农民》，中国农业出版社，2010年，第229页。
② 同治《九江府志》卷九《物产》。
③ 《农林部十八种主要作物产量比较图》，中国第二历史档案馆，档号：二三—3165。
④ 万振凡、吴小卫：《近代江西农村经济研究》，学林出版社，1998年，第218页。
⑤ 李昕升、王思明：《清代番薯在江西的引种和推广》，《中国农业史》2016第2期。
⑥ 龚胜生：《清代两湖地区的玉米和甘薯》，《中国农史》1993年第3期。

产增产 50%，南方为 86.33%。[1] 虽然番薯的种植面积可能不及玉米，但其高产优势是实实在在的，而且番薯从万历年间就充分发挥了优势，徐光启称之为“救荒第一义也”，无论明清，均得到了官方的大力提倡。郭松义就列举了番薯比玉米传播更为顺利的三大原因[2]，笔者不再赘述。

所以即使“哥伦布大交换”与农民起义发生率之间存在一定的联系，也是要由所有美洲作物共同承担的，只是论述玉米的话，有过分夸大其影响力之嫌。而且玉米、番薯、南瓜、辣椒等同为美洲作物，其传播路线、引种时间具有一定的关联性，如笔者曾经罗列过南瓜在中国各省的引种时间[3]，将玉米换成其他美洲作物，进行计量研究，似乎也能得出“引种确实有助于稳定社会秩序、降低地区农民起义的发生率”的结论。再者，美洲作物因为生长在热带、亚热带地区，多数都具有耐旱、耐瘠、喜砂质土壤等特性，所以美洲作物非常适合棚民垦山，由此会引发一系列的水土流失等环境问题，在开发的成熟期均是如此，以浙江一省为例，棚民垦山种植番薯过程中就导致了多地的生态破坏。[4] 所以也可以认为清代中后期，番薯播种更久的地区也容易发生农民起义。

四、垦种玉米不是水土流失和农民起义的必然和主要的原因

棚民聚居的地区，更加容易诱发事端，所以官方采取各种“驱棚”的措施。棚民是由于强大的人口压力和清代垦荒政策入山垦殖的流民，如果没有玉米，棚民大军一样会产生，“棚民之称起于江西、浙江、福建三省，各省山内向有人搭棚居住，艺麻种菁，开炉煽铁，造纸制菇为生”[5]。早在明代中叶玉米尚未推广时，农民便入山种植经济作物，因为“有靛麻纸铁之利，为江闽流民，蓬户罗踞者在在而满”[6]，必然会产生一系列的社会、环境问题，明末浙江就发生了靛民起义，农民起义问题由来已久。“外来之人租得荒山，即芟尽草根，兴种番薯、包芦、花生、芝麻之属，弥山遍谷，到处皆有”[7]。“更有江西、福建流民，猬集四境，租山扎棚，栽种烟、靛、白麻、苞芦、薯蓣等物，创垦节年不息”[8]，“各山邑，旧有外省游民，搭棚开垦，种植苞芦、靛青、番薯诸物，以致流民日聚，棚厂满山相望”。[9]

---

① 吴慧：《中国历代粮食亩产研究》，农业出版社，1985 年，第 185—187 页。

② 郭松义：《民命所系：清代的农业和农民》，第 278—282 页。

③ 李昕升、王思明：《南瓜在中国的引种推广及其影响》，《中国历史地理论丛》2014 年第 4 期。

④ 详见郭松义《番薯在浙江的引种和推广》，《浙江学刊》1986 年第 3 期。

⑤ （清）赵尔巽：《清史稿》卷一二〇《食货一》。

⑥ 光绪《衢州府志》卷首《旧志序》。

⑦ 同治《湖州府志》卷四三《水利》。

⑧ 嘉庆《宣城县志》卷二《疆域形势》。

⑨ （清）张鉴：《雷塘庵主弟子记》卷二，转引自《清史资料》第 7 辑，中华书局，1986 年，第 177 页。

乾隆以后的棚民才开始种植玉米，与早期的棚民只认以靛菁为主的经济作物的情况并不相同。但是同样，与玉米伴随而种的作物多种多样，玉米不过是问题的其中一环。

农民起义的发生的原因是多种多样的，除了气候变乱导致的农业减产外，还有很多深层次的原因，至少明清的农民起义更多是国家体制上的原因。陈支平从政治制度、经济制度、法律制度、道德标榜与现实的背离四个方面阐述了这种由制度和现实相互背离所产生的对国家体制的破坏力，于是最后国家不是亡于外患就是被自己的人民推翻。[①] 如"黄宗羲定律"就是这种背离的表现之一，这都是中国农民起义和社会动乱频繁的原因。

玉米在传入中国之后，种植趋势愈演愈烈，到今天更是占到耕地面积的 20%。玉米"环境塑造效应"不过是相对的，如果过度垦山，自然会造成水土流失，如果规划合理，养护有方，如今天一样，并不会造成种植后期的负面效应。事实上，山地大省云南省，虽然在乾隆中期之后广植玉米，但是由于本身环境承载力较好，爬梳史料，关于玉米引发生态恶化的记载几乎没有，可见其"环境塑造效应"不是绝对的。

五、不能高估清代美洲作物的影响

现在有一种说法是美洲作物造就了康乾盛世，把清代的人口爆炸和经济增长归因于美洲作物的传播。我们现在再单独讨论下玉米的重要性。民国时期卜凯(John Lossing Buck)通过对中国 15 个省 100 个县 102 个地区调查统计，得出玉米在作物面积中所占比例，1904—1909 年是 11%，1929—1933 年达到 17%。[②] 吴宝华《中国之农业生产》一文中指出当时(1936 年)全国耕地面积为 13.5 亿亩，复种面积高出实际耕地面积的 23%，也就是 16.6 亿亩作物播种面积。其中小麦播种面积最多达到 22%，其次是水稻(20%)、大豆(12%)，小米、高粱各 10%，然后才是玉米、大麦各 6%，经济作物棉花 4%—5%。[③] 可推算玉米占耕地面积 7.3%，比卜凯学派的统计还低；吴文还说，"玉米生产量较少，全国产量不及 1.8 亿担……除东南区外，均相差不远，其中以四川、河北、辽宁三省为最多，约占总产量 15%，玉米虽有小输出，但为量不多，约 50—100 万市担而已。"[④]20 世纪 30 年代张心一在《中国农业概况估计》中估算玉米耕种面积占耕地面积的比重是 7.63%。珀金斯更是认为在 1914—1918 年(或 1931—1937 年)之前，玉米播种面积是很小的，只占各种谷物全部播种面积的 5%—6%。[⑤]

① 陈支平：《史学碎想录》，福建人民出版社，2012 年，第 20—38 页。
② [美]卜凯：《中国土地利用》，台湾学生书局，1971 年，第 271 页。
③ 方显廷：《中国经济研究(上册)》，商务印书馆，1938 年，第 150 页。
④ 方显廷：《中国经济研究(上册)》，第 152 页。
⑤ [美]德・希・珀金斯：《中国农业的发展 1368—1968》，宋海文等译，第 59 页。

截止到陈文统计时段的下限1900年，综合上述统计，即使做过高估计，笔者认为玉米的种植面积肯定不会超过耕地的8%。吴慧估计清中叶玉米种植面积占垦田总数的6%，番薯则占2%，[①]所以不能对清代美洲作物影响做过高的估计，毕竟在耕地面积中所占比重偏小。同样，1914—1918年，玉米的总产量是14,680百万斤，占全国粮食总产量的5.18%，[②]清代玉米的总产量更低、所占比例更少就可想而知了，因为玉米种植从清中期以来一直稳步且快速发展，民国时期是玉米栽培的高峰期。

陈文引述的Chen and Kung(2012)发现"玉米的种植大约可以解释1500—1900年间中国总人口增长的23%"，笔者认为这完全是子虚乌有的，是一种误导，不要单纯说玉米，就是所有美洲作物加起来也没有这样的功力。龚胜生估算清朝两湖每年靠玉米、番薯推广增加的1150万石左右粮食可养活280万人口[③]，但是清末两湖人口总数达5100万人[④]，充其量只能养活总人数的5%强。归根结底，清代农业成就达到了传统农业的最高峰，才是养活了人口迅速增加的清代社会的根本原因。至于清代的农业成就则是多种因素综合作用的结果，并最终体现在单产和总产的增加，这些因素中复种指数增加和精耕细作，是比美洲作物推广更重要的两个关键原因。

水旱灾害确实是社会动乱的重要诱因，因为水旱灾害会导致人民饿肚子，饿肚子的原因是传统五谷"正粮"不够吃，而不是因为玉米这样的"杂粮"没得吃。包括清朝自上而下的禁止垦山种植玉米，环境问题只是一小部分原因，更重要的原因是水患灾害对传统粮食作物的生产造成了威胁："山土掘松，雨后砂石随水下注，恒冲没田芦，得不偿失也。"[⑤]"种植苞芦，以致土石松浮，一遇山水陡发，冲入河流，水道淤塞，濒河堤岸，多被冲决，淹浸田禾，大为农人之害。"[⑥]"玉蜀黍……多种山中，山经垦易崩，颇为田害。"[⑦]

六、玉米种植时间久不等于种植强度大

陈文以玉米在一地种植时间的长短与否作为玉米在该地种植面积和强度大小的标准，进而将其作为计量统计的一个重要变量。"种植时间"完全不可以作为"播种强度"的代理变量，这是对玉米传播史的一个误读。

浙江是玉米最早引种的地区之一，隆庆六年(1572)《留青日札》已见玉米记载，但直

---

① 吴慧：《中国历代粮食亩产研究》，第184、187页。

② [美]德·希·珀金斯：《中国农业的发展1368—1968》，宋海文等译，第372—373页。

③ 龚胜生：《清代两湖地区的玉米和甘薯》，《中国农史》1993年第3期。

④ 梁方仲：《中国历代户口、田地、田赋统计》，上海人民出版社，1980年，第268—269页。

⑤ 光绪《分水县志》卷三《物产》。

⑥ 《嘉庆朝安徽浙江棚民史料》，《历史档案》1993年第1期。

⑦ 同治《云和县志》卷一五《物产》。

到康熙年间仍局限在浙北平原，两百年间基本上没有传播，乾隆中期玉米才开始通过各种渠道在浙江进一步传播。[①] 云南的情况也是如此，嘉靖四十二年(1563)《大理府志》始有玉米栽培。由于人们对新作物的口味适应较慢，新作物的明显优势，最初都被人们忽视了，因此16世纪就传入西南地区的玉米，到18世纪仍没有传播开来。[②] 目前中国关于玉米可信的最早记载，是嘉靖三十九年(1560)的《平凉府志》，但是甘肃(包括新疆)作为玉米传入中国的西北一线，有清一代却罕有记载。浙江、云南作为东南一线和西南一线的代表省份，虽然清代记载不少，但均是乾隆中期之后的事了。玉米在乾隆中期之前，多被视为消遣作物，在院前屋后或菜园"偶种一二，以娱孩稚"。

伴随着移民的浪潮，玉米在中国的大规模的推广，是乾隆中期以来，也就是18世纪中期以后，全国各省均是如此。所以根据引种时间的早晚，无法判断种植的强度。为什么会出现这样的情况？诚如李中清指出：随着大多数作物新品种的传播，一种以新引进的食物为底层的新的食物层次出现了，一般来说，只有那些没有办法的穷人、山里人、少数民族才吃美洲传入的粮食作物。[③]

总之，新作物玉米被人们接受经过了漫长的时间，清代中期以后玉米"生产率效应"才开始发挥，而不是将逐渐消失，在内陆山地省份玉米的传播方式是先山地后平原，在沿海平原省份则是先平原后山地。山地在清中期之前多是地广人稀、交通不便，玉米推广缓慢；在平原玉米与传统粮食作物相比，完全没有竞争优势，平原土地紧俏，玉米在不宜稻麦的山区更能体现出优势。陈文指出的"传统粮食作物相比，玉米在单位产量上具有明显优势"，属于常识性的错误，玉米在山区才能称得上"高产"，在平原上并不比传统的旱地作物单产更高，民国时期玉米平均亩产不过180斤，仅比大麦、高粱之类略高一点。

所以并不能认为"清朝中后期，玉米播种时间更久的地区甚至更容易发生农民起义"，二者没有因果关系，倒是起义的原因有因为只有玉米作为粮食，难以度日，如咸同年间云南回族穆斯林起义前后"民食多用包谷，糊口维艰"[④]。也可知，"清初的一百多年时间内，各省增加了近一倍的耕地面积(0.64亿亩)"能落实到玉米头上的，根本是少之又少。

除了种植时间之外的变量，控制变量中的"货币田赋率"和"谷物田赋率"，笔者认为过于武断。玉米的种植在很多情况下并不入国家的正赋，仅作为一种杂粮，"其利独归客户"，更不要说种植玉米的土地，多是在"免升科"的山地。早在乾隆五年(1740)七月的

---

① 李昕升、王思明：《清代玉米在浙江的传播及其动因影响研究》，《历史地理》第三十辑，上海人民出版社，2014年，第297—306页。

② [美]李中清：《中国西南边疆的社会经济(1250—1850)》，林文勋、秦树才译，人民出版社，2012年，第194、197页。

③ [美]李中清：《中国西南边疆的社会经济(1250—1850)》，林文勋、秦树才译，第197页。

④ (清)朱寿朋：《光绪朝东华录》，中华书局，1958年，第1449—1450页。

“御旨”就规定“向闻山多田少之区，其山头地角闲土尚多……嗣后凡边省内地零星地土可开垦者，悉听本地民夷垦种，免其升科”[①]；道光十二年(1832)的户部议定得到继续加强，“凡内地及边省零星地土，听民开垦，永免升科。其免升科地数”[②]。第二个控制变量省区和京城之间的距离，反映政府对于该地区的控制力度，笔者认为每个省的情况千差万别，无法单纯用距离来衡量，否则对直隶省的控制力应该最强，也不至于起义不断了。

七、人口膨胀才导致成为食粮的玉米与“大分流”没有联系

美洲作物是欧洲近代化的推进器，传统的“欧洲中心论”也有提到农业革命的重要性，“加州学派”则认为欧洲的近代化具有偶然性。“哥伦布大交换”对欧洲近代化影响的大小这里不做讨论，至少与中国近代化之间是没有必然联系的，就更不要说“由此滋生的大量人口则进入了更为偏僻的山区继续从事农业生产”所以“没有帮助中国走出传统社会”了，而且和“中国和欧洲在对待流民的处理方式上存在的差异”没有关系。

中国和欧洲“大分流”的原因是更深层次的。“中国在19世纪或此前或稍后的任何时候都没有可能出现工业资本主义方面的根本性的突破”，陈文高估了美洲作物对近代化的影响，真实的原因有人认为是“技术创新并没有鼓励性的回报，理论/形式理性极不发达；最重要的是，新儒家意识形态没有面临重大的挑战，而商人无法利用他们的财富来获取政治、军事和意识形态方面的权力从而抗衡国家的权力”[③]。

按照黄宗智的“过密化”理论，无论是华北地区还是江南地区，无论玉米种植的强度如何，都是“没有发展的增长”，以牺牲劳动生产率换取总产量的增加，直到1979年后过剩的劳动力被吸引到农村工业中，才摆脱“停滞”。李伯重在《江南农业的发展1620—1850》一书中驳斥了“过密化”以及马尔萨斯的人口压力，但也没有提到玉米等美洲作物和近代化到底有何种联系。

而且，陈文认为是玉米等美洲作物滋生了大量的人口，是因果倒置。玉米的推广没有立即促进人口增长，反而是因为18—19世纪的人口爆炸，玉米才成为主要粮食作物，也就是说18世纪玉米已经成为边缘山区的重要食粮，到了19世纪经济中心区也普遍以玉米为主食。

乾隆年间粮食短缺严重，粮价日益上涨，乾隆政府对粮价问题进行过大讨论，当时便有人指出“米贵之由，一在生齿日繁，一在积贮失剂”。明清不少闽赣棚民垦山种植蓝靛，

---

① 彭雨新：《清代土地开垦史资料汇编》，武汉大学出版社，1992年，第165页。

② 彭雨新：《清代土地开垦史资料汇编》，第169页。

③ 赵鼎新：《加州学派与工业资本主义的兴起》，《学术月刊》2014年第7期。

在乾隆后，因为人口增加、米食不继而多种番薯、玉米，[①]就是这个道理。番薯在乾隆年间开始第一波推广高潮，其中声势最大、范围最广的“劝种”，当推乾隆五十年（1785）、五十一年（1786）谕旨亲自所作的表态，其原因也在于粮食短缺。

笔者指出了陈文七点值得商榷的地方，虽然陈文的三个假说存在部分合理性，但是从根本上笔者都难以认同，变量选择的正确性同样存在疑问。此文仅代表个人意见，不当之处还请陈永伟等先生以及诸位方家指正。量化历史的研究方式以及对玉米和农民起义之间关系的探索还是很有建设性的，作为一种新的历史研究方法，开创了一个新的领域，也开阔了读者的视野。笔者建议在量化历史研究上，对变量的选择、数据的可信度、假说的理论基础一定要反复斟酌，不能盲目进行计量研究，诚如李伯重所言：“我们要特别警惕那种在经济史研究中盲目迷信经济学研究方法的倾向。”[②]

作者简介：

李昕升，南京农业大学经济管理学院博士后，南京农业大学中华农业文明研究院研究人员；王思明，南京农业大学中华农业文明研究院教授。

① 郭松义：《政策与效应：清中叶的农业生产形势和国家政策投入》，《中国史研究》2009 年第 4 期。

② 李伯重：《中国经济史应当怎么研究》，《中国经济史研究》2006 年第 2 期。

中国人初识卢梭学说时的历史情境

——晚清首届驻日使臣与自由民权运动

庄泽晞

[提要]经由明治日本的媒介，晚清首届驻日使臣成为较早获知卢梭学说的中国人，本文论述其在旅日期间的相关情形，以考察中国人初识卢梭学说时的历史情境。诸使臣多与日本旧学人士来往，其对西洋事物的认知，大抵不脱中体西用之范畴。时值日本自由民权运动兴起，黄遵宪诸人以此契机得以了解卢梭学说等西洋民主思想，然其对自由民权所表现出的抵触态度，以及对君臣纲纪的维护，亦反映了传统观念的印迹。在明治日本的西学氛围中，使臣们对外洋史事多有所知，本文亦通过对其交游、阅读的考察，从知识摄取一面，分析其接触卢梭学说的可能途径。

[关键词]卢梭；民约论；自由民权运动；驻日使臣；黄遵宪

在关于卢梭学说在中国传播与影响的研究中，[①]作为国人接触卢梭学说的早期史料，有两条文献常被提及。其一是当时的记述，即 1878 年 4 月郭嵩焘出使英法时的日

---

① 相关研究主要有林启彦《卢梭〈民约论〉的传来及其对清末政治思想的影响》，《近代中国启蒙思想研究》，百花洲文艺出版社，2008 年；[法]巴斯蒂《辛亥革命前卢梭对中国政治思想的影响》，刘宗绪主编：《法国大革命二百周年纪念论文集》，生活·读书·新知三联书店，1990 年；[日]岛田虔次《中江兆民著译作在中国的传播》，《中山大学学报论丛》，1992 年第 5 期；[日]狭间直树《中江兆民〈民约译解〉的历史意义——"近代东亚文明圈"形成史之思想篇》，狭间直树、石川祯浩主编：《近代东亚翻译概念的发生与传播》，袁广泉等译，社会科学文献出版社，2015 年；吴雅凌《卢梭〈社会契约论〉的汉译及其影响》，《现代哲学》2009 年第 3 期；王瑶《卢梭与晚清中国思想世界(1882—1911)》，华东师范大学博士学位论文，2014 年。

记，其中提到“华尔得尔”（伏尔泰）与“乐苏”（卢梭）；[①]另一条则是后来的追述，黄遵宪在1902年致梁启超的信函中，回忆起自己担任首届驻日参赞时的经历，称在驻日期间曾接触过卢梭、孟德斯鸠的学说，其初识卢梭，虽稍晚于郭嵩焘，[②]然其信中所提示的线索，却蕴含更多的历史信息。1877年末，黄遵宪以参赞身份使日，适值日本自由民权运动兴起，来自西洋的民权学说一度风行。黄遵宪获悉卢梭，正是借此契机。黄遵宪在信中说道：“仆初抵日本，所与游者多旧学，多安井息轩之门。明治十二三年时，民权之说极盛。初闻颇惊怪，既而取卢梭、孟德斯鸠之说读之，心志为之一变，以谓太平世必在民主，然无一人可与言也。”[③]黄遵宪所述，多被研究者作为资料性的引用而一笔带过，未曾详加探讨。本文通过对相关史事的考察，意在回归当时的历史情境，去理解晚清士人对于卢梭学说的认识与反应。

一、所与游者：维新时代中的旧学人士

作为一种激进民权学说，卢梭思想为国人所接触，往往伴随着观念的抵牾，其最初的发生，便是在明治日本的具体环境下。黄遵宪回忆起驻日期间的交游，特提到安井息轩（1799—1876，名衡，字仲平）及其门人。安井息轩是幕末汉学的代表人物，也是明治日本维新潮流中新旧冲突的缩影。[④]

黄遵宪抵日时安井息轩已逝世，然其早在国内便已听闻安井息轩之名。[⑤] 安井息轩的《管子纂诂》《左传辑释》等著先后流传到中国，并得到时任上海道台的应宝时的称道，并为之作序，安井氏称引应宝时为海外知己。[⑥] 安井息轩与中村敬宇同为昌平黉教师，

---

① 《郭嵩焘日记》（第三卷），湖南人民出版社，1982年，第495页。

② 黄遵宪在致梁启超的另一封信函中，提到“当明治十三四年，初见卢骚、孟德斯鸠之书”，则时间在1880—1881年间。见黄遵宪《致梁启超函》（1904年8月14日），陈铮编：《黄遵宪全集》上册，中华书局，2005年，第453页。

③ 《致梁启超函》（1902年6月），《黄遵宪全集》上册，第429—430页。

④ 关于安井息轩的生平及著述情况，参见[日]町田三郎《安井息轩之生涯》《安井息轩之〈管子纂诂〉》《安井息轩之〈北潜日抄〉》等文，载氏著《日本幕末以来之汉学家及其著述》，连清吉译，台北文史哲出版社，1992年；另有连清吉《日本江户时代的考证学家及其学问》，台湾学生书局，1998年；金培懿《江户宽政年间以降学术态势与安井息轩之学风》，《国际儒学研究（第5辑）》，中国社会科学出版社，1998年。

⑤ 《〈读书馀适〉序》（1881年6月），《黄遵宪全集》上册，第259—260页。

⑥ [日]中村正直：《记安井仲平托著书事》，《敬宇文集》卷一六，东京吉川弘文馆，1903年，第28—29页；应宝时：《〈管子纂诂〉序》，王宝平编著：《日本典籍清人序跋集》，上海辞书出版社，2010年，第3—5页；[日]安井息轩：《书应宝时〈管子纂诂〉序后》，《息轩遗稿》卷三，安井千菊印本，1878年，第41—42页；增田贡致沈文荧函（1879年7月27日），刘雨珍编校：《清代首届驻日公使馆员笔谈资料汇编》下册，天津人民出版社，2010年，第678—679页（下文简称《笔谈资料汇编》）。

但在后世史家看来，二人实则对比鲜明，代表了明治初年两种截然不同的图式，中村是传播西学的启蒙家，安井则被视为“保守、反动的顽固老人”。① 嘉永六年(1853)，安井息轩即撰有《靖海问答》《料夷问答》《外寇问答》等主张攘夷论的文章。② 在随后的各类著作中，亦基于对传统伦理的推崇，对西洋事物多有排斥。其作于幕府倾覆时期的《北潜日抄》，评论德川幕府的失败，则将端兆追溯至“已丑米夷入横滨之时”，认为幕府的倾颓，不无“毁坏祖法，陷溺洋制”的原因。《日抄》亦多表彰德川旧臣在时局之下的忠孝志节，意在“示洋教虽盛乎，秉懿之性不可得而灭”。③

《北潜日抄》记录了安井息轩在倒幕运动中的心境，而在随后明治维新的时代里，其不满愈加强烈，集中表现在《辨妄》和《与某生论共和政事书》二文中，前者攻击基督教，后者则反对日本实行西式的政治制度。《辨妄》作于1860年代后期，④安井息轩在文中批驳圣经故事的虚妄之处，指责耶稣教“炫奇幻以蛊人心，卑君父而尊其神，轻生死之道而重死后之福”，捍卫传统的忠孝伦理，以杜绝其“遗害”。⑤《辨妄》被认为是明治初年反基督教言论中最具代表性的作品，“耶稣教会新兴时所受之剀切驳难以此为最”。⑥ 然在当时醉心欧化的时代环境下，其影响实则有限，安井息轩是篇长文，并未激起普遍反响，史著指出：“青年之徒求新旨义如饥渴，无暇倾听老儒之议论，惟畏敬泰西文明，而笃信其文明之支柱在耶稣教耳。”⑦

《辨妄》表现了安井息轩对西教的抗拒，而其《与某生论共和政事书》，则更激烈地表达对美、法等西洋国家政制的抵触。事起于安井息轩门人的请教，称“同学之徒百有余人，盛唱共和政事之美，谓非此不能以富国强兵”，问其是非如何？安井息轩去信答复，辞气悲愤，称：“共和者，天下无君，群臣相共为政之谓也。……不知将置主上于何地。”继而指出，东西方的政事各因风俗，不可生搬硬套，批判洋学之徒浮慕西人之说，“不知忠孝仁义之为何物”，“欲取无君之邪说以施之皇国”，“以我道论之，赤族不足以偿其罪，宁暇问

---

① [日]町田三郎著：《明治汉学纪要(上)》，马振方、马小立译，《中国典籍与文化》1999年第2期，第121页。

② 连清吉著：《日本江户时代的考证学家及其学问》，第108页。

③ 安井衡著：《北潜日抄》卷一，东京：松云堂，1925年，第13、35页。

④ 松元丰多在明治十四年(1881)所作序文中称“先师安井息轩《辨妄》一卷梓行既阅十余年矣”，时间据此推断([日]松元丰多：《标注辩妄序》，安井仲平著：《辨妄(标注)》，东京：文海堂，1881年)。

⑤ [日]安井仲平著：《辨妄(标注)》，第4—6、7、8、11、16页。

⑥ [日]神代种亮：《〈辨妄和解〉解题》，吉野作造编：《明治文化全集·思想篇》第15卷“解题”，东京：日本评论社，1929年，第8页；[日]大隈重信等撰：《日本开国五十年史》下册，上海社会科学院出版社，2007年，第746页。

⑦ [日]大隈重信等撰：《日本开国五十年史》下册，第746—747页。

其是非哉!”告诫门生勿再“与彼徒附和以唱共和之说”,否则与之师徒义绝。[①] 可见君父纲纪在其观念里根深蒂固。黄遵宪曾对此文深表认可,称道安井息轩“与门人论共和一书,尤可以泣鬼神而格天地”,[②]反映了基于文化传统的思想共鸣。

黄遵宪自称东渡以后“士夫通汉学者十知其八九”,所交游者多为安井息轩门人。[③]《黄遵宪师友记》所见录的日本人士中,曾师从安井息轩的计有成濑温、川田甕江、龟谷省轩、松本丰多、增田贡、竹添光鸿、宫部襄诸人,其余亦多汉学家。[④] 明治初期有过汉诗、汉文的一度繁盛,[⑤]而日本旧学人士对于中国来人擅诗文者亦甚欢迎,在共同的文化兴趣下交游甚欢。然而旧学群体毕竟与明治时期的洋学潮流有所乖隔,在时代格局中不免流于边缘,黄遵宪已能察觉其落寞,称:“时值明治维新之始,百度草创,规模尚未大定。……余所交多旧学家,微言刺讥,咨嗟太息,充溢于吾耳。”[⑥]这也是当时日本汉学处境的写照。

明治日本“以开国为旨”,其初曾经历过一段醉心欧化的时期,国中人士“好闻西人之说,如孩童之信受教诲,心焉慕之”。[⑦] 也正是这段时期,日本大量摄取西洋新知,以至“仅五十年,吸收欧美学术而略尽其梗概”。在“百事采范于欧美”的情形之下,旧学则忽失其位,“学术界不复重视其存在”,汉学典籍则“书肆卖买几同废纸”。[⑧] 其风所至,乃如论者所言:“和汉之古书古画,昔也金玉,今也尘土矣。”[⑨]虽经汉学家努力振兴,在明治六七年之交曾出现“一时国学盛行”的局面,然终究颓势难挽,“其势比之于旭日中天之欧化主义,固不足十分之一”。[⑩] 黄遵宪等人“所与游者多旧学”,便是此局面下的事实。日本学人当时的笔谈资料,也记录下了此番情形,平野知秋曾提到:“吾国自与欧米各国缔交以来,蟹行之文日盛,鸟迹之学月衰,儒雅之风扫地,腥膻之气冲人。是吾侪之所浩叹

① [日]安井息轩:《与某生论共和政事书》,第1—3页。

② 《致蒲生重章函》(1879年6月9日),《黄遵宪全集》上册,第298页;《致梁启超函》(1902年6月),《黄遵宪全集》上册,第429页。

③ 《〈中学习字本〉序》(1878年11月),《黄遵宪全集》上册,第241页。

④ 蒋英豪编著:《黄遵宪师友记》,上海书店出版社,2002年,第23、25、49、169、241、272页。宫部襄“尝入息轩安井氏门”,增田贡亦有言称“先师息轩安井翁”。(刘雨珍编:《笔谈资料汇编》上册第261页,下册第678页)安井息轩于安政己未年(1859)自撰有《故旧过访录》及《游从及门录》,录有“尝质经问文”的游从者13人,而“执贽称弟子”的及门者则计1086人。

⑤ 李庆:《日本汉学史》第一部,上海外语教育出版社,2002年,第50页。

⑥ 《日本杂事诗自序》(1890年8月),《黄遵宪全集》上册,第6页。

⑦ [日]大隈重信等撰:《日本开国五十年史》上册,第16页。

⑧ [日]大隈重信等撰:《日本开国五十年史》下册,第714、774、812—813页。

⑨ [日]博文馆编:《日本维新三十年史》,古同资译,上海华通书局,1931年,第9页。

⑩ [日]博文馆编:《日本维新三十年史》,古同资译,第6页。

也。”[①]冈千仞亦向黄遵宪道，日本学界已普遍视汉学为“迂疏不足取”。[②] 石川鸿斋称，日本所藏汉籍古书“自学西洋皆废之，中华之商购携去矣，失其书籍甚于秦灾”。[③]

在明治日本的洋学潮流中，驻日使臣本有着广泛接触西方学术的机缘，较之当时国内，可谓占尽先机。但从相关史料来看，这一群体所表现出的对旧衣冠的眷恋，要远过于对新潮流的感知。面对西洋的冲击，因有日本旧学界的一层缓冲，使其违和感不甚强烈，但也弱化了其触觉。置身于“开国”之邦，诸使臣对新事物的态度却大抵仍是中体西用的范畴。何如璋曾批评明治维新的过度西化，强调对传统礼教的维持，称：“贵政府改从西法，以求富强，亦是救时之策。惟改服制与历朔，二者似为过计。顷我国于兵船各制，亦事事讲求，惟政治之大者，如礼乐文章之类，则自有圣教可遵，千古不废者也。”[④]并谓增田贡：“汉学本也，西学末也。物有本末，事有终始。舍本逐末，无怪近纷纷也。”[⑤]黄遵宪的态度亦与之如出一辙，认为：“西法有必不可学者，有可学可不学者，有急急应学者。论物产之富，人才之众，风教之美，吾皆胜于彼。所不及彼者，汽车、轮舶、电线及一切格致之学、器用之巧耳。”[⑥]又谓宫岛诚一郎：“窃谓今日之西学，其富强之术，治国者诚不可不参取而采用之。然若论根本，圣贤之言，千秋万岁应无废时也。”宫岛氏亦以“东洋道德西洋艺”的立场相附和，称：“贵论极明确。我邦自古敬神尊君，乃是国教。中世自孔圣之道传来于我邦，忠孝大义因以益彰。今日之西学，唯取其长以谋富强而已。”[⑦]

黄遵宪对于崇拜西方、鄙薄己国的论调不以为然，认为各国政教风俗不同，应有所辨别，出于寻求富强的目的，舟车铁路等西洋技术固可效法，但“君臣也，父子也，夫妇也，凡关于伦理纲纪者”，却“不可得而变革”。[⑧] 这种观念便是诸使臣当时的认识基础，其初识卢梭学说以及对自由民权运动的评判，亦是在此心境之下。

二、自由民权：驻日使臣的感知与反应

何如璋、黄遵宪诸人使日期间，恰值自由民权运动兴起之际。卢梭《民约论》首次在东方国家大放异彩，便是在这场运动中。当时西洋民主思想传入日本，并因其国内人士

---

① “与大河内辉声等笔谈资料”(1878 年 8 月 22 日)，《笔谈资料汇编》上册，第 200 页。

② “与冈千仞等笔谈资料”(1879 年 3 月)，《笔谈资料汇编》下册，第 638 页。

③ “与大河内辉声等笔谈资料”(1880 年 2 月 21 日)，《笔谈资料汇编》下册，第 349 页。

④ “与宫岛诚一郎等笔谈资料”(1878 年 2 月 15 日)，《笔谈资料汇编》下册，第 436—437 页。

⑤ “与增田贡等笔谈资料”(1878 年 11 月 12 日)，《笔谈资料汇编》下册，第 647 页。

⑥ 《评〈送佐和少警视使于欧洲序言〉》(1879 年至 1881 年间)，《黄遵宪全集》上册，第 266—267 页。

⑦ “与宫岛诚一郎等笔谈资料”(1878 年 4 月 19 日)，《笔谈资料汇编》下册，第 442 页。

⑧ 《〈皇朝金鉴〉序》(1879 年至 1881 年间)，《黄遵宪全集》上册，第 265 页。

的鼓吹而兴起潮流，十余年后类似情形出现在中国，日本的这段前事亦成史鉴。[①] 因此前提，当时驻日使节对自由民权运动的感知与反应，便尤值得探究。

自由民权运动的起讫，一般认为始于明治七年(1874)“民选议院建议书”的提出，而以明治二十二年(1889)《帝国宪法》的颁布为终结。[②] 自由民权运动并非自初即有计划，而是偶起于明治六年(1873)的朝议破裂。当时西乡隆盛、副岛种臣、后藤象次郎、板垣退助、江藤新平等参议主张出师朝鲜，以张国威；而岩仓具视、木户孝允、大久保利通一派则主张先改良内政，暂缓兴兵。结果主“征韩论”一派失败下野，遂相谋于次年提出“民选议院建议书”，指谪“有司专权”，认为应设立民选议院以伸张公议，限制当道垄断政权，故形成“帝政民权，朝野反目。征韩利害，文武相轧”的局面。[③]

“建议书”的提出，固有意气之争的现实背景，但也不无对良法善政的追求。当时萨、长二藩荐举之士占据政府要津，维新之始所标榜的“万机取决于公论”乃渐有名无实，“藩阀专制之旗帜又起”。[④] “建议书”宣扬新式民权理念，提出：“人民对于政府而有纳租税之义务者，乃以政府之所为，有许人民知其可否之权理，是天下之通论。”[⑤]其对擅权者的非难，也颇获得舆论同情。但若以政争一面观之，则如论者所言，无非是失意下野的政派

---

① 如细川广原的《日本国会纪原》一书，译书汇编社将其列入“政法丛书”而译刊，其介绍词中即谓：“立宪国之精神何在乎？在国会而已。今日文明诸国，无不以国会为立国之本。日本维新，其国志士日以立国会号于众，遂成今日之治。此书详述设立国会时种种变迁，迄乎成功。前事之师，诚为有志者所急欲观者也。”([日]细川广世：《日本国会纪原》，译书汇编社译，开明书局，1903年，扉页)顾燮光在为该书撰写提要时亦称：“日本以明治二十三年为设立国会之期，政党萌芽，民气大动，惜取法之成规，遂生嚣张之习。论者以亚洲各国惟日本有国会为美谈，不知前无所承，其弊必流于纷扰，盖变法必合国民性质，徒袭皮毛，安能获益。本书著于议会未成之前，故未载其条例，然所述政治变迁大势，臣民要求情形，及加藤宏之、板垣退助诸人驳议，附录各人论议，于国会设立情形尚能言其本末，则固今日政治家所宜浏览者也。”(顾燮光：《译书经眼录》，《近代译书目》，北京图书馆出版社，2003年，第463页)

② 关于自由民权运动的情况，可参考沈才彬《自由民权运动》，万峰、沈才彬编：《日本近现代史讲座》，甘肃人民出版社，1987年；[日]近代日本思想史研究会著：《近代日本思想史》第一卷第三章“自由民权思想”，马采译，商务印书馆，1992年。

③ [日]大隈重信：《开国五十年史序》，《日本开国五十年史》上册，第2页。

④ [日]大隈重信等撰：《日本开国五十年史》上册，第230页。

⑤ “建议书”系由留英归国的小室信夫、古泽滋负责起草(初稿为英文，随后译为日文)，故有主张纳税者参与政权的“税收契约论”。后伊藤博文在《帝国宪法义解》中特驳斥此说，在论述纳税义务时称：“此学说皆以社会契约论为渊源，言纳税为政府职务与人民义务之相互交换物，其论说固然巧妙，然实谬以千里也。……如将租税义务定为上下相酬之举，则易导致将纳税之承诺确定为已获利益之相关者，则人民易将依自身之臆想判断，而生拒绝缴纳年租之事。如此，则即使国家免于倾覆之祸，亦会致使国家之生存濒临困境。”([日]伊藤博文：《日本帝国宪法义解》，牛仲君译，中国法制出版社，2011年，第16—17页)

"愤慨攻击在朝有司,欲诉之于世,而浊其忧愤之一手段耳"。[①] 因民选议院建议书触及对"立国之本原"的探讨,[②]其所引发的论战,更唤起了人们对民主政治的普遍关心,这也超出了建议书发起者的最初意图。[③]

板垣退助是"建议书"的发起者之一,戴季陶在《日本论》中称其为"日本民权自由运动始祖"。[④] 因其建议未被政府采纳,板垣退助返回故里高知,创设立志社,"专以倡民权自由为事";后又重建爱国社,并举行一系列的开设国会请愿运动。[⑤] 明治政府迫于舆情,于1881年颁布"开设国会诏书",随后自由党宣告成立,板垣退助被推选为总理,并赴各处宣讲,阐述其纲领主张,成为自由民权运动的标志性人物。[⑥]

戴季陶曾提到,板垣退助"拿起当时刚译起的半部民约论,猛烈地主张自由民权",[⑦]亦点出自由民权运动中的另一要素,即"民约论"的风行。中江兆民因译介卢梭著作而扬名,1874年留法归国后,即着手将卢梭的Du Contrat social节译为日文,定名《民约论》[⑧]。论者指出:"1874年是自由民权运动兴起之年;而兆民译《民约论》未及付印即在运动中被广为传抄,连四国、九州、东北都有人在研读。《民约论》是该运动的重要理论基础,自不必说,但同时也是运动参与者的情感支柱。"[⑨]卢梭学说对日本民权家影响颇深,植木枝盛读过服部德日译的全本《民约论》,也向板垣退助推荐中江兆民的译本。板垣退助与友人谈论卢梭著作,对中江兆民亦颇器重。[⑩] 论者指出,正是在"民选议院论战"之中,"日本的思想界才开始探求'人权'和'契约'的成立根源。于是便不得不转过头来回到资产阶级革命之前(即18世纪),在那里去发现卢梭"。[⑪] 较早在日本介绍卢梭学说

---

① [日]植原悦二郎著:《日本民权发达史》,黄文中译,商务印书馆,1926年,第27—31页。

② 细川广世即曾提到:"能使天下众庶勃生政治思想者,莫如请立民选议院之建白。时余为书记官,就职于左院,接读其书,恍然悟立国之本原,而心折焉。及一旦传播于世,忽为社会之问题。"([日]细川广世:《日本国会纪原》,译书汇编社译,第81页)

③ [日]近代日本思想史研究会著:《近代日本思想史》第一卷,第32页。

④ 戴季陶:《日本论》,民智书局,1928年,第66页。

⑤ [日]博文馆编:《日本维新三十年史》,古同资译,第30、33页。

⑥ 关于板垣退助的相关活动,可参考沈才彬《自由民权运动中的板垣退助》,中国日本史学会编:《日本历史风云人物评传》,天津人民出版社,1988年。

⑦ 戴季陶:《日本论》,第67页。

⑧ 关于中江兆民的译著与活动,可参考毕小辉《中江兆民》,台北东大图书公司,1999年;唐永亮《中江兆民》,云南教育出版社,2012年;以及[日]狭间直树《中江兆民〈民约译解〉的历史意义——"近代东亚文明圈"形成史之思想篇》,《近代东亚翻译概念的发生与传播》。

⑨ [日]狭间直树:《"东洋卢梭"中江兆民在近代东亚文明史上的地位》,袁广泉译,载沙培德、张哲嘉主编:《近代中国新知识的建构》,台北"中央研究院",2013年,第55页。

⑩ 彭姗姗:《半部〈社会契约论〉:中江兆民对卢梭的翻译与阐释》,载刘东主编《中国学术》总第二十八辑,商务印书馆,2011年,第195页。

⑪ [日]近代日本思想史研究会著:《近代日本思想史》第一卷,第56页。

的，是西周在明治四年（1871）讲授的《百学连环》，其中提及卢梭著作 *Du Contrat social*，将其译为"立约为国论"。[①] 西周对开设民选议院持反对态度，在质议中即以怀疑者的立场，论及"政府自国民契约而成者"的"卢骚之说"。[②]

中江兆民后又将《民约论》改译为汉文，并加注解，定名《民约译解》，于 1882—1883 年连载于《政理丛谈》杂志。自 1881 年主笔《东洋自由新闻》，中江兆民便屡借卢梭思想以立论，由其创办的《政理丛谈》，更被认为"几乎都是以卢梭主义和革命主义为其骨髓"。[③] 兆民强调《民约论》的主旨在于"以明民之有权"，并指出西方诸国的立政之本是由孟德斯鸠、卢梭等人的学说所奠定，"而后世最推娄骚（卢梭）为之首者，以其所旨，在于令民自修治，而勿为官所抑制也"。[④] 对卢梭学说的宣扬，亦使中江兆民成为当时"法国学派"之代表，并有"东洋卢梭"之称。史著盛言《民约论》对当时日本的影响，谓："中江笃介氏新归自法国，译《民约论》而唱民权自由之说。此说大动人心，嗣后民权论益盛。"[⑤] 并指出在明治年间的译界，"其中风靡一世者，尤以《民约论》为最。……中江笃介一旦译之而东，急进改革之流争先购读，鼓吹其说，驯至民权自由之声达乎四境。……祖述是书者，往往以急激运动直逼政府。故代议政体，虽发源于元年誓诏，而所以使之速立此制者，若辈亦未尝不与有力焉"。[⑥]

政治学者每诟病民权理论之缺陷，萨拜因曾谓："民权学说从没有达到逻辑上的清晰。"[⑦]卢梭更被英国政论家埃德蒙·柏克指谪为"除了是一个道德家以外，什么也不是"。[⑧] 论者对"民选议院建议书"的批评，亦谓其所依据的天赋人权论为"极端而幼稚之思想"。[⑨] 然而舆论影响力的形成，往往不在其说理之缜密与无懈可击，而在于能以浅白言论鼓动感情，卢梭学说恰符合此点。史家论卢梭，往往谓其"感慨之情极炽，不能自

---

① ［日］狭间直树：《中江兆民〈民约译解〉的历史意义——"近代东亚文明圈"形成史之思想篇》，《近代东亚翻译概念的发生与传播》，第 10 页。

② 西周所言，是针对民选议院建议书中"人民对于政府，有纳税之义务，即有参与其事之权利，此天下之通论也"的说法。西周反驳道："人民纳税，既为自尽义务，则但有望政府保护之权利。至参与其事与否，立国时早已定之，不可强也。……故据卢骚之说，以政府为自契约而成者，亦无参与其事之权利，况乎一国之政府，有未必成自契约者哉。"（［日］细川广世：《日本国会纪原》，译书汇编社译，第 110 页）

③ 唐永亮：《中江兆民》，第 42、46 页。

④ 戎雅屈·娄骚著：《民约訳解》，中江兆民译解，仏学塾出版局，1882 年，"叙"第 4—9 页，"译者绪言"第 1 页。

⑤ ［日］大隈重信等撰：《日本开国五十年史》下册，第 815 页。

⑥ ［日］博文馆编：《日本维新三十年史》，古同资译，第 4、7 页。

⑦ ［荷］克拉勃：《近代国家观念》"英译者序"，吉林出版集团有限责任公司，2009 年，第 11 页。

⑧ ［美］史华慈：《卢梭在当代世界的回响》，许纪霖、宋宏编：《史华慈论中国》，新星出版社，2006 年，第 98 页。

⑨ ［日］博文馆编：《日本维新三十年史》，古同资译，第 7—8 页。

束”，有“激发愤迅之气”；其著述又富于感召力，“文词大率皆婉逸而有感慨悲壮之态”，“甚使人怪异而骇愕”。[1] 其在日本风行，正因能契合时流，在开设国会的请愿中，“法国之民权自由说最为世所重”。[2] 史著称：“法国学派尽力鼓吹权利之思想，其思想颇单纯，不过率直宣言一信条，曰法律成于众庶之好恶。人民骤闻政论而醒觉者，非单纯议论则不易理解。自由党代表法国政治学，以单纯权利论为其旗帜，故一时风靡人心，有旭日升天之势。”[3]

值得指出的是，自由民权运动中的外来思想甚为驳杂多样，在卢梭学说之外尚有多种来源。穆勒的《论自由》，以及托克维尔的《出版自由论》等著亦有日译本问世，其论点多被民权家所称引，板垣退助、副岛种臣与后藤象次郎，在对加藤弘之的论难中，即屡引穆勒之说，以论述设立民选议院的合理性。[4] 同时广行于日本学界的，还有斯宾塞的学说，自1877年尾崎行雄翻译《权利提纲》（即《社会静力学》之节译本），18年间斯宾塞著述的日译本达37种之多，[5]松岛刚所译的《社会平权论》，更是“出现了来不及装订的惊人的畅销情况”。[6] 另外，英国的议院制度也起过模范作用，日本的代议政治思想亦因“绍述英国人之言论”而“一时极盛”。[7] 甚至基督教的“在主面前万人平等”的观念，对民权思想也间有促进。[8]

为应对自由民权运动，明治政府通过颁布谗谤律、新闻条例、集会条例等取缔令，以加强镇压。法国民权派的强盛势头，一直持续至明治二十二年（1889）《帝国宪法》颁布之

---

① ［日］中江笃介著：《革命前法朗西二世纪事》，出洋学生编辑所译，出洋学生编辑所发行，出版年不详，第99—100、104页。

② ［日］博文馆编：《日本维新三十年史》，古同资译，第34页。

③ ［日］大隈重信等撰：《日本开国五十年史》下册，第751—752页。

④ 板垣退助说道：“今述弥勒（ミル氏）之说，以供足下参考，且明吾辈所谓使人民急进于开明之域，而启发之道，即在于立民选议院之理。”并多引述穆勒所言“人民之进步，自其不知足之一念致之”；“使人民过于服从，事事物物惟政府之命是听，虽有疾苦亦甘心受之，如天灾不能逃者，安望其能进步而臻开化之域哉”；“野蛮人民须专制之政府，奴隶人民须师傅之政府，人民资格若在二者之上，则议院政体最为适当”等说。（［日］山田俊藏编：《民选议院论纲》，东京：山城屋政吉，1875年，第9—20页。中文译文参见［日］细川广世《日本国会纪原》，译书汇编社译，第47—50页）

⑤ 赵德宇等著：《日本近现代文化史》，世界知识出版社，2010年，第146—148页。

⑥ ［日］近代日本思想史研究会著：《近代日本思想史》第一卷，第77页。

⑦ ［日］大隈重信等撰：《日本开国五十年史》下册，第800、802页。相关研究有［日］浅井清著《英国国会制度对明治立宪思想的影响》，东京：岩松堂书店，1935年。

⑧ 参见肖霞《日本近代浪漫主义文学与基督教》，山东大学出版社，2007年，第26—27页。

时。[1] 中江兆民即因《帝国宪法》赋予议会之权力极为有限，“通读一遍，唯苦笑耳”。[2] 然而民权论者对此结局虽未心悦诚服，但已无力回天，论者指出：“主张民约宪法法兰西派之自由论者大惊失望，虽复于宪法解释尚持异议，而其势力自此顿衰。自发布宪法以来，此种极端之论，在政治界殆绝其迹。”[3]

在自由民权运动中，出版了甚多相关的宣传著述，[4]不同的论点，更在各报刊上论争不断。明治政府在其机关报上“鼓吹德国派国家万能说，与民权自由论对垒大战”。[5] 自由民权的命题，在朝野间形成了活跃的讨论氛围，驻日使臣对之自然不会无所知觉。黄遵宪在《日本杂事诗》中，即有“纷纷民又唱共和”之句，并提到明治七年的“创设议院之请”。[6] 在向王韬介绍日本近况时，黄氏亦提到：“国会开设之议，倡一和百，几遍国中，政府顾尼之，不得行。”[7]中国人初识卢梭学说，便是这场社会运动提供了契机。

诸使臣曾多方了解板垣退助的行动，何如璋得知板垣氏组织爱国社，欲与日本政府相抗之事，即向大河内辉声探知相关情况，惟不得其详。[8] 其后何如璋又向石川鸿斋问及自由党人倡设国会之事，谓：“近日国会之议，闻元老院诸公实主开行，而政府决意阻之，刻下情形如何？能不激变否？……高知板垣者颇聚徒众，倡国会之议，今贵政府阻之，想群情未必帖服也。”石川鸿斋答称：“板垣辈屡起此会，然人心不服，顾彼等斗筲小人，光不及一国也，非与日月争光者，不能为大事。”[9]诸使又与宫岛诚一郎谈及板垣氏，而其言语间对自由民权运动甚为不慊。宫岛诚一郎告知：“板垣以为维新之初，天子下诏曰：万机决于公论。然则今之时宜使国民参与政务，政府所见则否，全国士民智识未开，未可以参政务。朝廷先立国宪，而当施政治。板垣与政府异议者在此。”而获悉板垣退助组织立志社“为扩张民权之论”后，黄遵宪则言：“自立一社，往往多事。明季士大夫喜立社，其弊至于乱国，可鉴也。”谓板垣氏的主张“近墨人自由之说”，不可行于“君主之国”，认为“若以素日不学无术之人遽煽动自由之说，加之太国武风侠气渐染日久，其不为乱者

① 有“明治宪法之父”之誉的伊藤博文，本身即甚敌视法国的民权学说，曾谓：“由于法国国王专横，法国国民喜好暴乱，再加上卢梭那样的持错误观点的学者到处传播谬论，致使自由民权之说风靡全国，终导致革命，声势浩大。”(春亩公追颂会：《伊藤博文传》中卷，统正社，1940 年，第 312 页。转引自肖传国著《近代西方文化与日本明治宪法》，社会科学文献出版社，2007 年，第 131 页)

② 唐永亮：《中江兆民》，第 59 页。

③ [日]博文馆编：《日本维新三十年史》，古同资译，第 11—12、17 页。

④ 参见[日]下出凖吉《自由民权文献年表》，吉野作造编：《明治文化全集・自由民权篇》第 5 卷，第 511—517 页。

⑤ [日]大隈重信等撰：《日本开国五十年史》下册，第 914—916 页。

⑥ 《日本杂事诗》，《黄遵宪全集》上册，第 9 页。

⑦ 《致王韬函》(1880 年 2 月 3 日)，《黄遵宪全集》上册，第 309 页。

⑧ “与大河内辉声等笔谈资料”(1878 年 11 月 14 日)，《笔谈资料汇编》上册，第 258 页。

⑨ “与大河内辉声等笔谈资料”(1880 年 3 月 17 日)，《笔谈资料汇编》下册，第 363 页。

几希”。同在场的沈文荧、何如璋，亦颇示反对。沈文荧称：“贵国今尚西法，言利与民权，皆致乱之道也。人皆争利，不夺不餍，民苟有权，于君何有？……教士之法，须使知忠义大节，则尊君爱上，风俗归厚。若教之以趋利求利之法，而不知大义，则作乱者多矣。”何如璋则提到更应改良取士任官之法，认为：“彼为平民者，知进身有阶，气愤自平。此制与倡民权自由之说者，有其利而无其弊病，次第行之，国本始固。”对于当时西方新出现的社会思潮，何如璋亦批评道：“顷闻欧美有所谓贫富贵贱一致之教，入其会者，不论何国人，皆同志同心，此将来该各大乱之道也，不出三五十年矣。”[①]

对于当时日本国内政治的热点，诸使颇为关注。黄遵宪曾询宫岛诚一郎“国会开设之议有成否”，被告知：“今日此议，则为在野之舆论，而政府亦颇厌之。”[②]了解到当时日本正拟订“帝室宪法”后，何如璋亦向宫岛打听：“第他日保官权乎？抑行民权乎？敢问其大意。”并称：“缘贵国与中土密迩，同文日久，此事亦有流闻，故休戚相关，不敢不问。”[③]黄遵宪亦对河野广中等民权家的活动，以及福泽谕吉等思想家的言论甚为注意。[④] 在这些信息获取的背后，诸使臣的思想底色，则始终是对传统伦理纲纪的坚守与捍卫。黄遵宪对宫部襄等人言：“近者士风日趋于浮薄，米利坚自由之说，一倡而百和，则竟可以视君父如敝屣。所赖诸公时以忠义之说维持世教耳。”[⑤]后世学者在强调国人早在当时便已接触民约学说时，不应忽略此层背景。

三、卢孟之说：驻日使臣的外史知识与相关认识

黄遵宪在旅日期间如何接触到卢梭学说，是值得探讨的问题。卢梭 *Du Contrat social* 在明治日本共有四种译本，[⑥]分别是 1874 年中江兆民和译《民约论》、1877 年服部德和译《民约论》、1882 年中江兆民汉译《民约译解》以及 1884 年原田潜和译《民约论覆义》。原田潜译本出版时，黄遵宪已离日，故不在论列。另三种译本，假设黄遵宪是通过

---

① “与宫岛诚一郎等笔谈资料”(1878 年 7 月 2 日)，《笔谈资料汇编》下册，第 457—459 页。

② “与宫岛诚一郎等笔谈资料”(1880 年 2—3 月)，《笔谈资料汇编》下册，第 534 页。

③ “与宫岛诚一郎等笔谈资料”(1882 年 1 月 17 日)，《笔谈资料汇编》下册，第 588 页。

④ “与宫岛诚一郎等笔谈资料”(1881 年 10 月 30 日)，《笔谈资料汇编》下册，第 580 页。

⑤ “与大河内辉声等笔谈资料”(1878 年 11 月 16 日)，《笔谈资料汇编》上册，第 261—263 页。

⑥ [日]狭间直树：《中江兆民〈民约译解〉的历史意义——“近代东亚文明圈”形成史之思想篇》，《近代东亚翻译概念的发生与传播》，第 14 页。

译著而获知卢梭学说，则惟有的可能，只有汉译《民约译解》[①]。因未能熟练掌握和文，黄遵宪在为撰写《日本国志》搜罗史料时，便曾多番托请日本文人将相关资料“代为译汉”。[②] 又向龟谷省轩请教可供征引之书，当龟谷提到“(新井)白石著书百余部，多有用之书”，黄遵宪则“恨其多和文”。[③] 然黄遵宪是否读过《民约译解》，亦乏直接证据，研究者曾指出：“几乎没有任何痕迹表明兆民曾与国交开始后来日的清国官僚文人有过交流。”[④]而在黄遵宪、何如璋等人所留下的文字中，也未曾提及中江兆民及其著述，彼此似无交集。为探讨黄遵宪获悉卢梭学说的其他可能途径，下文就当时日本的相关文献情况，以及驻日使团的人际交往作一考察，意在从知识传播的角度对之加以解析。

明治日本的外洋知识，远在同时期的中国之上，黄遵宪与冈千仞对此曾有过一段对话。黄遵宪谓：“吾土自《瀛环〔寰〕志略》之外，述西事者甚少。”冈氏则称：“陋邦洋学盛行以来，译书汗牛充栋(皆以伊吕波者)。而洋学者未曾学作文，故其书郁涩不可读。故其书随刊随灭(盖无读之者)，其能行于四方者无几何。”[⑤]日本的新书虽然“随刊随灭”，却有源源不断的输入，而相形之下中国的新学界则未免寂寥。黄遵宪曾对梁启超讲到郭嵩焘，谓：“彼见日本坊肆所卖书目，惊骇叹诧，谓此皆《四库》目中所未有。”[⑥]

江户时期的日本，即多有关于西洋人文政俗之著述，[⑦]如箕作阮甫所译述的《泰西春秋》《八纮通誌》等著，皆对西政有所述及。箕作阮甫的义子箕作省吾，在弘化二年(1845)

---

① 李庆提到，在明治十二年到十六年(1879—1883)间有栗原亮一的《卢梭论纂》一书，并称“此书系从英文著作译出”(李庆著：《日本汉学史》第一部，第128页)。笔者仅查得栗原亮一于1881年曾出版《泰西名家政治论纂》，编译西方政治学者的论文，其中收有英国法学家约翰·奥斯丁(John Austin，1790—1859，时译“奥斯陈”)的《民約論ヲ駁ス》(《驳民约论》)，该文亦未提及卢梭，李庆之说尚待查实。奥斯丁在该文中称“民约论”为“虚诞妄说”，并针对其相关论点，提出三方面的反驳意见，大意如下：1.关于初始契约的假设，是完全没有必要的，并且完全是画蛇添足的，即使不诉诸那个假设，我们也能够充分地解释清楚臣民们对其主权政府所承担的义务，以及那些主权政府对其臣民所承担的义务；2.契约论的假设，不仅仅是一个虚构，而且是一个几乎完全不可能真实的虚构，所谓的初始契约很难先于国家、社会的形成而存在；3.一个主权政府可能对其臣民承担某些义务，这个主权政府的臣民也可能对它承担某些义务，尽管无论是它还是它的臣民，都不是通过一个契约而具有义务的，而是通过“实在道德”或“实在法”。([英]奥斯陈：《民約論ヲ駁ス》，栗原亮一纂译：《泰西名家政治论纂》，中山嘉代次藏版，1881年，第35—57页。中译文参考[英]约翰·奥斯丁著《法学讲演录》第六讲，支振锋译，江西教育出版社，2014年，第245—277页)

② “与大河内辉声等笔谈资料”(1878年11月21日)，《笔谈资料汇编》上册，第273页。

③ “与大河内辉声等笔谈资料”(1879年12月18日)，《笔谈资料汇编》上册，第300页。

④ [日]狭间直树：《中江兆民〈民约译解〉的历史意义——“近代东亚文明圈”形成史之思想篇》，《近代东亚翻译概念的发生与传播》，第18页。

⑤ “与冈千仞等笔谈资料”(1879年3月)，《笔谈资料汇编》下册，第639页。

⑥ 《致梁启超函》(1902年11月30日)，《黄遵宪全集》上册，第436页。

⑦ 可参阅赵德宇著《西学东渐与中日两国的对应——中日西学比较研究》，附录二《江户时代世界史地文献年表》，世界知识出版社，2001年，第268—290页。

著有《坤舆图识》,介绍各国的地理、政治,并首次使用"共和"译语指代西国政制。[①] 杉田成卿则被认为是日本最早阐述西方近代"自由"概念的人,曾指出荷语"弗勒赫特"与英语 Freedom 之同义,"即精神自由、思想自由,维持个人权理之意"。[②] 当时兰学虽已繁荣,日本学界仍以汉学为主导,西学地位并不突出,论者提到,其时"以兰学名噪都下者,当不乏人,然较诸汉学之徒,犹寥若晨星,其故由于世俗自支那外,不知有文明之邦"。[③] 而这种情形在明治前后得到反转,以福泽谕吉的《西洋事情》为代表,日本开始了认识西方的崭新时代,此后根据各国史著而编译的新书更层出不穷。下表所列,即为明治元年至1880年间日本的相关出版书籍,虽未能穷举,但诸使臣寓日期间当地的知识氛围,当由此可见一斑。

表一:明治初年日本的西洋史政书籍概览[④]

日本历	西历	著作
明治元年	1868年	福泽谕吉《西洋事情》;铃木唯一译《英政如何》
明治二年	1869年	福泽谕吉《英国议事院谈》《世界国尽》 西村茂树译《泰西史鉴》;福地万世译《西史揽要》
明治三年	1870年	河津孙四郎译《英国史略》《西洋易知录》 内田正雄编译《舆地志略》;村田文夫《西洋闻见录》
明治四年	1871年	箕作麟祥译《万国新史》《泰西劝善训蒙》 何礼之译《米国律例》《英国赋税要览》 西村茂树译《万国通史》《西史年表》 堀越爱国、保田久成译《近世西史纲纪》
明治五年	1872年	西村茂树译《万国史略》;文部省《西洋史略》 涩江保编《米国史》;青木辅清译《亚米利加沿革史略》 大岛贞益译《英史》;瓜生三寅译述《合众国政治小学》 中村一翠译《五大洲志略》

---

① 陈力卫:《近代中日概念的形成及其相互影响——以"民主"与"共和"为例》,《东亚观念史集刊》第1期,台北:政大出版社,2011年12月,第157—158页。

② 郑学稼著:《日本史》第五册,台北:黎明文化事业股份有限公司,1977年,第28—29、131—132页。

③ [日]细川广世:《日本国会纪原》,译书汇编社译,第8页。

④ 该表以今井修所编《近现代日本史学史年表》([日]永原庆二著:《20世纪日本历史学》"附录",王新生等译,北京大学出版社,2014年)和李庆的《日本汉学史》中所述为基础,以及笔者从日本国立国会图书馆网站(近代デジタルライブラリーで)检索所得,整理而成。

续表

日本历	西历	著作
明治六年	1873 年	何礼之译:《政治略原》锅岛直彬等编《米政撮要》 作樂户痴莺等译编《万国通史》;和田义郎译编《英吉利史略》 中金正衡编《通俗西洋政治谈》;长沼熊太郎译《英政沿革论》 林正明译《万国政谈》《泰西新论》《北亚米利加合众国史记》
明治七年	1874 年	冈千仞、河野通之译《米利坚志》 基佐著,永峰秀树译《欧罗巴文明史》 基佐著,荒木卓尔、白井政夫译《泰西开化史》 寺内章明译编《五洲纪事》;西村兼文编《外国史略》 大槻诚之译《古今万国纲鉴录》;桑田亲五译《合众国小史》 秋山正笃译《仏国古今通史》;林正明译述《泰西政学》
明治八年	1875 年	基佐著,室田充美译《西洋开化史》 巴布尔著,大岛贞益译《英国开化史》 箕作麟祥译述《万国政体论》;田中义廉编《万国史略》 安川繁成译《英国政事概论》;津田真道译:《泰西国法论》
明治九年	1876 年	米涅著,河津祐之译《佛国革命史》 牧山耕平译《万国史》;田中耕造译《佛国史略》 後藤达三、横濑文彦译《日耳曼史略》
明治十年	1877 年	小林雄七郎译《日耳曼国史》 何礼之译《泰西古今法律类鑑》;渡边恒吉译《英国议院论》
明治十一年	1878 年	汉加斯底尔译《具氏佛国史》;师范学校编《万国史略》 久米邦武编《特命全权大使米欧回览实记》
明治十二年	1879 年	巴布尔著,土局光华、萱生奉三译《英国文明史》 基佐著,藤田喜三译《法兰西文明史》 冈本监辅著《万国史记》;高木怡庄编《万国地志要略》

从出版的书籍来看,当时日本的外史知识已较丰富,学者得以周知西洋史事与政治沿革情形。卢梭学说及其历史地位,亦多通过此类书籍而表达。法国史家米涅在论述法国大革命时,强调卢梭著作的作用及影响,提到罗伯斯庇尔的支持者称:“这一派在政治上的标志是让-雅克·卢梭的《社会契约论》的绝对主权,在信仰上的标志是萨瓦[地方]的副主教的《信仰论》的自然神教。后来,这一派把这些主张在 1793 年宪法和对于‘最高主宰’的信仰中运用了。在革命的各个不同时期曾出现过人们想象不到的学说和狂热信仰。”[①]又谓“共和八年(1799)以前的一切宪法都源于《社会契约论》”。[②] 米涅此部著作在

① [法]米涅著:《法国革命史》,北京编译社译,商务印书馆,1977 年,第 158 页。

② [法]米涅著:《法国革命史》,第 341 页。

明治九年(1876)有河津祐之的日译本,完整传达了上述观点,对于卢梭之书,则有"《民约书》""《民约论》"等译名。①

除书籍之外,通过与日本学人的交往,也使何如璋、黄遵宪诸人获益良多。何礼之(1840—1923)是明治时期的洋学家,出身唐通事家族,祖籍浙江永嘉,曾随岩仓使团出访欧洲,翻译过多种欧美法政书籍,其中以和译孟德斯鸠《万法精理》最为知名。何如璋旅日期间,时任内务图书局书记官的何礼之曾以日籍相赠,双方互有酬答。② 黄遵宪与冈本监辅、冈千仞亦多有往来。③ 通过这些交流,诸使的视野亦为之开阔,外史知识的扩充,甚至催生其修撰"万国史"的想法。黄遵宪谈及冈本监辅《万国史记》时即提到:"余从前亦欲作此书……顾以其书浩博,既非一朝一夕所能竟,又非一手一足所能成。积稿压架,东西驰驱,卒未成书。今观冈本氏所著,益滋愧也。"④冈本监辅撰的《万国史记》,"乃辑和汉近人译书数十部",而成二十卷本,数十万言,⑤正是凭借日本外史书籍的深厚储备,为其鸿篇巨著提供了丰富的素材。

冈千仞《法兰西志》刚撰成时,曾特宴邀黄遵宪、沈文荧、廖锡恩等人,请为作序。沈文荧当时即对冈千仞、重野安绎提及撰写《万国史》的计划,并言及难处:"欲觅亚非洲史,固苦黑人无文字。若奥、葡、瑞、日耳曼,亦不过大略,其间世次尚不齐,奈何！亚非北方三国尚有记载。"重野安绎称其"询为盛举",冈千仞对此亦甚有期待,谓:"我邦译书续出,而无一书可读者。此书果成,东洋各国之幸。……诸君果编《万国史》,以公平心,执公平笔,莫使绿瞳人无喙之可容。"⑥冈千仞、重野安绎二氏皆熟悉西洋史事,冈千仞曾与河野通之合译《米利坚志》,又与高桥二郎合撰《法兰西志》,并曾校阅植田荣所译《万国史》,训点美国传教士谢卫楼的《万国通鉴》,⑦自言"能涉万国沿革大旨"。⑧ 重野安绎则曾评阅

① 河津祐之译:《佛国革命史》卷六,加纳氏藏版,1877年,第11页;河津祐之译:《佛国革命史》卷一四,加纳氏藏版,1878年,第12页。

② "与大河内辉声等笔谈资料"(1878年10月17日),《笔谈资料汇编》上册,第243—244页。

③ 黄遵宪与冈千仞的交流,可参考郑海麟《冈千仞与黄遵宪——明治前期中日文化交流最具学术思想性的一章》,载王晓秋、陈应年主编《黄遵宪与近代中日文化交流》,辽宁师范大学出版社,2007年。

④ 《评〈万国史记序〉》(1880年6月),《黄遵宪全集》上册,第246—247页。

⑤ [日]冈千仞:《〈万国史记〉序》,冈本监辅编纂:《万国史记》,冈本氏藏版,1879年,第8页。

⑥ "与冈千仞等笔谈资料"(1878年9月20日),《笔谈资料汇编》下册,第634—636页。

⑦ [美]格坚勃斯著:《米利坚志》,冈千仞、河野通之译,光启社,1873年;[法]犹里著:《法兰西志》,高桥二郎译,冈千仞删定,重野安绎、藤野正启评阅,露月楼,1878年;[英]须因顿:《万国史》,植田荣译,冈千仞、坪井九马三阅,1886年;[美]谢卫楼口述,赵如光笔记:《万国通鉴》,冈千仞训点,奎文堂,1884年。

⑧ [日]冈千仞:《〈万国史记〉序》,冈本监辅编纂:《万国史记》,第8页。

大槻诚之所译《古今万国纲鉴录》，后又自著八卷本《万国史纲目》。[①] 黄遵宪略识西洋事情，也得益于与这些日本士人的交流，曾谓："冈子尚有志译其书，余不将櫜笔鼓箧、捐弃百事而从之游也乎！"[②]黄遵宪振奋于新学的扩展，又感慨"中土士夫于外国事类多茫昧"，其撰写《日本国志》，便是"欲使吾国人略知东西事"，[③]曾对张之洞称："到日本后，周咨博访，维新以后，如官职、国计、军制、刑罚诸大政，皆摹仿泰西。但能详志一国之事，即中西五部洲近况皆如指掌。"[④]其用意不仅在于了解日本一国一地，而是试图借助日本的开国经验，以获知东西各国的情形与大势，改变国内士人昧于外情的现状。惟当时国人并未了然，《日本国志》一书"至甲午以后，始有知者"。[⑤]

其时留心外事的丁日昌也在筹编"万国史"，黄遵宪曾提到"闻丁中丞撰《万国史》，卷帙既盈六百，书尚未成"。[⑥] 当时国内的西学译介，系由来华传教士所主导。傅兰雅作于1880年的《江南制造总局翻译西书事略》，附载译书目录，计有新书百数十种，被认为"覆盖了自鸦片战争以后至1879年中国所译西书的大部分"。[⑦] 其中即包括林乐知编译的《俄罗斯史》《德国史》《欧罗巴史》《万国史》等著，以及慕维廉《大英国志》、裨治文《联邦志略》，和同文馆译著的《俄国史略》《各国史略》诸书，[⑧]皆有传教士的背景。国中人士得风气之先者，是为其佣书的华人文士，借着辅助传教士译书的契机，而了解西洋事物，王韬便是这一群体的典型代表。丁日昌修撰"万国史"，多得王韬之助。早在1864年，流亡香港的王韬即向丁日昌提起自己研究西史的志向，并寻求丁氏的支持，称："欲以一生精力，辑成《续海国图志》一书，以备国史四裔志之采录。能遂斯志而总其成者，在阁下而已。"[⑨]丁日昌对王韬亦甚器重，王韬自言："同治九年（1870）庚午春，予从泰西归，丰顺丁雨生中丞时方开府吴中，以其所纂《地球图说》邮寄粤峤，命余增辑史事，裒益近闻，著为定本。"[⑩]丁日昌所欲修撰的"万国史"最终没能完成，仅见其编有《地球图说》若干卷，且

---

① [英]模礼松著：《古今万国纲鉴录》，大槻诚之训点，冢本明毅、重野安绎阅，青山堂，1874年；重野安绎著：《万国史纲目》，劝学会，1902年。

② 《〈藏名山房集〉序》（1880年7月），《黄遵宪全集》上册，第250—251页。

③ 《致王韬函》（1881年7月8日），《黄遵宪全集》上册，第328页。

④ 《致张之洞函》（1887年），《黄遵宪全集》上册，第339页。

⑤ 黄遵楷：《先兄公度先生事实述略》，《黄遵宪全集》下册，第1577页。

⑥ "与冈千仞等笔谈资料"（1879年3月），《笔谈资料汇编》下册，第639页。

⑦ 熊月之主编：《晚清新学书目提要》"序言"，上海书店出版社，2007年，第2页。

⑧ [美]傅兰雅：《江南制造总局翻译西书事略》，原载《格致汇编》第三年（1880）第5—9卷，见王扬宗编校《近代科学在中国的传播：文献与史料选编》下册，山东教育出版社，2009年，第505、507、509—510页。

⑨ 《代上丁观察书》，汪北平、刘林编校：《弢园尺牍》，中华书局，1959年，第92页。该函日期据张志春编著《王韬年谱》，河北教育出版社，1994年，第76页。

⑩ 王韬：《法国志略原序》，《重订法国志略》，光绪庚寅仲春（1890）淞隐庐版，第1页。

未刊刻,[①]但却反映了其眼界的今非昔比。与王韬所代表的"口岸文人"一样,驻外使节也是国人了解外洋的先驱。驻日使臣中,副使张斯桂早在国内时即已留意西学,王韬在《扶桑游记》中记载:"往谒何、张二星使。何公字子峨,名如璋;张公字鲁生,名斯桂。张公于沪上曾识一面,一别二十年矣。日月荏苒,殊不可恃。时张公方锐意为西学,欲刻海宁李壬叔天算诸书。其作《万国公法序》,指称欧洲形式,了然如掌上螺纹,以春秋列国比欧洲,此论实由公创。"[②]赴日后,诸人获取知识的条件无疑更为优越,黄遵宪便欲将冈千仞的《法兰西志》寄给丁日昌,"以备采择"。[③]

借助明治初年日本的洋学知识,并通过与日本文士的交往,阅读其以汉文著述的相关书籍,诸使臣得以略知外洋情形。本文最后所欲指出的便是,当时日本所刊行的西史书籍中,关于卢梭及其学说的介绍已广泛流行于知识界,中国人初识卢梭学说,便是借助此一途径。黄遵宪获悉冈本监辅的《万国史记》在上海已有翻刻本,并与王韬积极磋商,欲翻刻冈千仞的《法兰西志》。[④] 此二书皆论及近代法国政史,并谈到孟德斯鸠、卢梭等人的学说概貌及其影响。下表所列,即为日本的史政书籍中关于卢梭的描述。

表二:日本的史政书籍中关于卢梭的描述

著作	内容	页次
冈本监辅编纂,中村正直阅:《万国史记》,冈本氏藏版,明治十二年(1879年)	自路易第十四以豪雄之资行君主政于国中,诸国王侯倣之,作威削民,怠傲纵肆,下民忧郁。时有孟的士鸠、屋尔体、卢骚等诸大儒,各著书排击政法,主张自主之说,欲以抑君威,伸民权。读其书者无不激昂奋励,以生一变旧政之心。法人激发暴动最甚。(原为汉文)	卷十,第17—18页
高桥二郎译,冈千仞删定:《法兰西志》,露月楼,明治十一年(1878年)	法国政纲日愈陵夷,而学术日愈上达。窝儿堤著《十四世路易纪》;孟德士鸠著《万法精汇》,论各国法律得失;罗苏著书,主张独得创见。士大夫歙然精研文学,所刊诸书,四方争传。(原为汉文)	卷五,第16页
田中耕造译:《佛国史略》,文部省,明治七年(1874年)	路易十五时,王公贵族昏庸失政,不知国民疾苦,万民益唱不平。且孟得士瓜、勃尔对、戎惹米士卢骚等各著书,益煽动人心,其说虽多涉不正,国民争信之,遂成伍结队,豫为他日大改革之兆。(依原文中译)	卷六,第42页

① 见徐维则:《赠版东西学书录》,熊月之主编:《晚清新学书目提要》,第203页。

② 王韬:《扶桑游记》,载钟叔河主编《走向世界丛书·甲午以前日本游记五种》,岳麓书社,1985年,第408页,1879年5月17日条下。

③ "与冈千仞等笔谈资料"(1879年3月),《笔谈资料汇编》下册,第639页。

④ "与冈千仞等笔谈资料"(1879年3月),《笔谈资料汇编》下册,第638—639页。

续表

著作	内容	页次
田中耕造纂译:《泰西政法改革志》东京:伏龙轩藏版,明治七年(1874年)	探究纪元一千八百七十九年佛国政法大改革之原起所在,盖非一朝一夕之故。先是,王室独擅权势,专课赋租于平民,无寸功之贵族、僧侣皆免之。民权之不公平,既已如此,勃尔对、芦骚等大学士又辈出,互以著述出,唱政治不正、民权不振,以鼓舞民心。近岁英国之亚墨利加洲藩属地,苦其苛敛,起兵,遂为独立国,大得自主自由之权利。佛国之民闻之,窃相羡,于是国民遂会于威尔塞列斯,请于王路易第十六,与贵族、僧侣共协议国事,称"大民议会",时为千七百八十九年六月二十七日。(依原文中译)	第1页
西村茂树编:《万国史略》,编纂者藏版,明治九年(1876年)	法兰西王路易第十四,以雄豪之资,行霸政于国中,诸国王侯仿法兰西之迹,大张国君威权,以侵夺民权。依是在上者骄傲自肆,无所忌惮,在下者忧愁郁屈,无伸其愤之所。然此时孟的士鸠、卢骚、屋尔体等硕学大儒世出,各著书排击法教,主张自主之说,欲以抑制君权,伸张民权,国民之读其书者,皆激昂奋励,无不生一变旧来政体之心。人民之激发暴动,殊以法兰西为甚。(依原文中译)	卷十(上),第1页
箕作麟祥编:《万国新史》,玉山堂,明治十年(1877年)	路易十五世时弊风日益,政纲月颓,至不可收拾。当时法国国内又频行一种学说,成为加速变革的另一原因。其学说所言,皆讥诮法教,以人民自主为本,限制君权、废除位阶等级之别。该学说首唱者为ヴォルテール(伏尔泰),著书数百卷,痛驳天主教,主张民权,以诱导众庶,其说忽行国中。ルーソー(卢梭)为其同志中最著名者,其性激烈,所讲之说颇惊异,其志所在,不唯辨驳当时之法教,而欲举而废绝之,易以彼之法教。此人又著一书,题为《民约之说》,其书旨趣曰:君臣之区别,政体之大纲,其源皆出国中之人民所互设立契约。现今人民互复同心协议之时,可有变更从来之政纲,废绝君臣之别的自由。其他同志之学士一时翕然相唱和,国中士民读其书、听其说,其心恰如狂,一扫从来之弊习,大更改政体。由此考之,法国大变革不出数年而发生,从前百事至无一而存,亦无足怪。(依原文中译)	上编,卷一,第4—6页

续表

著作	内容	页次
（荷）汉加斯底尔译：《具氏佛国史》，文部省，明治十二年（1879 年）	ヴォルテール（伏尔泰）、ルーソー（卢梭）为路易十五世之时"最有名之史家"。伏尔泰生于巴黎，才气敏捷，与人谈话诙谐千变，有辩舌，但其人粗暴有妒心，傲慢多虚饰；卢梭之著述，殆无确然贯彻之意见，无非触物感事，思想随生即随写之，且所感亦多无意可循，遂任天生放纵，如癫狂人之作。好与人争论，虽亲善故旧，尤不免诘辩攻难。有读卢梭书中所记，至被激怒者。卢梭与伏尔泰常相拮抗，不相容。（依原文中译）	下册，第 228—231 页

各书提到法国启蒙运动中诸位思想家，其姓名的翻译虽未统一，但基本情形却大体一致，卢梭学说的激烈、反叛和煽动性格，以及对民权、变革的鼓吹与促成，从中已展现无遗。中江兆民在论及法国大革命时，曾将孟德斯鸠、伏尔泰、卢梭比作"革命之大院剧"的"作剧者"，而谓罗伯斯庇尔、丹东诸人如其"俳优"。[①] 当时各书的相关描述，也大体循此轨辙[②]，诸如此类的认识，在日本知识界已成寻常。冈本监辅著作中的论述，乃袭引自西村茂树《万国史略》的文字，从中亦可见知识信息的流动。黄遵宪所云"取卢梭、孟德斯鸠之说读之，心志为之一变"，其获知卢、孟之说的具体途径固不得而知，然上述西洋史籍所提供的知识，当与之有重要关联。而传统中人受固有文化的影响，其认识往往带有独特印迹，首届驻日使臣对自由民权运动的反应便是其证明，卢梭在中国的"接受史"，最初面对的即是此番情形。欲缕清卢梭学说在中国的后续流播与反响，以及国人对之的认识变化及相关演替，此一追根溯源的考察便也必不可少。

作者简介：

庄泽晞，中山大学历史学系博士研究生。

---

① ［日］中江笃介著：《革命前法朗西二世纪事》，出洋学生编辑所译，第 105—106 页。

② 从"观念史"的角度来看，认为"哲学家的宣传是大革命的原因"曾一度流行，并因泰纳（Hippolyte Taine，1828—1893）等史家的著述，被确立为"无可动摇的信仰"。而这种传统观点，后来渐被摒弃，学界日益倾向将对革命"原因"的探讨，"转移到对经济、政治和社会因素的文献研究中去"，自 20 世纪初，"理论驱使"之说开始在历史写作中受到疏离（相关论述可参考［美］卡罗尔·布拉姆著《卢梭与美德共和国：法国大革命中的政治语言·前言》，启蒙编译所译，商务印书馆，2015 年，第 4 页）。但在明治日本知识界，以及清末中国的新学界，卢梭学说对于法国大革命的重要影响确是普遍认识。

论英国对驻藏大臣有泰的间谍工作

梁忠翠

[提要]1902年底被派任驻藏大臣的有泰是英国间谍工作的重要对象。英国围绕有泰的间谍人员众多、成分复杂，既有在清政府内部任职的外国人，也有被贿赂腐蚀的西藏人，还有有泰身边的汉官。其中英国第二次侵藏期间，尼泊尔驻拉萨代表更是频频刺探情报，实时向英国汇报，极大地便利了英国人对形势的研判。清廷的腐败固然是英国人情报工作成功根本原因，但有泰昏庸和边政粗放的教训也是非常沉重的。

[关键词]有泰；英国；西藏；间谍

史学界对于驻藏大臣有泰的研究，成果不少[①]，不过值得注意的是，现有研究多数是以中文资料，尤其是围绕有泰留存的同治四年(1865)三月二十五日至宣统元年(1909)二月十四日达46年久的近40万字的日记展开的。作为驻藏大臣有泰的对手——英国人是如何看待他的？又是如何围绕他开展侵藏工作的？弄清这些有利于深化中国近代边疆史的研究。

一

有泰被差遣至西藏之时，正是中英西藏角逐的复杂和关键时期。英国第一次武装侵

① 如康欣平的《有泰与清末西藏政局的演变》认为有泰作为1903—1904年间的驻藏大臣，在清廷“勿开边衅”的旨意下，一味迎合侵略者，甚至协助侵略者与西藏地方签约。他的所作所为不仅给国家利权造成重大损失，而且成为促使清末民初西藏政局恶化的因素之一。平措达吉等的《驻藏大臣有泰评述》认为面对英帝国主义的武装侵略，驻藏大臣有泰不顾清朝中央政府命他即刻赴边谈判的旨意，采取妥协退让的政策，最终使西藏地方被迫与英帝国主义签订《拉萨条约》。

藏后，驻藏大臣升泰于1890年在加尔各答同英印总督兰斯顿签订了《中英会议藏印条约八款》，锡金成为英国的保护国。1893年亚东开为商埠，英国人又敲开了西藏的大门。西藏噶厦和西藏人民对于英国人的闯入强烈不满，起而阻挠英国人来亚东贸易，反对勘定藏锡边界，并不断捣毁英国人私自北挪的界碑。从1894年至1902年，英国屡次通过清廷施压西藏噶厦，迫使其遵行上述条约，但均未达到目的。多年来清廷的腐败和无能，也使自1895年开始亲政的十三世达赖对中央政府失去了信任，正如曾在西藏待过六年的日本僧人河口慧海所说："当今西藏对中央政府已不太信任，因为西藏疯传中国皇帝纳了一个英国贵妇人为妃，所以与英国关系越来越亲密；这个传言连西藏地方当局里都有人深信不疑；而且清政府积弱不振，对西藏的影响力也大大削弱，尤其是中央政府对外友好的外交方针，使西藏地方当局大为不满。"①

英国这时产生的撇开清廷直接同西藏地方谈判的想法也更加浓烈。为此，英印总督寇松于1899年、1900年和1901年三次直接致函十三世达赖，但均被退回。而"多年以来，俄国不断以半官式半科学之探险队遣赴西藏。此等探险队又不断报告关于藏地金矿之富源与夫取得藏方让与权之可能希望""达赖喇嘛为数千亚洲俄罗斯子民所虔诚信奉。而俄人之行将吞并蒙古，当时一般认定势在必行，蒙古人民则又群视达赖为天神者也"言论的风行，使英国的侵藏急进派急于北进西藏抗衡沙俄。

英国人的压力促使清廷加快考虑新派驻藏大臣，希冀压制西藏噶厦抗英情绪。于是光绪二十八年十一月初三日(1902年12月2日)清廷赏鸿胪寺少卿有泰副都统衔为驻藏办事大臣，接替裕钢之职，继续与英国和平谈判。此后，英国人将"厚望"寄予有泰，有泰成了英国关注的焦点，不曾涉及藏务的"新人"有泰也陡然成了英国外交部秘密档案中多如牛毛般情报的主角。

以有泰为主角的间谍戏首先是以他到底何时到达拉萨开场的。英国人巴望有泰尽快到达，一方面希望有泰促成西藏噶厦官员会同英国解决所谓边界遗留问题，另一方面想借其身份获取一系列权益。

但英国人过高估计了有泰的赴藏能动性，英国人发现有泰1903年3月4日离京，6月1日抵川，但至1903年8月1日仍在成都。英国谢立山总领事解读为："逗留成都百日以聘翻译，并做其他旅行准备，这是惯例。"②很快英国人发现"这位驻藏大臣10月初仍未离开成都，据认为他仍在内地某处慢悠悠地行进，直到明年才可望到达拉萨"③。10月26日英印总督布罗德里克又得到情报："他(即有泰)仍在途中慢悠悠地行进，而且年

① [日]河口慧海著：《100年前西藏独行记》，齐立娟译，金城出版社，2014年，第302页。

② 谢立山总领事致焘纳里先生(1903年8月1日于成都)。陈庆英等编：《英国外交部对藏档案选译》(一)(内部资料)，中国藏学研究中心历史所，2005年，第7—8页。

③ 印度政府致布罗德里克先生(1903年11月5日于西姆拉)。陈庆英等编：《英国外交部对藏档案选译》(一)(内部资料)，第73页。

底前是没有希望到拉萨了。"[①]英国外交大臣也说"他在毫无必要地拖延行程"。布罗德里克认为有泰是"为其行程做准备。所谓的准备似乎主要是从府台(军粮府)的打箭炉的藏族土司那里狠狠地敲诈'佣金'。打箭炉府台的额外收入是很优厚的,我从没听说过他们一年的收入少于6000两的,因此他完全能拿得出钱来。驻藏大臣在他途经的巴塘及其他地方,都出于同一目的做出了同样的逗留,这些地区的土司简直要被扒去一层皮,因为这位驻藏大臣离开打箭炉时带了近千名随员。有人向驻藏大臣暗示过这样一件事实,西藏的卢比是金的,比银卢比价值还略高,它若能收买一大笔西藏卢比,化铸成锭,将其运到大吉岭,并兑成一张上海银票,他将成富豪。我料想,区区银两将占去他的时间和注意力,会胜过他将面临的一切政治问题"[②]。

此时英国人对于通过有泰"说服"西藏噶厦变得很"失望",因为在有泰赴藏途中,他们不断得到这样的信息,"从驻藏大臣本人话中,殿下可以明显看出,他们如今没有左右西藏人的能力";"这些西藏人不听从驻藏大臣的主张";[③]"这些西藏人越来越完全不把驻藏大臣放在眼里,恐怕他将不能对西藏人做出任何具有严厉措施的事情"[④]。

对有泰何时抵达拉萨这样一个情报英国人都如此调查分析,从一个侧面反映了英国人对藏情报工作的发达。那么围绕有泰的间谍人员有哪些?其情报还包括什么?有泰本人又是如何面对的呢?

二

英国人对有泰的监视从他到拉萨后显得更为明显。有泰下车伊始,英国人即得知了其初入情况及授印详情:

> 新任驻藏大臣有大人于桑巴特历十月二十七日抵拉萨时,按照先例,我(指尼泊尔驻拉萨代表)和我的部下曾到距此大约3英里的一处叫坎博丹的地方去迎接他。互致问候之后,他给了我们的印度兵30块西藏麦嘿。让他们去喝茶(也就是让他们去消遣消遣)。

---

① 印度政府致布罗德里克先生(1903年10月26日)。陈庆英等编:《英国外交部对藏档案选译》(一)(内部资料),第9页。

② 布罗德里克先生致英国政府(电报)(1904年5月12日)。陈庆英等编:《英国外交部对藏档案选译》(一)(内部资料),第556页。

③ 雷文肖中校致印度政府(1903年12月4日于莫蒂哈里营地)。机密。陈庆英等编:《英国外交部对藏档案选译》(一)(内部资料),第198,202页。

④ 雷文肖中校致印度政府(1904年1月17日于营地)。陈庆英等编:《英国外交部对藏档案选译》(一)(内部资料),第280页。

接下来，他巡视了西藏人的营长并探望了前去迎接他的那位即将卸任的驻藏大臣的帐篷。会晤间，他问即将卸任的驻藏大臣多大年纪，对此回答说他54岁。接着他又问他常住在北京何处，老驻藏大臣把他寓所之处的街名告诉了他，并且说他总共三次到拉萨……

桑巴特历十月二十九日（星期四），新任驻藏大臣从老驻藏大臣那里接掌了御赐驻藏大臣衙门关防。按照惯例，接掌御赐驻藏大臣衙门关防之后，这里中国各级官员的头目以及噶厦公所的噶伦们和西藏的俗官们都要前往向他请安，我们全都参加了请安。在这种场合，即在西藏官员按中国方式下跪请安时，老驻藏大臣通常都要从座位上站起来。可是当时这位现任官员不要说不站起来，甚至都没正眼看西藏官员。他以愤怒的声调对中国官员讲话时说，有人向他报告，一些根本目不识丁的人被任命为高级办事员和普通办事员，一些无用之辈当上了各部门的负责人，一些毫无军事知识的人担任军中职务。他对任命者和那些接受政府职位的不称职者的奇怪安排表示惊讶。他接着说，他将依照所领薪水——也就是依照所履行的职责——对担任职务的人加以彻底考察。还说他将自行裁决，对所有被认定不合格的人施以惩罚，并将对相关任命官员以欺骗政府罪论处。将向皇帝陛下奏明此事。新任驻藏大臣就以这种方式向所有在场官员表示了他的严重不悦。[①]

这份尼泊尔驻拉萨代表致英军侵藏指挥官麦克唐纳的汇报十分详细。

其实环绕在有泰周围的间谍，既有在清政府内部任职的外国人，比如担任清政府亚东关税务司的英国人，他们"一向帮助印度政府"，[②]也有被贿赂腐蚀的西藏人。英国外交部档案多处显示"乃穹的一个办事员说""芝卜兵工厂的翻译说""衙门的一个办事员说""来自拉萨的可靠消息表明"。这些间谍透露出的情报非常重要，比如："江孜，（1904年）5月11日。韦礼敦从一位中国人士得知，驻藏大臣最近收到拉萨三大寺代表的信函，信中指责中国允许英国人进入西藏和在骨鲁背信弃义地屠杀西藏高级官员。他们不承认达赖喇嘛有权批准条约，达赖喇嘛有义务同三大寺协同行动。西藏人对驻藏大臣说，他愿意同英国人谈判多少次就可以去谈判多少次，但西藏人同英国人没有什么相干。他们还告诫驻藏大臣不得订立任何许可英国人越过亚东的条约。那位中国人还说，驻藏大臣接到信时十分狼狈，声称他认为同西藏人打交通的唯一办法是实力。"[③]这个情报有

① 麦克唐纳准将致印度副官署署长（1904年4月1日于堆纳营地）。陈庆英等编：《英国外交部对藏档案选译》（一）（内部资料），第585页。

② 中国第二历史档案馆、中国藏学研究中心合编：《西藏亚东关档案选编》（下册），中国藏学出版社，1999年，第982页。

③ 荣赫鹏上校致印度政府电（1904年5月12日于康马）。陈庆英等编：《英国外交部对藏档案选译》（一）（内部资料），第633页。

助于英国人对激烈争斗的形势进行研判。

对有泰情报刺探最直接的当属尼泊尔驻拉萨代表①,他在探听情报方面可谓"尽职尽责"。他与有泰之间的对话,均十分详细地向英国人做了汇报。

如1904年4月15日英国人收到这样的情报:

> 谨向(尼泊尔)殿下呈报下列我在此所听到以及我所能收集到的消息,供殿下参考:
>
> 衙门的一位通事说:"当英国军官坚持向江孜推进之际,驻守骨鲁的西藏代本和其他军官以友好态度会见英国军官。在他们和平地商谈事情之时,英国人无缘无故粗暴地对西藏人开火,致使西藏官兵的生命遭到严重牺牲。前天晚上9时,驻藏大臣收到达赖喇嘛信函,其中包括上述事件的译咨,说详情报告及适当的必要评论一二日内即将送达。驻藏大臣叫我去念译咨,讲解其中内容。我讲解时,驻藏大臣显得有些焦虑不安,他自言自语,说有一处他去过的地方,那里的事情似乎有什么脱节不正常之处,他吩咐我走开。驻藏大臣似乎认为,既然西藏人对他有所求,他就应在同他们充分磋商之后,采取必要的行动,并前去(英国人营地)谈判。可是另一方面,西藏人既已预先阻止或劝阻驻藏大臣不得前去同英国使团会面,现在自然觉得难于启口请他前去解决争端,事情看来其结果可能会越发糟糕。"②

1904年4月21日英国人又收到"谨向殿下送上用藏文写的3份文件。这些文件是衙门的一个办事员送给我的,他说文件的内容提供了驻藏大臣致达赖喇嘛和班禅喇嘛译咨的要点"。4月26日"衙门的一个办事员说,驻藏大臣为了前去江孜,昨天挑选了陪同军官和办事员。但是西藏人尚未答复驻藏大臣关于这一问题的详咨,西藏人一直对于送他去同英国人谈判的问题显得漠不关心"。

5月7日尼泊尔驻拉萨代表以密码电文的方式,两次详尽汇报了驻藏大臣的活动情况。

其一为:

> 上述马尼先生(指为他提供情报的一名西藏人)还告诉我说,迄今为止驻藏大臣一直不愿把西藏政府不服从中国的事向中国皇帝上奏,因为其前任在职时,西藏政府一直对中国十分尊重,而他却使得西藏政府不易驾驭,他担心为此受到训斥。但

---

① 道光以来,英国一直控制尼泊尔的内政和外交,因而尼代表的拉萨报告成了英国重要的情报来源。

② 雷文肖中校致印度政府(1904年5月7日于尼泊尔)。机密。陈庆英等编:《英国外交部对藏档案选译》(一)(内部资料),第633—634页。

是现在事态已发展到严重关头，有人员伤亡，而且看来英国人很有可能甚至要向拉萨推进，因而他已向中国皇帝上奏，把真实情况报告皇帝，并说明西藏人不服从中国，不让他去同英国军官谈判，并于三天前由他自己的随从将奏折送到纳荡，通过电报转发北京……上述马尼先生还带给我一些进一步的消息如下：

关于悬而未决的英—藏边界争端，驻藏大臣从一开始就收到西藏政府各种各样的模棱两可的译咨。西藏政府还呈送一封复信给驻藏大臣，大意说只有在条约上盖有他们的印章、由他们签字，或者出示他们已认可这一条约的证据，他们才认为条约有约束力，否则认为无效。简而言之，驻藏大臣应该让他们知道，他是否能够确定印度政府在乾隆五十九年所划定的边界；英国人毫无任何充足的理由就进入了西藏领土，还采取其他粗暴和欺诈行为，造成人员伤亡，他是否能够为这些损失取得赔偿，因为如果他不能够做到这些事情，他们既不会请求他前去进行谈判，也不会要她打消这样的念头。

驻藏大臣咨复说，他不想听他们莫名其妙的言论，英国人也不是听他任意摆布的，但是他希望能简单明了地告知，西藏政府到底是否希望他去。西藏政府对此回答说，英国人不会听他的意见，他如果前去江孜，他们也许会听他的意见，但是似乎会适得其反，他能带给西藏的恐怕会是弊多利少，他们并不认为他到江孜去会有任何好结果；因而哪怕英国人将会一直推进到拉萨，他们决心做该做的事情。驻藏大臣既是中国皇帝陛下钦命去那里保护西藏的，而且由于中国人自己的言行使得英国军队推进得这么远，而他现在去江孜又一定会给国家带来更大的危害。他们现在请求他帮助那些从居住在中国人管辖的巴塘人、理塘人和恰卡人所征新兵中召集来的士兵，请他呈请皇帝陛下拨出维持这些士兵所需的费用。还请求立即告知是否可以给那些奉命从西藏索拉洛桑地区而来的士兵提供马匹和交通工具。他们经过中国管辖的拉仁郭时，已得到中国人拒绝提供马匹和交通工具的通知，而无法前行。看来，如果不满足西藏人马匹和交通工具的要求，他们一定会制造极大麻烦，因此驻藏大臣已向该地的中国臣民发出命令，要求他们提供西藏人所需的东西。

写于桑巴特纪元一九六一年一月二十六日，即公元1904年5月7日，星期六。

其二为：

谨此报告如下，品级仅低于中国知府的官员赛森多波公子说：

“驻藏大臣派人请我去，他告诉我，西藏人使事态发展到了这种无视中国皇帝陛下圣旨的情形。一旦有必要逮捕和拘押这些西藏人中的一两个头目，如果西藏人采取暴力行动，则应采取必要的和适当的步骤，因而要求我向我管辖下的汉人发出命令，要求他们准备好武器，以应付任何紧急情况……现在看来驻藏大臣似乎已经垂头丧气了。

……

写于桑巴特纪元一九六一年一月二十六日，即公元1904年5月7日，星期六。

5月9日除上报信函外，还密电汇报称：

以前我曾表示怀疑，中国人可能同俄国串通一气，但是由于以下详细叙述的一些最近的事件，我的疑虑正在逐渐消除。

驻藏大臣致达赖喇嘛的译咨写道：以前当西藏人受到沉重压力时，驻藏大臣文大人命令噶伦及其自己的官员从边境回到拉萨，他向达赖喇嘛、拉嘉喇嘛和全藏会议非常详细地说明了事情。他们全都在一起开会，并做出一项决定，使全藏会议在决定上签字，随后驻藏大臣代表中国皇帝陛下在《条约》上签字。西藏政府的上述决定有案可查，他（驻藏大臣）不能理解西藏人怎么能说好像他们对上述《条约》全然不知。

这几个情报都是在英国第二次侵藏战争的关键时期发出的，内涵非常丰富，既暴露了驻藏大臣和西藏噶厦之间的矛盾，也凸显了有泰对于清廷关于藏事的欺瞒；既再次证实了有泰对于英国的畏惧，又暗示了此情报的可靠性。以上仅是尼泊尔驻拉萨代表大批情报中的极少一部分，可见其是极为用心的。之后的事实证明，其分析比较到位，对一些事情的预见也比较准确。

不过更有甚者，在英国人金钱的引诱下，有泰身边的一些官员也沦为英国人的卧底。比如驻春丕的英国官员沃尔什函件中提到的赵参将："赵参将今天上午来看过我。他告知我，碑碑塘的汉官粮台收到江孜的李福林的一封信，说驻藏大臣可望抵达江孜，因此他便动身到江孜去了。然而，他到达堆纳时碰到自江孜返回的一些信使。信使们说没有听到驻藏大臣抵达的消息，于是他就折回来，于昨天到达这里，赵参将也有意到江孜去，但现在正在等待，直至他得到驻藏大臣确实来到的消息。赵参将说，他最近一次收到的信函是驻藏大臣写于二月六日（即3月23日）的信函，大臣在信中说，他正忙于接交，并说他是否前来江孜要听中国皇帝的命令。赵参将说，中国皇帝的回谕大约需要70天，因此，要是驻藏大臣等待回谕的话，他在5月底之前是不会离开拉萨的。但是，由于西藏人最近战败，加之使团已抵达江孜，这也许会使他不等得到回谕就来。"①

有泰身边的粮务官员也有沦为英国间谍的，如1904年5月13日的英国情报中显示

① 沃尔什先生致荣赫鹏上校（1904年4月20日于春丕）。机密。陈庆英等编：《英国外交部对藏档案选译》（一）（内部资料），第590页。

“上述一番话就是驻藏大臣的粮务委员希望我密传给你的口信，他希望能带回你的意见”[①]。5 月 24 日，尼泊尔驻拉萨代表的一名情报人员交给他“一封粮务委员的信，他让我确信此信是机密的，是依照驻藏大臣的意见所写。信件内容如下……”[②]

其实除了英国人间谍手段的高超之外，有泰对于英国人侵藏的态度也值得深思。英国人注意到有泰“表示完全不喜欢西藏人，认为他们都极端顽愚”[③]。对于与西藏噶厦的不同意见，有泰一味强调西藏人的愚昧顽劣，甚至称“除非英国人的到来可以给西藏人有益的教训，否则什么事也干不成”[④]。诋毁说“可恶番子喇嘛，执迷不悟，殊堪痛恨”[⑤]。在致荣赫鹏和巴尔的信件中，他多次表示会“尽最大努力使达赖喇嘛明白道理”。英国人看清楚了有泰的“有文化有礼貌、熟悉欧洲事务”仅限于“他的外事交往几乎完全局限于同驻北京的公使馆”，“期望于他的也就如此而已”。[⑥]

对于荣赫鹏所谓缓兵之计(指荣赫鹏等待与有泰谈判，推迟向拉萨“前进”之事)，有泰表示“贵大臣不肯星夜进兵，已属全藏生民之福”，并提出自己所认为的良策：“至所称定日开赴江孜一节，在贵大臣军行以久，所事未成，急欲进兵，计亦良苦。但蛮番诈，不在情理之中。现经本大臣实力挽回，少知向化。若贵大臣遽然深入，窃恐其桀骜之性，故态复萌，将来立约通商，更多棘手……细思通商为政令所关，劳师也惫民之本；与其炫士卒于外，而久无成功，何若从一时之权，而事能顺手，细流土壤，聊助山河，或行或止，贵大臣其图之，还望见复施行，以便筹办”。[⑦] 如此谄媚之态既为英国人所鄙夷，也无益于事情的解决。

可见，上不正下参差，清廷驻藏第一人尚且如此昏庸，其下属的间谍行为也就不难解释，有泰的昏庸是藏政失败的重要原因。

---

① 雷文肖中校致印度政府(1904 年 6 月 17 日于尼泊尔)。机密。陈庆英等编：《英国外交部对藏档案选译》(二)(内部资料)，第 112 页。

② 雷文肖中校致印度政府(1904 年 7 月 7 日于驻尼泊尔官邸)。机密。陈庆英等编：《英国外交部对藏档案选译》(二)(内部资料)，第 155 页。

③ 西藏边务委员荣赫鹏上校政务日志。机密。陈庆英等编：《英国外交部对藏档案选译》(二)(内部资料)，第 538 页。

④ 萨道义爵士致兰斯多恩侯爵(1904 年 6 月 13 日于北京)。陈庆英等编：《英国外交部对藏档案选译》(二)(内部资料)，第 125 页。

⑤ 有泰听到 1904 年 5 月 8 日十三世达赖喇嘛调集藏军赴江孜抗英的消息后，第二天在日记中如是写道。见《藏学研究论丛：吴丰培专辑》，西藏人民出版社，1999 年，第 67 页。

⑥ 布罗德里克先生致英国政府电报(1904 年 5 月 12 日)。陈庆英等编：《英国外交部对藏档案选译》(一)(内部资料)，第 556 页。

⑦ 有泰先生致荣赫鹏上校。陈庆英等编：《英国外交部对藏档案选译》(一)(内部资料)，第 546 页。

三

英国人对有泰的掌握为其侵略提供了便利。有泰1904年2月9日到拉萨后，3月21日，被称为“一个真正的冒险家”“喜欢大争夺，喜欢勾心斗角的争斗”①的荣赫鹏一面假意照会，称“盼贵大臣来藏，如大旱之望云霓。今已履新，渴思慰甚，一切事宜定能迅速商办。本大臣等定日开赴江孜，恭候驾临面商一切，并请随带主权番官。再请贵大臣严饬藏番，本大臣等开赴江孜，途次不得妄动起衅，若果无状，以后遇事则大有为难矣”②；一面武力向前推进。因为在3月19日英印政府“已授权荣赫鹏上校不得再行拖延，立即向江孜推进”。

4月侵略军抵达江孜营地后，荣赫鹏又致函有泰，假意表示：“不胜诧异之至。是否贵大臣不欲前来，抑岂别有他故，究竟来与不来，统请明白照复。刻下事更为难，想贵大臣必能洞悉，无须多赘。惟请贵大臣译知达赖，昨喇嘛和尚与本大臣等争战，该达赖是否知情，询明照复。本大臣想从前喇嘛和尚专司看经诵佛，其地方应办之事概不预闻，是以本大臣不欲毁庙伤僧，善为看待，而今喇嘛和尚既能与本大臣等争战，是与番兵无异，其庙宇亦与山寨相等。本大臣现在江孜，立候回鹄，请即速复施行，为此照会贵大臣，请烦查明，须至照会者。”③他们通过有泰施压西藏噶厦和十三世达赖的阴谋终于得逞，使西藏地方处于非常弱势的地位，4月22日荣赫鹏的电文显示：“现在的情势似乎预示着拉萨当局的失败，不会再进行坚决抵抗。首先，驻藏大臣说达赖喇嘛已开始意识到我们的强大；此外，负责驻藏大臣紧急公文递送的中国官员一再称，西藏官员正请求驻藏大臣出面调停……我们的到来，也为此处老百姓乃至僧侣平静的接受，这些事实都提供了一种迹象，表明拉萨当局现在的软弱无能。因此，这一局我们稳操胜券了。”④荣赫鹏最后正式宣布向拉萨挺进。

这时有泰继续“玩弄他老一套的拖延战术”已起不到什么作用了，荣赫鹏向印度政府保证“我将接待驻藏大臣，将达成一项彻底解决问题的办法，并查明他和西藏代表实际上有多大权力”。并称“对于花费大量金钱、大量军力和之前的极大忍耐，以及现在胜利之

① ［美］约翰·麦格雷格著：《西藏探险》，向红笳译，西藏人民出版社，1985年，第305页。

② 中国第二历史档案馆、中国藏学研究中心编：《西藏亚东关档案选编》（下册），第945页。

③ 荣赫鹏上校致有泰（1904年4月15日于江孜营地）。陈庆英等编：《英国外交部对藏档案选译》（一）（内部资料），第594页。

④ 印度政府致布罗德里克先生（1904年4月28日）。陈庆英等编：《英国外交部对藏档案选译》（一）（内部资料），第505页。

后的克制所赢得的好处,我们必须谨慎从事,不要让驻藏大臣从中渔利"[1]。

"当英国人第一次在城外(指拉萨城外)安营扎寨时,中国的驻藏大臣冒着失去面子的危险来会见荣赫鹏,而并没有静候荣赫鹏拜见,对其暴行进行辩解。他热情地欢迎荣赫鹏,并警告说,自己应该发现野蛮的西藏人'在撒谎方面是隐蔽、狡猾的行家'。他为使团提供了可以随便使用的储藏羊肉及其他畜类肉食的地方。"[2]他"小心地侍奉着荣赫鹏,但他在任何建设性的事情上都缺乏权威性"[3]。

在谈判中,出于对有泰的不信任,荣赫鹏还提醒英印政府"最好询问北京,弄清是否已授权驻藏大臣签署协议,如果尚未授权,应以电报通知授予他权力"。英印政府也致电印度事务大臣布罗德里克,希望"最好弄清实际上赋予了驻藏大臣何种确切的权力"。[4]

在拉萨,在荣赫鹏眼皮底下的有泰将有何作为,英军的随行记者坎德勒的一句话颇有意味:"我们到处都有间谍和告密者。一心讨好西藏的新征服者在拉萨也不乏其人。"[5]英国的情报搜集变得更加便利。

总之,不难看出,在有泰赴藏和在藏期间,英国的间谍渗透明显。然而,有泰对此几乎没有察觉和反应。受命于危难之际的有泰专注的究竟是什么,其驻藏日记给出了答案。在藏三年多时间里,他在日常生活方面非常用心,对藏区景观、文化等均有浓厚的兴趣,搜集各种各样的物什玩意。至于清廷对于昏庸的有泰的了解到底有多少,从有泰戏剧般地离职就可见一斑。1906 年 11 月 27 日张荫棠等行抵拉萨。12 月 8 日清廷下谕旨:"命驻藏办事大臣有泰,来京当差,以帮办大臣联豫为办事大臣。赏候补五品京堂张荫棠副都统衔,作为驻藏帮办大臣。"[6]张荫棠致电外务部请代奏,吁恳清廷收回驻藏帮办大臣的任命,清廷允准,张仍做查办藏事大臣。期盼离藏已久的有泰约张荫棠、联豫及各委员粮务笔政等,在二堂听戏,并宴请晚饭。后有泰又大摆寿宴亦为告别宴,不过这次张荫棠"早饭后回",即早早离场。这一天张荫棠通过外务部代奏的弹劾有泰的电文发往北京。1907 年 1 月 9 日清廷下旨:"有泰庸懦昏愦,贻误事机,并有浮冒报销情弊,着先行革职,不准回京,听候归案查办。"[7]其属下一干人等也被问罪。于是有泰的命运一下

---

① 印度政府致布罗德里克先生(1904 年 4 月 28 日)。陈庆英等编:《英国外交部对藏档案选译》(一)(内部资料),第 505 页。

② [英]彼得·霍普柯克著:《闯入世界屋脊的人》,向红笳译,西藏人民出版社,1989 年,第 192 页。

③ [美]约翰·麦格雷格著:《西藏探险》,向红笳译,第 341 页。

④ 印度政府致布罗德里克先生电亲收(1904 年 9 月 1 日)。陈庆英等编:《英国外交部对藏档案选译》(二)(内部资料),第 218—219 页。

⑤ [英]彼得·霍普柯克著:《闯入世界屋脊的人》,向红笳译,第 192 页。

⑥ 西藏社会科学院等编:《西藏地方是中国不可分割的一部分(史料选辑)》,西藏人民出版社,1986 年,第 287 页。

⑦ 西藏社会科学院等编:《西藏地方是中国不可分割的一部分(史料选辑)》,第 435 页。

子发生逆转。

按理来讲，有泰的丧权辱国是很容易被清廷分析出来的，有泰治下的西藏局势民怨沸腾，驻藏大臣权威丧失殆尽，统治架构被严重打乱，清廷却不知情，如果不是张荫棠奏报，恐怕有泰得以善终的可能性很大。此事也可以看出清廷真的是已经病入膏肓了。这也是英国能够成功进行谍报工作的根本原因。

其实英国能够对藏谍报，还与以下两点有关：其一，西藏地理环境的特殊性使得英国间谍工作的成本大大缩减。西藏险峻的地理环境使用兵西藏需要极高的成本，而使用间谍最能有效快捷精准地为战争服务。其二，西藏地方组织上的粗放也是英国间谍工作能够取得成功的重要原因。

间谍是人类历史上最古老的职业之一，是战争尤其是现代战争的重要组成部分之一。在战争这架庞大的国家机器里，它是最接近决策者的部位。至于英国侵藏到底有多少间谍？他们还做过什么事情？这些问题似乎只有在束之高阁的秘密文档之中才有答案。英国侵藏间谍史中粉墨登场的有衣冠楚楚的贵族，也有家境贫寒的劳苦民众，无论高低贵贱、美丑媸妍，犹如一个个棋子，在步步博弈的同时改变着整个世界大格局。

作者简介：

梁忠翠，淮阴师范学院历史文化旅游学院、欧美国家边界争端与化解研究中心讲师。

20 世纪初美国华侨对“排华法”的调适与挑战

——以《中西日报》资料为中心的探析①

莫光木

[提要]本文在分析20世纪初美国移民政策及移民环境的基础上，以《中西日报》的资料为基本史料，分析在“排华法”背景下华侨移民自身的移民活动。本文认为，在日益严厉的“排华法”实施后，华侨以华工身份进入美国的道路完全被封堵，但并不意味着华侨无法进入美国，从合法的角度来看，华侨可以通过获得商人的身份或美国公民的身份，或者以家属的身份进入美国；从非法的角度来说，华侨可以以偷渡的方式，或者以虚假的移民身份进入美国。美国华侨对“排华法”的应对与挑战，一方面使他们不断了解美国的相关法律法规，加速了了解美国社会、融入主流社会的过程，一方面也促使美国对移民法规进行调整完善。

[关键词]20世纪初；排华法；美国华侨；《中西日报》

一直以来，对于美国“排华法”的研究成果很多，但更多研究集中在“排华法”颁行的历史根源、过程等方面，也有不少研究成果更多地考察“排华法”对华侨移民的影响，尤其是对华侨的迫害，而较少地从华侨华人自身的角度，考察他们在这场“排华法”中的行动。

① 本文得到暨南大学海外华文文学与华语传媒研究中心青年课题“《中西日报》视野中的20世纪初旧金山华侨社会与族群关系”的资助。

通常意义上认为,他们是排华法的牺牲品,但从当时华社报纸《中西日报》中的记述来看,[①]很多华侨华人在排华法面前并不是束手无策的。他们凭借生活在美国期间所能接触到的法律武器及对美国移民政策的掌握,在美国移民法规的大框架内,也积极地运用美国移民法规的相关条款,争取正当的入境权益。也有相当一部分华侨则瞅准美国边境的漏洞,从加拿大或者墨西哥边境偷渡进入美国,扮演了"闯关者"的角色。他们的反"排华法"行动,也冲击着美国相关的移民法律制度,使之进行不断调整。

一、20世纪初美国华侨的移民环境

自1868年以后,美国关于对华移民的法律法规主要分为两大部分:一是美国政府与清政府签订的相关约法,二是美国国会通过的与华人相关的法律规定。从19世纪末至20世纪初,中美双方关于移民的约章及美国国内排华法的变迁主要呈现两种趋势。

其一,中美双方关于华人移民的约法在不断修订中愈发严厉。1868年中美双方签订的《蒲安臣条约》(the Burlingame Treaty)为中国劳工移民美国敞开了大门,自此以后,大量华工涌入美国,成为美国排华分子攻击的目标。由于美国国内对华工的激烈排斥,美国在1880年修改了《蒲安臣条约》中的移民条款。中美在1880年11月17日签署了新的条约,这个条约被称为《规定华人移民美国的条约》,条约规定:中国同意在不影响其他各类人等进入美国的情况下,美国可以调节、限制或中止华工入境,但不是绝对禁止。美国方面承诺,设法保护在美生活、工作的华工,阻止对在美华人进行人身虐待和凌辱,确保他们得到与享有最惠国待遇的其他国家侨民相同的权利和待遇。[②] 1880年中美双方的约章被视为1882年美国排华法的前奏,是对奉行"自由移民"政策的《蒲安臣条约》的否定,其中一些含混模糊的条款,如"美国可以调节、限制或中止华工入境",给美国政府明目张胆地制定排华法提供了法律依据。

1894年,中美签订《中美会订限制来美华工保护寓美华人条款》,规定在十年之内不许华工入境,但归国华侨如有妻室、子女、父母任何一人在美国居住的,或有一千美元以上财产在美者,可准予回美。[③] 此外,还规定在美华侨必须登记注册,名为对华侨实施保护,实为加强对在美华侨的管理。1904年,当此中美条约期满10年之际,美国还想继续

---

① 《中西日报》由台山移民伍盘照创办于1900年,于1951年停办。在半个多世纪的时间内,《中西日报》立足旧金山华侨社会,真实、详尽地报道美国华侨社会的社会生活及其产生密切联系的中外时事,突出地反映当时华侨社会的发展变迁,成为美国销量最大的中文报纸。

② 参看陈依范著《美国华人史》(韩有毅等译,世界知识出版社,1987年,第183页)、陈依范著《美国华人》(郁怡民、郁苓译,工人出版社,1984年,第171页)及杨国标等著《美国华侨史》(广东高等教育出版社,1989年,第249页)。

③ 参看潮龙起著《美国华人史(1848—1948)》,山东画报出版社,2010年,第49页。

延期，后来由于美国华侨社会及清政府的极力反对而作罢。

从《蒲安臣条约》到《规定华人移民美国的条约》，再到《中美会订限制来美华工保护寓美华人条款》，中美双方的关于移民的约章来看，美国的对华移民逐渐从自由移民向限制移民收紧，最后甚至以保护华工之名直接限制华工入境。这对于当时主要是以华工为主的华人移民来说，打击是致命的。

其二，美国国内的“排华”浪潮风起云涌，“排华法”也在不断修改中日益严酷。1882年，在加州排华风潮的鼓动下，加州排华分子共和党参议员约翰·米勒(John F.Miller)向国会提交了暂停华工移民入美的提案，这个提案几经修改和讨论，得到时任总统切斯特·艾伦·阿瑟(Chester Alan Arthur)的批准，这就是臭名昭著的1882年“排华法”(Chinese Exclusion Act)。此排华法主要包括以下几方面内容：①

1.10年内禁止华工入美(不论有无技术)。

2.1880年11月7日之前已在美国居住，暂时出境回美者，获得海关证明文件暂时出境准予重入美国。

3.持有中国颁发的英文证件，依约说明的非劳工身份的“豁免人员”(教师、学生、商人、旅游者、外交人员)，准予进入美国，但移民局在审核这些移民身份的时候，有很大的处置权。

4.非正当途径入美的华人，将依照美国法院的判决驱逐出境。

5.州法院和联邦法院今后不得允许华侨归化为美国公民。

1882年排华法基本上将华工进入美国的大门关死了，但某些条款还存在一些漏洞，华侨千方百计抓住美国移民政策的漏洞进入美国。一些中国海员在美国港口弃职离港，某些借道美国的华侨在过境途中失踪，一些华侨通过加拿大和墨西哥边境偷渡进入美国、华侨小贩假装成商人获得进入美国的准证等现象，都是当时华侨进入美国的方式。为了杜绝华侨穿越排华法的灰色地带，1884年美国国会通过了排华修正案。该修正案明确规定：暂停入境的华工包括来自“任何外国港口”；非劳工华人欲进入美国者，必须持有效英文执照，注明其姓名、年龄、身高及体型特征、职业等；对于华侨商人有更严格的规定。②

1888年10月通过的《斯科特法案》(Scott Act)是对1882年排华法更严厉的补充，它规定：凡离开美国的华工，一律不得返回美国，1882年后办理的重回美国证件无效，停发此类证件。此法案断绝了华侨重回美国的唯一希望，致使2万多名华侨无法再重回

---

① 参看陈依范著《美国华人史》(韩有毅等译，第185页)、陈依范著《美国华人》(郁怡民、郁苓译，第171页)、杨国标等著《美国华侨史》(第252页)及潮龙起《美国华人史(1848—1948)》(第49页)。

② 参看陈依范著《美国华人史》(韩有毅等译，第193页)、杨国标等著《美国华侨史》(第255—256页)及潮龙起《美国华人史(1848—1948)》，(第49页)。

美国。

此后，1892年，《基里法案》(Geary Act)将禁止华人入境期限再次延长十年，并取消对华侨的人身保护令，华人不得申请保释；还要求在美国的全部华工必须申请居留证，否则一律驱逐出境。①

总之，随着上述美国对华移民政策的实施与修订，至19世纪末，美国的对华移民政策愈发完善与严厉。总结20世纪初美国华侨面临的移民环境，大致呈现如下特点：

1.华侨以华工身份进入美国的道路完全被封堵，但并不意味着华侨无法进入美国，从合法的角度来看，华侨可以通过获得商人的身份或美国公民的身份，或者以家属的身份进入美国；从非法的角度来说，华侨可以以偷渡的方式，或者以虚假的移民身份进入美国。这样的状况促使美国移民政策在实施过程中不断面临新的问题和挑战，因而不得不经常性地对移民政策及实施进行微调。这不仅是华侨与美国移民政策冲突的体现，从某种程度上来看，也是华侨对美国移民政策挑战的胜利。

2.由于若干约法对于华侨重回美国的规定愈发严格，这使生活在美国的华侨不会轻易地离开美国，因为一旦离开美国，有可能被拒绝再次入境。这在促使美国华侨适应美国的移民法规的同时，也进一步促进了美国华侨社会自身的发展，既然无法再回中国，不如抱定"落地生根"的想法。

3.尽管相关条款有关于禁止华侨入籍美国的规定，生活在美国的华侨，又受到诸如注册登记等规定的限制，使他们不得不逐渐适应在美国的生活，但华侨社会事实上纳入了美国政府管辖的范畴，华侨社会中加入美国国籍的呼声越来越高，这是华侨社会向华人社会转变的重要时期。

4.一直以来，华侨对于上述美国移民政策都有不同程度的抗争。到20世纪初，以旧金山华侨为代表的美国华侨的抗争活动更为激烈，更为广泛，效果也更为显著。虽然这些抗议活动不能从根本上触动美国的移民政策，但某些入境政策的改动还是让在美华侨及部分入境华侨受惠。

二、华侨申请关于移民身份的司法裁定

如前文所述，在排华法的司法解释上，美国法令有明确禁止华工入美的条例，商人则不在此列。而在当时华侨看来，"然工自为工，商自为商，不论大卖小贩，凡自具资本者皆商也"②。可见，在排华法实施的过程中，工和商的区分往往比较难把握。对于申请进入美境而言，工商可以根据其财产情况进行区分。对已经在美国生存下来的华侨而言，实

---

① 参看杨国标等著《美国华侨史》，第260页。

② "商亦混拿"，《中西日报》1900年4月21日。

施起来，就会遇到问题，由于早期华侨工商的界限并不十分清楚，大多数亦工亦商。尤其是当商人申请回中国，尔后再度返回美国的时候，便会遇到麻烦。尽管商人不在禁阻之列，但要界定商人的身份也会有一定的难度。

此种情形，在 20 世纪初旧金山华侨入境的案例中，由于商人身份模糊而遭到阻难的例子比比皆是。某华人在旧金山从事鞋靴业，当他重返美国时，他被海关移民局认定为工人身份，拒绝其入境。《中西日报》对此有相关报道：“日前有华商某甲回美，税关以甲所开番靴店原属制造，等于工人，不准登岸。”[①]但他并没有屈从于移民官的判决，而是将“工商之争”上诉至美国联邦最高法院。最后，美国联邦最高法院做出司法解释“商人可以制造，有制造亦可称为商人”，[②]凭此，他最终得以重新进入美国。

同样的问题，发生在制衣业商人邓池身上：“本埠都板街（杜邦街，笔者注）门牌八百四十五号锦纶昌号巨商邓池前偕妻子乘加力轮船回美，税关以该店内有衫偈，遂借口于有资造作，无异工人，竟不准登岸。”[③]由于在店内从事裁缝工作，即便富为“巨商”，邓池一家亦不允准入境，被扣留于码头木屋之中。当然，作为有一定经济实力的商人，他善于合理利用美国的规则。首先，他店内的同胞做出了反应，先将他的家属从码头转移到教会女宿舍寄住。其后，他的手下最后将案情上诉至民政部，在查实邓池之子属美国出生后准允其全家进入美国。

由于工商混淆的情形太为常见，以致移民官对于以商人身份在美居住的华侨也时常怀疑并且拘禁。纽约平关平益二名华侨就遇到了这样的问题：“兹得华盛顿来电云，纽约省抓户路埠有华人平关平益二名，向在该埠经商，早年由华回美，迭经数次，乃洋差突然捉将官里去，以为他系未合例在美。”[④]

华侨还善于利用移民政策的规定，在进入美国时经常有谎报资产和职业的情形。据 1903 年美国财政年度报告的记载，这种形式常常成为华侨留在美国的借口之一。“我从商业角度出发，许多小型经营者声称拥有 20 个甚至更多的伙伴，每位申报金额 1000 美元，但是从未发现他们与合作伙伴有经常性的贸易往来。事实上，他们的合作者不足四五人，有时候甚至更少。多数时候，其他的‘合作者’均为劳工，他们互相串通，共同掩盖真实身份。”[⑤]

为了加强对华侨入境的管理，美国政府一方面扩大海关的权限，以更方便处理华侨的入境问题。按照以往的惯例，海关只有审查华侨入境资格的权限，对于不符合入境条

① “西报常谈”，《中西日报》1901 年 8 月 19 日。

② “西报常谈”，《中西日报》1901 年 8 月 19 日。

③ “准居女馆”，《中西日报》1901 年 7 月 8 日。

④ “商亦混拿”，《中西日报》1900 年 4 月 21 日。

⑤ ［美］彼得·邝、杜桑卡·米塞耶维奇：《中国人在美国的发财史》，谭启龙译，江苏人民出版社，2012 年，第 141 页。

件的华侨，他们有权将华侨拒之门外。“初五日西报云，是日本埠税务司士罅敦奉到华盛顿管理外人入境事务大臣抛打理来札云，限制华人入境之事务须认真办理，曾经札饬遵照，惟于未准登岸之华人，税务司向无发载回华之权。惟于照例不应居在美国内地之华人，一经查获，税务司始有权发回原籍。”按照文中所提到的，海关还有权将非法滞留美国的华侨遣返回华。为了使海关对未准登岸的华侨拥有“遣返回华”的处置权，美国移民局采用类推的手法，将“不准登岸”与“非法滞留”等同。这样，美国移民官便取得了对来美华侨更大的处置权。

移民官权力增加的直接后果是，华侨被允许进入司法程序的机会逐渐减少，至1905年甚至完全被剥夺，随之而来的是被拒入境和驱逐出境的华侨数量均呈上升趋势。“1898年，7195名拥有豁免权的华人及返美华工被允准进入法院判决，280人被拒入境，超过756人由于不合法滞留而被捕，其中220名被遣返回中国，准入华人与遣返华人的比例为100∶7。到1904年，这个比例上升为100∶57，2776名拥有豁免权的华人及返美华工被允准到法庭申诉，736名被拒入境，1793名被拘捕，其中783名最终被遣返。”①

但这并不能说明，移民官完全决定了华侨移民的命运，旧金山地方法院及联邦最高法院在排华法的实施过程中扮演了重要的角色。“1882—1905年，联邦地方法院受理了北加州及周边地区超过9600名华人的诉状，他们（很多声称自己是美国公民）诉称自己实际上有资格入境但却被移民官非法拘留。通常，法院推翻了移民官一半以上的判决。”②从这个层面而言，法院实际上担当起了华侨移民身份裁决的重任，它在华侨移民与移民官的冲突中充当了“调停者”的角色。

1900—1911年华侨进入美国人数表统计表

年份	总数	拥有豁免权		返美居民		美国公民	
		人数	百分比	人数	百分比	人数	百分比
1900	5799	3802	66	1997	34	N/A	N/A
1901	4064	1784	44	2280	56	N/A	N/A
1902	3768	1273	34	2495	66	N/A	N/A
1903	2982	1523	51	1459	49	N/A	N/A
1904	2676	1284	48	1392	52	N/A	N/A
1905	3153	1348	43	1171	37	634	20
1906	2720	714	26	1091	40	915	34

① Erika Lee, *At America's gates: Chinese immigration during the exclusion era*, 1882－1943 (Chapel Hill: University of North Carolina Press, 2003), p.67.

② Erika Lee, *At America's gates*, p.48.

续表

年份	总数	拥有豁免权		返美居民		美国公民	
		人数	百分比	人数	百分比	人数	百分比
1907	3215	788	25	1498	47	929	29
1908	4563	1298	28	1656	36	1609	35
1909	6245	1818	29	1897	30	2530	41
1910	5792	1777	31	1906	33	2109	36
1911	4986	1142	23	2205	44	1639	33

资料来源：Erika Lee, *At America's gates: Chinese immigration during the exclusion era*, 1882—1943 (Chapel Hill : University of North Carolina Press, 2003), p.101.

注：此表数据来源为 1898—1902 年移民委员会年度报告及 1903—1911 年商务与劳工部年度报告，准确度较高。

由此可见，当时进入美国的华侨移民在身份的认定上，并不是由移民官单方面决定的，只要华侨稍通美国法律，都会将入境身份的纠纷交由法院去裁定。而最后成功入境的概率还是很高的。虽然在入境中遭遇重重障碍，但据李·艾丽华的研究显示，20 世纪最初十年，通过“豁免权”及重返美国的入境数量还是相当可观的。

三、华人移民对于重返美国的申诉

对于有资格重回美国的华侨，美国海关加大了盘查的力度。这种实例在诸多研究里面均有论述，而对于华人移民来说，除了在天使岛等待，他们还有更加主动的选择。华人曾良久出生于美国，长于旧金山，按理属美国公民，然而，当他从中国重返美国时，他在入境时遭到了拒绝，于是他的亲属聘请麦教安律师为其争取入境的权利。在庭审过程中，曾良久遭到了详细的盘问，我们看看庭审过程中的供词。①

麦教安(以下简称麦律师)律师问曾良九(以下简称九)：“在何处出世？”

九供：“在美国挖慎委利埠。”

问：“何年月日出世？”

九供：“于光绪十一年(1885)十月十六日出世。”

问九：“父母名氏？”供称：“父曾世运，母杨氏。”

问：“在挖慎委利埠居住几久？”

① “准居美国”，《中西日报》1901 年 5 月 28 日。

供:“至六岁始随母亲出大埠(华侨口中的大埠即旧金山)。”
问:“既出大埠,汝母又往何处?”
供称:“不知。”
问:“出埠居住在何处?”
供称:“居于曾北辰之家。”
问:“曾北辰在何处?”
供称:“昃慎街六百十八号半美丰号。”
问:“谁同汝回唐山?”
供称:“曾北辰。”
问:“汝识西人数目否?”
供称:“记识无多,即将数目由一唱至十一而止。”
问:“识华埠街名否?”九又说出华埠数街名。
问:“识华人铺否?”九又指出杏花楼、会仙楼。
问:“识梁世荣否?”
供称:“乃我契爷。”
问:“汝契娘何氏?”
供称:“郭氏。”
问:“有册纸(登记华人身份的证件)否?”
供曰:“有。”

律师即将良九册纸呈验,传话西人约翰即将册纸所贴之相与九对验,并为量度身材高低。

其中,移民官详细询问了曾良久的年龄、原在旧金山的住处、亲属等,并测量了他身高、身材。最后还请他供词中所提到的证人梁世荣及曾北辰到堂作证,两人证词如下:[①]

又传梁世荣到案。
麦律师问曰:“汝自识曾良九。至今几久?”
世荣答曰:“约有十六年。”
问:“汝可知其在何处出世?”
供称:“在美国挖慎委利。”
问:“何由知之?”
供称:“因伊父说我知。”

① “准居美国”,《中西日报》1901年5月28日。

问:“其父尚在否?”

供称:“良九出世约月余,其父已死。”

问:“伊父死后,汝有复见良九否?”

供称:“良九于五六岁时随其母到大埠,我复见之。”

问:“何由知其为良九?”

供称:“当因吾伴北辰对我称说,该妇与小童即曾世运之妻子也。”

问:“汝知伊母何在?”

供称:“闻人传说伊母已随一男子逃往别处。”

问:“其母既逃,谁为抚养良九?”

供称:“良九失母,日夜啼哭,吾故收养之。”

问:“汝收养几久?”

供称:“约四五年,后随北辰回唐山。”

问:“良九有银回唐山否?”

供称:“约有银八百元。”

问:“何由得此多金?”

供称:“由各亲朋捐助集成此款,着其回籍读书。”

问:“良九此次回美,其意欲寓何处?”

供称:“将寓我处。”

问:“汝与良九有何亲戚?”

供称:“我系伊之谊父。”

应该说,作为曾良久的义父及实际监护人,梁世荣的证词对于曾良久是非常有利的。而曾北辰的证言证词则进一步帮助曾良久进入美国。

又传北辰到堂。

麦律师问其:“识良九否?”

供称:“识得。”

问:“良九出世之时,汝在何处?”

供称:“自良九出世至出大埠时,我在挖慎委利。”

问:“汝现居何处?”

供称:“居于炅慎街七百一十六号楼四十一号房。”

问:“谁同良九回唐?”

供称:“是我同之。”

委员喜阁曰:“审得此案供词确实,良九应得居在美国。”

遂即判断准曾良九登岸。

曾良久是否出生在美国，实难考证，因而在其回美国的过程中颇费周折。然而，在律师的帮助下，通过法律途径进行申诉，经过两位证人到堂作证，得以顺利入境。

在华侨离境后重返美国的问题上，凡华侨入境遇到困难，清政府驻旧金山领事馆一般不会袖手，也会积极和美国政府交涉，保护华侨的入境权益。初时，假如有华工因离开美国一年，逾期不能入境的，如果请领事馆作证，申请重新入境，一般可以重新入境。“美国向例，凡华工收取欠项纸回华者，期限一年。遇有疾病未得如期回美，准将情节禀明驻金山领事官，预期报关展限一年。或过一年之期附船来到码头，得见华人领事官人员到船，然后将情禀明，代报税关，亦得登岸。”①根据此条规定，如无特殊情况，华侨离开美国回中国后，需在一年之内返回美国。遇到特殊情况，在领事官的作证担保之下亦可以重新入境。

华社组织中华会馆在协助华侨申诉入境、向华侨宣传美国新的移民法规条例方面也是不遗余力，作为甚多。如在1901年，美国海关规定，凡是申请延期入境的，必须出具相关的疾病证明等材料，这让诸多华侨措手不及。中华会馆即以电报的形式告知从香港转道而来的华侨：“中华会馆董事因回藉（籍）梓里未知新例，恐有逾期回美致被阻留。特于昨二十一日致电香港东华医院，恳将新例布告俾共知闻，以免阻误。”②后又写信将新条例的内容详细告知香港东华医院，让华侨做好充分准备，按照新的法例规定办事。在华侨有需要时，中华会馆还为他们聘请律师，积极为侨胞提供服务。

在移民法实施的过程中，美国也会根据需要，不断修正，巧设障碍，阻碍华侨出入境。根据规定，如无特殊情况，华侨离开美国回中国后，需在一年之内返回美国。遇到特殊情况，在领事馆的作证担保之下亦可以重新入境。但在1901年6月18号，美国移民局对此例进行了修改，“讵今户部再议新例，限期一年回美，若遇疾病，必有医生药方等证据，并由驻香港羊城等处美国领事官查验，确是实情，方准展限，否则不准回美”③。

1901年7月7日，抵达旧金山的部分华人便由于新例的实施而不准入境。“昨早力船抵埠，有梓里十余人，系取欠项纸因事逾期，曾经报明者。税关以其不合新例，不准登岸”④，美国移民法也在与移民的角力中不断修改和调适。

---

① “电告新例”，《中西日报》1901年7月8日。
② “电告新例”，《中西日报》1901年7月8日。
③ “电告新例”，《中西日报》1901年7月8日。
④ “电告新例”，《中西日报》1901年7月8日。

四、华侨非法移民对“排华法”的挑战

旧金山历来是华侨进入美洲的重要入口，进入美国的华侨通常以旧金山为重要通道，而去往墨西哥、加拿大、南美洲一些国家的华侨也将旧金山视为中转地。由于这些国家直接毗邻美国，往往成为华人偷渡进入美国的跳板。因此，华人到达旧金山码头后，自知不能直接入境，便辗转通过加拿大与墨西哥进入美国。这种“曲线救国”进入美国的例子屡见不鲜。据李·艾丽华估计，“1882 年至 1920 年间，大概有 17300 名华人移民从墨西哥及加拿大边境进入美国”①。当时美加边境与美墨边境华侨移民越境的活跃程度可见一斑。

先看美国北方边境加拿大的情形。早在 1885 年，为了限制华人移民，加拿大政府向每人征收 50 美元的人头税，钱款在出发地由船长向所有前往加拿大的华人收取。对前往美国的华人移民者而言，有一个灰色地带可以利用，在越境进入美国之前，他们可在加拿大逗留 90 天，并免征人头税。“华人移民者充分钻了这个空子：精明的走私者先将移民者送上加拿大太平洋铁路横跨整个大陆，然后将他们偷运到美加边境，收取 23 至 60 美元不等的费用，或乘船偷运进入华盛顿，或进入边防守卫较为松懈的纽约州。”②这样一来，偷渡华侨不仅合理规避了加拿大高昂的人头税，也得以顺利进入美国，可谓一举两得。

尽管后来加拿大调整了其移民政策，在 1900 年将人头税提高到 100 美元，到 1903 年又提升至 500 美元，但是来自中国的越境者依然络绎不绝，华侨从加拿大入境的例子还是时有发生。“初三日，市卜顷埠来电云，该处有美国所设之差名科士命前缉拿华人八名，系由英属(加拿大时属英联邦)偷进美界者。现已押解出埠回原籍云。”③

“埃地板省尼士埠十月廿五号喜路西报云，华侨多由加拿大偷进美界。昨有华侨六名，皆执凭据纸约于礼拜一夜偷入美界者，有关差名屈好士，又一差名祖令隐伏界地伺察。行径至礼拜三夜在铁路桥之北约半里处见之六华侨，知为关差尽弃包袱凭据纸而逃，因夜黑暗，追之不及。至诘朝，拘获一华侨乃带路入美者，及查各足迹，此六人有似欲回加拿大地方者，下午有人见一华侨仓忙奔入某华侨洗衣馆，即报祖令到搜，拘获其余四人，料必已回加拿大，所拘之人将来审实无册，必发裁回籍云。”④

这些华侨在越境之前，通常都会乔装打扮一番，或假扮成印第安人，或从北疆的美国边境非法偷越入境。据 1904 年《布法罗时报》报道，“一般来说，白人走私者会先将客户

---

① Erika Lee, *At America's gates*, p.151.

② ［美］彼得·邝、杜桑卡·米塞耶维奇著：《中国人在美国的发财史》，谭启龙译，第 146 页。

③ “越境被拘”，《中西日报》1900 年 6 月 29 日。

④ “中道回车”，《中西日报》1901 年 11 月 13 日。

化妆一番，身着'印度长袍'，手里拎着檫木提篮，划船驶过边境”。更有甚者，华侨移民甚至无视边境守卫，光明正大地越过美加边境，“在北疆边境的任何一个地方，皎洁的月光下，都可以看见中国佬们大摇大摆地通过边境”。[①]

与美加边境相比，墨西哥边境也不遑多让，美国与墨西哥接壤的亚利桑那州经常截获偷渡入境的华侨。1900年6月，12名试图越境者在美国边境被抓获，“查此十二人乃由墨西哥偷进美界者被亚罅笋拿省(现翻译为亚利桑那州)界地巡差洒布例缉获也”[②]。同年12月，又有9人被截获：“西报云有华人九名由墨西哥国潜入美国界内，经官审实，现解来埠候船载回中国云。”[③]

越境华侨是如此之多，常常令美国边境警察穷于应付，“西报云，初五日，亚罅损拿省斐匿士埠发来电报称说，美国设差严行巡逻墨西哥界地，以防华人偷进美境。但欲偷进之华人甚多，而巡逻之差役犹少”[④]。

据当时美国边境官员分析，华侨进入美境，其入境步骤大概如下：华侨由中国坐船到直达墨西哥的米麻，或者先抵达旧金山，转而坐车进入墨西哥境内，由向导带入美国境内。“查砵努加之下墨西哥地方有华人胜利转带华人偷进美境，计有数百名此等华人或由唐山直往墨西哥之米麻，或由唐山来到金山大埠，转车以往墨国各处，改扮西装然后求人带入美境，费用若干。声明既入美境，即在亚罅损拿省佣工，将工值扣除无欠，始准自主，或往大埠，或往各处。”[⑤]进入美国境内之后，华侨通过“打黑工”的形式还清路费及向导费，然后恢复自由之身，其最终目的地也有可能前往旧金山。这样，华侨在美墨边境兜了一圈，从旧金山转道，最后还有很大的可能回到旧金山。

美国移民局发现，华侨进入这些国家之后，目的地还是美国。他们首先在源头上对华侨进行控制，为防止华侨偷渡进入美国，对于被拒绝进入美境而要求改道的华侨，他们一律作遣返处理。“日前华人到美税关，既不准登岸，可准改道以往别国。后借口华人既到别国，亦为偷进美国之谋，遂禁不准改道，其有不得登岸者，即发回原籍矣。惟中美约章，曾明准华人假道美国以往别国。故向日尚准我华人附船到来大埠，藉轮船车路公司担保假道以往墨西哥、古巴、秘鲁、巴拿马等国。”

其次，对借道华侨的审查更加严格。“近因专理华人入国之员敦禀报户部谓华人假道以往别国，无非欲由别国然后偷进美境。是以昨户部判断准税员敦有权禁止华人假道之事，如审讯假道华人，信德确系前往墨国居住，方可准情假道等语。故日前日本丸搭客有华人十三名，由香港取纸来大埠转往墨西哥，被税员敦究诘，言语稍有不合，遂不准假

---

① [美]彼得·邝、杜桑卡·米塞耶维奇：《中国人在美国的发财史》，谭启龙译，第145页。
② “越境被拘”，《中西日报》1900年6月29日。
③ “越界被拘”，《中西日报》1900年12月31日。
④ “严查越境”，《中西日报》1901年7月20日。
⑤ “严查越境”，《中西日报》1901年7月20日。

道矣。昨又有六名亦被阻留不准假道夫。”[1]

最后，为防止华侨偷渡，财政部不得不对往墨西哥的华侨做出限制：“凡华人假道往墨国，若称往墨国作某工者，必须将合同缴验，果可准信，方得假道云云。”[2]

华侨李均扬欲前往墨西哥务工，他被怀疑有偷渡的嫌疑，被拒绝借道前往。“本埠前往香港各轮船公司，将税关不准李均扬假道墨西哥国丁申拿打埠之案提到合众国衙门出调纸一节，曾纪本报。昨日堂官马路提讯，轮船公司律师供称，税务司藉口于丁申拿打埠无有甚工，遂疑李均扬将来偷入美界，不准其假道夫。”尽管后来李均扬将案情上诉至法院，由于怀疑他借道的最终目的，法院拒绝了他的申诉。“该埠之有无工作，不应税务司歹人计及。且假道之事，载在约章，户部亦无权禁阻。但王家律师丙宁曰：户部应有权禁阻。是以堂官马路仍照税关判断，不准李均扬假道。从此，来美假道之华人，若税关不准往，恐终无所告诉矣。”[3]

偷渡对于华侨来说，提供了一条进入美国的捷径。20 世纪初，美国华侨妇女甚少，以偷渡方式由墨西哥进入美国的妇女亦时常被查获。“日前有华女二名由墨西哥国改扮西装偷进美疆，在麻厘古巴埠被关员拘获，经于七月十三号在匿固路士衙门审讯，判断发回原籍。着火车公司人解出大埠，是朝八点半钟送到长老会女馆寄住，以候唐山船期。二女一名黄珍金，一名张旺。”[4]

更有大规模的华侨妇女通过偷渡的方式进入美国。“昨日有轮船名球罅古由中亚美利驾驶回本埠。据该船称说，船抵墨西哥之米麻与马沙连，共有华女五十名附船前往墨国丁申拿打埠登岸。西人料此等华女必由唐山附船到加拿大，欲免每人百银之税，遂不登岸。转船直往米麻马沙连等处复回丁申拿打埠。该埠与美国连，相距仅七十五英里，此等华女不直往丁申拿打埠者，因船直往米麻与马沙等埠，所以随船而往复回丁申拿打，然后谋入美国。美界虽常有马差巡逻，但华人每伏候马差一去，即乘间带之入境，亦属易事也。”[5]可见，华侨在美、墨、加边境兜兜转转，逃避各种盘查，其最终目的地乃是美国。

在排华法实施后至 20 世纪初，到底有多少华人移民穿越墨西哥边境进入美国，确切的数据是不可能获得的。据华盛顿方面当时的估计，当时 10 个进入墨西哥务工的华侨，仅有 1/10 确实在墨西哥务工，其余 9/10 皆偷渡进了美国，可见其比例是相当大的。[6]

从一些学者的研究数据，可以窥见华侨从墨西哥偷渡入美的轮廓。根据墨西哥统计的资料显示，在总统波里非里欧·迪亚兹执政时期(1876—1917)，“预计每年有 1000 至

① “又禁假道”，《中西日报》1901 年 7 月 20 日。

② “严禁为能”，《中西日报》1901 年 8 月 16 日。

③ “不准假道”，《中西日报》1901 年 11 月 14 日。

④ “二女抵埠”，《中西日报》1901 年 7 月 23 日。

⑤ “有女如云”，《中西日报》1901 年 7 月 20 日。

⑥ “严禁为能”，《中西日报》1901 年 8 月 16 日。

2000 名华人非法入境美国，80%的华人先是来到墨西哥海港，最后抵达美国边境。他们以恩塞纳达港、曼萨尼约、马扎特兰和瓜伊马斯为中转站，在这些地反换成船只或者火车北上，在离美国边境不远的地方适时放弃交通工具，徒步越境。根据边界的位置条件，19 世纪 90 年代时，墨西哥向导收取的跨境引导费在 25 至 75 美元之间"①。

李・艾丽华的研究表明，20 世纪初，每年有数百名华侨从墨西哥进入美国。"美国移民官员称，1900 年代，每年至少有数百名华人从墨西哥偷渡进美国。一个亚利桑那州的移民官员统计，自 1882 年至 1910 年，大约有 6000 名(平均每年 214 名)华人移民越境，其中有一半被逮捕及遣返。"②

虽然华侨的最终目的地并非墨西哥，对墨西哥国民而言，他们对华侨也持不欢迎的态度。他们认为，华侨的到来侵占了他们的权益。"又闻墨西哥现见华人多集公司到墨国开耕，搀夺墨人工艺，闻亦欲设法以禁华人之来。虽墨国未经开辟之沃壤广远，甚愿别国人携带资本到此开耕，以辟地利，但不愿华人纷至沓来，致夺墨国权利，故墨人异常鼓噪云云。"③

华侨进入墨西哥后，要进入美国，必须有人充当向导，有些华侨便以此为业。"十二日，山姐姑埠来电云，该处关员日前以谭荣照由墨西哥带人入美，因拘到案。税务司保士谓谭荣照居在该埠四年，专保华人入美，人所共知。又造假册骗取人财。"④最后由于证据不足，谭荣照被无罪释放了，"昨在罗省技利埠审讯，陪审各员以事无证据，判将释放"⑤。

就以上所提到的三种华侨移民入境的情况而言，在排华法的总体框架下，华侨进入美国越来越难。因此，在法律允许的范围内，华侨移民想方设法通过各种法律手段，成功进入美国。在合法的手段行不通时，不惜通过非法途径进入美国。1909 年，旧金山移民官哈特・海厄特・诺夫(Hart Hyatt North)声称："成功获准进入美国的数千名华人，90%以上存在欺骗行为。"⑥

从另外一个角度来看，美国及其周边国家的移民政策为华侨通过各种方式入美提供了方便。由于移民入境涉及诸多政府部门，诸如国务院、联邦法院、地方法院、海关移民局、地方政府、警察局、卫生局等等，这些部门对移民法律的理解和实施存在一定的误差和分歧，且各机构权职不明，管理混乱，相互之间又缺乏应有的默契，甚至存在司法腐败等问题。

此外，民间一些商业机构为了获取巨大利润，也为华侨入美大开方便之门。在一次

---

① [美]彼得・邝、杜桑卡・米塞耶维奇：《中国人在美国的发财史》，谭启龙译，第 146 页。
② Erika Lee，*At America's gates*，p.158.
③ "严查越境"，《中西日报》1901 年 7 月 20 日。
④ "虚案释放"，《中西日报》1901 年 12 月 23 日。
⑤ "虚案释放"，《中西日报》1901 年 12 月 23 日。
⑥ Erika Lee，*At America's gates*，p.190.

国会的辩论中，甚至有人指责旧金山轮船公司专门包办华侨假冒各种身份进入美国，“上议员花炳谓：金山大埠专理华人入境事务员敦言，大埠旧轮船公司有人居大埠专由中国包办华人来美，或冒商人，或冒教习游学。有此等假冒之人来美，宜加严密查察应来美国各项之人”[①]。所有这些，都为华侨移民成功进入美国创造了机会。

余　论

自 1882 年至 20 世纪初，美国排华法愈发严厉和完善。而由于经济利益、家庭团聚等方面的原因，进入美国对于华侨移民又极具吸引力。因此，中国移民并没有放弃他们去往“金山”的梦想，他们充分发挥了自己的智慧和能耐，通过获得“豁免身份”或者以偷渡的方式进入美国。他们深知他们无法改变美国排华法实施的状况。他们在这种不对称的冲突中采取了一种迂回的策略，或抓住美国相关法律的漏洞，或瞅准美国边境的空隙，求助于联邦及地方法院、中华会馆、清政府驻美使节甚至是“偷渡向导”，达到进入美国的最终目的。这可视为华侨移民对美国移民政策挑战的一种形式。通过这种方式，华侨移民用行动证明了他们有能力在日益严厉的“排华法”背景下进入美国，也证明了他们在理解美国的审判及保护制度方面具有非凡的领悟力，这也促进了美国相关制度的延伸及成熟。

此外，在中国驻美使节及中华会馆的领导下，华侨移民们长时间地保持了对排华法的批评和抗议。他们坚信，排华法的实施对他们是不公平的，他们甚至尝试动员起来推翻排华法的相关约章，尽管失败了，但起码改变了排华法实施的方式。

总的来说，美国限制华侨移民政策的实施与续行，对当时美国华侨社会的发展是沉重的打击，华侨社会缺乏更多新鲜移民“血液”的补充，只有少部分华侨进入美国华侨社会，因而其发展不得不走向“封闭”。可以说，20 世纪初的美国华侨社会是“半封闭式”的社会。正如彼得·邝在其著作中所说：“《排华法案》虽然没能挡住华人迈向美国的步伐，但却使移民变得困难重重，大幅度降低了移民人数。大规模劳工向家庭移民的方向转变，使华裔美国人社区的社会和经济结构发生了翻天覆地的变化。”[②]

作者简介：

莫光木，暨南大学政治学博士后流动站博士后研究人员。

---

① “会议禁例”，《中西日报》1902 年 4 月 7 日。

② [美]彼得·邝、杜桑卡·米塞耶维奇：《中国人在美国的发财史》，谭启龙译，第 146 页。

清帝退位前袁世凯的谋划与经营

丁　健

[提要]清帝退位不仅是晚清史上重大的历史事件，而且是近代中国历史上具有深远影响的历史事件。认真梳理清帝退位前袁世凯活动的相关史实，既有利于准确评价和定位袁世凯北洋集团在辛亥革命中的作用，有利于理解民初“非袁不可”的成因，亦有利于深化认识清末民初转型期社会的复杂性。袁世凯在清帝退位前做了大量的工作，进行了仔细缜密的谋划，这些筹划与经营主要体现在两个方面：一是去乱，二是求稳。正是因为袁世凯布置得体，谋划有力，最终促成了清帝和平退位，权力和平交接，完成了革命赋予革命党人应该完成的历史使命。

[关键词]清帝退位；袁世凯；南北和谈；民主共和

清帝退位不仅是晚清史上重大的历史事件，亦是整个中国历史上具有深远影响的历史事件，因此理应受到学术界的重视，可是目前对其的研究仍然停留在简单叙述、笼统概括，甚至语焉不详的境地，对其发生前后历史进行充分梳理的更是付诸阙如。再说，以往我们在叙述清帝退位时，总把它纳入革命史的话语体系之下，这就无形中限制了研究视野。[①] 为了还原清帝退位前后的历史事实，重构这一段历史的本来面目，本文拟以清帝退位前袁世凯的经营和谋划为题展开述论，认为袁世凯于清帝退位前做了大量的工作，进行了仔细缜密的谋划，这些筹划与经营主要体现在两个方面：一是去乱，二是求稳。由于“去乱”，其扫清了清帝退位的障碍；由于求稳，其获得了全国上下一致拥护。正是因为

① 但也有比较客观的著述，请参阅[美]李约翰《清帝逊位与列强》，中华书局，1982 年；李喜霞《满族皇室分裂与宣统退位诏书》，《宁夏社会科学》2011 年第 5 期等。

袁世凯布置得体、谋划有力，民国开创之年成为各党派最为团结的一年。由此可见，认真梳理清帝退位前后袁世凯活动的相关史实，既有利于准确评价和定位袁世凯北洋集团在辛亥革命中的作用，有利于理解民初“非袁不可”的成因，亦有利于深化认识清末民初转型期社会的复杂性。当然，由于才疏学浅，能否达到预期目的尚未可知，还待学界先进批评指正。

一、按捺与掩饰：撤销唐绍仪全权代表职，与南方直接和谈

武昌起义后，尽管全国舆论几乎一边倒地支持革命，清廷统治岌岌可危，但是清廷并不愿顺应民意，主动退出历史舞台。其军事上的应对，及时起用袁世凯即是明证。本来，清廷希望袁世凯能成为曾国藩，很快把所谓“乱党”镇压下去。起初，袁世凯亦信誓旦旦对清廷称：“制胜不敢诩操胜券，但有报国一日，断不至有北犯之虑。”[①]但随着形势的发展，鉴于缺兵少饷的事实，袁世凯不得不调整战略，致使局势由战而和，终而讨论如何处置清廷。特别是当南方亮明只要袁世凯迫使清帝退位，即同意其做民国大总统之后，袁世凯的政治态度逐渐发生变化。但为了从根本上适应时局发展的需要，他不得不设法进行多方经营和布置。

如果说起初在停战、延长停战时间等问题上，双方意见尚能趋向一致的话，在讨论中国将来的政治走向是君主立宪还是民主共和问题上，就陷入了僵局，甚至使谈判一度出现重大波折。面对革命党咄咄逼人一味地坚持民主共和的立场，唐绍仪无奈，只有请示袁世凯。因袁氏向以君主立宪为底线，便指示唐绍仪婉切开导革命党：“近日体察各国情形，皆不赞成共和，日本因恐波及，尤以全力反对，如再相持，人必干预，大局益危，亟宜从速自家解决，冀免分裂。况十九信条已具共和性质，君主民主两相维持，即可保全危局，何苦牢守成见，空争名义，致破坏种族，仁人哲士当不出此。……万勿固执，同归于尽。”[②]由此可见，袁氏仍希望以传统方式怀柔革命党，以达从速解决南北对立之目的。

可是，革命派根本不吃袁世凯这一套，回复袁世凯的是严厉措词：不赞同民主共和，就不开谈。唐绍仪作为全权议和大使，感到十分尴尬，为继续和谈，不得不开始逐渐倾向共和，结果导致北方要求惩治议和大臣唐绍仪的声浪渐高，南北议和面临严重挑战。奉天、吉林、黑龙江代表王荫棠等致内阁袁世凯电：“此次唐大臣议和，一味顺从，形同卖国。仍请速急撤回，从严治罪，以肃人心而寒革胆。”[③]有的说他“非议和也，馈献江山耳”[④]。

---

① 《致内阁电宣统三年九月初五日》，《骆宝善评点袁世凯函牍》，岳麓书社，2006年，第326—327页。

② 《1912年南北议和电报选》，《历史档案》1986年第4期。

③ 中国史学会主编：《辛亥革命》（八），上海人民出版社，1957年，第235页。

④ 尚秉和：《北京政府成立》，《辛亥革命》（八），第548页。

有的认为“绍怡本非善类，平日所行，直同禽兽，岂能望其忠爱朝廷乎？项城用之，误矣(副使杨士琦亦佥人也)”，应该“召回议和唐、杨二全权，坐以通匪卖国罪，立斩西市”[①]。在京士人恽毓鼎甚至认为唐绍仪倾向共和之行为，“令人发指”，并以北京总商会全体的名义，“致唐、伍二贼，不认上海和议”[②]。然后，又“与同志会诸君(如喀喇沁亲王阿勒精珂、吴彭秋)会齐，同谒袁总理于内阁，面递陈情书，力陈和议万不可恃，宜急筹战备”[③]。迫于形势的压力，袁世凯不得不按捺唐氏之过火举动，且撤销唐代表职务。实际上，唐袁之间的联系并没有中断，更非我们通常所认识的那样：此即为袁唐交恶的起点。其实，唐绍仪仍然在上海活动，且与袁氏关系仍然十分紧密，只不过更多消息则是通过梁士诒、杨士琦、阮中枢等来传递。[④]

事实上，唐绍仪之所以敢冒不韪公开倾向共和，是想早一日解决南北对立的现状，是想为袁世凯成为民国大总统铺垫，“并制造一种使袁氏非担任共和国总统不可的形势”。[⑤] 从当时唐绍仪与袁世凯、梁士诒、阮中枢等人的往来电报可知，唐此举是为袁世凯日后承认民主共和减轻压力。他曾通过梁士诒、阮中枢诉苦：“彼党以共和为标准，反是则无可开议，若一决裂大局更糜烂不堪，反复焦思更无一线转圜之地，来电发明师座对内对外对上对下之苦心，怡岂不知之，顾师所重者，护持太后皇上耳，所虑者各国干涉耳。……若从国会之议，皇族之待遇已许优隆，外人之干预无由窥视，倘能建设完全，尤为中国之幸福。危险者如彼，而有可希望者如此，然则所以对内外上下者更何疑虑哉！怡初意亦何尝赞成共和，弟亲历汉沪，目击实情，不得不急为变计人心。各国皆注目于吾师一人宗旨，一误祸害立见，与其坚执于前，毋宁养晦待时，舍是二者决无胜算。”[⑥]其中“与其坚执于前，毋宁养晦待时”，真是意味深长。这对政治敏锐性极高的袁世凯来说，自然不会不对唐绍仪附从民军默认共和的举动作进一步思考，不会不对当时人们渴望和谈成功的舆论现实从长计议。

结果，经过缜密的思考，权衡利弊得失，袁世凯开始转变策略——逐渐倾向共和，而这种策略的转变显然又不能马上完成，因此不得不进行诸般掩饰和按捺。当然北洋集团内部明白其意旨的人开始鼓噪宣传，制造舆论，公开赞同或默许共和，如段祺瑞在这一点上就做得十分到位；不明白其想法的仍然力守君主立宪，如冯国璋拿下汉阳后，仍迫切希

① 史晓风整理：《恽毓鼎澄斋日记》，浙江古籍出版社，2004年，第567页。

② 史晓风整理：《恽毓鼎澄斋日记》，第568页。

③ 史晓风整理：《恽毓鼎澄斋日记》，第570页。

④ 凤冈及门弟子编：《三水梁燕孙先生年谱》上册，商务印书馆，1939年，第110—111页。

⑤ 章开沅、罗福惠、严昌洪等编：《辛亥革命史资料新编》第八卷，湖北人民出版社，2006年，第190页。

⑥ 《唐绍仪之议和电文》，《申报》1912年1月1日，第一张第五版。

望进一步收回武昌，以不得进攻武昌成就其盖世之功为大恨。[①] 正是北洋集团内部在君主民主问题上，尚有明显分歧，因此，进退两难的袁世凯不得不进行克制和隐忍，表面上与伍廷芳直接进行你来我往的电报战，[②]私下双方亦加紧秘密会谈，逐渐把商议处理清帝退位及善后问题提上日程。

二、两难抉择：君主立宪与民主共和之间再思量

唐绍仪辞职后，袁世凯通过与伍廷芳直接电报和谈，深感南方要求实行民主共和的力量十分强大，拒之的确不易。但与此同时，南北、中外一时涌现诸多乱象，赞同民主共和的有之，赞同君主制也大有人在，赞同君主立宪的力量亦不能轻视，袁氏亦尚未能立即厘清头绪，因而不得不对时局进行再考量，静观时变，以待有利时机。为此，其表面上仍力持君主立宪主义不变，私下里开始向清廷施压，使其接受革命派所提议的君主民主问题付诸国民公决，并对局势发展的可能趋向进行再判定。

第一，仍然公开奉行君主立宪主义。

坚持君主立宪为底线，是袁世凯出山以来时刻奉行的，也是其能够笼络北方诸省督抚的重要原因。唐绍仪附认共和之后，东三省总督赵尔巽、直隶总督陈夔龙反对共和最力，[③]陈夔龙直接告诉袁世凯："窃谓现时机局，不让则战，更无他策。让之一字，非臣子所忍言，且于全国前途亦极危险。是欲挽回危局，非战不可。"[④]而皇族和北方的军队亦反对继续谈判，蒙古王公甚至宣扬：如果建立共和制，他们就宣布独立。[⑤] 尽管南北议和中唐绍仪传递了革命派非民主共和不可商量的态度，可是袁世凯为了稳定北方局势，不得不仍然奉行君主立宪主义，继续稳住北方诸省，以防北方大局糜烂。再说，1912 年 1 月 1 日，南京临时政府成立，这让袁世凯坐卧不安。一方面，违背了清廷命他与南方和谈的初衷和目的；一方面，革命党人曾经答应将由其来做临时大总统，突然选举孙中山为临时大总统，这让袁世凯自感有一种被玩弄的感觉，因而十分负气。所以，袁世凯撤唐绍仪职，并继续"强硬"地坚持君主立宪不动摇。

第二，同意君主民主付诸公决。

由坚持君主立宪转向君主民主可商，袁世凯的政治态度之所以发生如此转变，是有深刻现实根源的。

---

① 《表白项城心理之函件》，《国民公报》宣统三年十二月十二日。

② 观渡庐编：《共和关键录》第一编，易著堂，1922 年，第 39 页。

③ 陈夔龙，《申报》1912 年 1 月 10 日，第一张第五版。

④ 《陈夔龙致袁世凯书（一九一一年十一月十九日）》，杜永镇辑：《武昌起义期间各处致袁世凯的函电及探报》，《中国历史文物》1979 年第 1 期。

⑤ 《呜呼，蒙人想做皇帝耶》，《申报》1912 年 2 月 2 日，第三版。

首先，袁世凯态度强硬后，南方革命派阵营担心和谈遭到破坏，从此南北再战。为了稳住袁世凯，完成推翻清廷的目的，答应前约不变，孙中山也一再解释和表白。先是指出建立南京临时政府只是“暂时承乏，虚位以待”[①]，然后，再次表露心机：推功让能，自是公论，“若以文为有诱致之意，则误会矣”[②]。可能感到袁世凯仍放心不下，孙中山再次致电袁世凯：“如清帝实行退位，宣布共和，则临时政府决不食言，文即可正式宣布解职，以功以能，首推袁氏。”[③]

其次，立宪派的中坚力量，也是维稳派的总代表张謇，力劝袁世凯接受国民会议公决政体的主张。张謇致函袁世凯：“南方先后独立，事权不统一，秩序不安宁，暂设临时政府，专为对待独立各省，揆情度势，良非得已。孙中山亦已宣言：大局一定，即当退位。北方军队，因此怀疑，实未深悉苦衷。若不推诚布公，急求融洽之方，恐南北相持，将兆分裂，大非汉族之福，心窃痛之。国民会议解决政体，既双方承认，所须磋商者，止开会手续及地点耳。若因是再肇战祸，大局何堪设想！”[④]张謇、袁世凯有着相当深的交谊，特别是武昌起义前的一次会晤，倾心相谈，互相诉说抱负，大有同舟共济、共赴时艰之意。南北和谈期间，袁世凯又通过各种途径，让代表一定要联系张謇，听听张謇的意见。所以，张謇之规劝，袁世凯自然不能漠然视之。

正是革命党领袖孙中山、中间派张謇的解释和规劝，袁世凯对“南方的诱致之意”逐渐释怀，并做出反应，向清廷上“革军力主共和请召集宗支王公会议以定大计折”，指出：“内察民情，外观大势，实逼处此，无可转圜。言和则词说已穷，言战则饷械两绌。即俯如唐绍怡国会公决之请，而用正当选举之法，选合格代表之人，其手续与时期均非旦夕所能蒇事。革党迫不及待，尚不知能否听从。即能听从，而决定如何政体，亦难预料。事关存亡，解决非阁臣所敢擅专，惟有吁恳召集宗支王公速行会议，请旨裁夺，以定大计。”[⑤]在袁世凯上奏的同一日，清廷即发布谕旨，“召集近支王公会议面加询问，皆无异词”。同意以国民公决的方式解决君主立宪、共和立宪问题。[⑥] 接着南北双方在国民会议召开的地点、人数上展开争论，由于形势发展过快，实际上国民会议并未能召开。

以上可见，袁世凯一面继续奉行君主立宪，但是思想开始不那么坚决；一面开始接受讨论民主共和问题，并将之付诸国民会议公决，但是行动上并不是十分积极。由于他更多的则是静观时变，犹豫不决，态度游移，不敢有明确的方向，导致满洲贵族怀疑他有贰

---

① 《孙大总统致袁内阁电》，《民立报》1912年12月31日。

② 《复袁世凯电》，《民立报》1912年1月6日。

③ 中国社会科学院近代史研究所中华民国史研究室等编：《孙中山全集》第2卷，中华书局，1982年，第23页。

④ 张謇研究中心编：《张謇全集》第一卷，江苏古籍出版社，1994年，第211页。

⑤ 《宣统三年清皇室退位档案》，《历史档案》2011年第3期。

⑥ 中国史学会主编：《辛亥革命》（八），第155页。

心，革命党怀疑他别有用意。

第三，再考量和判断南北时局。

从感情上说，袁世凯本意依然是实行君主立宪，但是客观时势却要求实行民主共和。如选择其中一方就必定要受到另一方的强烈反对，完全不像我们通常认识的那样：南北议和中，袁世凯一方面拿革命党向清廷施压，玩弄孤儿寡母于股掌之间；一面以清廷吓唬革命党，恩威并施使革命党被迫就范。实际上，袁世凯两难抉择的行为招致了革命党与清廷诸亲贵双方面的反对，其处境可谓两头不讨好，十分艰难。[①]

革命派说其不守信义，清廷当权亲贵说其是"乱臣贼子"，是曹操、王莽一类的人物。对此，袁世凯曾向其老朋友朱尔典诉苦，朱尔典对之有过记述："袁氏解释道，他对另一方的一再让步，已招致对他的一片诽谤——他被公开指责是暗中的革命党。""军谘府全体成员赞成开战，他自己部队的军官也大发牢骚，说他的政策葬送了他们的胜利果实。……他判定，如果他没有得到北方的一致同意而试图同南方缔结条约，是枉费心机，他感到智穷才竭了。"[②]应该说，朱尔典记述反映的都是实情。这也与一名外国记者的观察不谋而合："革命党人不信任袁世凯，认为他是清朝的支柱；满人也不信任他，认为他在策划倾覆清朝的阴谋。"[③]正因如此，朱尔典向外交大臣格雷汇报1912年1月1日会见袁世凯情形时，就曾指出"袁氏看上去心力交瘁"。[④]

其实，君主民主付诸公决之后，袁世凯就必然面临一个选择，但无论哪个选择都有阻力，正如日本山座圆次郎所言："如果袁氏接受这一建议（指召开国民会议），满人也不可能继续听之任之，无人能够预测其结果会在北京造成什么局面。此外，鉴于革命党人对袁氏怀有强烈的反感，南方人是否欢迎他当他们的总统是非常令人怀疑的。即使他们权宜顺从，也不难推测这种反感不久就会发作，中国会再度陷于相似的危机。"[⑤]事实上，这也是袁世凯十分担忧的事情。为了改变腹背两难的境地，经过一番整理和审视，袁世凯决定朝着顺应历史潮流发展的方向谋划。

三、以退为进：1912年出现转机的炸弹案

袁世凯上奏清廷同意君主民主问题付诸公决，既是权宜之计，又是出于无奈之举。但无论如何，这已经向世人宣告，曾被其关闭的民主共和大门，开始透漏出一丝光线。加

---

① 参见丁健、马丽《辛亥南北议和中袁世凯处境的两难》，《井冈山学院学报（社会科学版）》2007年第4期。

② 章开沅、罗福惠、严昌洪等编：《辛亥革命史资料新编》第八卷，第192页。

③ 骆惠敏编：《清末民初政情内幕（上册）》，知识出版社，1986年，第800页。

④ 章开沅、罗福惠、严昌洪等编：《辛亥革命史资料新编》第八卷，第191页。

⑤ 章开沅、罗福惠、严昌洪等编：《辛亥革命史资料新编》第八卷，第155页。

之原来革命派选其为大总统有约在先，孙中山的一再表白，伍廷芳步步进逼，袁世凯开始朝着民主共和的方向努力，但是由于时机不成熟，皇族及北方的部分将领反对，袁世凯仍然做得遮遮掩掩、羞羞答答，缺少应有的底气。

(一)炸弹案前袁世凯开始以退为进

客观地说，在促使清廷一步步清楚认识民主共和的力量上，袁世凯做得还是井井有条，几乎未露任何蛛丝马迹。有很多事例可举：首先，撤销唐绍仪议和代表职，以示惩戒；其次，在与奕劻共同会见伊集院及朱尔典时，袁世凯仍然高调奉行君主立宪；最后，由于奏请君主民主问题付诸公决，自感开始食言时，袁世凯就上“以奉职无状请准辞职奏折”：“窃惟君主立宪与共和立宪二者绝不相容，国会何所取决，此时毫无把握。推厥原由，皆臣等奉职无状，不能坚守告庙之信条，孚大信于全国，以致生出两种问题，动摇政本。臣等私衷自省，忧悚万端，惟有吁恳大恩，准予辞职，饬下资政院另行公举贤能，组织内阁，以救危局而巩丕基。”[①]辞职这一招，带有一石二鸟之意，一方面固然是引咎辞职，可一方面带有以退为进的意味。

结果，隆裕皇太后对袁世凯说：“余系妇人，皇帝年幼，凡事皆靠汝等国务大臣主持，如将来办得好，固系汝等之功，即使无法转圜，至于失国，由我为证，将来皇帝长大亦不能怪汝。”[②]同意袁氏所提议的开国会公决国体。袁世凯于是趁热打铁，在二十七日（1月15日）的御前会议上，当隆裕太后问及议和实况时，袁氏历述军事上、外交上为难情形。并说：“若激励将士，勉强以战，财赋省份全数沦陷，行政经费茫如捕风，讨军实饷源何出，惟鲁惟豫，满目疮痍，地方素瘠，就地筹款为势所难，常此迁延，必有内溃之一日，倘大局至此，虽效周室之播迁已无相容之地。辽东已为强邻所虎视，库伦早有背顺之萌芽，悉所币赋力一战，未尝不能收复一二行省，然而彼众若狂，醉心民主，兵力所能平定者土地，所不能平定者人心，人心涣散如决江河，已莫能御，爵禄已不足以怀，刀兵莫知所畏。”[③]并要求太后认清形势，如果再不考虑逊位问题，就“速罢臣职”。[④]

正是袁世凯迈开了赞同民主共和的步伐，引起了皇族诸权贵的警惕和反感。清廷内部以载泽为首，溥伟、良弼、铁良等参与积极谋划巩固皇位，开始形成一股强烈反对袁世凯的暗流。这就阻碍了以和平手段解决南北问题的进程，也给袁世凯带来了很多麻烦。

(二)炸弹案后袁世凯明确促清帝退位的方针

当袁世凯仍然在君主民主问题上踌躇不决，一筹莫展之际，突然发生的炸弹案对形

---

① 《宣统三年清皇室退位档案》,《历史档案》2011年第3期。
② 《清皇族之哭声》,《申报》1912年1月5日,第一张第五版。
③ 《袁内阁请速定大计折》,《申报》1912年1月30日,第三版。
④ 要闻,《申报》1912年1月26日,第三版。

势发展有着重要的发酵作用。1912 年 1 月 16 日，袁世凯上朝归来，遇到了革命党人张先培、黄芝萌、杨禹昌的炸弹袭击。那桐日记里记述："午正袁总理由大内还，路过丁字街有匪徒数人掷放炸弹，幸未受伤，仅毙兵弁二人，伤数人而已。"[①]炸弹案造成非常严重的社会影响。它使"惊慌情绪重新笼罩北京，许多将军和高级官员离开了京城"[②]。此间，又相继发生了良弼被炸身亡，反对共和的张怀芝被炸事件等，袁世凯面对如此严峻的形势，开始了进一步向清廷施压的谋划。

其实，人们已经预料到袁世凯将会有所改变，否则，还将有第二次、第三次。当时就有人指出："袁世凯自受内阁总理以来，殚精竭虑，鬓发交白，可谓忧心殷殷矣，然袁之立宪宗旨为民主为君主，外人至今不能探其真相。摄政王退位，亲贵猜疑，猜疑愈深，疾视愈甚，聚谋捐资买刺客以刺袁者，人言啧啧，匪伊朝夕，民军屡劝袁反正，决以民国第一次大总统举袁，袁尚迟徊而婉辞，和议迭次展期，久未就绪，袁一日未反正即民军一日欲毙袁，袁受两方之攻击，无论袁主张民主立宪、君主立宪，而两方均不原谅。……昨午之炸弹幸而未中，然今日不中，明日继之，前仆后起，终无了期。"[③]更有时人把清末几次重大的政治转折事件归因于炸弹的结果，十分有意思。"第一个炸弹立宪完成矣，使无第二个炸弹，则九年长夜漫漫之好梦，不能遽然惊醒也，故以第二个炸弹促立宪之进行而缩短期限之目的达矣，今者南北战争相持未决，君主民主政体空悬，和议之电报频传，国事之折衷无着，此第三个炸弹，暮鼓耶，晨钟耶，与吾国前途关系大矣！"[④]尽管其中带有一些戏谑色彩，不无宿命论观点，但却有一定的道理。

炸弹案发生的第二天，清廷即召开内阁会议，袁世凯就借口不上朝了。溥伟对此有过记述："袁世凯以疾辞，遣赵秉钧、梁士诒为代表。最可愤者，群臣列坐二三刻钟之久，惟彼此闲谈，不提及国事。余不能耐，遽诘梁赵曰：'总理大臣邀余等会议，究议何事？请总理大臣宣言之。'赵秉钧曰：'革命党势甚强，各省响应，北方军不足恃，袁总理欲设临时政府于天津，与彼开议，或和或战，再定办法。'"于是，溥伟很恼火，说："今朝廷在此，而复设一临时政府于天津，岂北京之政府不足恃耶？"梁士诒急忙解释："设政府于天津者，惧惊皇上也。"[⑤]其实，袁世凯另设天津为临时政府的主张，意蕴深厚，令人有多种猜想：除了上述梁氏所言惧惊皇帝、与"过去的影响彻底决裂"[⑥]之外，还有多重含义：一为京城反对共和阻力太大，只有另立临时政府，才能与南方进行和谈。一为你们的事情自己解决，不听规劝，自己看着办。一为给南方革命阵营一点颜色看看，另立天津的目的就是重新

① 北京市档案馆编：《那桐日记》下册，新华出版社，2006 年，第 707 页。
② 章开沅、罗福惠、严昌洪等编：《辛亥革命史资料新编》第七卷，第 408 页。
③ 渤海寿臣辑：《辛亥革命始末记》，台湾文海出版社，1969 年，第 1410 页。
④ 《北京第三个炸弹》，《国是新闻报》宣统三年十一月三十日。
⑤ 溥伟：《逊国御前会议日记》，《社会科学战线》1982 年第 3 期。
⑥ 袁世凯曾经对朱尔典如是说，见《辛亥革命史资料新编》第八卷，第 184 页。

开战。一为转移国际视线,使其重视中国的内政,并进一步支持他,消除他大总统路上的重大障碍等。

此后,袁世凯先是要求"调养二三日,当可支撑"。① 然后就一直不公开露面,所有面奏及请旨事情皆由胡惟德、梁士诒、赵秉钧三人传述。② 甚至北洋军队赞同共和,南北双方相约停战期满,清廷召开几次御前会议,吵吵嚷嚷,拿不出主意时,袁世凯仍以身体不适为由,继续请假:"臣久患心跳作烧及左髋疼痛等症,无暇静养,迄未就痊。因近日谣讹纷起,……日前闻军心渐多摇动,异常焦灼,连夜不寐,心跳益剧,头眩尤甚,而髋疼牵腰间步履尤为不便。奉传今日召见,仍难趋叩宫门。所有下情,已嘱国务大臣胡惟德等代奏一切。"③正是由于袁氏一再表露退意,清廷几次御前会议又不能团结一致地正视困难,对君主民主的选择也各怀异议,导致京城内外形成各种有关清袁关系破裂的谣言,形势的发展对清廷十分不利。

炸弹案后,袁世凯大有对清廷撂挑子之意,说是奉职无状,实际上是力逼清廷自谋,现实的情形是清廷离不开袁世凯,所以,在袁世凯及北洋集团一再旁敲侧击的敦促下,终于开始讨论让位的问题了。

四、主动出击:运动北方诸省官绅和北方清廷军队接受共和

袁世凯公开提出让清廷逊位问题,已经表明其已不再唯唯诺诺、遮遮掩掩地讨论民主共和了;已经表明其把清廷幻想建立君主立宪制度的愿望开始化为乌有,甚至使其断了这个念想。尽管这一时期社会乱象渐多,谣言蜂起,猜疑严重,袁世凯几乎是众矢之的,但他已经公然朝着促使清帝让位方向努力了。在清末政坛锻炼过的袁世凯深知,要逼清帝退位,就必须把忠清的势力,反对共和的力量逐步扫除或同化。为此,袁氏开始主动出击,说服和软化忠清的官僚士绅和军队接受共和,为清帝退位做外部的准备,扫除外部一切可能存在的障碍。

(一)对东北、直隶的筹划

东三省总督赵尔巽、直隶总督陈夔龙反对共和,在当时掀起了轩然大波,袁世凯非常担忧。鉴于东三省和直隶地理位置的重要,袁世凯行事十分慎重。一方面向他们通电宣明时势及自己的无奈:革命派毫不妥协,为了和平保全国家,杜绝外国干涉,只有默从民主共和;一方面不失时机地向这两个地方进行渗透。对东三省总督赵尔巽,袁世凯除了

---

① 《宣统政纪》卷六九,《清实录》第60册,中华书局,1987年,第1263页。

② 凤冈及门弟子编:《三水梁燕孙先生年谱》(上),上海书店出版社,1990年,第111页。

③ 《宣统政纪》卷六九,第1273—1274页。

函电恭敬劝说之外,还利用职权有意往东三省渗透自己的势力,如令山西巡抚张锡銮速赴奉天会办防务,[①]派段芝贵及其他人以种种方法进行怀柔、说服张作霖。[②] 对直隶总督陈夔龙,袁世凯一面安抚,一面通过西方列强向其施压,最后其不得不"挂冠而去"。[③] 对天津镇总兵、帮办直隶防务大臣张怀芝制造的反对共和举动,袁世凯先把张怀芝调离直隶至山东,后又让其任安徽巡抚,[④]也许因此张有所"醒悟",便一再称病,请假,续假。[⑤]由此,袁世凯完成了对直隶一地的布置,几乎完全掌控了该地。

(二)令其子斡旋陕甘政局

由于袁世凯曾多次致电长庚和升允,遵守停战协议,可是他们根本不理会袁氏。[⑥]袁世凯有些着急,自己呆在京师,分身乏术,为了处理好陕甘政局,就嘱咐其子克定力任艰巨,这就是所谓上阵父子兵。在稳定陕甘局势方面,袁克定秘密派人往山陕、甘新地区游说,做了不少实事。当时参与其事的刘孚若在回忆这一段历史时说:"升允尚在西北,恐煽诱回部,为大局忧!秘陈之云台,云台韪之,即嘱予至甘肃,设法联合地方,先为之所。"[⑦]另一位当事人景梅九的回忆也可以佐证:"此事由刘君芙若从北京来,始告我知道。芙若名为受袁克定氏委托来晋疏通,实则欲入甘肃,对回族宣布革命共和的利益,使他们赞成,以免兵祸。"[⑧]在袁氏父子的运作下,北方局势特别是陕甘、山西,有渐稳的趋向。这为以后袁世凯可以腾出手来集中精力对付满族亲贵,抵御外交压力,以及在南北议和中占据优势创造了条件。[⑨]

(三)安抚忠清士绅

对于忠清的士绅,由于其所发挥的能量有限,袁世凯更多的是采取稳住其心的做法,防止他们节外生枝。如针对梁鼎芬的质疑,袁世凯就曾复梁鼎芬书:"第念先朝顾托之重,时局祸变之深,不敢偷安,勉当大任。受事以来,跼天蹐地。人心尽去,既瓦解而土崩;库储已空,将釜悬而炊绝。内之则主少国危,方孤立于众谤群疑之地;外之则交疏援寡,群欲逞其因利乘便之思。正不徒共和独立之誓言日盈于耳,炸弹手枪之恫喝咸与为

---

① 《宣统政纪》卷六九,第 1279 页。

② 邹念之编:《日本外交文书选译》,中国社会科学出版社,1980 年,第 80 页。

③ 《陈筱帅拟往青岛》,《盛京时报》宣统三年十二月二十三日。

④ 《宣统政纪》卷六九,第 1276 页。

⑤ 《宣统政纪》卷六九,第 1261、1273、1279 页。

⑥ 《甘省亦无贺电》,《盛京时报》1912 年 2 月 29 日。

⑦ 刘孚若:《刘君孚若自述辛亥革命密史一节》,《辛亥革命资料类编》,中国社会科学出版社,1981 年,第 158 页。

⑧ 景梅九:《罪案》,《辛亥革命资料类编》,第 105 页。

⑨ 参见丁健《小人物,大历史:辛亥革命中的袁克定》,《宁夏社会科学》2012 年第 5 期。

仇已也。险象环生,棘手万状,怀忧茹愤,谁可告言。惟有益坚尽瘁之初心,勉竭鄙力所能至,奋此愚忠,战彼群魔。但求皇统之能保,领土之不破碎,免瓜分之惨,纾种灭之忧。"[①]袁氏的这一番力图表明忠君话,对梁鼎芬无疑是一个很大的安慰。其他的重要士绅,袁世凯要么自己出面安抚,要么利用僚属幕友如徐世昌、梁士诒、赵秉钧来运动,要么通过清廷权贵奕劻、载振、溥伦等说服。

(四)有意唆使北洋军队通电要求共和

袁世凯有意唆使北洋军队通电共和,似与张謇的函告有关。张謇在袁世凯左右为难之时,曾密电袁氏:"如是则南北政府得以军人为借口,可免许多为难。公如以为可行,请一面电复,一面密告芝泉,俾可放胆为之。"[②]张謇的话,刺激了袁世凯终于敢利用军队达到实现共和的目的,结果便有段祺瑞、姜桂题等人多次联衔要求共和事件。[③] 军队要求共和,掀起轩然大波,其所产生的效应十分明显,清廷十分担忧,一般士绅更是噤若寒蝉。但另一方面为了继续安抚北洋内部的仕清将领,他还要欲盖弥彰。就在段祺瑞联衔五十几人上奏清廷之后,袁氏自己亦感到闹得动静太大了,又与徐世昌、王士珍、冯国璋等就段祺瑞领衔通电要求共和事复电:"忠君爱国,天下大义。服从用命,军人大道。道义不存,秩序必乱,不为南军所俘,便为乱军所胁,利害昭著,万勿误歧。……务望剀切劝解,切勿轻举妄动。联奏一层,尤可不发,亦不能代递。……务望转饬诸将领三思。"[④]看似责备段祺瑞,实则是进一步掩盖自己的立场。知袁氏者,肆惮为之;不知者,亦无奈袁氏何。其实,运用军队之举,具有重要的导向作用,明眼人都能意会其中所蕴含的内容:清廷所依靠的军队都要求共和了,清廷还怎能维持君主立宪呢?

(五)利用西方列强钳制反对共和者

袁世凯出山后,就十分注意西方列强的态度。在私下的交往中,袁氏与英国驻华公使朱尔典最为密切,交换意见接近推心置腹;对日本驻华公使伊集院则采取策略,有所保留;对德俄美法各公使,采取大事告知、小事自决的方式。在中国政体上,英国与日本表现得最为积极,也最为支持君主立宪政体,特别是日本尤其反对共和政体。当袁世凯把英日两国赞同君主立宪的主张公之于众后,引起国际社会的广泛关注,致使英日两国处境十分尴尬,不得不改口,同意中国的问题自己解决,开始支持袁世凯赞同共和,以达到中国国内和平。英日两国的政治倾向,无疑给了袁氏一把利剑,可以以此为借口,搪塞质疑和反对民主共和者。陈夔龙曾经质问袁世凯,汉阳拿下后,为什么不进攻武昌,袁世凯

① 劳祖德整理:《郑孝胥日记》第三册,中华书局,1993年,第1383页。
② 张謇研究中心编:《张謇全集》第一卷,第211页。
③ 《宣统三年清皇室退位档案》,《历史档案》2011年第3期。
④ 中国史学会编:《辛亥革命》(八),第173页。

就说:“已有英公使出任调和。”[①]陈夔龙对此无可奈何。袁世凯还曾通过朱尔典钳制东三省总督赵尔巽,针对数名清室王公潜赴满洲向东三省总督进行策动事件,英国驻华公使朱尔典就指示其驻奉天总领事,要其按如下旨趣向该总督提出劝告:“(一)当此之际,该总督如单独采取特殊态度,并将毫无所获;(二)根据清帝退位上谕,袁世凯已受命组织南北统一之新共和政府,包括满洲在内,日前袁世凯正为完成此项任务而努力;(三)在满洲,不论发生任何分裂活动,均对清国之领土保全不利。而该总督身为当代资望最老之勋臣,若参与此种活动,亦不符合满洲皇室之旨意。”[②]结果,赵尔巽收敛很多,不再向诸亲贵提供任何支持。

最后,袁世凯使北方赞同共和的另一个途径就是开始攻坚:力逼清帝退位。清帝赞同退位之后,他们即便心有不甘,但大势已去矣。

五、攻坚:清帝被迫有条件退位

清帝退位,对袁世凯来说,不是一件轻而易举的事情,其处境十分困难。以往我们对这一史实的认知,多有片面性。一方面在夸大袁世凯能力的同时又有鬼化袁世凯的嫌疑,一方面对清廷的反对让位势力,所谓宗社党、君主立宪会等着墨较多,对隆裕太后主动让位的行为视而不见。在旧价值体系尚未被打破的时候,以袁世凯所处的位置,即便以忠清的标准去做,也容易招致猜疑,更何况去实践逼迫清帝退位的事情!清廷让其出山本来是为了消除革命党,做曾国藩第二,他亦曾信誓旦旦地保证过,而现在这样做是有可能被当作乱臣贼子来对待,所以它是袁世凯一直不得不绷紧的一根弦。因此,对袁世凯来说,逼清帝退位是一个极大的冒险。应该说,袁世凯本身是有退路的,他大可不必推翻清廷。但是,为了既能保住名誉,又能成就一番新的基业,袁世凯终于完成了被时人托付的使命——迫使清帝退位。当然,袁世凯为此也付出了很多心血,进行仔细认真的谋划。

(一)与皇室退位反对派诸亲贵周旋

袁世凯出山后,就致力于摆脱年轻诸权贵的干扰。首先,南北和谈确定后,在选派代表问题上,袁就有意不让旗人代表参与其间。[③] 其次,有关南北和谈的重要内容,不向年轻权贵们透露,导致毓朗、载洵、载涛、载振等四人屡逼载沣同见袁世凯,索阅关于议和问

① 陈夔龙:《梦蕉亭杂记》,北京古籍出版社,1985 年,第 115 页。

② 邹念之编:《日本外交文书选译》,中国社会科学出版社,1980 年,第 348 页。

③ 张樾生:《追记八旗代表章福荣所谈南北议和的一鳞半爪》,《辛亥革命回忆录》第六集,第 427 页。

题之来往函电并询问意见，语气颇为强横，且谓袁复电须经阅过再发，袁不允，几起冲突。[①] 由于诸亲贵“对袁世凯一派之一举一动，亦始终以猜疑目光密切注视，未尝稍懈”[②]，袁世凯一样也没有放松对诸亲贵的监视，“逐日秘派亲信侦探亲贵举动”[③]。

袁世凯促清帝退位的行动付诸实施后，诸亲贵更是制造了极端的措施，不惜一切代价挽救，反对清帝退位。当段祺瑞联合五十多名将士发布共和后，他们不仅不相信这个事实，还大肆鼓动君主立宪会广发《谨告政府亲贵及北省人士勿信谣言》之传单，呼吁人们坚决反对退位。[④] 不仅如此，清亲王还试图双管齐下，策动满洲军队和影响皇太后，[⑤]秘密策划利用铁良或赵尔巽制袁，使退位不能实现。当时反对退位甚力的荫堂在诸亲贵的指示下，于 1 月 23 日致赵尔巽幕府袁金铠信中有明确表述：“如袁自去，固不能留；即袁辞职，亦允之，以次帅总任，以锡清帅督东。均极赞同。……总而言之，欲平今日之乱，袁党无异谋尚可以中国兵力讨平之，袁党苟再作乱，除借用外国兵力实无良策。”[⑥]由此可见，满族、蒙古族王公为了实行君主立宪，反对让位，不惜一切代价，甚至准备借兵国外。处此境遇之下的袁世凯，不得不尽力应付，以防大局糜烂。后来，袁氏通过派人游说赵尔巽、隆裕太后等，终使诸亲贵的计划破产。

（二）稳住南方催促逼迫之势

革命党人为了尽快实现南北统一共和，毫不顾及北方的复杂形势与袁世凯的处境，后来干脆威胁袁世凯：“如阴历本月（宣统三年十二月）十一日上午八时以前，仍未得清廷宣布共和确报，则前交优待条件全行作废。”[⑦]这使袁世凯如坐针毡，内外交困。一方面固然得紧锣密鼓地布置清帝退位事情，一方面不得不应付来自革命阵营的一再催迫。

首先，袁世凯致电唐绍仪，望伍廷芳勿再于十一前以清廷退位相逼。“此次皇族及京内风潮起点于退位二字，秩庸来正式电，万不可言退位二字。豪电所拟稿，亦有窒碍，但求实际，不必字字咬实也，顷间军队除华甫、子志外均来电请共和，此事已步有武望。伍勿以十一前相逼。”[⑧]袁氏之所以这样做，是有原因的，即北洋军内部还有不赞同共和者，即电文所讲的冯国璋、张怀芝，尽管袁世凯也决定武力解决清帝退位问题，但为稳妥起

① 专电，《申报》1911 年 12 月 25 日。

② 邹念之编：《日本外交文书选译——关于辛亥革命》，中国社会科学出版社，1980 年，第 66 页。

③ 专电，《申报》1911 年 11 月 27 日，第一张第三版。

④ 劳祖德整理：《郑孝胥日记》第三册，第 1390—1391 页。

⑤ 章开沅、罗福惠、严昌洪等编：《辛亥革命史资料新编》第七卷，第 249 页。

⑥ 《宣统三年清皇室退位档案》，《历史档案》2011 年第 3 期。

⑦ 中国第二历史档案馆编：《中华民国史档案资料汇编》第 2 辑，第 59 页。

⑧ 观渡庐编：《共和关键录》，第 88 页。

见，在此计划尚未付诸实施之前，他不希望紧逼过甚。

其次，袁世凯多次致电伍廷芳，申述其所处之难境："要以优待条件，能满足大众所望为主，否则必有绝大暴动。京内洋人藉居各巷深多，倘扰乱枝节必多，且肃恭两邸潜赴奉，因而奉天军民正激烈反对，恐终须为日人所占。又不准金波赴奉，异常焦灼，正在解劝，未知有无效果，请切电简墀，万勿附和。而芝泉所部又出变象，亦须设法抚集，芝尚未到京，兄实为保全大局，和平解决起见，岂专眷念故君耶，祈谅之。"[①]希望南方能体谅其苦衷，逼清帝退位不能一蹴而就，必须各方面因素都准备好，事机逐渐成熟时才可以为之。

复次，对当时呼声很高的北伐联军，袁世凯亦是苦心相劝，不要酿成更大事端。"鄙人德薄能鲜，无补时艰，然尊重人道，保全和平之初心，总以国家为前提。"[②]对南方反对优待条件个别规定的北面招讨使谭人凤等人，亦加安抚。谭人凤曾来电强势质疑袁世凯，反对保留清帝尊号。"夫君主、民主国体，既绝不相容，总统、皇帝名称，自不能两立。今总统之外，再拥皇帝，非驴非马，不独无以尊崇国体，实恐见侮外人。"[③]袁世凯丝毫不敢怠慢，立即回电："国体问题，正在磋商，力求和平解决。其中为难情形，唐、伍两君皆所深悉。来电所虑各节，必可消弭。此事但求实际，不骛虚称。如以武力迫胁，则恐横生枝节，反多阻碍，大非吾人渴望平和之心，希与同志共鉴此意。"[④]孙中山为此也一并规劝谭人凤，最后，谭氏才得以释怀，逐渐缄口。

（三）利用北洋军逼迫清帝退位

袁世凯多次以请辞、告假方式，促使清廷自己决定退位问题，但效果仍不明显，反对共和，甚至主张再战的气氛仍然很浓。溥伟、良弼、铁良等当面批驳袁之代表梁士诒、赵秉钧、胡惟德等，这使袁世凯不得不从新计议。加之张謇的鼓动，袁世凯决定使用北洋军来逼迫清帝让位，并为此做了一定的布置。[⑤]

首先，为了避免由此而可能引发社会动荡的后遗症，袁氏先是让清廷颁布一道谕旨，稳定秩序。"现在讹言繁兴，人心不靖。诚恐民听易惑，致生误会。其国会办法正在磋商之际，凡我臣民，尤不容妄启谣疑。著该管衙门，务本此意，详切告诫军民，勿得听信浮言，转相煽惑，以维秩序。"[⑥]由此，一方面可以消除谣言，一方面亦可脱离被认为与革命党同伙的干系。

其次，为了确保京畿地区的安全，防止宗社党、旗人武力反对清帝退位，袁世凯又解

---

① 观渡庐编：《共和关键录》第一编，第 111 页。
② 专电，《申报》1912 年 2 月 13 日，第二版。
③ 石芳勤编：《谭人凤集》，湖南人民出版社，2008 年，第 27—28 页。
④ 《袁世凯复谭人凤电》，《民立报》1912 年 2 月 11 日。
⑤ 观渡庐编：《共和关键录》第一编，第 88 页。
⑥ 《宣统三年清皇室退位档案》，《历史档案》2011 年第 3 期。

除载涛总统禁卫军的兵权，派冯国璋总统第二军，兼统禁卫军以资拱卫；[①]令民政部长赵秉钧加强戒备，维持京师治安；令姜桂题密切关注禁卫之军旗军动向，以便及时应对。与此同时，袁世凯还从各地调来自己的亲信，以增强京师的防守能力。除了公开地进行布防，抓紧时机调北洋骨干入京，秘密的军事行动也在悄悄进行。[②]

最后，当袁氏感到一切布置得体，就开始唆使段祺瑞循序渐进地通电共和。1月23日，段祺瑞先是以四镇目兵鼓噪调防维持事致电内阁、军谘府、陆军部，特地指出："侧闻共和思想近来将领颇有勃勃不可遏之势，征之今日事，益信其然。但瑞职责所在，惟有旁引远喻，力为维持，未知能持久否。"[③]过一日，段祺瑞又以各路统将联衔共和事致电内阁："迩来各将领不时来言，人民进步，非共和不可，……昨闻恭王泽公阻挠共和，多愤愤不平，要求代奏，各路统将亦来联衔，压制则立即暴动，敷衍亦必全溃。"[④]第三日，段祺瑞再联合毅军姜桂题、长江提督张勋等各地将领近五十人再次强烈要求："明降谕旨，宣示中外，立定共和政体，以现内阁及国务大臣等，暂时代表政府，组织共和政府。"[⑤]正是北洋军将领的一再敦促下，清廷决定退位，并授予袁世凯一道密旨，付之同革命党人商谈优待条款的全权。"著授袁世凯以全权，研究一切办法，先行迅速与民军商酌条件"。[⑥] 至此，清帝退位进入到实质性阶段。袁世凯开始公开与南方商讨清帝退位及优待条款。

（四）示以优待条件，是清帝退位的关键

迫于全国趋向共和之大势，北洋军不愿再效忠，而是请愿共和，清廷不得不重新思考让位问题了。但是，清廷内部的反对派根本不愿意把政权拱手让与民国，因此誓死力争，为清帝退位的实现制造了不少波折。本来，在第一次御前会议上，奕劻、溥伦主张禅让，载涛、载洵不置可否，尽管最后因蒙古王公不同意而散，总体趋势是同意让位。但是接下来的几次御前会议，形势发生了根本性的转变，奕劻开始缄默不语，载泽、溥伟、良弼等人则极其强势，并散发传单，号召最后一战。清廷内部的禅让派处于劣势，反对派则绝对地占了上风，这直接威胁袁世凯的计划，甚至打乱了其既定部署。也许认识到无条件让清帝退位，十分困难，在袁世凯被炸后的第四天，革命派伍廷芳就为袁世凯解忧，告知如清帝退位，民国对之实行优待。[⑦] 起初袁世凯对之表现出欲拒还迎的心态："所称优待各条

① 《宣统政纪》卷六六，第1228页。

② 分别见专电，《申报》1912年1月30日，第二版；《辛亥革命史资料新编》第八卷，第201—203页；《辛亥革命史资料新编》第七卷，第405页。

③ 《宣统三年清皇室退位档案》，《历史档案》2011年第3期。

④ 《宣统三年清皇室退位档案》，《历史档案》2011年第3期。

⑤ 《清军将领要求宣布共和之原奏》，《申报》1912年2月3日，第三版。

⑥ 《宣统三年清皇室退位档案》，《历史档案》2011年第3期。

⑦ 丁贤俊、喻作凤编：《伍廷芳集》下册，中华书局，1993年，第448—449页。

件仅系从旁探询之事，未经彼此直接商定，自无庸电达各国政府。”①但接着优待清室条件却重新成为双方交涉的重点，并成为清帝退位的关键因素之一。

鉴于清廷内部诸亲贵仍无立即退位之识，后来袁世凯直接以略带威胁式的口吻上奏：“皇室条件，前曾代请面奏，此次两面派人暗中商议，如改为国会议决国体，则优待皇室条件似应由国会议定，能否照前优隆，臣未敢豫决。”②经此一逼，清廷核心隆裕太后终于同意让位，尽管在御前会议上，溥伟、善耆力争，甚至主动请缨：“请太后、皇上赏兵，情愿杀贼报国。”隆裕力排众议：“胜了固然好。要是败了，连优待条件都没有，岂不是要亡国吗？”③最终，隆裕拍板决定退位。其实，早在1912年2月5日，清廷退位的事情就已经拟定，当时《申报》有载：“五日下午开内阁会议到者，孙大总统、蔡元培、吕志伊、居正、于右任、魏宸组及海军部代表共七人提议事略如下：(一)清帝年俸前议三百万，因满亲贵要求至少须四百万，在会诸君似有允意。(二)清帝逊位问题于旧历二十五日发表。”④之所以迟一周发表，是由于袁世凯还有相当的维稳工作要做。

在清室优待条件及满蒙回藏各优待条件商定后，清廷终于在1912年2月12日发布三道上谕，第一道是关于清廷退位后的优待条件；第二道是最后一次劝谕人民保持平静，遵守秩序，勿听谣言和谨遵关于建立新政体的旨意；第三道是宣布放弃皇位，同意建立共和政府，并授予袁世凯建立临时民国政府之全权。⑤ 并将此通报所有外国使馆。至此，清帝退位正式昭告天下，统治中国长达两千多年的封建君主专制政体寿终正寝。

以上可见，袁世凯在谋划清帝退位问题上的确发挥了无可替代的作用，亲手废除了在中国存在长达两千多年来的封建君主专制制度，完成了革命赋予革命党的历史使命。但亦正因如此，袁世凯的处境开始变得微妙和糟糕起来，其重新执掌之大权立即成为矛盾再起的根源。清朝遗老将其视作篡权夺位的“乱臣贼子”，与之不共戴天；革命派的中坚分子亦认为其不会忠于民主共和，时刻筹划如何分其权，令其成为“光杆司令”。于是，辛亥革命中暂时达成的妥协，在旧价值观紊乱、新价值观尚未建立之际，留下了诸多难以处置的伏笔，这就成了日后袁世凯政权屡遭挑战的原因。

作者简介：

丁健，华中师范大学中国近代史研究所博士后，安阳师范学院袁世凯与北洋社会研究中心讲师。

---

① 观渡庐编：《共和关键录》第一编，第82页。

② 《宣统政纪》卷六九，第1266页。

③ 溥伟：《逊国御前会议日记》，《社会科学战线》1982年第3期。

④ 专电，《申报》1912年2月7日，第二版。

⑤ 《宣统政纪》卷七〇，第1293—1296页。

日本中古说话集与谶纬：以《日本灵异记》为例[①]

司志武

[提要]日本中古时代积极发展与中国的交流，吸取隋唐先进文化，尤其在宗教文化方面形成了以儒教、佛教为主，阴阳道紧随其后共同繁荣的景象。作为日本早期佛教史重要文献的《日本灵异记》，其佛教思想及历史价值历来是研究的重点之一。不过，其中的儒教、道教思想也极为丰富。作者本人将佛教经典和儒教、道教等经典分别称作"内经"与"外典"。众所周知，佛教僧团作为积极引进中国文化重要力量，其贡献不仅限于佛教领域。《日本灵异记》中的谶纬、阴阳五行与儒教等"外典"知识揭示了日本中古初期"中国学"的发展水平，具有很高的思想史价值。

[关键词]谶纬；占星；阴阳五行；圣皇

谶纬融汇了先秦阴阳五行与天人感应思想发展起来，在战国末期、秦朝已见其形但无其名，汉时始称"图谶"，哀平尤盛，是汉代儒学发展的成果之一[②]。"谶"即预言[③]，如《左传》已经收录预言各种历史事件的多则童谣，在前后《汉书》五行志里被归为"诗妖"。

---

① 中央高校基本科研业务费专项资金资助"暨南宁静致远计划"（项目编号：15JNQN019）阶段性成果。

② 陈槃：《谶纬考》，《东方杂志》第 21 卷，1924 年第 6 号，第 6272 页。杉本忠也有类似的观点，参见《識緯說と陰陽五行說》，《史学》第 12 卷，1933 年第 4 期，第 677 页。

③ 《后汉书·张衡传》曰："立言于前，有征于后，故智者贵焉，谓之谶书。"（南朝）范晔：《后汉书》第七册，中华书局，1965 年，第 1912 页。

“纬”相对于“经”而言,是对“经”的阐发[①]。因为谶纬以预测皇权统治兴衰为核心,阐释天道、王道和人道之间的因果律,故受到皇权统治者重视。与此同时,谶纬以阴阳五行学说为理论基础[②],其中包含大量的道教、神仙家、占星、卜筮等方面的内容,深受士大夫、普通民众的广泛关注。

谶纬兴盛于汉代,并随着儒学的对外传播流传至朝鲜、日本、越南等东亚汉字文化圈各国,对当地的思想文化影响深远。儒学典籍入传日本的记录可追溯到应神天皇十六年(405),《古事记》《日本书纪》均记载了百济国的王仁携论语、千字文赴日本讲授儒学。这里并未提及谶纬文献。不过到了钦明天皇十五年(554),百济国又向日本进献了易博士和历博士[③]。这个时期谶纬极有可能已在日本流传[④]。酷爱天文遁甲的天武天皇在壬申之乱后,设立阴阳寮,天武四年(675)又营造占星台,进一步推广了谶纬和阴阳五行学说[⑤]。随着日本仿照大唐律令建立起的律令体制日益完善,以阴阳寮与神祇官为中心的国家祭祀的体系成为维系天皇权威的重要统治工具,谶纬思想的影响力也达到顶点。例如养老七年(722)十月十一日元正天皇依据《孝经援神契熊氏瑞应图》等“图谍”(即纬书)判定纪朝臣所进献的白龟为祥瑞,遂诏告天下。又如日本平安朝历次改元,均依据辛酉革命甲子革政等谶纬思想而进行。这表明谶纬思想已经渗透到了皇权统治的话语体系之中。

作为古代思想史研究的重要组成部分,日本学者在19世纪已经开始关注谶纬的影响问题[⑥]。此后,谶纬对《宪法十七条》[⑦]《日本书纪》[⑧]《续日本纪》[⑨]《万叶集》[⑩]等的影响

---

① [日]安居香山、中村璋八:《緯書の基礎的研究》,漢魏文化研究會,1966年,第4页。

② [日]杉本忠:《讖緯説の起源及び發達(二・完)》,《史学》第13卷,1934年第4期,第633664页。

③ [日]岡田正之:《近江奈良朝の漢文学》,養徳社,1946年,第710页。相关历史记录参看《古事记》《日本书纪》。

④ 据《日本书纪》卷一七继体天皇七年(513)条和《隋书・百济传》可知阴阳五行学说已在继体天皇时代传播。参看[日]中村璋八《日本の陰陽道書の研究》,汲古書院,1966年,第34页。

⑤ [日]村山修一:《日本陰陽道史総説》,塙書房,2010年,第34—35页。

⑥ 杉本忠总结了饭岛忠夫、高桑驹吉、小柳司气太等前人学者代表性的研究,参见《讖緯説の起源及び發達(一)》,《史学》第12卷,1933年第4期,第240—243页。

⑦ 该文系圣德太子为推动大化改新(645年),确立天皇统治秩序而作,与谶纬、阴阳五行学说密切相关。参见《近江奈良朝の漢文学》,第2444页;藤田清《憲法十七條の聖徳太子親撰に關する研究》,《印度學佛教學研究》第17卷(1),1968年,第81—86页。

⑧ [日]平秀道:《日本書紀と讖緯思想:大化の改新前後の記載を中心として》,《國文學論叢》第7卷,1960年,第5767页

⑨ [日]平秀道:《続日本紀と讖緯思想》,《龍谷大學論集》第377卷,1964年,第58—82页。

⑩ [日]伊原昭:《陰陽五行説の影響:万葉集を主に》,《梅光学院大学日本文学研究》第22卷,1986年,第114页。

被不断揭示出来。《日本灵异记》是日本现存最早的一部佛教说话集[①],学界历来重视它与《搜神记》《冥报记》《金刚般若经集验记》《法苑珠林》等中国志怪以及汉文佛典之间相关关系。不过,该书上卷第一、第二、第三和下卷第三十八等篇章的内容与佛教关系却不明显。围绕这些"非佛教性"问题,学界从各种角度探讨编撰者景戒的思想意图或历史背景,意见纷纭。近年来学界逐渐集中到景戒在《日本灵异记》序中提到的"内经"与"外典"上来,认为"外典"主要指儒家经典或道家典籍,进而探讨编撰者如何把儒、道思想与佛教因果报应论相结合,并改造成了"非佛教性"说话的问题。

与本文所要探讨的谶纬思想有关主要研究有:多田伊织认为上卷三十、中卷十四、十七等存在阴阳五行观的因素[②];中野猛指出下卷三十八童谣记事是采用了《汉书》五行志有关童谣的类似表述[③];河野贵美子对下卷三十八童谣记事与《搜神记》《法苑珠林》同类记载进行了比较,指出它们存在的关联性[④]。增尾伸一郎从日本平安朝《本朝见在书目录》所录谶纬篇目出发分析了它们与下卷三十八之间的关系[⑤]。这些研究逐渐聚焦到谶纬与《日本灵异记》下卷三十八之间可能存在的关系上,但是在论据和诸多细节上仍值得推敲。例如:作为撰者景戒用"表相"来表示征兆的表述究竟来自哪里;"天星飞迁"为何能够作为桓武天皇迁都平安京的"表相";为何"童谣"可变成鬼神周游天下,甚至出现了鬼吃人的恐怖事件等。对此,上述研究并未给出妥善解答。本文将围绕这些问题,在前人研究的基础上,综合分析日本早期佛教说话集对谶纬思想的容摄问题。

一、"表象记事"之源始

《日本灵异记》下卷三十八《灾与善表相先现而后灾善答被缘》(祸福表相先现而后应验)包含三部分内容:一是皇位更迭与童谣[⑥]征兆;二是政变与星象怪异征兆;三是景戒自己遭遇的人生变故与梦、怪异事象。该篇开头有这样一段论述:

> 夫善与恶之表相,将现之时,彼善属之表相,先兼作物形,周行于天下国而歌咏

---

① 所谓"说话"是指日本古代史籍、文献中的神话、传说、故事、古记录等。

② 多田伊織:《上代仏教と陰陽五行思想》,《宗教研究》,2006年第79卷第4期,第1275—1276页。

③ 参见中野猛《「日本霊異記」解説》,中田祝夫:《日本霊異記》,小学館,1975年,第28页。

④ [日]河野貴美子:《〈日本霊異記〉の予兆歌謡をめぐって——史書五行志〈捜神記〉〈法苑珠林〉との関係》,《説話文学研究》2002年第37号,第1—13页。

⑤ [日]増尾伸一郎:《讖緯・童謡・熒惑星——古代東アジアの予言的歌謡とその思惟》//小峯和明編:《予言文学の世界》,勉誠出版社,2012年,第31—43页。

⑥ 所谓"童谣"即谶谣,具有预言性的歌谣。可参见[日]串田久治《中国の"謡"の社会思想史的研究》,大阪大学博士論文,1998年,第14页。

示之。时天下国人，闻彼歌音，出咏传通也云云[1]。

其意思是说："善恶（即福祸）表相"将出现的时候，它们会先化作"物形"[2]，周行天下并唱歌谣，人们听到这个歌谣之后会传唱、扩散。即景戒认为福、祸可以幻化为人或其他神秘生命体，并会发出预言性的歌谣警示人们。景戒接着记载了六则预言皇位更迭的童谣：

（1）举天下国而歌咏言……如是歌咏……彼先举天下歌咏者，此亲王殄灭表相。

（2）又同大后坐时，举天下国而歌咏言……

（3）又咏言……如是歌咏……彼咏歌者，是道镜法师之与皇后同枕交通，天下政摄表答也

（4）又同大后时，咏言……如是咏言。是当知，同时道镜法师以为法皇，鸭氏僧韵与法师以为法臣参议而天下政摄表答也。

（5）又诺乐宫廿五年治天下胜宝应真大上天皇代，举天下而歌咏言：……如是咏之……是以当知，先歌咏者，是白壁天皇治天下表相答也

（6）又诺乐宫食国帝姬阿倍天皇代，举国歌咏云：……如是咏而后，白壁天皇代天应元年岁次辛酉四月十五日，山部天皇即位治天下。是以当知，先咏歌者，是山部天皇治天下先表相答也

这六段叙述，清楚地将童谣发生的情况及其所预兆的事件介绍出来[3]。这些历史叙述的语句结构具有明显的特点：当童谣发生时，一般以"举天下国而歌咏言"或者"举国歌咏云"；当解释童谣与事件的对应关系时，则以"是以当知"或"彼歌咏者"开头，以"此……表相是……表答也是……表相答也"结尾。其中的"表相表"为名词，即征兆，"答"为动词，即应验。

值得注意的是，《日本灵异记》与《日本书纪》等史书在叙述相应事件时存在明显差异。后者一般把"歌咏"称作"谣"或"歌"，并且后者很少直接解释童谣与事件之间的对应关系。即使有解释，也不见"表相"或"表"的用例。例如《续日本纪》卷三十一光仁天皇纪"盖天皇登极之征也"，《日本后纪》十三卷桓武天皇纪"天皇登祚之征"。

从文脉判断，景戒所谓的"表相"就是一般所说的"表象"。景戒同时代的日本高僧善

---

① 原文为"变体汉文"，笔者在必要处追加解释。［日］出雲路修：《日本霊異記》，岩波書店，1996 年，第 186193、111114 页。

② 日语中的"物"含有鬼神之意，"物形"当为鬼神。

③ 永藤靖指出下卷三十八题目中的"表"与"答"揭示了童谣与天皇统治之间的相关关系。参见《古代仏教説話の方法——霊異記から験記へ》，三弥井書店，2003 年，第 4—11 页。

珠在《成唯识论述记序释》提及佛涅槃时，周穆王看到天象怪异而问卜，卜者解释曰："西方有圣人灭度表相也"，同样存在"表相"与"表象"混淆的情况[①]。前者主要用于魏晋南北朝以后的佛经中，而"表象"主要用于非佛教的经、史、子部，较早的用例见于《史记》卷一百二十八《龟策列传》："会上欲击匈奴，西攘大宛，南收百越，卜筮至预见表象，先图其利"[②]。又《后汉书·天文志上》："言其時星辰之变，表象之应，以显天戒，明王事焉"[③]。这两个用例都指将龟板上的纹理与具体天象视为即将发生的事件之征兆、线索。这里的"表象"系由"表"与"象"并列构成，相互说明、注解。又如《汉书·艺文志第十》曰："杂占者，纪百事之象，侯善恶之征"[④]，"象"与"征"同。《续日本纪日本后纪》在解释童谣与事件关联性时，用的就是"征"。依此类推，景戒所谓"善与恶之表相"或"善历之表相"义同《汉书·艺文志第十》的"善恶之征"，即福祸的征兆。

进一步看"表象"之"表"，也可作为动词使用，一般多见于纬书。如《易纬乾凿度·卷下》记："孔子曰：复，表日角。临，表龙颜。大壮，表握诉。夬，表升骨履之"[⑤]。这里"表"，即代表、象征的意思。该段文字注释曰："复，人表象"，"故大壮人之表其象也"，"夬，人之表象明也"，"剥，……性自然表象参差，神实为之"等等。可见，"表"又可以作为名词，与"象"复合为"表象"一词。

不难看出，在阴阳五行、天人感应为思想基础形成的谶纬学话语体系中，"表象征应"等词汇均具有预示后来祸福之现象的意味，即董仲舒所谓的"谴告"或"天戒"。

然而，景戒上述关于童谣的历史叙述方法，究竟从何而来呢？尽管人们大体上知道与中国《汉书》五行志存在类似之处，但是鲜有人揭示其中具体异同。其实，景戒的童谣与事件征验关系的句法结构具有显著特点。

首先，《汉书后汉书晋书》等鲜见与景戒完全相同的句式。自《汉书》开始把六条童谣列入五行志，称其为"诗妖"，作为怪异、休咎来看待。而《后汉书》的五行志等志为西晋史家司马彪所作，同样把十三则童谣列入。《晋书》更是列了四十一条之多。

(1)史记晋惠公时童谣曰……故诗妖作也。(汉书·五行志中之上)[⑥]

(2)成帝时童谣曰……故曰……谓……言将尊贵也。……所谓……者也。(同上)

(3)元帝时童谣曰……至成帝建始二年三月戊子，北宫中井泉稍上，溢出南流，象春秋时先有雊鹆之谣，而后有来巢之验。井水，阴也；灶烟，阳也；玉堂、金门，至尊之居，象

---

① 本文仅从景戒与"轩辕黄帝阴阳术"之间的关系展开讨论。关于"表相"一词与汉文佛典之间的关系问题将另外撰文详解。

② (汉)司马迁：《史记》第十册，中华书局，1959 年，第 3224 页。

③ 《后汉书》第十一册，第 3213 页。

④ 《汉书》第六册，第 1773 页。

⑤ [日]安居香山、中村璋八：《纬书集成》，河北人民出版社，1994 年，第 51 页。

⑥ (1)—(6)均出自(汉)班固《汉书》第五册，中华书局，1962 年，第 1393—1396 页。

阴盛而灭阳，窃有宫室之应也。（同上）

（4）更始时，南阳有童谣曰……更始大臣并僭专权，故诗妖作也。（后汉书·五行志一）

（5）桓帝之末，京都童谣曰……延延，众貌也……此为合谐。（同上）

（6）灵帝中平中，京都童谣曰……案董谓董卓也，言虽跋扈，纵其残暴，终归逃窜，至于灭族也。（同上）

（7）太康末，京洛为折杨柳之歌，其曲始有兵革苦辛之辞，终以擒获斩截之事。是时三杨贵盛而被族灭，太后废黜，幽死中宫，折杨柳之应也。（晋书·五行志中）[①]

（8）元康中，京洛童谣曰……南风，贾后字也。白，晋行也。沙门，太子小名也。鲁，贾谧国也。言贾后将与谧为乱，以危太子，而赵王因衅咀嚼豪贤，以成篡夺，不得其死之应也。（同上）

（9）明帝太宁初，童谣曰……峻死后，石据石头，寻为诸公所破，复是崩山石破之应也。（同上）

（10）卢龙据广州，人为之谣曰……应天半之言。（同上）

（11）义熙二年，小儿相逢于道，辄举其两手曰……既至查浦，屡克期欲与官斗，斗叹之应也。……其时复有谣言曰……卢龙果败，不得入石头也。（同上）

（12）苻坚初，童谣云……及坚在位凡三十年，败于淝水，是其应也。又谣语云……及坚为姚苌所杀，死于新城。复谣歌云……识者以为……（同上）

景戒的六条童谣记事均详细解释它们具体指向何种事件或人物。与之不同的是，尽管《汉书》首创童谣列入五行志中，但并未逐条解释童谣与事件之间的征验关系。例（1）、（2）先列出童谣，然后略叙它所对应的事件。这种叙述方式在《后汉书》中最为普遍，如上引三例。

不过，例（3）“先有雊鹆之谣，而后有来巢之验”以及“象阴盛而灭阳，窃有宫室之应也”的表述，把“谣”与“验”以及“象”与“应”前后对举，与景戒的“彼先举天下歌咏者，此亲王殄灭表相”与“先歌咏者，是白壁天皇治天下表相答也”的句法结构极为类似。《汉书》例（3）的句法结构在《晋书》中获得继承，占到七分之一。另外，《晋书》例（7）、（12）均使用了“歌谣歌”，这可能与景戒不仿照《日本书纪》等史书用“童谣”而以“歌歌咏”称之有关。

更重要的是，景戒习惯使用“表相答”，其中的“答”在古日语中与“应”同训为“コタエル”。换言之，“表相答”等于汉语的“……表相之应”或“象……之应”。在《汉书》以来的中国史书中，凡天灾地异、祥瑞休咎、妖孽怪异，均与重大历史事件相关联，尤其在五行志里面，“天若戒曰”与“弃法度亡礼之应也”[②]常并列于一文。又例如《汉书》“永始元年正

---

① （7）—（12）均出自（唐）房玄龄等《晋书》第三册，中华书局，1974年，第842—849页。

② 《汉书》第五册，第1321页。

月癸丑，大宫凌室灾。故天见象于凌室，与惠帝四年同应。”[1]这种先把灾异、怪异列出，而后用“天戒若曰”或“……之象”来预告前面灾祸可能指向、预示的更大灾难，当人们不能及时掌握“天戒”之后，导致亡国或乱祸的，则会以“……之应也”加以总结。这种历史叙述方式与景戒在卷下三十八末尾所谓“灾相先兼表，后其实灾来”是一样的思维，即谶纬的预言、预兆观。

二、星官之书与“轩辕黄帝之阴阳术”

班固的五行志参考了董仲舒、刘向、京房等人的阴阳五行与谶纬学说，将历史上出现的灾异与该国动乱或存亡事件加以联系。这种历史叙述的方法并非班固的发明，《左传》已有。而这种历史叙述方法到了两晋获得极大地发展，例如《后汉书》的五行志（系司马彪所撰《续汉书志》的一部分）以及《晋书》有关记载都是晋人留下的。学界常提及《搜神记》中有关童谣的记载可能影响了景戒。该观点虽然不准确，但是景戒受晋人所撰写的《续汉书志晋记》等史料影响的可能性较高。如此推断的理由是景戒在六则童谣之后继续叙述了两个“表相”记事。

（1）山部天皇代……天星悉动，缤纷而飞迁……天星飞迁者，是天皇移宫表也。

（2）次年乙丑年……竟夜月面黑，光消失空暗也……彼月光失者，是种继卿死亡之表相也。

与童谣一样，景戒先记述了两次天象变异，随后介绍了对应的事件，最后都以“是……表（相）也”结论。对于景戒分析两次天象变异的背景理论，鲜有学者提及。事实上，线索在于卷下三十八文末里面。

是以当知，灾相先兼表，后其实灾来被也。然景戒未推轩辕黄帝之阴阳术，未得天台智者之甚深解，故不知免灾之由，而受其灾。

学界对文末的“轩辕黄帝之阴阳术”具体意涵、出典不甚明了。刘九令考证认为《文子史记·五帝本纪》有关记录是其出典[2]。事实上，黄帝与阴阳五行的关系在很多谶纬文献中均有反映，类似“形象代言人”[3]。《后汉书·天文志上》开篇：“易曰，天垂象，圣人则之。庖牺氏之王天下，仰则观象于天，俯则观法于地。观象于天，谓日月星辰。观法于

---

① 《汉书》第五册，第1315—1347页。

② 刘九令：《日本灵异记对中国文学的接受——以轩辕黄帝之阴阳术为中心》，《绵阳师范学院学报》2003年第3期。

③ 增尾伸一郎在《讖緯・童謡・熒惑星——古代東アジアの予言的歌謡とその思惟》中依据《本朝见在书目录》所记神仙家、阴阳家、房中家、兵家书目多以“黄帝”为题，尝试说明“轩辕黄帝之阴阳术”，论据稍嫌宽泛、薄弱。

地，谓水土州分。”接着又说：“轩辕始受河图斗苞授，规日月星辰之象，故星官之书自黄帝始。”[①]然后，《后汉书·天文志》又历述了星官之书的发展，认为它们均可“言其时星辰之变，表象之应，以显天戒，明王事焉”。尽管这里并未直接提及黄帝的“阴阳术”，但是恰好揭示了景戒关于天象变异的理论背景，即黄帝始创的星官之书可以通过观察当时的星辰之变，推测“表象”可能预示的内容，而揭示天戒，明确帝王应该纠正的事情。

那么，依据星官之书便可解释景戒有关天象变异的记录。首先山部天皇迁都长岗宫的天象是“天星悉动，缤纷而飞迁”。《汉书》卷二十六天文志有：“凡君行急则日行疾，君行缓则日行迟……日之所行为中道，月、五星皆随之也。”[②]星官之书中，日代表君王，而月代表皇后、重臣，众星即臣子。故而，景戒认为“天星飞迁者，是天皇移宫之表也”。

而关于月蚀系“(藤原)种继卿死亡之表相”的记载，从《史记·天官书》所谓“日蚀国君，月蚀将相当之”[③]即可知道：若日蚀，即国君将受难、驾崩之兆；若月蚀则是将相死亡的征兆。当时，藤原种继作为位及三品的重臣，负责迁都大事，结果招致反对迁都的其他大臣暗杀。梁朝的刘昭引张衡《灵宪》解释月蚀的原理是“就日则光尽”[④]。藤原种继深受山部天皇信赖而招致被射杀的命运，也暗合了前面的月蚀原理。事实上，这一原理在谶纬书中也有集中体现。《易纬通卦验》卷上：“月食衆贵，臣下不忠。日食则害王命，道倾侧。”[⑤]《乙巳占》月占第七明确指出：“(月)列之朝廷，诸侯大臣之数也”，在月蚀房、危、昴、参等诸星宿时，均为“贵臣诛大臣丧”或“将军亡”之象[⑥]。

在《史记汉书》中所谓的星官之书，都属于谶纬学占星术。“轩辕始受河图斗苞授”中的《河图斗苞授》就是一部关于星象的重要纬书。并且，黄帝受河图、洛书的事迹也是许多谶纬书必然提及的内容。如《河图始开图》：“黄帝名轩辕，北斗神也。以雷精起，胸文曰：黄帝子，修德立义，天下大治。”又曰：“黄帝名轩，北斗黄神之精，母地之女附宝，之郊野，大电绕斗，枢星耀，感附宝，生轩，胸文曰：黄帝子。”[⑦]这两个记载虽然不尽相同，但是明确记载了黄帝名为轩辕。《尚书中候》曰：“帝轩提象，配永循机，天地休通，五行期化。河龙图出，洛龟书威，赤文像字，以授轩辕。”该书同样提及了黄帝即轩辕从河中龙接受了“图”，从洛水大龟接受了“书”，即著名的“河图”“洛书”[⑧]。再看《春秋内事》曰：“黄帝师于风后，风后善于伏羲之道，故推衍阴阳之事”，乃知黄帝轩辕氏不仅接受了河图与洛书，

---

① 《后汉书》第十一册，第3214—3215页。
② 《汉书》第五册，第1295页。
③ 《史记》，第1333页。
④ 《后汉书》，第3215页注四。
⑤ 《纬书集成》，第204页。
⑥ 《续修四库全书》1049子部术数类，上海古籍出版社，2006年，第42页。
⑦ 《纬书集成》，第1105页。
⑧ 《纬书集成》，第399页。

而且跟随风后学习“伏羲之道”，所以能推衍“阴阳之事”。显然，谶纬书中有关黄帝轩辕氏受河图、洛书，且善于推衍阴阳之术的神话记载是景戒所谓“推轩辕黄帝阴阳之术”句的真正出典。

进而言之，《汉书·艺文志》所记录的托名为黄帝所作的道家、阴阳家、兵家、小说家以及五行、天文、历谱、神仙家、医经、房中凡 26 种。而在日本平安时代宽平年间所著的《本朝见在书目录》中以黄帝为名的书也有 21 种，分别属于诸系家、兵家、五行家、医方家[①]。此外，笔者粗略计算，列在异说家约 17 种纬书(含七纬)，五行家约 9 种以上系谶记。在藏书目录末页又有一行补记：“七纬、易纬、书纬、诗纬、礼纬、乐纬、孝经纬、春秋纬”，可见书目编撰者对谶纬书分类的重视。

回到下卷三十八，除了童谣和天星飞迁的记载，景戒感慨自己生活困窘，记述了自己两次怪梦，后来又遭遇狐鸣怪异，接着孩子、马匹死亡[②]。最后感叹自己既不懂“推轩辕黄帝之阴阳术”，又没有天台智者大师的智慧，所以不能消灾免祸。前面已经提到日本中古时代已经有大量谶纬文献、阴阳占卜书传入。《续日本纪》天平宝字元年(757)十一月条记载：“天文生者天官书，汉晋天文志，三色簿赞，韩扬要集。阴阳生者周易，新撰阴阳书，黄帝金匮，五行大义”[③]，明确将《黄帝金匮经五行大义》以及天官书等当做教材供天文生、阴阳生学习。这些书籍应该在阴阳寮建立之初(7 世纪中后期)就已经传到了日本[④]。不仅如此，《本朝见在书目录》也录有《黄帝式龙首经黄帝金匮玉衡经》和《乙巳点黄帝注金遗经(金匮经误?)》[⑤]等书。例如《黄帝龙首经》除了占星术以外，还介绍了日常生活中的占卜术。尤其在“占怪祟恶梦法第六十六”[⑥]里面就有占怪梦、狐鸣怪异的方法。而“占六畜放牧自亡不知所在各随其类以其亡时占之第二十一”以及“占马吉凶法第三十七”里面也有关于马匹的占卜方法。平安朝前期著名的阴阳师滋岳川人著有《金匮新注》[⑦]，可能是《黄帝金匮经》的注释书。

上述来自中国的谶纬与阴阳五行书无疑是景戒亟需了解的知识。他极有可能看过其中的书籍，然而并未掌握该技术。否则难以想象他为何将童谣、天星飞迁、怪梦、狐鸣等灾祸的“表相”与“轩辕黄帝之阴阳术”相提并论。

---

① 据矢島玄亮：《日本国見在書目録：集証と研究》，汲古書院，1984 年.

② 毛利美穗依据平安时代将狐狸视为怪异征兆的心理，结合道教医学认为景戒有关于《黄帝内经》等医术知识。参考《日本靈異記下巻三十八縁における狐の凶兆性と道教医療思想》，《大手前大学論集》，2009 年第 10 卷，第 77—88 页。

③ 青木和夫等：《続日本紀》第三册，岩波書店，1992 年，第 236 页。

④ 中村璋八：《日本の陰陽道書の研究》，汲古書院，1985 年，第 25 页。

⑤ 贾贵荣：《日本藏汉籍善本书志书目集成》第十册，北京图书馆出版社，2003 年，第 512 页。

⑥ 《平津馆丛书》，凤凰出版社，2010 年，第 484 页。《皇帝金匮玉衡经》占梦等在第 495 页。

⑦ 《日本の陰陽道書の研究》，第 181 页。

三、荧惑星精与景戒的鬼吃人故事

下卷三十八的卷首强调善恶表相（即福祸）可以先变为“物形”周行于天下，用歌谣的形式预言灾祸并教人传唱。这种特殊的童谣生成观念，还体现在《日本灵异记》中卷三十三《女人恶鬼见点攸食啖》（女人被恶鬼玷辱并被食啖）之中。该故事先记述圣武天皇时全国突然流行一首很奇怪的歌谣，然后说有一富家女儿闺中待嫁。某日，一才俊带三车彩帛前来求婚，当晚与女子同房。富家女父母只听到房内三次喊“痛”，第二天进到房间里只见到女儿的一根手指，而彩帛也变成了枯枝、牛骨。

该故事与一般的鬼故事所不同的就是有之前的怪谣。景戒认为：“乃疑灾表先现，彼歌是表也”。围绕也有人认为这是神怪所为，也有人认为就是鬼吃人的议论，景戒分析认为应该还是前世孽缘所致。显然，这种认识主要依据就是佛教因缘果报观。不过，关于为何鬼怪先散布怪谣，然后吃人的问题，景戒显出一丝疑惑。不过，他将童谣与鬼吃人事件同列于一文，并用童谣系“灾表”来解释，历来受到学界关注。

不少学者曾论析过景戒的童谣记事，常常提及《搜神记》中荧惑星变为小童教守边将士的孩子们唱童谣的记载[①]。并且围绕荧惑星与童谣生成之间的因果做过详细的考证。在此，结合前人研究，重新解析景戒怎样利用自己对童谣的有关知识去想象、思考中卷三十三鬼吃人事件。

《汉书·五行志中》将童谣定为怪异的一种——“诗妖”，并指出“言之不从，是谓不乂，厥咎僭，厥罚恒阳，厥极忧”，所以导致诗妖产生。班固又说：“君炕阳而暴虐，臣畏刑而柑口，则怨谤之气发于歌谣，故有诗妖。”这两句中的“恒阳炕阳”都是比喻君王暴虐无道之意。换言之，若君王暴虐无道，不听臣子劝谏，则会导致臣子、民众产生“怨谤之气”，借歌谣而发出，于是产生了童谣、诗妖。所谓“厥罚恒阳”即言上天为了惩罚“恒阳”，就会降旱灾，即所谓“旱伤百谷”。《春秋考异邮》曰：“国大旱，冤狱结。旱者，阳气移，精不施，君上失制，奢淫僭差，气乱感天，则旱征见。”又曰：“阴厌阳移，君淫民恶，阴精不舒，阳偏不施。”[②]可见，《汉书》与《洪范五行志》等纬书的认识是一致的。然而，《汉书后汉书》五行志均未提及荧惑星与童谣存在必然关系。这一点首先见于《论衡》。

天地之气为妖者，太阳之气也。妖与毒同，气中伤人者谓之毒，气变化者谓之妖。世谓童谣，荧惑使之，彼言有所见也。荧惑火星，火有毒荧，故当荧惑守宿，国有祸败。火气恍惚，故妖象存亡。[③]

---

① 参见前引河野贵美子、增尾伸一郎论文。

② 《纬书集成》，第 789 页。

③ 黄晖：《论衡校释》第三册，中华书局，1990 年，第 940—943 页。

王充认为：人死之后的鬼魂伤害不了人，害死人的是“妖气毒气”，即类似疾病的一类东西。但凡能够产生“妖气”的，多属于“太阳之气”。所以，人们都说童谣系荧惑星使然。王充以为这是符合道理的。因为荧惑星是火星，有火气，才可以导致妖气和妖象。

通过《论衡》可知汉代已经有荧惑星可致童谣、诗妖。不过《搜神记》的孙休条才明确提到荧惑星化为人形。该条记录收入《晋书·五行志》。

（1）孙休永安二年，将守质子群聚嬉戏，有异小儿忽来言曰：三公锄，司马如。又曰：我非人，荧惑星也。言毕上升，仰视若曳一匹练，有顷没。干宝曰：后四年而蜀亡，六年而魏废，二十一年而吴平。于是九服归晋。魏与吴蜀并战国，三公锄，司马如之谓也[①]。

（2）凡五星盈缩失位、其精降于地为人。岁星降为贵臣；荧惑降为童儿、歌谣嬉戏；填星降为老人妇女；太白降为壮夫、处于林麓；辰星降为妇人。吉凶之应、随其象告。[②]

值得注意的是引文（2）系《晋书·天文志中》所载，也直接提及荧惑星下降为儿童，“歌谣嬉戏”。不仅如此，“五星”之“精”都能“降于地为人”。细读《晋书·天文志》可见，除了《易经洪范》以外，还引用了《河图》《洛書》《考灵耀》《洛书甄曜度春秋考异邮》等多种谶纬书。而在《尚书考灵曜》中明确记载了：“岁星木精，荧惑火精，镇星土精，太白金精，辰星水精”[③]，又说：“其在于夏，其纪荧惑是谓发气之阳，可以毁消金铜，举与气同光”[④]。

简言之，从史书五行志或天文志、天官书中梳理出来的诗妖、童谣起于“恒阳炕阳”所导致的“怨谤之气”。这一认识依靠的正是谶纬占星术，即荧惑星是“火星之精”，所发的气为“阳”，童子也属阳。荧惑星精下降为童子之形，把警告、预言编成歌谣传给其他孩童并传播开来。所以，王充所谓的“妖气”就是太阳之气，可以伤人。

景戒有无直接阅读过《尚书考灵曜》之类的谶纬书，尚难确认。不过，他认为福祸表相能化为“物形”，且周游天下，教人们唱歌谣，以预言灾祸，这一点与《晋书》的五行志、天文志关于诗妖生成的认识极为类似。不仅如此，《日本灵异记》中卷三十三鬼先传唱怪谣然后再吃人的构思与《论衡·订鬼篇》关于“妖气”伤人、杀人的观念一致。只不过《日本灵异记》中的鬼具象化为实体，且带有佛教夜叉的色彩，与王充所论的鬼存在一定差异。

四、纬书中的圣皇与景戒的天皇观

《日本灵异记》下卷三十九《智行并具禅师重得人身生国皇之子缘》被认为与下卷三十八一样，为景戒最后修订全书而增补的，类似全书的跋。这一篇里面讲述善珠、寂仙两

---

① 《晋书》第三册，第 843 页。又见李剑国《新辑搜神记·新辑搜神后记》，中华书局，2007 年，第 208—209 页。

② 《晋书》第一册，第 320 页。

③ 《纬书集成》，第 350 页。

④ 《纬书集成》，第 361 页。

位高僧分别投胎转世为桓武天皇两位皇子——大德亲王与神野亲王(即嵯峨天皇)的故事。一般认为景戒藉此宣扬佛教的护国思想,强调佛教的重要地位。而在文末有一段关于嵯峨天皇是当代“圣君”的辩论。反驳者认为嵯峨天皇在位时“天下旱厲”,又“天灾地妖饥馑”之难繁多,还喜好狩猎。景戒回击指出:普天之下莫非王土,狩猎只是“随自在之仪”,同时“圣君尧舜之世,犹在(同“有”)旱厲”,故而不可诽谤之。

正史也有关嵯峨天皇时期的“天灾地妖”连连不断的记录。但是景戒仍然坚信嵯峨天皇为“圣君”,其依据之一是中国圣君——尧、舜在位时也有大旱、大灾。对此,学界普遍认为《礼记》中有“尧禹有九年之水,汤有七年之旱”[①]是最常见的表述,而景戒的论据却来源不详。

除了下卷第三十九,上卷二十五《忠臣小欲知足诸天见感得报示奇事缘》也有关尧舜的论述。高市万侣在大旱之际,把自己的田渠堵上,把水引给百姓,“诸天感应,龙神降雨”,雨水只下到高市万侣的田里。景戒称赞道:“尧云更靄,舜雨还霈,谅是忠信之至,仁义之大”。学界对此句的理解一般是:借尧舜的云雨来赞美贤臣[②]。实际上这一句与下卷三十九的“圣君尧舜之世,犹在旱厲”一样源自景戒对中国圣君神话的了解。

《淮南子》由汉淮南王召集术士参考大量纬书编撰而成,其中记录了许多古代神话与先秦文献有所出入。其中《本经训》论曰:“振困穷,补不足,则名生;兴利除害,伐乱禁暴,则功成。世无灾害,虽神无所施其德;上下和辑,虽贤无所立其功。”随后分别举“逮至尧之时,十日并出,焦禾稼,杀草木,而民无所食”与“舜之时,共工振滔洪水”等例子,来说明尧舜带领民众战胜了自然灾害、猛兽等,赢得了民众的爱戴,被奉为圣皇。所以,《本经训》总结道“有贤圣之名者,必遭乱世之患也”[③]。不难看出,《淮南子》举尧舜分别遭遇旱灾与洪灾的例子,来阐释圣皇之世并非没有天灾地妖,而是看君王能否以仁爱之心,领导民众战胜灾难的道理。这里提到了尧让后羿射掉九个太阳以止旱灾的神话,可能就是“圣君尧舜之世,犹在旱厲”的出典。又据《尚书中侯》记载:“帝尧即政七十载……嘉禾孳连,甘露润液,醴泉出山……休气四塞”[④],当是描述尧止旱灾之后一片祥和景象。其中“休气四塞”指祥瑞之云蔼蔼,即景戒在上卷二十五所谓的“尧云更靄”吧。《春秋纬》还有“汤遭大旱,以六事谢过”[⑤],不同于正史常提到的汤遭大水,或可能也与景戒的尧舜遇大旱之说有关。

在下卷三十九之中,景戒利用寂仙法师转生为嵯峨天皇并且成为当代圣君的故事,

---

① 《汉书》卷二四《食货志》,1130页。

② 石井公成:《感応する天——『日本霊異記』の重層信仰》,《駒沢短期大学研究紀要》第27卷,1999年,第43页。

③ 何宁:《淮南子集释》中册,中华书局,1998年,第575—578页。

④ 《纬书集成》,第403页。

⑤ 《纬书集成》,第902页。

试图将佛法与皇权统治相结合，强调佛法对国家的护佑功能。不过，由于景戒对中国黄帝、尧、舜等古代圣皇事迹与神话了解颇多，他心目中的“圣君”又带有浓烈的儒家色彩。《日本灵异记》各篇开头若有记载具体时间的，多数以“××年治天下食国御宇御世”开头，上卷二十八还有用“天朝”、下卷十九用“圣朝”，均体现他对“圣君”的期待与崇敬。除了儒家六经，天授君权的思想在谶纬中被虚构成大量的神话，并且建构起更为严密的理论体系。这也是谶纬为何深受两汉统治者重视的原因之一。《易纬乾凿度》：“帝者，天称也，王者，美行也。天子者，继天理物，改一统，各得其宜，父天母地，以养万民，至尊之号也”①。显然，帝王称为“天子”是依据儒家宣扬的天人感应思想而来，强调了皇权统治的权威性。而日本的“天皇”称号源自中国古代纬书“三皇”神话，即“天皇、人皇、地皇”②。三皇五帝的事迹在汉代谶纬里面被反复虚构、敷衍，成为带有规劝君王行仁政的典范，具有一定的政治伦理教化作用。例如《河图括地象》：“天地初立，有天皇氏，澹泊自然，与极同道，身佩九翼，以水德王，无所施为，自然而化。”③强调天地开辟之后的“天皇”淡泊自然，无欲无求。尔后的五帝等也是如此，勤俭爱民，唯贤是举，仁爱慈厚。

谶纬对古代圣皇神化的方式常常通过天降祥瑞之象以证明圣皇的丰功伟绩。《易纬乾凿度》曰：“八卦运行天地间，随事见象，君正，则见以喜庆；君不正，则见以灾祸”④。例如黄帝受河图洛书以及尧舜乃至商、周在河边祭祀时出现龟、鱼、龙等祥瑞，都暗示了天对圣皇的肯定与褒美。《礼稽命征》：“王者得礼之制者，泽谷有朱鸟、白玉、赤蛇、赤龙出焉。”⑤而这种对圣皇褒美的思维逻辑，在日本正史里面得以充分反映，常常记载白龟、朱草等祥瑞，甚至由此改元。

《日本灵异记》在涉及天皇时也有类似表述，如上卷序言“天随所愿，地敞宝藏……今时深智人神功亦罕测”，赞扬天皇圣德令天地感知；中卷序言“瑞应之花竟而开国邑，善恶之报现而示凶吉……唯以是天皇代所录善恶表多数者，由圣皇德显事最多”，景戒进而将儒家天人感应的瑞应之说与佛教的善恶报应奇异之事联系起来，均将其归功于“圣皇”（ヒジリノミカド）之显德。

余　论

综上所述，作为平安朝初期的一部重要的佛教文学典籍，《日本灵异记》的作者景戒

① 《纬书集成》，第22页。

② 持此观点的如日本近世大儒平田篤胤，参看福永光司《道教と日本文化》，人文書院，1982年，第30页。

③ 《纬书集成》，第1093页。

④ 《纬书集成》，第62页。

⑤ 《纬书集成》，第509页。

在序中反复强调佛教徒应该既重视“内经”又兼顾“外典”。他自己把来自中国大陆的外典、内经视为珍宝，积极研读、模仿，并在《冥报记》等中国佛教说话集的刺激之下，“不得忍寝”，“不能默然”，带着强烈的文化比附心理去撰写。从个人层面而言，作为僧人的景戒对外典尤其是谶纬学、占星术、阴阳术方面的了解与认识，折射出《日本灵异记》丰富的思想文化史价值，围绕该书及作者仍有太多的未解之谜留待人们去发现。同时从整个社会文化背景来看，奈良到平安朝的皇权统治者积极引进大陆文化，尊儒、崇佛，促进了儒家的天人感应和谶纬思想与佛教紧密结合。而《日本灵异记》里面包含有谶纬思想的事实，恰恰反映了当时佛教教团的学术研究广泛且深入。这一点提醒人们需要重新认识日本古代在吸收外来文化——中国文化的时候，并不存在先入为主式的“学科”分野意识。即使存在“三教”观，但是因为他们十分珍惜无数留学僧、遣唐使用生命换来的中国典籍，以物尽其用、近似“饥不择食”的态度精心研读。这种态度也促成了日本吸收外来文化建构自身文化的独特方式，同时也是日本文化“杂种性”[①]产生的根源之一。

作者简介：

司志武，暨南大学日语系副教授。

① “杂种性”系日本学者加藤周一提出，另外还有“多花性”（多样性）等提法，都是从近现代以来日本文化的现状进行分析。本文借用“杂种性”以说明日本古代文化形成过程中的“杂种性”因素。参见［日］加藤周一《日本文化的杂种性》，杨铁婴译，吉林人民出版社，1991年，第21页；［日］片倉もとこ《多花性と共価性：日本人の異文化受容をめぐって》，《日本研究》第35卷，2007年5月，第19—78页。

《暨南史学》稿件格式要求

为便于统稿和编辑出版,《暨南史学》稿件要求来稿按照历史学科论文通行格式编辑。兹作说明,敬请作者周知。

体例上论文各项内容按如下顺序编排:标题(副标题)——作者姓名——摘要、关键词——正文——作者简介(作者名,性别,籍贯,学历或职务等)和说明事项。

文字规格:标题用加粗三号宋体,作者姓名用四号楷体,摘要和关键词内容采用五号仿宋,正文及文后作者简介等用五号宋体。

注释及标点符号等项规范结合《世界历史》《中国史研究》等权威刊物编辑技术体例,具体规定见下文附录。

附录:编辑技术规范

一、注释体例

采用脚注形式,标圆形数码号①②③,每页单独排序。

(一)中文著作和文章的注释体例

1.书籍类注释依次标明著者(编者)、书名、出版社和年代、页码。

如:魏子初:《英国在华企业及其利润》,人民出版社,1951 年,第 23 页。

2.杂志类依次标明作者、篇名、杂志名和期数;报刊类依次标明作者、篇名、报纸名称和时间。

如:李世洞:《学术评奖忧喜录》,《世界历史》1997 年第 3 期。

3.析出文献注释依次标明作者(编者)、篇名、所引文献作者(编者)、书名、出版社和年代、页码。

如:钱乘旦:《论工业革命造成的英国社会结构变化》,载中国英国史学会编《英国史论文集》,三联书店,1982 年,第 102 页。

4.学位论文的注释依次标明作者、篇名,单位名称和博士(硕士)论文、完成年代、页码。例如:

方明东:《罗隆基政治思想研究(1913—1949)》,北京师范大学历史系博士学位论文,2000 年,第 67 页。

5.卷册应紧接书名。例如:

厉以宁:《罗马—拜占庭经济史》上册,商务印书馆,2006 年,第 111 页。

6.校注、翻译著作,均将校注者和翻译人姓名放在书名之后、出版信息之前。例如:

(1)(唐)玄奘:《大唐西域记》,季羡林校注,中华书局,1985 年,第 23 页。

(2)汉斯-维尔纳·格茨:《欧洲中世纪生活》,王亚平译,东方出版社,2002 年,第 18 页。

7.古籍文献除"二十四史"外,其他所有书籍均需要标明作者,出版社,出版年等版本信息。未经现代出版发行者需标明出自哪种版本。

如:(1)(清)张廷玉:《全唐诗》,上海古籍出版社,1991 年。

(2)(宋)郑樵:《校雠略》,《通志》,《四库全书》本。

8.如果注释中有解释性或补充说明,在加注参考文献时,一般要用"可参见""参见"。例如:

关于英国工业化时期的时间界定,可参见郭爱民《工业化时期英国地产代理制度透视》,《世界历史》2011 年第 3 期。

9.引用两个以上出处,出处之间用分号";"。例如:

程汉大:《英国法制史》,齐鲁出版社 2001 年版,第 49 页;琼·瑟尔斯克:《英格兰和威尔士农业史》(Joan Thirsk, *The Agrarian History of England and Wales*)第 4 卷第 4 册,剑桥大学出版社 1967 年版,第 256 页。

10.古籍文献朝代和卷册格式

古籍文献注明朝代用( ),注明卷数用汉字方式,如"卷一"、"卷三一"。

11.著作中析出文献或章节名

著作中析出文献,或其中章节名,均用书名号"《》"标注。

12.重复出现时信息标注

著述文献重复出现时,可省略出版信息,其余部分保留;期刊文章重复出现时,内容不作省略。

(二)外文著作和文章的注释体例

作者名和著作名必须要有译文和原文。出版者只注出版社中文译名,不注出版地点。

1.作者名用正体,书名用斜体。例如:

克里斯·吉文-威尔逊:《中世纪末期英国贵族:14 世纪政治社会》(Chris Given-Wilson, *The English Nobility in the Late Middle Ages : The Fourteenth-Century Political Community*),路特莱吉出版社 1996 年版,第 164—165 页。

2.外文期刊名用斜体,文章名用正体,并加引号,同时加注页码。例如:

保罗·雅各布斯等:《为魔鬼效力》(Paul Jacobs, et al, "Serve the Devil"),《新非洲人》(*New African*)1990 年第 3 期,第 58 页。

3.区分间隔号"·"和缩略号".":间隔号用在外国人等的人名内各部分,缩略号用在外国人等的人名缩写字母后面。例如：约瑟夫·H.比安克莱纳：《中世纪英格兰的限嗣继承和共同阻却法》(Joseph H. Biancalana, *The Fee Tail and the Common Recovery in Medieval England*)，剑桥大学出版社 2001 年版，第 110 页。

4.外文期刊总卷和期号标出顺序为：总卷、年期号、页码。例如：

H.G.苟特尔勃克：《赫梯王国的权与法》(H.G.Gutrebock, "Authority and Law in the Kingdom")，《美国东方学会杂志》(*Journal of American Oriental Society*)第 268 卷，1954 年第 17 期，第 18 页。

5.外文移行要符合规则。

6.译者和编者加的注，须在注末加译者或编者注，注后不加标点。例如：

作者系俄罗斯经济学家。——编者注

(三)电子文献的注释体例

文章所引电子文献应以数据库公布的档案文献和官方网站原始资料为主。若电子文献有相应的纸质出版物，则应以纸质文献为据，标注纸质文献的出处，并交代电子版本的来源。

电子文献要依次注明作者(编者)名、电子文献题名、获取和访问路径(网址)、引用日期。外文电子文献的作者(编者)名和题名要标明相应的中文译文和原文。例如：

亨森：《印地安领地的博彩》(C.L.Henson, "Gaming in Indian Country"),

http://www.americansc.org.uk/online/Gaming.htm，2013 年 4 月 25 日。

二、文章中注释符号和标点符号的位置

文章中注释符号应位于要说明的内容和引文之后；文章的标题不加任何注释符号；一般不用除冒号和破折号以外的任何符号，可采取空一格的方式处理。

1.引用的是完整的一句话，注释符号放在句末。例如：

他指出："俄国人也被一本万利的皮毛的传闻所吸引，接踵而来，把从勘察加到美国的这条航路变成了一条热闹一时的海上通道。"①

2.引用的不是原文，而是原文的意思，注释符号应放在句末的句号之后。例如：

他们首先是以法国存在"起飞"阶段为前提，结果对"起飞"时期一共提出四个假设阶段：一为旧制度后期；二为拿破仑时期；三为七月王朝和第二帝国时期；四为 1895 年—1914 年。①

3.注意引文末尾标点符合的使用。

(1)凡是把引用的话独立来用，句末的标点应放在引号里面。例如：

爱因斯坦说："想象力比知识更重要，因为知识是有限的，而想象力概括着世界上的一切，推动着进步，并且是知识进化的源泉。"

(2)凡是把引用的话作为作者自己的话的一部分，句末标点应放在引号外面。例如：

淘金热在学界享有的传统定位也遭受了冲击，因为它同样属于"1788 年澳大利历史